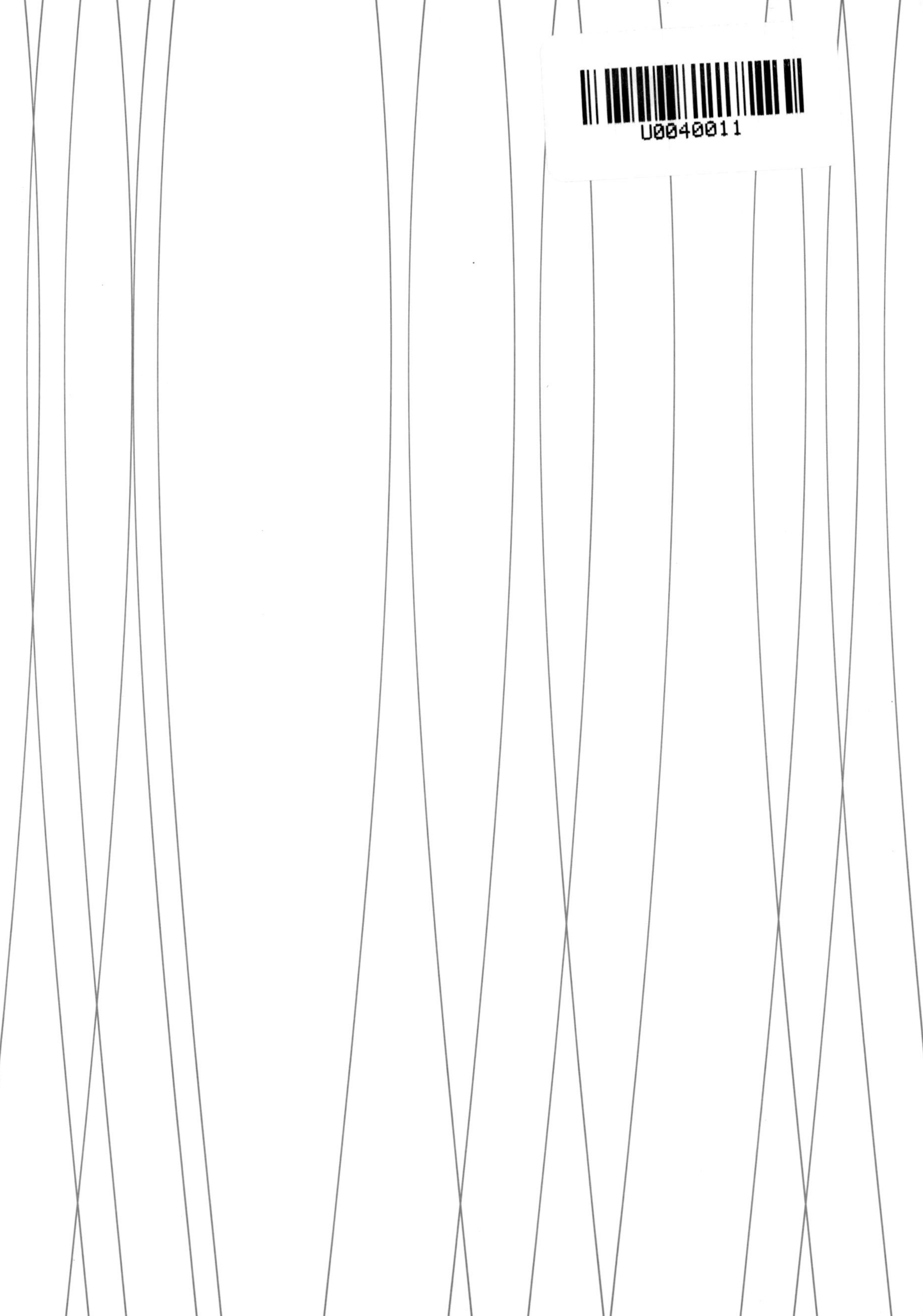
U0040011

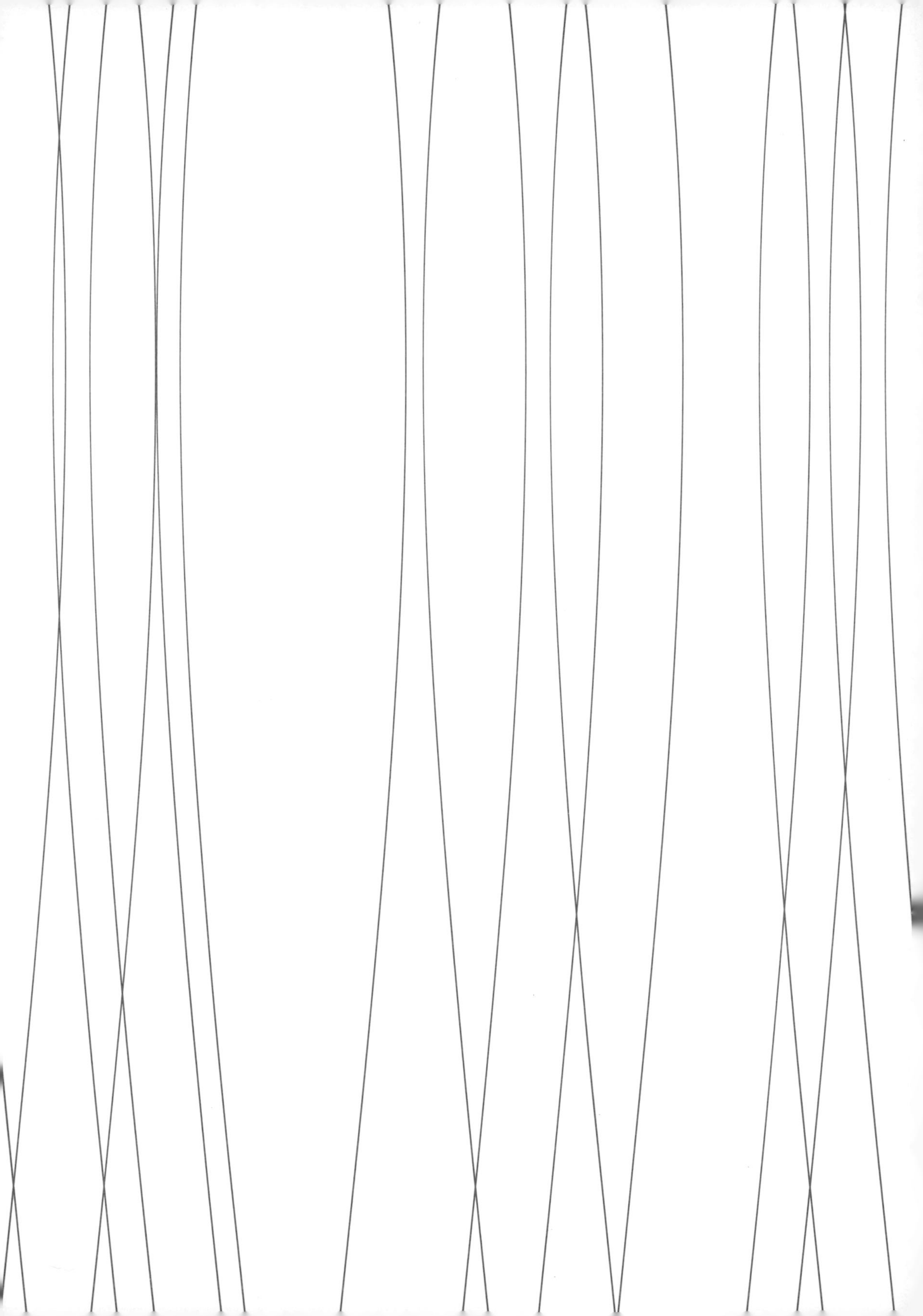

黃金之葉

行進於知識的密林裡，
途徑如此幽微。
我們尋覓一些參天古木，作爲指標，
我們也收集一些或隱或現的黃金之葉，引爲快樂。

黃金之葉
24

Net and Books 網路與書

熱什哈爾：珍貴的露珠（完整典藏甘肅版—原始手稿刊布・新譯・註釋・校勘）

穆斯林族群的壯麗與悲絕

作者：關裡爺
譯者：馬學華
監譯：張承志
責任編輯：江灝
編輯協力：劉盟贇
封面設計：林育鋒
排版：活字文化

出版者：英屬蓋曼群島商網路與書股份有限公司臺灣分公司
發行：大塊文化出版股份有限公司
臺北市 105022 南京東路四段 25 號 11 樓
www.locuspublishing.com
TEL：(02)8712-3898　　FAX：(02)8712-3897
讀者服務專線：0800-006689
郵撥帳號：18955675　戶名：大塊文化出版股份有限公司
法律顧問：董安丹律師、顧慕堯律師

總經銷：大和書報圖書股份有限公司
地址：新北市 24890 新莊區五工五路 2 號
TEL：(02)8990-2588　FAX：(02)2290-1658
製版：瑞豐實業股份有限公司

初版一刷：2021 年 6 月
定價：新臺幣 580 元
ISBN：978-986-98990-7-9

Printed in Taiwan

國家圖書館出版品預行編目 (CIP) 資料

熱什哈爾：珍貴的露珠（完整典藏甘肅版—原始手稿刊布・新譯・註釋・校勘）穆斯林族群的壯麗與悲絕 / 關裡爺著；馬學華譯，張承志監譯．
-- 初版．-- 臺北市：英屬蓋曼群島商網路與書股份有限公司臺灣分公司出版，大塊文化出版股份有限公司發行，2021.06
536 面；　公分．--（黃金之葉；24）

譯自：Rashaha

ISBN 978-986-98990-7-9（平裝）

1. 回族 2. 民族史 3. 史料 4. 清代

536.24　　110006373

熱什哈爾

珍貴的露珠

穆斯林族群的壯麗與悲絕

關裡爺—著
馬學華—譯
張承志—監譯

目 次

甘肅版《熱什哈爾》刊布記

張承志

(一)

那是在一九八九年的齋月，我住在寧夏青銅峽旁的鴻樂府清眞寺裡，白天封著齋四處訪問，晚上在寺裡和阿訇滿拉閒談。考古和歷史出身的我，心裡糾纏著對未發現史料的情結。一天晚上，當又聽到我反復說歷史的重要、尤其民間內部可能存在著重要的歷史紀錄時——馬兆麟阿訇突然站起來說：「我有一本經，拿來你們看看！」

這就是哲赫忍耶派在乾隆四十六、九年的殘酷鎮壓之後，於潛伏中以阿拉伯－波斯文寫成的歷史《熱什哈爾》一書的出現始末。

阿訇馬兆麟提供了祖輩祕藏的抄本之後，年輕滿拉（經學生）楊萬寶、馬學凱立卽開始了翻譯。幾個月後，譯稿殺靑，三聯書店願意出版它，但是要求推薦者（我）作序說明並署名負責。那是一個恩澤美好的時代。三聯版上市不久，臺灣商務印書館的總編輯郝明義先生隔海識珠，於是好事接連，繁體字商務版接踵問世。我的序寫得輕浮，如今汗顏不敢引用，只一句 「抄本亦極少」 ，猜測抄本不會超過三十部。

確實不可思議。奢望什麼三十部，年年盼想，歲歲流逝，連第二個抄本也一直沒有出現！不覺之間，日換星移，三十年光陰彈指而去。

哪裡能想到：就在三十年後的今天，準確地說是在二〇二〇年的疫中五月，我手裡已經拿著第二個版本。它就是此次新譯依據的、甘肅宣化崗印刷的新發現手抄本。據末頁題跋，書抄寫於光緒十三（1887）年。

換句話說擁有的已不是孤本，有了兩本以上便可以查勘對校。

於是新的工作緊張重開。比起一九九三年的寧夏版翻譯出版，此次（2020—2021）完成的是一部古文獻整理的諸項作業：1，原件刊布；2，翻譯（包括逐字旁譯與全譯）；3，與寧夏版的對校勘誤；4，語言與歷史要點的簡單註釋。

（二）

在一九九二年一月於日本發表的「隱藏的中國伊斯蘭教祕密資料：熱什哈」（隠された中國イスラム教の祕密資料［ラシュフ］、東洋學報第73卷1—2期）中，我對此書所作解題如下：

「熱什哈是一個基於阿拉伯語動詞Rashaha，即『流汗』、『滲水』的詞，這一書名還見於西亞蘇非主義的著作中，比如：乃格式板丁派有『Rashahat Aynal-Hayat』。」

著者姓馬，經名艾布艾拉曼．阿布杜．尕底爾（ابوعلامة عبدالقادر），因曾住甘肅伏羌東關內，「關裡」一名由此而來。只能據各種資料推測他大約是清代乾嘉之際的人，他是隴南地區民間的大學者，影響至今深入人心。墳塋在張家川附近的蓮花城。

關於書題該再作說明。抄本原件並無標題，「熱什哈爾」是它不精確的音譯。只不過三十多年時光裡這一譯法被民衆接受和熟知，甚至在蓮花城關裡爺墓上的對聯中，關裡爺的後代也在使用這一漢譯。

而甘肅版的封面上，印有書題 كتاب الرشحة الشريفة （al-Rashḥatu al-

Sharīfatu），不知乃是原有，抑或後來補加。但這一名稱曾見於本書在清末民初的續作、曼蘇爾．馬學智的《哲赫忍耶道統史》一書的前言中[1]。再參考前述乃格什班丁耶教團的名著 Rashaḥāt 'Ayn al-Ḥayāt 其意爲「生命泉之滴、生命之泉的露珠[2]」，因此，本書書題意卽「珍貴的露珠」。

關裡爺此書前半以阿拉伯文夾雜波斯文、後半則全用波斯文寫成。簡單地歸納其體裁，是以一個個「وروى」（意爲：相傳，波斯文部分爲 نقل است كه）依次排列，敍述全部內容。

如今我們能懂的多些了：作者關裡爺的方法，與寫作《先知傳》（al-Sīra al-Nabawīya）的伊本．伊斯哈格，以及「聖訓」諸作者一樣：首先列出「傳承人」及其資格，然後筆錄他講述的傳說。對「傳述資格」，阿拉伯文獻的古老規矩是細說譜系。而關裡爺則或以目擊者身份（如對第二輩平涼導師穆憲章），或依規矩講淸傳承者的脈絡。

一種新文體，連同它的新奇思想在中國出現了，散發出一種罕見的氣息和魅力。

這一著述體裁在一個面孔陌生、出筆蝌蚪的「關裡爺」筆下出現，確實給中國的舊式讀書人以摸不著頭腦之感。但是一旦視野隨著時代獲得了開拓，人們便發現唯有它，才淸晰地標識著十九世紀中國回教知識份子對歷史、世界、苦難，以及同時表達的哲學與文學的水準。

---

1 曼蘇爾．馬學智《哲赫忍耶道統史》前言：「特別是阿布杜．尕底爾編著的『كتاب الرشحة الشريفة』，好像太陽驅散了黑暗一樣消除了迷障，排除了疑惑」。

2 蘇非研究家、日本富山大學教授澤田稔給筆者的教示。特謝。

(三)

如今對照原文，書中的處處細節給人久久的驚奇。稍舉一例，一個人名「祁阿訇」，居然用「محمد لواء」（穆罕默德．旗幟）以諧音「祁」。而「田五阿訇」則用「دانشمند پنجم حلوائ」（答失蠻甜五）的稱謂來曲折地表達（答失蠻一語是元代對伊斯蘭教職人士的譯名），甚至「李」偏要寫成 الأدبى（禮節），頁頁不勝枚舉。至於全書的後半，則乾脆改換以波斯文寫成。無疑，選用隱語而摒棄簡易的拼音「小兒錦」，只是爲了守密。

所以這部書首先是一部受難民衆的抵抗史。但心思全不在歷史進程、滿紙荒唐言的寫法，又實在使讀者悵然。毋寧說它是一部社會史，抑或是農民認識論的闡述？它透露的回教社會的內部結構方式，封建地緣社會的依附關係和百態圖景，它與中亞乃格式班頂耶教團的糾葛關聯──全都藏在密密的蝌蚪文裡，不理睬人們是否能懂。

新譯本的一個特色，是發掘出大量十八世紀黃土高原的門宦與南疆乃格什板丁耶蘇非派之間的傳授濡染消息。一系列人名地名物件術語，「喀什噶爾」(کاشغرى)、「吐爾遜巴巴」(طورسن بابا)、「熱瓦普琴」(ربابى)、「鼓」(بدوغ)、「饢」(النان)、「儀式」(نذر)、「依禪」(ایشان) 等，都誘人遐想。讀著沉吟，一個輪廓在頁面行間朦朧隱現：那是一個今人不知的大交融時代，也許它還是蘇非主義的全盛期。文中浮現出的這些維吾爾常用詞，一個個白紙黑字，指示著西口內外兩地之間豐富的瓜葛糾纏。

如今讀來，《熱什哈爾》中「窮人宗教」的特點、以及不厭其煩娓娓道來的奇跡故事，不僅醒目甚至給人刺激。但它最大的貢獻，仍是記錄和強調了中國的蘇非主義先驅馬明心拒絕世襲的事蹟。

同時它若似白描，生動勾勒了一幅幅黃土高原的衆生相。它貌似意在宗教，寫出的卻是社會。讀著它，人們漸漸接近了十八、九世紀中國底層的一隅，那是一塊由於過度貧瘠所以才不可思議的土地。

奇跡論有著它的地理性。神祕主義惟有在那一類風土中，才能種籽發芽獲得蔓延。因爲在那裡人們被極度的「饑寒」驅逐，苦苦地尋找依靠與搭救，赤貧中高於一切的指望是神祕主義的「道」。特別在乾隆四十九年的極致鎮壓之後，人們連對造反也已絕望，他們被隔離於社會之外，而體制的宗教又說教著，把這種生存合理化。於是神祕的傳說在襤褸人群間祕密潛行。是的，惟有那些「不可能」的故事才是人心慰藉。它們愈傳愈烈，膾炙人口，被堅信爲唯一的拯救。關裡爺揮灑著流暢的下里巴人話語，大刀闊斧地描繪了一幅時代巨畫，也順手嘲弄了與奇跡論孿生的教條主義和裝神弄鬼。他筆下的宗教社會滿是人間煙火，聖職圈子一望形形色色——三十多年後對照原文品味，隱身的作者，他的火候能力，甚至他的竹筆書法，都令潛讀的人震驚不已。

(四)

二〇二〇年時値瘟疫，蟄居中甘肅版新抄本從天而降，宛如一劑抗疫的妙藥。這一次絕不能讓機會流失，我指的是讓這部古籍按照學術規範刊布問世的機會——這一次我們將排除萬難，讓這部民衆祕藏了二百年的著作，以嶄新的面貌送達讀者手中。

一九九三年三聯版《熱什哈爾》譯者之一馬學凱先對兩個手抄本作了審閱。一邊協助的我列出了約一百處要點，和馬學凱一起對這些要點逐一核查。每個單詞都使用微信、語音、截圖、手書照相、阿文打字——仔細檢對過。可憐的我並無長策，辦法是同步諮詢背景不同的阿語達人，對馬學凱的結論二度把關。最後，全書的關鍵語句和段落旁都貼上了楷書的阿文和對應的漢譯，以待更深入的討論與駁難。

這一階段結束後，令我們振奮的是：除了極少的箇所須加修正之外，一九九三年譯文經受住了考驗，因此三聯版與臺灣商務版是可靠的。

值得一提的錯譯是：三聯版第38、41等頁把「喀什噶爾」譯作了「哈土哈爾地」或「西口外」。此事責任主要在擔任助手的我，當時的我缺乏敏感，胸中沒有對蘇非傳播的整體感覺。

第二步由民間學者馬學華接手，他正式承擔了校勘、新譯、註釋的重任。參照明初官譯《元朝祕史》的方法，新譯本的格式是：抄錄原文並字字「旁譯」，一節結束再疏通「總譯」，文末再加註釋與校勘記。自夏入冬，馬學華的譯文一頁頁積累。這位石嘴山下的農民內秀嚴謹，農忙季節白天在玉米地裡勞累，夜晚挑燈伏案，把阿拉伯文、波斯文、中文用娟秀工整的字跡寫入譯稿。另一位不願署名的朋友也不憚勞碌，全力幫助譯者起草註釋、提示思路並費力排版。

新年肇始，舉意抵達結尾，一百六十八頁難辨的手抄本均被解讀。如今楷書清楚，逐字可查，湮沒年深的文獻，將以全新的面貌貢獻給社會。

二百年前那位奮筆獨書的草莽學者，二百年來傳抄密藏的無名義士，他們虔誠的渴念就要得到後世的回報。同時一種民間的學術愈來愈顯示出它的光亮，我們悲願中追求的「文明內部的發言」，也即將邁出它的一大步。

與此書相關的歷史背景資料，臺灣商務版附錄的楊懷中先生所著「馬明心．田五小傳」勾勒清晰。我寫過的一些，爲備考附上目錄。

這是一部偉大的歷史文獻。中國回民自唐至淸一千四百餘年裡，宗教編譯雖有很多，但歷史著作僅此一部。此次的甘肅版手抄本原件與馬學華譯註本一旦印出，毋庸置疑，必定將引起國內外學界的注目。對它的接續研究和熱烈討論已經可以預知。或許，它還將遠遠超出文獻學的範疇，推動人們對各種問題的思考。

二〇二一年二月廿五日寫定於北京

【備考目錄】

1 三聯版《熱什哈爾》前言〈心靈模式〉，1993年，及後記（曾以〈寧肯湮滅〉為題，上海文藝出版社《張承志文集》第5卷）

2 〈熱什哈爾：拒絕現世的學術和藝術〉，1992年，同上，第5卷

3 〈為泥足者序〉，2009年，同上，第12卷

4 〈隠された中国イスラム教の祕密資料ラシュフ〉（隱藏的中國伊斯蘭祕密資料：熱什哈），1993年，東洋學報73卷1—2期

熱什哈爾

珍貴的露珠

بسم الله الرحمن الرحيم

بنام خداى بخشاينده مهربان

الحمد لله الهادى والصلوة والسلام على رسوله

他的 使者（降至） 安宁 祝福 指引正道的 真主 归 赞颂

محمد الشافى وعلى آله واصحابه واتباعه مرشدى

导师 追随者 门人 家眷 治愈疾病的 穆罕默德

السعداء الى مراتبهم المستعدة والمقام العالى

崇高的 地位 准备好的 他们 品级 幸运者

خصوصا لمولينا المرسل على الفترة فى الملك

国 中断时期 受差遣的 我们毛拉 尤其

الصينى كما قال سيد العلماء رئيس الصلحاء

善良之人 的 首领 学者们 的 领袖 说 正如… 中

شفيق الجهلاء مفتى الزمان محمد عبد الجليل

当时 的 法官 愚昧者 的 同情者

قدس الله سره فيا سيدى ويا سندى لولا ظهوركم

您 出现 若非 我的 靠山 啊 我的 领袖 啊 他的灵魂 使圣洁

فى الصينى ولا اعتبر الجهلاء منا لدخل طبقتنا

我们阶层 陷入歧途 我们中 愚昧无知者 被评论 不 中国 在

العالمون فى الضلالة والگمراهى

歧途 迷误 学者

اما بعد فيا ايها الاخوان ويا ايها الاخلاء اعلموا

你们知道 挚友们 弟兄们

انه لما رشح بحر قديم لولاية مولينا الاعظم

伟大的 我们毛拉 贤品 古有的 海 渗漏 当

شاه وقاية الله قدس الله روحه وحرك التقط

捡拾 动 拉杰叶尔维赫沙

عبده الضعيف المشتاق الى لقاء مشهده الراجي

期盼 光临 见 渴望的 羸弱的 仆人

الى ايلاجه في سلك كلب بابه من جوانبه

各边 门 狗 行列 让进入

واطرافه كنوزا مشتاقة ودررا محبوبة

爱慕的 珍珠 渴望的 财宝

ساعة قد ركب في فلك النقل والرواية

讲述 传达 船 乘 一段时间

ووقتا في سفينة البصر والرؤية ووضعها

放到 目睹 眼见 船 一段时间

على قدامة دكان صرف من يهد الله

引导 谁 兑币 店铺 前面

فهو المهتدي مدروجة في ثوب خرقة

一块破布 布 在 被卷 得正道的

عبارته الناقصة وعلق لوح لقب

称号 牌子 悬挂 有缺陷的 文章

وزنوا بالقسطاس المستقيم على بابه

它 门 上 公正的 天平 称

اليس منكم محب عارف وان كان

有 如 认识的 喜爱的 你们中 没有 难道

فاي واحد منها ليأخذ بيدي نظره او

或 眼睛 两手 抓住 它中 一个 哪

سمعه بلا ثمن ولا قيمة ويبلغكم

送到 价值 无 价格 无 耳朵

ما استطاع من نعمته بلا كزب ولا افتراء

造谣 无 谎言 无 恩惠

خوفا ان يُساق الى خارج حرم امّتي

我的温麦提 禁地 外边 到 被驱赶 害怕

وينبئكم بما تأكلون وما تدخرون

你们储存的 你们吃的 告知

في بيوتكم بلا كثيرة ولا قلة احترازا

提防 少 不 多 不 家里

عن خطرين عظيمين ولا يسألكم

索求 两个巨大的 两个危险

عليه اجرا ان اجره الا على الله

他的报酬 报酬

الكريم الوهاب وان لم يكن

没有 若 博施的 慷慨的

奉普慈特慈的真主之名

讚頌歸於眞主，指引正道的主；祝福和安寧降於他的使者——妙手仁心的穆罕默德；並降於他的家眷、弟子和追隨者——引導幸運者獲得崇高品級和地位的導師們。

尤其是我們的毛拉[1]，在中國道統中斷之際，他擔負了使命。如學者的領袖、廉士的首領、愚昧之人的同情者、當代的法官——穆罕默德．阿布杜哲里里（願眞主使其心靈聖潔）所言：

「啊，我的領袖！啊，我的靠山！
泱泱中國，若非您的出現，
我等學者階層必深陷迷誤，
愚昧無知者更不足爲道。」

難道你們中沒有一個識貨的愛慕者？！若有的話，那麼，任意一件珍寶都會抓住他的雙眼或兩耳，而無需任何報酬；他力所能及地把恩澤毫無欺騙地送達你們，他害怕被驅趕到「溫麥提」[2]的禁地之外；他預告你們所吃的以及家裡所儲存的，一點兒不多一點兒也不少，以提防兩個巨大的危險。

他不向你們索取報酬，他的報酬只有慷慨博施的眞主負責。

若無識貨的愛慕者，則那是由於他的不足和懈怠。

祈求眞主饒恕我和你們的過錯，今後兩世，我只向他求護佑。

1 مولانا：阿拉伯語，音譯為「毛拉纳」，意為：我們的主人，保護者。該詞多用於偉大傑出的人物。諸如蘇非聖徒和宗教導師。本書中特指哲赫忍耶的宗教導師們。

2 امتي：意即「我（指穆聖）的教民」。

فذلك من جانبه نقصان وقصور غفر
那 出自 他的方面 不足 懈怠 饶恕

الله لى خطيئتى ولكم ومنه استعصامى
我的 过错 你们的 向他 我求保护

فى الدارين وما توفيقى الا بالله وهو
两世 我的成功

على كل شىء قدير ولا حول ولا قوة
所有 事物 全能的 无 能 无 力

الا بالله العلى العظيم
除 崇高的 尊大的

وروى عن ولده العزيز جدنا الكبير محمد
相传 由 他的儿子 亲爱的 我们爷 大的

عبد الله انه قال انى كنت قد سمعت
说 我 听到

من ابينا الكريم ان اصلنا من قبيلة
从 父亲 仁慈的 祖籍 是 属于 家族

الاهل الفرسى القنجيوى ثم هجرنا
家 为 所 州 然后 我们迁移

الى الكنجيانفوى وفى هذا الزمان
到 巩昌府 在 这 时期

بعض القرباء فى البادى اللويقونينوى
一部分 亲戚 在 村野 内官营

والبعض في الحاضر ثم هجرنا الى البلد الخُوَجِيُوى
河州 城 到 我们迁移 城镇 一部分

اقمنا في فناء مغربه واذا رجعت جدتنا الكريمة
仁慈的 祖母 归 当 它 西 关 居住

الى الله تعالى فجدي الكريم المعلوم بجد القسم
（ ） 爷 以 著称的 仁慈的 我祖父 真主

الثاني ارشد ابينا وهو صبي يتيم ابن تسعة
九(岁) 男孩 丧父的 儿童 他 我 父亲 领 二

وترك اخيه الثالث المشهور بجد القسم الثالث
三 （ ） 爷 以 著称的 三 他的兄弟 撇下

وابنيه الكبير والصغير فركبا متن خيل
马 背 他俩骑 小的 大的 他的俩儿子

الغربة وحملا مشقة المسافة
路程 艰难 他俩担负 离乡

وذهبا الى سبيل السحاب اليمن ذي الحزن
忧愁地 南 云 路 他俩走

والوحشة ودخلا مرصاده الى ملك الاواء
谛
阿佤 国 通往 要道 他俩进入 孤独地

ذي اللسان غير الالفة ومرّا تسعة
九 他俩过 熟悉 不 语音 有

الدجلة الكبيرة
大 河

ويوما من الايام بينماهما يطلبان ماء وحطبا

柴 和 水 他俩寻找 正当 有一天

لصنعة الطعام اذ ريح مخالف وتراب عجائب

奇怪的 尘土 逆 风 忽然 饭 做 为

قد ابتداء وظهر السواد وستر الشمس

太阳 遮蔽 黑暗 出现 开始了

وذهب السلامة ووقع البلاء واذا ثبت

平静 当 灾难 发生 平安 消失

الريح ما رايت ربي ولا وجدت ابي

我父亲 我发现 没 我的监护人 我看见 没 风

متيما طلبت باكيا وبقيت حيرة

不知所措地 我存在 哭着 我寻找 什么时候

واصبحت ولا علمت وامسيت ولا دريت

我知道 不 我进入夜晚 我知道 不 我进入早晨

واشوقا الى لقاء ابي واويلاه ياحسرتاه

太可怜 哎呀 真不幸 哎呀 我父亲 见到 多么渴望 哎呀

ان غرس الاشتياق ماله ثمر وليل

夜晚 果实 它上 没有 渴望 禾苗

الافتراق لا له قمر ليت دعجاء

黑暗 但愿 月亮 它上 没有 离散

الفراق وذكاء الوصال وفرق بيني

我之间 离别 团聚 太阳 伴同 离散

我的成功全靠眞主相助，他是全能的。我們無能爲力，唯有求助於崇高尊大的眞主。

001相傳：據他（指沙赫．維尕葉屯拉—譯註）的愛子、我們的大爺—穆罕默德．阿布頓拉[1]說，我曾聽我的慈父說：我們的祖輩是階州[2]的馬姓，後來遷到鞏昌[3]，在此期間，我們的一部分親戚住在內官營[4]鄉下，一部分住在城裡。後來又遷到河州[5]城，居住在西關。

我的仁慈的祖母歸眞後，我二爺撇下了他的三弟和他的兩個兒子，領著我的父親——他是個九歲的孤兒——爺兒倆離鄉背井，風餐露宿，一路艱辛、憂愁地向雲南路[6]走去。他倆進入了阿佤國[7]，人生地疏，語言不通。

他倆經過了九條大河[8]。

有一天，他倆正在尋水拾柴準備做飯，突然狂風大作，飛沙走石，烏雲蔽日，天昏地暗，安寧消失了，災難發生了。

風停了，我（指沙赫．維尕葉屯拉—譯註）沒有看見我的監護人，沒有發現我的叔父[9]，我哭喊尋找，茫然不知所措。東方發白，我竟不知今晨已至；夜幕降臨，我竟不知昨夜已逝。多麼想見到我的叔父啊！哎呀，眞不幸！哎呀，好可憐！

奢望的禾苗結不出果實，離散的夜晚看不到明月。但願離散的黑暗隨著團聚的陽光的出現而消失！

---

1 即馬明心長子。後日發配到雲南他郎寨，故教內尊稱他郎太爺。

2 今甘肅省隴南市武都區。

3 今甘肅省隴西縣。

4 今甘肅省定西市安定區。

5 今甘肅省臨夏回族自治州。

6 「雲南路（سبيل السحاب اليمن）」：直譯為「雲右路」，此為意譯。這個地名採用了阿文辭匯轉譯中國地名。اليمن無「南」之意義，與اليمن「右邊」相對的الشمال「左邊」一詞有「北邊」之意義，據此將اليمن譯為「南」。

7 「阿佤國（ملك الأواء）」緬甸舊稱。它指示著通向紅海的方向。是判定導師馬明心曾去過阿拉伯地區、哲赫忍耶派的源頭與西亞曾有關係的地理依據。

8 原文為الدجلة，底格里斯河，中東名河。此處泛指江河。

9 此處原文為（ابي）「我的父親」。

وبين ابي تفرقا دائما ولكنه مبارك معصوم

受保护的 吉庆的 他 然而 永远的 离别 我父亲 之间

واذا جعت رايت عقدة من النان وتمنيته

它 我 指望 嚢 一块 我看见 我饿 当

وهرولت فاذا هي عديمة واذا عطشت رايت

是

我看见 我渴 当 不存在的 它 突然 我快跑

مرأة جميلة وبين يديها كاسه من برد الماء

水 凉的 杯子 她 前面 漂亮的 女人

وسعيت شربه بخلت ولا تعطيني واخذت

她拿去了 我 她不给 她吝啬 它 喝 我走去

وجلست جائعا وعطشانا شوقا وحزنا

忧愁 渴望 渴的 饥饿的 我坐下

وحليت فاذا عدمت واذا مضى اليوم

天 过去了 当 她没有了 忽然 我想办法

الكثير ووقعت الامور العجيبة فرجل

男人 离奇的 事情 发生了 多的

فان وشيخ حسن قد ظهر من بعد

远处 从 出现了 清秀的 筛海 年迈的

واتاني وانا بين النوم واليقظة وسألني

在

我 他问 醒 睡 之间 我 我 他来到

وانا جاهل وقلت له امري وهو متجاهل

是 是

装作无知的 他 我的事情 他对 我 说 无知的 我

وبحمد الله تعالى واذا اشربته حزنا وشوقاني

我 渴望 忧愁 他 我示意 当 清高 真主 赞颂

يتيم غريب ساقط في البلاء باق في الجوع

饥饿 存在的 灾难 在 跌落的 离乡的 孤儿 是

والعطشان قد علم واعطاني عنقود الزبيب

葡萄 一串 我 他给了 他知道了 口渴

والطعام والشرب اكلا اكلا والشرب

喝 吃 吃 饮水 食物

الشرب فلعل الله تعالى يعصمني من برد

冷酷的 从 我 保护 但愿 喝

البلاء الى ان ظفرت لؤلؤ الحيوة بين

中间 生命 珍珠 我获得 继而 灾难

بحر الكفارة وموجه فاشارني اما خرجت

你出去 或者 我 他指示 浪 赎罪 海

او دخلت وان خرجت ارشدتك الى مولدك

你的故乡 到 你 我指引 你出去 若 你进入 或者

وان دخلت فهديتك الى سبيل ثم هداني

我 他领 然后 路 上 你 我领 你进入 若

الى ملك يكه روم وفوضني الى شيخي

我的 苏海 给 我 他交付 鲁姆 （ ） 国 到

قدس الله سره وبعد زمان طويلة

长的 时间 之后

وامور كثيرة امرني اسكن في هذا البيت الصغير

小的 房子 这个 在 你住 我 他命令 多的 事情

ولا تخرج منه اصلاً فسكنت فيه الى تسعة

九个 直到 它 在 我住 决 它 从 你不要出去

اشهر ثم اخرجني وادخلني في مدرسة الشريفة

尊贵的 学堂 我 他让进入 我 他让出来 然后 月

وعلمني ما لا بد من العلوم الكثيرة وبعد الحصول

获取(知识) 之后 多的 知识 必要的 我 他教授

امرني اعتكف ثلاثة اشهر وامر واحدا فاخدمه

他 你侍候 一个人 他命令 月 三个 你坐静 我 他命令

وروى انه اذا تم الاعتكاف وفتح بابه

他的 门 他打开 坐静 圆满 当 相传

فحضرت مولانا الاعظم قدس الله سره

伟大的 我们 毛拉

قد قال لخادمه اسجدني فاني انا الله وانا

是 给

我 真主 我 我 你叩头 他 侍候的人 对 说

نبي ولما سمع كلامه هذا هرول الى الشيخ

是

筛海 向 他奔跑 这个 他的 话 他听到 当 圣人

الكبير وقال اي حضرت مولاي ان ذلك

那个 我的毛拉 哎 说 大

المعتكف الصيني يقول كذا كذا وسأله

他 他问 如此 如此 说 中国的 坐静的人

叔侄永遠離散了，然而，他（指侄子—譯註）是吉慶的、受保護的。

我饑餓時看見一塊饟[1]，我指望著吃它。我奔向它時，它突然沒有了。

我口渴時看到一個漂亮的女子，她面前放著一杯涼水。我走過去要水喝，她吝嗇地不給我，卻把水拿走了。我又餓又渴，坐下來想辦法向她要水，她突然也無影無蹤了。

許多天過去了，發生了很多離奇的事。

一天，一個年邁的、眉清目秀的篩海[2]從遠處出現了，他來到了我跟前。我當時半睡半醒，他裝作不知道問我，我就稀裡糊塗地把我的情況告訴了他。

讚頌眞主，出於對當前處境的憂愁和渴望得到幫助，我示意他：我是一個離鄉的、落難的、飽受饑渴的孤兒。他明白了，他給了我一串葡萄和食物，說：「吃吧，喝吧。」

但願眞主保佑我，使我擺脫冷酷的災難，繼而從贖罪的海浪中獲得生活的珍珠。

他指示我：「你要麼出去，要麼進入。你要出去的話，我就指引你返回故鄉；你要進入的話，我就領你上路。」

然後，他把我領到魯姆的一個國家[3]，把我交付給了我的篩海✽[4]（願眞主使其心靈聖潔）。

經歷了許多事，很長一段時間後，他命令我：你住進這間小屋，絕不要出去！我就住了進去，住了九個月。之後，他讓我出來，把我送進了尊貴的學堂，他教授給我許多必要的知識。

---

1 饟（النان）：突厥語／波斯語。此詞在原書中多處出現，有時加阿拉伯語定冠詞，而不用阿拉伯語「الخبز」（乎布茲、餅）。多用此詞疑為馬明心中亞履歷的痕跡。

2 「篩海」（阿拉伯文شيخ）：梳理清楚這一節中提及的「篩海」不是易事。關裡爺筆錄時已是二遍疊傳（馬順清-哈格-關裡爺），往事也許已經漫漶。就阿拉伯語法的關係推測，一共出現約五次或五個篩海。他們是否都是阿拉伯甚至「葉門」的人物？抑或其中混雜著中亞比如費爾幹納盆地的蘇非？不能妄斷。我們只能留意P8的「葡萄園」、「市場」，P9的「沙姆」等辭彙，再等旁證。

3 原文為ملك يكه روم，在「國」與「魯姆」之間插入「يكه」一詞，因此，不可譯作「魯姆國」。「يكه」一詞疑為波斯語，其意是「一」，故譯作「魯姆的一個國家」。魯姆一名，不得其詳，有待方家考證。

4 篩海（الشيخ）：在教乘、道乘、真乘三方面均學識淵博、功修出眾的人。憑藉著真主賜予的神祕知識和醫治精神疾病的醫術能把人引導於正道，並幫助求助者成為正人君子。

اسجدت ام لا وقال لا فقال رضي الله عنه

他 真主 喜悦 他说 没有 他说 没有 或者 你叩头了 吗?

ان سجدت ربحت والا فقد خسرت وبعد

之后 你亏本了 否则 你获利了 你 叩头了 如果

هذا الاعتكاف ادخله بيته في السلوك بالله

修道 他的 房子 他 他让进入 坐静 这次

فمنذ دخل لا يخرج من بابه الى الان امرني

我 命令 直到 它的门 从 他没出去 他进入 自从

شيخي قدس الله سره في السنة السابعة

第七 年 在 我的 筛海

وانا ابن الاربعة والعشرين سنة اخرج

你出去 岁 二十 四 小伙 我

من هذا الباب وطف في الصحراء حتى نعلو

我上 一直 荒郊 你游览 门 这个 从

الى جبل رفيع ونمت عليه فرايت في المنام

梦 在 我看到 我睡觉 高 山

ان هاتفا ينادي اذا نودي للصلوة من يوم

日 礼拜 因 有人晓喻 当 高呼 呼唤者

الجمعة فاسعوا الى ذكر الله وذروا البيع

买卖 你们放下 真主 记念 你们赶快去 聚礼

واستيقظت وسرعت منطلقا فاذا لقيت

我遇见 忽然 出发着 我 急忙 我 醒了

شيخا كبير السنة قد رعا ظبيا ومثله وسائر

其他 它 似像的 羚羊 牧放 年龄 大的 筛海

الخمس انهم تيمموا ويريدون ان يقيموا

他们礼 他们要 他们做了土净 五个人

الصلوة وانتظروني الى كمال سبعة رجال

人 七个 完整 直到 我 他们等待 拜

ولهزا قيل لا جمعة الا سبعة رجال ثم

然后 人 七个 除非 聚礼 没有 有人说 此 因

التقط مائة حجرة صغيرة حسنة

漂亮的 小的 石子 一百个 他捡拾

بلا اختيار في هزا المكان فزلك الشيخ

筛海 那个 地方 这个 在 选择 无

الراعي اعطاه عشرة احجار كبيرة ووصيه

他 他托付 大的 石子 十个 他 他给 牧羊的

اورد هزا في جنب شيخك ومرشدك واتبع

你遵从 你的导师 你的筛海 身边 在 这些(石)你拿

وضعه وتلقينه وبعد زلك قصد الحج

朝觐 他要 那 之后 他的 教导 他的安置

والبيت وجاء الحجر الاسود فخرج الحجر

黑石 出来 黑 石 他来到 天房

من مكانه حتى التصق بوجهه رضي الله عنه

他 真主 喜悦 他的脸 它紧贴 一直 它的位置 从

獲取知識以後，他命令我：「你坐靜[1]三個月。」又命令一個人：「你侍候他。」

相傳：坐靜期滿，打開屋門時，我們的偉大毛拉✽[2]對侍候他的那個人說：「你向我叩頭！我是眞主，我是聖人。」那人聞聽此言，向大篩海狂奔而去，說：「我的毛拉呀！那個中國的坐靜者說了如此如此的話。」

他（指大篩海—譯註）問他：「你向他叩頭了沒有？」回答：「沒有。」他（願眞主喜悅他）說：「如果你向他叩了頭，那麼你獲利了。否則，你虧本了。」

這次坐靜以後，我的篩海讓我進入了他修行[3]的房間，自從進去再也沒有出來。直到第七年，我二十四歲，他命令我：「你從這個門出去，到荒郊[4]遊覽！」我登上了一座高山，在山上我睡著了。夢中聽到有人呼喚：「當聚禮日召人禮拜的時候，你們應當趕快去記念眞主，放下買賣。」[5]我醒了，我急忙出發。

忽然我遇到了一個年邁的篩海，他在牧放羚羊等牲畜。另外五個人作了土淨要禮主麻拜，他們等我來湊夠了七個人。因此有人說：「人數達到七個，方可禮主麻。」

禮完拜，他[6]在這個地方隨意地撿拾了一百個漂亮的小石子，那位牧羊篩海又給了他十個大石子，並托咐他：「你把這些石子拿給你的篩海、你的穆勒師德[7]，你遵從他的安排和教導。」

那次遊覽之後，他要去朝覲。他來到了黑石前，黑石離開了位置，緊貼他的臉頰。

---

1 坐靜：اعتكاف穆斯林在齋月後十天裡的一項聖行功修。坐靜者居於清真寺一隅或其他僻靜之處，進行禮拜，念誦迪克爾，參悟冥想等功修。此處的坐靜屬道乘的坐靜，對坐靜者的要求更高。

2 ✽此處原文為「قدس الله سره」（願真主使其心靈聖潔）。隨著每一次「篩海、毛拉、和卓、哈祖勒提、依禪」等敬詞的出現都會出現此句禱辭。為行文方便，下文統一使用此符號替代。

3 原文：السلوك：蘇非哲學術語。即修道者按蘇非的修行程式修行者的自我行為。

4 原文الصحاء，查無該詞。譯者推測，或許是الصحراء的書寫漏筆所致。

5 《古蘭經》62:9

6 指沙赫 · 維尕葉屯拉。此處進行了人稱轉換，由第一人稱改為第三人稱。阿拉伯語寫作的一種修辭手法。

7 穆勒師德：مرشد，引路人，導師。蘇非教團內指精神導師。

واخذ الزمزم حتى ان يأكله ولده العزيز

亲爱的 他的儿子 它 喝 连 泽木泽木(水) 他带

جدنا الكبير محمد عبد الله قدس الله سره

其灵魂 真主 使圣洁 大 我们 爷

ثم رجع وطفق ذهابا الى صحراء لا فيها

它 在 没有 沙漠 进 走 他开始 他返回 然后

اكل ولا شرب وانه في اليوم السابع قد مرّ

他经过 第七 天 在 喝(的) 没有 吃(的)

有

بمكان فيه ساحة من الزبيب والتقط

他捡拾 葡萄 院子 它 在 一个地方

عنقودا ساقطا في خارج جداره واستأذن

他要口唤 它的 墙 外边 在 掉落 一串(葡萄)

向

صاحبه جوعا فخرج بخيلا وابى وقال انك

你 他说 他拒绝 吝啬地 他出来 饥饿着 它的 主人

是

ليس لك اكله فانك ذو المولى وقدم واطلب

你寻找 你向前 毛拉 有的 你 因为 它 吃 你 对 没有

رازقك فذهب جائعا وعطشانا الى وقت

时候 直到 口渴着 饥饿着 他去了 你 给提供饮食的人

عصر اليوم التاسع ووجد في سوق واحد

一个 集市 在 他发现 第九 天 晡(礼)

شيخا عطوفا رؤوفا قد دعاه متبسما بالبشارة

好消息 带着 微笑着 他 他邀请 仁慈的 慈祥的 筛海

الى بيته الشريف واظهره تسعة اناء وفي كل

每 在 器皿 九个 给 他显示 尊贵的 他的家 到

واحد منها انعام لذيذة مختلفة وقال الكلا

吃 他说 不同的 可口的 美味佳肴 它 从 一个

اكلاً وشرباً شرباً ودخل في ضحى اليوم العاشر

第十 天 上午 在 进入 喝 喝 吃

في بيت سلوكه ولقي شيخه قدس الله سره

他的篩海 他见 他的 修道 房

وحكى قصته فقال طوبى لك ايها السعدي

获幸运的人 啊 你专属 恭喜 ：他说 他的 事情 他讲述

بالجوع والعطشان في تسعة ايام لانها قد

它 因为 天 九 在 口渴 饥饿 因

اذهبت عنك شبهة تسعة سنتك في مولدك

你的故乡 在 你的 年 九 (罪过)嫌疑 你 由 它消除

الصين وجعلتك طاهرا سعدا لك يا حبيبي

我的朋友 啊 你专属 祝福 纯洁的人 你 它使成为 中国

بالطعام والشرب في اليوم التاسع في تسعة اناء

器皿 九个 在 第九 天 在 饮水 食物 凭借

لانها اشارة الى مرتبتك التاسع ونهاية

终点 第九 你的 品级 指示 它 因为

مقامك الخاتم وذلك العشرة والمائة

一百 十个 那 封印的 你的 位份

حجارة دائرة لكل كاملة شريفة في زمانك المبارك

吉庆的 你的光阴 在 尊贵的 完美的 你的 达依尔 石子

ثم اقام له دائرة كاملة وامر عشرة خاصّة

特殊的 十个 他命令 完美的 达依尔 他为 他建立 然后

من بين مريديه قبلوا في راحته وخذوا

你们拿 他的手掌 你们亲吻 他的 穆勒德 当中 从

صلواته ونشر كلا من ذلك العشرة احجارا

石子 十个 那 从 每一个 散发 他的 赛俩瓦提

لكل واحد من العشرة الخاصة فيها اي

即 它 在 特殊的 十个 一个人 每 给

في الدائرة الكاملة ولهذا مولانا الاعظم

伟大的 我们毛拉 此 因 完美的 达依尔 在

شاه وقاية الله قدس الله سره نشر في الصيني

中国 在 散发

في هذا العمل اربعة ذلك العشرة لاربعة

四个 给 十个 那 四个 尔麦里 这个 在

اصحابه الكبيرة يعني واحدا قُوَنْچُوَنْوِيًّا

关川的 一个 即 大的 他的 弟子

وكُنْچِيَانْفُويًّا وقَوْلَنْفُويًّا وسَالَارِيًّا وستّة

六个 萨拉的 皋兰府的 巩昌府的

لسائر الصحابة الستّة ولا ينشر الرجل من

从 人 他散发 没有 六个 弟子 其他

他帶回了澤木澤木水，他的愛子、我們的大爺——穆罕默德 · 阿布頓拉✿曾經喝過。

朝覲結束了，在返回的途中，他走進了一個沙漠，這個沙漠裡既沒有吃的食物也沒有喝的水。第七天，他經過了一個地方，那裡有一座葡萄園，他撿拾了一串掉在園牆外的葡萄，雖然饑腸轆轆，但他還是先向園主討要口喚[1]。園主出來了，吝嗇地拒絕了他，並說：「你不可以吃它，因爲你是有毛拉的人。你向前走，去尋找給你提供飲食的人吧。」

他忍受著饑渴，繼續前行。直到第九天晡禮的時候，在一個集市上，一位慈祥和藹的篩海，面帶微笑，邀請他到自己的家裡，那位篩海給他展示了九個器皿，每一個器皿裡都有不同的美味食物，對他說：「吃、吃，喝、喝。」第十天上午，他回到了他修行的房間，進見了他的篩海✿，講述了他在途中的所見所聞。

他的篩海說：「恭喜你，因忍受九天饑渴而榮幸的人！因爲，九天的饑渴消除了你在中國故鄉九年的罪過嫌疑，並使你變成了純潔的人；祝福你，我的朋友！在第九天，你享受了九個器皿裡的美味食物—它指示了你的第九品[2]以及你封印地位的終點。那一百一十個石子是你吉慶的光陰裡尊貴完美的達依爾」[3]。之後，篩海爲他建立了一個完美的達依爾，並命令他的十個高徒：「你們親吻他的手掌，與他拿『索倆瓦提』。」[4]在那個完美的達依爾上，篩海把那十個大石子傳給了十個高徒，每一個高徒得到了一個大石子。

據此，我們的偉大毛拉——沙赫 · 維尕葉屯拉✿在中國、在這樣的爾麥里上，把那十個大石子中的四個傳給了他的四個大弟子，即關川的一個，鞏昌府的一個，臯蘭府的一個，撒拉的一個；把另外六個大石子傳給了其他六個弟子，沒有傳給任何一個平庸之輩。

---

1 口喚——回民口頭語，意為：許可，允諾。

2 第九品：（阿文原文مرتبتك التاسع）即達到了自己完美且能使他人完美的「完人」品級。

3 達依爾： دائرة 本意為圓圈，為舉行贊誦儀式而圍成的圈子。此處指蘇非教團的集體組織。

4 拿索倆瓦提：صلوات，本意為贊聖，此處指在贊聖中彼此鄭重握手的儀式。

العوام وبعد كمال هذا الدائرة الشريفة

尊贵的 达依尔 这个 完美 之后 普通的人

لقن لكل واحد من ذلك العشرة اسلاما

伊斯俩目 十个 那 从 一个 每 给 他提念

مخصوصا وارسل كلا منهم الى مكان مخصوص

特定的 地方 到 他们 从 每一个 他派 独特的

فلقن (给) واحدا استغفر الله (向) من كل ذنب

罪 错 所有 从 真主 我求饶恕 一个 他提念

اذنبته عمدا الى آخره ولقن (给) واحدا

一个 他提念 它的 末尾 至 有意 我犯罪

عشرة اسماء الفاتحة يعني فاتحة الكتاب

经典 开端 即 法提哈 名称 十个

وسبع المثاني وسورة الشافي وسورة

章 治愈疾病的 章 重复 七节

الاساس وسورة الحمد وكتاب الجامع

包罗万象的 经典 赞颂 章 基础

وسورة المطلق وام القرآن وام الكتاب

经典 根本 古兰 根本 绝对的 章

وكلام الجامع وارسل واحدا منهم الى الشام

沙姆 他们 从 一个 他派 警句 名言

وواحدا الى اليمن ولقن لمولينا الاعظم

伟大的 我们 主拉 给 他提念 也门 一个

قدس الله سره سبحان الابد الابد سبحان

赞主清净 无终的主 无始的主 赞主清净

الواحد الاحد الى آخره ثلاث مرات

遍 三 宅的尾 至 体一的主 数一的主

ويا لطيف يا كافي يا حفيظ يا شافي

治愈疾病的主 啊 保护的主 啊 使人满足的主 啊 仁慈的主 啊

مرتين و يا لطيف يا وافي يا كريم

博施的主 啊 践约的主 啊 仁慈的主 啊 二遍

يا الله مرة في اورادنا الشريفة واخرجه

他 他让出使 尊贵的 我们 教拉德 在 一篇 安拉乎 呀

الى الصيني الآن مولينا الاعظم قدس

伟大的 我们 毛拉 中国

الله سره آخر المرسلين وبعد ذهابهم

他们 离去 之后 被派遣者 最后

قد ظفر سلسلة وسجادة ومتكاء

靠枕 拜毯 西里西来(道谱) 他获得

وعصا وقدحا وبدوغا وله ثوب حسن

漂亮的 衣服 他有 鼓 杯子 拐棍

الصبغة وطيب الرائحة وفي الصيني

中国 在 气味 馨香的 颜色

يوما قد وضعه على سرير في بيته الخالية

把

空闲的 他的房子 在 床 上 它 他放 有一天

這個尊貴的達依爾圓滿結束以後，篩海給那十個高徒中每一個人口傳心授了獨特的功修方式，並把他們中每一個人派往特定的地方。

他給其中一個人提念了贊詞：我向眞主求饒恕，饒恕我有意無意所幹的所有過錯……直至結尾。

他給另一個人提念了法提哈[1]的十個名稱，即：經典的開端，重複的七節，治癒章，基礎章，讚頌章，集大成的經典，無限制章，古蘭的根本，經典的根本，集大成的言辭。

他把其中一個派往沙姆[2]，一個派往葉門。

他給我們的偉大毛拉✽提念了拜後贊辭：「讚美眞主，無始無終的主！讚美眞主，體一數一的主[3]！」直至結尾，反復三遍；「呀，仁慈的主！呀，使人滿足的主！呀，保護的主！呀，治癒疾病的主！」反復兩遍；「呀，仁慈的主！呀，踐約的主！呀，博施的主！呀，安拉乎！」一遍。[4]

他派他回中國。須知，我們的偉大毛拉✽是最後一個被派遣的人。其他人離去後，他又獲得了一份道統譜[5]，一條拜毯，一個靠枕，一把拐杖，一隻碗，一面鼓[6]和一件顏色美麗、氣味馨香的衣服。

在中國，有一天，他把那件衣服放在了他的靜房裡的一張床上，他的一個兒子童年玩耍的時候從窗孔中看見過。

---

1 法提哈（سورة الفاتحة）：《古蘭經》首章。

2 沙姆（شام）：在阿拉伯地理中，指敘利亞以及地中海東岸地區。

3 體一數一（الواحدالاحد）：伊斯蘭教認主學概念，即指真主本體獨一，屬性獨一。

4 此段中贊辭，即哲赫忍耶派每日晨禮後集體贊念的內容，流傳至今。

5 道統譜（سلسلة）：即蘇非教團派系的傳授譜系。又稱「尼斯白體」。

6 「鼓」（بدوغ）：馬明心從導師所獲的七件贈物之一，這些贈物被視為傳教憑證，三聯版未譯，民國無名氏譯作「瓢」。一種解釋為「小鼓，黎明擊響喚人封齋用」。考慮到中亞蘇非派多用樂器尤其以鼓伴奏念誦，故留註備考。

它

وقد رآه واحد من ابنائه حالة اللعب صبيا

童年 玩耍 时 他的 儿子们 从 一个 看见

من روزنتها ان احدا من ذلك العشرة

十个 那 从 一个 它的 窗孔 从

المزكورة اسمه المبارك سعد الدين

吉庆的 他的 名字 被提到的

قد قرأ مدائحنا هزا وغردها

它 他咏诵 这个 我们的 曼丹叶合 他念

فلما آن زمان الوداع فشيخه الاكبر

大 他的 筛海 离别 时间 到了 当

قد وصيه بالامرين والواحد انك اذا

当 一件事 两件事 以 他 他嘱咐

اصبت ثلاثة وستين سنة فارجع الى

你回 岁 六十 三 你到了

بيتك الشريف قال جدنا الكبير محمد

大 我们爷 说 尊贵的 你的 家

عبد الله رحمه الله ان ابي الكريم

仁慈的 我 父

محمد وقاية الله قدس الله سره قد انتقل

他迁移

把

بعض اهله الى الولاية الشريفة وترك

他留 尊贵的 耶俩班 到 他的 家人 一部分

البعض في الصيني وكما وضع في الاهل

把

家人 在 他安置 正如 中国 在 一部分

فقد وضع في اسلامه ايضا والثاني انه

第二件事 同样 他的 伊斯俩目 在 他安置

اذا بدأت الفتن وانزل البلاء

灾难 降临 磨难 开始 当

فاذكرني وادعني

我 你呼叫 我 你提记

وروى انه ارتحل ولكنه لا يذهب ولا يقطع

离弃 去 不他 但 启程 相传

حبيبه الذي بينهما علاقة شديدة ومحبة

有

喜爱 坚固的 友情 他俩 之间 那个 他的 朋友

غليبة والشيخ شاهد فارسله فاذهب ايضا

也 你去 他 他派 看出 苏海

من تبعه فاذا ذهبت ثلاثة اياما او اربعة

四 或 天 三 你 去 当 他 跟随 从

فائت حتى في اليوم الخامس لا ينفك فاذا حبيبه

他的 朋友 忽然 他分开 不 第五 天 在 直到 你回来

هذا قد مرض شدة الى ان يموت ثم بكى لا غاية

终点 无 他哭泣 然后 他 死去 以至于 严重 他得病了 这个

وبنى مرقده وغسّله وصلى عليه ودفنه

给

他 他埋 他站殡礼 他 他洗大净 他的坟 他建造

ثم ذهب حزنا وبكاء واذا مضى اليوم

一天 过去 当 哭泣 忧愁 他离去 然后

فذكر انه نسي في ذلك المكان شيئاً

东西 地方 那 在 他忘记 他想起

لا بد في السبيل فرجع الآن القبر قد عدم

不存在 坟 他返回 路 在 必不可少的

والمفقود قد ثبت وان مولينا الاعظم

伟大的 我们 毛拉 稳定 遗失物

قدس الله سره منذ دخل في الصيني قد

中国 他进入 自从

ذكر اسم شيخه الاكبر ولقبه الاعظم

伟大的 他的 称号 大 他的 筛海 名字 他提起

ثلاث مرات مرة اذا ظهر سحر ديك بشت

背 锅 邪术 广为流传 当 一次 次 三

سالاري ومرة اذا اشتد المطر وغلب

古据 雨 猛烈 当 一次 撒拉的

الماء في بقعة الفرسى القونچوتوى ومرة

一次 关川 马家 堡 洪水

اذا انزل البلاء في القولنفوى في مكان الشهداء

烈士们 地点 于 果兰府 在 灾难 降临 当

رضي الله عنهم

他们 真主 喜悦

上述十個高徒中有一個名叫賽爾頓丁的人，他也像我們一樣高聲吟誦「曼丹葉合」[1]。

臨別時，大篩海囑咐他兩件事：「第一件，當你到了六十三歲時，你就回你尊貴的家。」——我們的大爺——穆罕默德．阿布頓拉✽說：「我的慈父——穆罕默德．維尕葉屯拉✽把他的一部分家人遷居到了維倆耶[2]，把一部分留居中國。他對教門也作了同樣的安置。」——「第二件：當磨難開始，災禍降臨時，你提記我，呼叫我。」

002相傳:他要動身啓程了，但他不肯離去，他割捨不下他的一個情深意厚的朋友。篩海覺察出了，他就派那個人：「你也跟隨他去吧，陪送他三四天你就回來。」直到第五天，他們還是依依不捨。突然，他的這個朋友得重病歸真了。他痛哭不已，給他打了墳，洗了大淨，站了殯禮，把他埋葬了。

然後，他繼續前行，一路悲痛，一路哭泣。過了一天，他突然想起把一件路上必不可少的東西落在了那裡。他又返回去，那個朋友的墳墓卻蕩然無存，而遺失的那件東西原封不動地放在那裡。

我們的偉大毛拉自進入中國，提念了三次大篩海的尊諱：一次是在撒拉[3]的背鍋子[4]施行邪術時；一次是在關川馬家堡暴雨洪水氾濫時；一次是在皋蘭府災難[5]降臨烈士們（願眞主喜悅他們）的殉教地點時。

---

1 《曼丹葉合》（مدائح）：書名，一部贊聖集，使用散文和詩，內容主要包括穆聖的誕辰。哲赫忍耶宗教紀念活動中常用的經典。

2 維倆耶（الولاية）：祕境此詞在全書中多處出現，且用法不同，尚無法判定確指某一國（地）名，本譯本採用音譯，待考。

3 撒拉：指今青海循化撒拉族自治縣一帶撒拉人聚居區。

4 دیک　بشت：此處若為阿拉伯文，則دیک意為：雞；بشت意為：粗毛坎肩。此兩片語合，語意難解。故疑為波斯語：دیگ　پشت，則詞意分別為「背」「鍋」。據此疑為某人綽號的轉寫。這種以阿拉伯文、波斯文諧音轉寫人物名姓、地名的方式，在此書中時有使用。另，曼蘇爾馬學智《哲罕仁耶道統史》中亦持此見，直接使用了阿拉伯語احدب（駝背）一詞。

5 指乾隆四十六年（1781年）哲赫忍耶起義。

وروى ان سير هذه البقعة جن محتسب

乡老 柴 堡 这个 头目 相传

يومًا قراتي بعد الفجر وقال اي حضرت

哎 他说 晨(礼) 之后 他来了 有一天

انا سمعنا ان في بلدة غَنْدِنْ مطرًا

有

雨 安定 城 在 我 听到

شديدًا والسيل قد غرق اكثر قرية

村庄 大多数 淹没 洪水 猛烈的

واديها وان جمع ماء النهرين نهر الغَنْدِنِي

安定 河 两条河 水 汇聚 它的 山谷

ونهر اللُوِيقُوَنْشِي في نهرنا هذا ولا يعتبر

论 不 这条 我们 河 在 内官营 河

سائر المكان فقد خرب مركومنا بالاحجار

石头 用 我们所堆积的 毁坏了 地方 其它的

فيه واستأذنه لاخراج آلاتهم من بيوتهم

他们的家 从 他们 家具 搬出 他 他请求准许 它 在

وقرأ ان شاء الله ووقت قد سرع وقال

他说 他着急得 他说明时间 真主 意欲 如果 他念

اي مولانا في الحال قدم الماء فصعد على الجبل

山 他上 洪水 来到 马上 我的毛拉 哎

اليَنْپِنْذُووُ ورأى السيل ملاء الارض

大地 充满 洪水 他看见 烟坪嘴

كجبل اسود الآن في هذا الوقت قد ذكر

他 提记了 时刻 这个 在 他 黑 山 像

اسمه الكبير ودعا لقبه العظيم فسال

流 大的 他的 称号 他呼叫 大的 他的 名字

الماء ليّنًا وسالما ومرّ بغير مضرة

伤害 没有 它过去 平安地 柔和地 洪水

ومن هذا السبب في دينه الاعظم تيقن

坚信 伟大的 他的 教门 对 原因 这个 因为

قلوب هذه الانام ويقولون كلهم آمنّا

我们相信 他们 全部 他们说 人 这些 心

وصدقنا قاعدّ مجلسا كبيرا وذبح ابلًا

一驼 他宰 盛大的 席面 他准备 我们确信

وبقرتين واغناما كثيرة وقراء القرآن

古兰经 他念 多的 羊 二牛

وختم كبيرة وكمل شربنا الى آخره

它的 尾 至 '我们饮了' 他圆满 大的 封印

عن الاربعين عالمًا رحمهم الله مرة

一遍 真主 他们 慈悯 阿訇 四十个 带

وبعد الايفاء قراء اليوم اكملت لكم دينكم

你们的教门 你们为 我完善 今天 他念 践约 之后

واتممت عليكم نعمتي ورضيت لكم الاسلام

伊斯兰 你们为 我喜悦 我的恩典 你们 在 我全美

دينا واشكروا شكرا كثيرا وقال جدنا

我们爷 说 多多的 感谢 你们感谢 宗教

الكبير محمد عبد الله منذ خرج في الصين

中国 他出使 自从 大

قد تلا في هذه السنة التاسعة الاسنان

数年 第九 年 这 在 念过

التي اقام الرائرة الشريفة فيها شربنا ليلة

‘我们饮了’ 它 在 尊贵的 达依尔 他建立 那

الى آخره مرة واحدا وقيل انه قرا ايضا مرة

一遍 也 他念 人说 一 遍 它的尾 至

في سنة الهجر على الجبل المعلوم القولنفوى

皋兰府的 有名的 山 迁移 年 在

والسبب الاخر في تيقنهم لا ينزل البرد منذ

自从 冰雹 下 不 他们的坚信 在 另一个 原因

اتى في ارضهم ولا يضرهم حتى يقولوا لولاه لهلكنا

一定

我们毁灭 他无 若 他们说 甚至 他们 它伤害 不 他们的地方 在 他来

وقال ان خاباغا من عبادته في النهار رعية الاربعين

四十 牧放 白天 在 他的 功课 哈巴尔 他说

غنما ذا لبن وليلة قد صاح صيحة والاصحاب

同伴们 喊叫 他喊叫 有一晚 奶 有 羊

داخلون في عمل الخميس فامر مولانا ابنه الكبير

大 他的儿子 我们毛拉 命令 星期四 尔麦里 进入

003相傳：有一天晨禮後，馬家堡頭目柴鄉老[1]來遇[2]毛拉，他說：「毛拉啊，我聽說安定城下了大雨，洪水淹毀了安定河谷的大部分村莊，安定、內官營兩河的水向我們的這條河匯聚，我們用石頭磊砌的河堤已被沖決。」

他請求毛拉同意他們搬家，毛拉念了句「若主意欲。」不一會兒，他又匆忙來說：「毛拉啊，洪水馬上就要到了。」毛拉就上了煙坪嘴山，看到洪水似黑山一般湧滿大地。

此時此刻，毛拉提念了大篩海的尊諱，洪水柔和、平安地流過去了，沒有帶來絲毫傷害。

因此，這裡的人們對毛拉的教門心堅意定，所有的人都說：「我們相信了，我們確信了。」毛拉設備盛宴，宰了一峰駝、兩頭牛和多隻羊，帶領四十位阿訇（願眞主慈憫他們）頌讀了《古蘭經》並封印[3]，還通誦了「我們飲了……」[4]直至結尾。

宴後，毛拉念了《古蘭經》文：「今天我爲你們完善了你們的宗教，我全美了我施於你們的恩典，我爲你們喜悅了伊斯蘭教。」[5]你們當多多感謝！

我們的大爺——穆罕默德．阿布頓拉說：「自他回到中國，建立尊貴達依爾的數年裡，只在這第九年裡他念誦了一遍『我們飲了』……」有人說：「他在遷往皋蘭山的那一年也念誦過一遍。」

他們心堅意定的另一個原因是，自從毛拉到來，他們那個地方再沒有下過冰雹，他們免受其害。他們甚至說：「若沒有他，我們必遭毀滅。」

他（指穆罕默德．阿布頓拉—譯註）還說：「哈巴爾白天的功修就是牧放四十隻奶羊。有一晚，他高聲叫喊，同伴們都已經參加了星期四的爾麥里[6]，毛拉命令他的長子[7]——穆罕默德．阿布都克里木：

---

1 鄉老：中國回民口頭語，意同「坊民」，一般指普通教眾。有些地方特指清真寺自治組織成員。

2 遇：哲赫忍耶派別百姓的術語，有拜訪，覲見之意。專用於拜見宗教上層人物。

3 封印：回民術語，此處指完整通讀一遍《古蘭經》。

4 《曼丹葉合》中的一段神祕意味極濃的贊詞。

5 《古蘭經》5:3

6 爾麥里（عمل）：本意為：工作，功幹。此處指蘇非穆斯林的贊念、修行活動。

7 穆罕默德．阿布都克里木（محمدعبدالكريم）：即哲赫忍耶教內尊稱「古城三太爺」的馬學成，馬明心的雲南弟子，後收為義子，人皆呼其為道祖長子。

محمد عبد الكريم انظر اليه واذا وجده نائماً

睡着的 他 他发现 去 他 你看看

على الظهر تحت السرير فالمولى واصحابه

他的 弟子 和 毛拉 床 下 脊背 在

قد دخلوا بيته ويحملونه على سريره

他的 床 上 他 他们抬 他的 房子 他们进入

وقرأ سبحان من بسط الارض على

把

上 大地 他铺展 赞主清净 他念

الماء فجمد ثلاث مرات ونادى فيقظ

他醒 他喊叫 遍 三 它凝结硬化 水

وقام فقال يا كريم اني وجدت الارض

大地 我看到 克里木 啊 他说 他站起

كلها ماء وقال ابونا قدس الله سره

我 父亲 说 水 它的全部

يوماً قد حكيت عن شيخي قدس الله سره

我的 筛海 向 我 讲述 有一天

اني رايت عقدة كبيرة من النان بعد

之后 馕 从 大 一块 我看见

زمان الفراق عند الجوع والعطشان

口渴 饥饿 在…时候 离散 时期

واكلت منه فاذا هو عدم ورايت

看看见 没有? 它 突然 它 从 我 吃

امرأة جميلة وبين يديها كأس من برد

女人 漂亮的 前面 她 杯子 盛着 凉的

الماء وشربت منه فلا تعطيني واخذته

水 喝 我 从 它 不 她给 我 她拿去 它

فاذا هما عدما فقال شيخي قدس الله سره

忽然 她俩 她俩没有了 说 筛海 我的

وذلك ان جدك السابق قد احتقر رجلا واستهزئ

那 是 你的祖父 先 他藐视 一个人 他嘲笑

فينتقم منه وقال في حالة الابتداء قد

人拿报复呢 你 他说 在 时候 开始

رعيت غنما لمولانا الغني واعطاني كل يوم

我牧放 羊 为 我的毛拉 富裕的 他给 我 每 天

خبزة كبيرة لا امكن ان نأكل كلها وجاء في

烙饼 大的 不 我能够 我吃 它的全部 来 在

قلبي انه سخي شديد وهو من هذا اليوم قد

我的心 是 慷慨的人 强大的 他 从 这 天

نقص ويوما فيوما الى ان لا يكفيني فجاء في قلبي

他减少 一天 一天 至到 不 它满足 我 来 在 我的心

ان مولاي هذا بخيل شديد وهو من هذا اليوم

我的毛拉 这个 吝啬的 强大的 他 从 这 天

يزيد ويوما فيوما الى ان لا نأكل غايتها والامر

他增加 一天 一天 至到 不 我吃 极点 它的 事情

على هذا النوع مرات كثيرة وبعد قد علمت انه

我知道　后来　多　次　样子　这个　按照

مولاي قد رباني صغيرا وبحمد الله ذي الانعام

施恩的　真主　赞颂　年幼的　我　他培养　我的　毛拉

وهذا الكلام من سفر مولينا الاعظم شاه وقاية الله

伟大的　我们毛拉　远行　从　话　这些

قدس الله سره وغربته الى ههنا كلام جدنا

我们　爷　话　此　到　他的　离乡

الكبير محمّد عبد الله ولده العزيز

亲爱的　他的儿子　大

وقال ابو علامة بالله ان هذا مما تيقن عندي

我认为　它可信　这些（话）　以真主发誓　艾拉曼　艾布　说

ولا ريب فيه فاني سألت دائما الاحباء والاخلاء

挚友　朋友　经常　我询问　它　在　怀疑　没有

السابقة الخاصة والعامة من قصة سفر

远行　事迹　关于　平民　和　贵族　以前的

مولانا الاعظم شاه وقاية الله قدس الله سره

伟大的　我们毛拉

ودخوله الى الولاية الشريفة ولا وجدت

我得到　没有　尊贵的　维俩耶　他　进入

لان البعض يقول ما علمنا والبعض يقول

说　一部分人　我们知道　不　说　一部分人　因为

你去看看他。走近一看，發現他仰睡在床下。毛拉和弟子們走進他的房間，把他抬到了床上，毛拉念了三遍：「讚美眞主，他使大地鋪展在水上，而後使它凝結硬化。」他喊了一聲醒來了，站起來說：克里木啊，我確實看到整個大地一片汪洋。

有一天，我父親說，我曾向大篩海講述：「我們叔侄離散後，饑渴時我看見一大塊饢，我要吃，它突然沒有了；我看到一個漂亮女人，她面前有一杯涼水，我要喝，她拿走不給我，突然，水和女人都沒有了。」大篩海說：「那是你的先祖曾經嘲弄過一個人，由你來承受報應。」

他（指沙赫維尕葉屯拉—譯註）說：「起初，我給我的富裕毛拉放羊。他每天給我一個大餅，我吃不完。我心裡想，這個毛拉是個很慷慨的人。而他從這天起開始減少，一天天我不夠吃了。我心裡想，這個毛拉是個吝嗇鬼。而他從這天起又開始增加，一天天我又吃不完了……事情就這樣發生了許多次。後來我明白了，那是我的毛拉在培養年幼的我。」讚頌施恩的主！

從我們的偉大毛拉——沙赫．維尕葉屯拉✽離鄉遠行開始到此爲止的這段話，是他的愛子、我們的大爺穆罕默德．阿布頓拉所講。

艾布艾拉曼說：「以眞主起誓，我認爲這些話是可信的，是毫無疑問的。我常常向前輩摯友們詢問關於我們的偉大毛拉——沙赫．維尕葉屯拉遠行以及進入維倆耶的事蹟，我一無所獲。因爲一部分人說：我們什麼也不知道，另一部分人說：我們多次聽他講述。每當講到他們叔侄永別時，他就泣不成聲，悲痛難忍。」

انا سمعنا حكايته قدس الله روحه مرّات كثيرة

多 次 他的 讲述 我们 听

واذا كلّم الفرق بينه وبين ابيه تفريق الدائمة

永远的 分离 他的父亲 之间 和 他之间 分离 他讲 当

فلن يستطيع قولًا واحدًا ولا صبرا حتى ان يأتيني

我 来到 直到 忍耐 一句 话 他能够 决不

حبيب صادق من جنب جدنا الكبير محمّد عبد الله

大 我们 爷 身边 从 诚实的 朋友

قدس الله سره وقال لي ان الجد الكبير يقول

讲 大 爷 我对 他说

اقوال سفر ابيه الكريم مولانا الاعظم قدس

伟大的 我们毛拉 仁慈的 他父亲 远行 话

الله سره ودخوله الى الولاية الشريفة فيقول

他说 尊贵的 维俩耶 他 进入

اذا ذهبت الى اهلنا القديم فقلت هذا القول

话 这些 你说 老 我们家 到 你去 当

لفلان وفلان وفلان ولهذا اقول قولي هذا

这个 我的话 我说 此因 某人 和 某人 和 某人 对

واستغفر الله الغفار لي ولكم ربنا ثبت

你 稳定 我们的养主/你们为 我为 饶恕的 向 真主 我求饶恕

لساننا على الصدق وقلوبنا على التصديق

诚信 我们的心 真话 使 我们的舌

وقال الشيخ مولانا محمد حقيق الله ابن صفى

我们毛拉 筛海 说

قدس الله سره ان جدنا الكبير محمد عبد الله

大 我们 爷

قد ولد وليا لانه قال في صلب ابيه الكريم

仁慈的 他 父亲 脊背 在 他说 沃利 他诞生

يا ابي اجمع امي والا لخرجت من صلبك

一定 你的 脊背 从 我出去 否则 我的母亲 你聚 我的父亲 啊

الحليم وروا ان حضرت مولانا يوما

有一天 我们毛拉 相传

بعد تأدية الجمعة قد ضرب ظهره بالعصا

拐杖 用 他的 脊背 他 拍打 主麻 礼 之后

ثلث مرات وقال الامان الامان ولا تحرك

你 动 不要 安稳 安稳 他说 次 三

ولا تسرع فاني طلبت لك مخرجا وفهم

明白了 出路 你 为 我寻找 你着急 不要

خمس العلماء من بين الاصحاب وجلسوا

他们坐 弟子 中间 从 阿訇 五个

بين يديه على ركبتيهم وقالوا مولانا ارحمنا

我們 你怜悯 我们的毛拉 他们说 他们的 两膝盖 他的 前面

ودعوا لنا الزوجة سيرتنا وجدتنا فان

我们的奶奶 我们的女主人 妻子 您 给 我们 聘娶

جدتنا السالارية لاتلد فلما جاءت جدتنا

我们奶奶 来 当 生育 不 萨拉的 我们的奶奶

الصَيَوْ يَاعِقيُوِيَّة رضي الله عنها ولدت ثلثة

三个 她生 草芽儿沟的

ذكورا محمد عبد الله ومحمد سعد الدين ومحمد

男孩

اسحاق وثلث اناثا رضي الله عنهن

她们 真主 喜悦 女孩 三个

وروى ان جدنا العصايى قال قد ذهبت

我去 他说 龚 我们的爷 相传

يوما الى صحبة مولانا الاعظم قدس الله سره

伟大的 我们毛拉 陪伴 有一天

فاخذ ولده الثالث بين يدينا وقال قيل

有人说 他说 我们 前面 第三个 他的儿子 带到

ان ولدي الكبير رجلٌ حقٌّ وقد غلطوا لان

因为 他们搞错了 真 人 大 我的儿子

صورته مثل صورتي وان هذا ابني رجلٌ

人 我的 儿子 这个 我的 外貌 像 他的 外貌

حق وكُلُّ وَلِيٍّ له علامة وما علامته فقال قدس الله

他说 他的 表征 什么? 表征 他有 卧利 但凡 真

سره علامته العظمان العاليان مشيرا الى رأسه

他的 头 指着 高的 两块骨头 他的 表征

直到一個誠實的朋友從我們的大爺——穆罕默德．阿布頓拉✽身邊來到我跟前，他對我說：大爺講他的慈父、我們的偉大毛拉✽遠行及進入維倆耶的事蹟，講完他（對我）說：「你要是去了我們的老家，你把這些話說給某人、某人和某人。因此，我就這樣說。我向饒恕罪過的眞主爲我和你們祈求饒恕：我們的養主啊，求你使我們常常口出實言，心懷誠信！」

我們的毛拉——篩海穆罕默德．哈給根倆．伊本索非✽[1]說：「我們的大爺——穆罕默德．阿布頓拉生來就是臥里[2]。在他慈父的脊背中時，他說：我的父親啊，您與我的母親相聚吧！否則，我就從您的寬厚脊背中破脊而出。」

相傳：有一天禮完主麻後，我們的毛拉用拐杖拍打了他的脊背三次，並且說：「安穩，安穩，稍安勿躁！我會爲你尋找出路。」弟子中有五個阿訇[3]領悟了，他們跪在他的面前，說：「毛拉啊，您憐憫我們吧，我們給您聘娶一位夫人——我們的女主人、我們的太太。」

我們的撒拉太太不生育。我們的草芽兒溝太太（願眞主喜悅她）來了，她生了三個男孩三個女孩，三個男孩是穆罕默德．阿布頓拉，穆罕默德．賽爾頓丁，穆罕默德．伊斯哈格。

004相傳：我們的龔爺[4]說：「有一天，我去陪伴我們的偉大毛拉✽，他把他的三兒子帶到了我們面前說，有人說我的大兒子是個眞人，然而他們搞錯了，只因他的外貌很像我。而我的這個兒子是個眞人。但凡臥里都有表徵，他的表徵是什麼呢？他✽指著他三兒子的頭說，他的表徵就是兩塊隆起的骨頭，他的這兩塊骨頭是澤裡格爾奈尼[5]（眞主使其心靈聖潔）的兩塊骨頭。他說，我的表徵是什麼呢？（用右手食指指著說）我的表徵就是，這塊骨頭比那塊更

1 哲赫忍耶第四輩導師馬以德的經名和道號。教內尊稱四月八太爺。

2 臥里（ولی）：本意為掌管者，職權者，監護人；引申為援助者，朋友；蘇非語境中意為「賢人，聖徒，安拉的朋友」。

3 阿訇（آخون）：波斯語，本意為教師，引申為伊斯蘭教教職人員。

4 龔爺（جدناالعصائی）：採用阿拉伯文轉譯的人名。由「جد」（爺爺）和「عصائی」（棍，諧音龔）構成。

5 澤裡格爾奈尼：《古蘭經》山洞章中的一個人物。

المباركة وهذان عظمانه عظمان ذا القرنين

是

泽里格尔耐尼 两块骨头 他的 骨头 这两块 吉庆的

قدس الله سره ثم قال وما علامتي وعلامتي

是

我的 表征 我的 表征 什么? 他说 然后 其灵魂 真主 使圣洁

هذه العظمة اطول من ذلك العظمة مشيرا

指着 骨头 那块 比 更长 骨头 这块

الى مسبحة يمينه وصوّر ابهامه ومسبحه

把

他的 食指 和 他的大姆指 他勾成 他的 右手 食指

صورة العين وسائل وما هذه فقال هذا

是

这 他说 这 什么? 他 问 眼睛 轮廓

عين طوبى لكم وسعد لكم على ان شفاه

是

你们 属于 幸福 你们 属于 恭喜 瞎睛

العين مفتوحة ولو كانت مغموضة فمتّم

是

你们死了 闭住的 它 假设 睁开的 眼睛

شوقا وحزنا وروى ان حضرت مولانا قدس

我们毛拉 相传 忧愁 渴望

الله سره قد دعا يوما علماء القرب واحباء

朋友 附近的 阿訇 有一天 邀请

البعد ولامتثال امره قد ذهبوا الى جنبه

他的 身边 他们去 他的 命令 服从 因为 远处的

ودخلوا في دائرة عمله وعند ان يضيفهم

他们 他招待 当 他的 帐篷里 达依尔 他们进入

قال اثبتوا في مكانكم ولا تقوموا منتشرين

分散的 你们站起 不要 你们的 位置 在 你们稳定 他说

فاني اليوم انا وضعت نفسي لكم الطعام

食物 你们 为 我来自 我 放 我 今天

والاصحاب كلهم قد عجبوا هَيَا وما هذا

这个 什么？ 是 咳！ 他们 惊讶 他们 全部 弟子

اليوم الكبير عظّمه تعظيما شديدا وحينا

一会儿 猛烈的 尊敬 它 他尊敬 大 日子

قد اتى عالم مشير على راس الجبل مع قومه

他的 坊民 带着 坡 头 上 老 阿訇 来了

وقد اخذوا هبة ثقيلة وغنمين وجلسوا

他们坐 两只羊 重的 礼物 他们 带来了

على ركبتيهم بين يديه فقال مستعطفا ومسترحما

求怜悯着 求同情着 他说 他的 前面 他们的 膝盖

ان هذا اليوم لوفاة ابيكم الكبير جدنا الكريم

仁慈的 我们的爷 尊大的 你的 父亲 归真 日子 这个

يوم عظيم لثلثين سنين والعاصين في جماعتنا

我们坊 在 不肖之徒（自谦词） 年 三十 重大的 日子

عاجزون عن كثيرة النفقة و بحسب امكاننا

我们的能力 根据 花费 多的 由 无能的

قد هيأنا قلة النذر فاقبله منا واجعله

它 你使成为 我们 从 它 你接受 心愿 少的 我们 准备了

مقبولا لحضرت جدنا الكريم فاذا وجهه

他的 脸 忽然 爱接受的

المبارك حمرٌ وكاد ان يبكي والسائر

其他人 他 哭 几乎 红的 吉庆的

في هذا الوقت قد ندموا ندامة شديدة

强烈的 后悔 他们后悔 时候 这个 在

ما عجباله قال فراق الملازمة فكيف اعلم

我知道 怎样 伴随 分离 他说 他 真奇怪！

وفاته واوفى له نذره وعظّمه وهنا قد

在这里 他 他尊敬 他的 心愿 他 为 他 实践 他的 归真

ظهر صدق اهل الصيني ان ابن السماء

天 子 中国 人 实话 他展示

كان له اب ولعل وزير له اخ

兄弟 他有 大臣 或许 父 他有

وروى ان حضرت مولانا قدس الله سره

我们毛拉 相传

يوماً قد دخل في مدرستنا الصينية فقال

他说 中国的 我们的 学堂 走进 有一天

اعتقدوا ان هذه هو مسلكنا لا مدرستكم

是 是

你们的学堂 不 我的 道路 这个 你们认为

وسأل معلّمه وهو معتقد ذو اسلام

是

伊斯兰 有的 信仰者 他 它的 老师 他问

長。他用拇指和食指勾勒出一個眼睛的形狀，問：這是什麼？隨後他說：這是眼睛。恭喜你們！祝福你們！眼睛是睜開的，假設它要閉住了，那麼，你們會念想死、憂愁死。」

005**相傳**：有一天，我們的毛拉✽邀請了遠近的阿訇和朋友，大家都應邀而去，加入了他的爾麥里的達依爾。待客時，他說：「你們各就各位，不要亂動，今天我親自給你們端茶遞飯。」所有的人都感到吃驚：嗨呀！今天是什麼重大的日子，他這麼重視？

一會兒，坡頭上[1]老阿訇帶著坊民來了，他們帶來了厚禮和兩隻羊。他們跪在毛拉的面前，老阿訇乞憐地說：「今天是您的尊父大人歸眞三十年的日子，我們的坊民經濟力量薄弱，我們盡力備了一點兒心願，請您笑納，您把它用於我們仁慈的爺爺的爾麥里上。」忽然，毛拉的臉色發紅，幾乎要哭。這時，其他人都非常後悔（提及此事）。眞奇怪！他說：「『伴隨之分離』，我怎麼知道他的歸眞呢？」毛拉完成了坡頭上老阿訇的心願，並對他表達了敬意。這時，他說了中國人的一句俗話：「天子有父，諸侯有兄」[2]。

006**相傳**：有一天，我們的毛拉✽走進一所漢文學堂，他說：「你們認爲這是我的道路，而不是你們的學堂。」他問一個有教門信仰的老師：「艾素裡[3]的字顚倒了的話是什麼呢？」那老師無言以答，他說：「是反穿暑衣和寒衣的臥里。」並用手指著下體說：「眞主已把『臥里．安拉』[4]中這一夥人的種子播撒在了中國。一切讚頌，全歸眞主，他把這個鴻恩賜予了我們。」

---

1 原文：على رأس الجبل（山頭上）。約定俗成的譯作「坡頭上」。

2 原文：ابن السماءكان له اب ولكل وزيرله اخ（直譯：天的兒子有父親，每一個臣宰有弟兄）。

3 艾素裡（اصل）：本意為根，根源。蘇非理論解釋說，「艾素里的字」，指的是阿拉伯文的首字母「ا」，表示「真主本然的獨一存在」。

4 وليّ الله：安拉的朋友。參見頁23註釋6

ان حرف الاصل اذا انعكست فما هو

字 '艾素里' 它颠倒 是 什么? 它

فسكت فقال انه اولياء انقلبوا لبس

他沉默 他说 是 它 沃利 他们反 穿

لباس الحر والبرد وان الله تعالى قد نشر

衣服 热的 冷的 真主 散播

حبة هذه الطائفة من ولى الله مشيرا

种籽 这 伙人 从 沃利 真主 指着

الى النربيره في الصيني الحمد لله الذى

大体(波语) 用 他的手 在 中国 赞颂 归 真主

اعطينا هذه النعم الكبرى

我们他赏赐 这个 恩典 大的

وروى ان حضرت مولانا الاعظم شاه

相传 我们主拉 伟大的

وقاية الله قدس سره قال انى انتشرت

播种 我

حبة السعادة في الملك الصيني والخارج

种籽 吉庆 在 国 中 出来的

قد خرج والبعض منتظر الى الزمان

已 它出来 一部分 等待的 时机

وروى ان حضرت مولانا قدس الله سره

相传 我们主拉

قد خرج الى الصين بامر شيخه ويوماً يرى

他看见 有一天 他的 筛海 命令 奉 中国 他 出使

في طرف السبيل عيناً جارية وعنده اذهب

卸下 它 跟前 流水的 泉子 路 边 在

من جسده مشقته فيأكل ويشرب

他 喝 他 吃 他的 背篓 他的 身上 由

ثم ارتحل فاذا لبسه الجميل ذو الثمن

昂贵的 华丽的 他的 衣服 忽然 他 起程

والقيمة قد عدم والحال لا رجل هنا

此处 人 没有 当时 它没有了

فضاق نفساً ضيقاً شديداً وطفق حفرة

挖掘 他开始 强烈的 烦闷 他烦闷

هذا العين بالاصابع والدم ساقط منها

它 从 滴下的 血 手指 用 泉子 这个

فبرحمة الله وفضله قد ظفرت مفقودي

我的 遗失物 我获得了 他的 恩惠 真主 慈悯 凭

في بحر العسرة ان مع العسر يسراً

容易 困难 伴随 困难 大海 在

وروى ان مولانا الاعظم قدس سره

伟大的 我们毛拉 相传

اذا اصاب مولده الخُوجيوّ قال

他 说 河州 他的 故乡 他 到了

لمحمد ابو الفتوح قدس الله سره ان

艾布 福图哈 穆罕默德 对

حضرت مولانا سيد الشيخ عقيل مكه

麦加 阿给莱 筛海 领袖 我们毛拉

اعاد الله علينا من بركاته قد رجع الى

他归真了 它的 吉庆 我们 于 真主 常赐

اصله لفلان اليوم في فلان الشهر

月 某 日 某

ثم ابو الفتوح قد علم وفعل ما يريد

他要做的 他做 他知道了

من عملنا المصيبة وذكره

他 他纪念 遭丧 我们的所麦里

وروى ان ابو الفتوح رحمة الله عليه

他 真主 慈悯 艾布 福图哈 相传

ابتداءً قد عظم مولينا الاعظم شاه

沙 之来 伟大的 我们毛拉 他尊敬 开始

وقاية الله قدس الله سره تعظيما

尊敬 维嘎耶拉

شديدا الى ان يقول لاصحابه عظموا

你们尊敬 他的 弟子 对 他说 甚至 强烈的

حبيبي الحاج الى البيت العتيق كتعظيمي

我 尊敬 像 古老的 天房 朝觐的 我的 朋友

007相傳：我們的偉大毛拉——沙赫 ．維尕葉屯拉✽說：我確實已把吉慶的種子播種在了中國，有的已經長出，有的還在等待著時機。

008相傳：我們的毛拉✽奉他的篩海之命回中國。有一天，他在路邊看見一個奔流的水泉，他把身上的背簍卸在泉邊。他在泉邊吃喝歇息，然後，繼續趕路。突然，發現他的那件昂貴、華麗的衣服沒有了！當時那裡沒有別的人，他非常煩悶，開始用手指挖掘泉子，直挖得他的手指滴血了。憑眞主的慈憫和恩惠，在困難的大海裡，我的遺失物失而復得。「的確，伴隨困難的是容易。」[1]

009相傳：當我們的偉大毛拉回到他的故鄉河州時，他對穆罕默德 ．艾布 ．福土哈✽[2]說：「我們的毛拉、賽依德篩海——阿給裡 ．曼克（願眞主把它的吉慶常賜予我們）於某月某日歸眞了。」他（指艾布 ．福土哈—譯註）知道了，他設置了祭祀的爾麥里，以示紀念。

010相傳：起初，艾布 ．福土哈（願眞主慈憫他）非常尊敬我們偉大的毛拉——沙赫 ．維尕葉屯拉✽，他甚至對弟子們說：「你們如同尊敬我一般，尊敬我的朝覲過古老天房的朋友，你們不要在我們之間搞相爭（你們不要在我和他之間打開豁口）。」

---

1 《古蘭經》94 : 5

2 「艾布 · 福土哈（ابو الفتوح）」：尊稱花寺太爺的艾布 · 福土哈 · 馬來遲老人家，是康熙-乾隆時代中國西北極為重要的蘇非傳教人。民間一直盛傳他與哲赫忍耶導師馬明心「是同學」，但細部尚未究明。從他倆傳習的念法一高一低、領受的傳教憑證類近（一是八件一為七件）、時有同席論道、傳教地區臨近甚至重疊（中心在撒拉人地區）等現象品味，花寺派與哲赫忍耶派在源頭、教理、與乃格什阪丁耶的關係等方面糾纏複雜。

لا تقهروا
你们别寂寞

ولا تقهروا بيننا وروى ان حضرت محمد

穆罕默德 相传 我们之间 你们别搞相争

ابو الفتوح قدس سره قال يوما لا رجل من بعدي

我之后 人 没有 有一天 他说 艾布福图哈

الا انت ثم قال حضرت مولانا الاعظم

伟大的 毛拉 说 你 除了

قدس الله سره فكيف يمكن النمل ان

蚂蚁 能够 怎么

تحمل مشقة الفيل وابو الفتوح قدس الله

哈图福 布艾 大象 重担 担负

سره لا يرضى وروى ان مولانا الاعظم قدس

伟大的 我们毛拉 相传 满意 不

الله سره يوما قد جلس مع كثرة الاحباء

朋友 许多 同 坐 有一天

في مكان واحد ساكتا وقتا قد سمعوا كلهم

他们全部 他们听见 一会儿 默默地 一个 地方 在

صوت كبير المطر وبعد اوقات كثيرة

多的 时间 之后 雨 大 声音

حضرت خواجه قدس الله سره قد سأل

问 和卓

اما سمعتم وقالوا بلى سمعنا صوت المطر

雨 声 我们听见了 是的 他们说 你们 听见 什么吗?

ثم قال لا بل صوت فيض وسأل هذا

这个 有人问 恩惠 声 而是 不是 他说 然后

الفيض انزل في اي مكان فقال ان هذا

这个 他说 地方 哪个 于 宅降 恩惠

الفيض لا انزل في واد العالم اللوائی

祈 阿訇 村庄 于 宅降 一定 恩惠

قدس الله سره سبحان الله ما اعظم

真伟大！ 赞主清净！

واد العالم اللوائی ولو انزل هذا الفيض

恩惠 这个 降 假设 祈 阿訇 的村庄

علينا لوقعنا في الفتنة وصرنا مجنونا

疯癫的 我们变成 磨难 我们陷入 一定 我们 于

نقل است که محمد لوائی رحمه الله گفت

说 真主 他 慈悯 祈 传述

حضرت مولانا قدس الله سره روزی در شوق

热望 在 有一天 我们毛拉

و درد غلبه شد ناگاه مردی جمال تر از در آمد

进来 门 从 较英俊的 一个男子 突然 得胜了 悲痛

و نشستند علی ركبتيه و چون بيند گفته اند آيا

哎呀 他 说 他看见 当 他的两膝盖 在 他坐

مردی ما قهر تمساح كننده و بند پلنگ كرده قد اتيت

你来了 雪豹（虎） 束缚 鳄鱼（龙） 制服的 我们的 男子

وچون گذشت ازین حال پرسیدم ازکه وکجا وچیست

什么 何地 何人人 我问 情况 这个 过去 当

是

بازگفت من عالم ثالث کُنْجِیانْفُوی ومن بودم

我 巩昌府 三 阿訇 我 他说 然后

是

برالسلام ابوالفتوح قدس الله سره وکردم بتلقین

传授 按 我干功修 艾布福图哈 伊斯俩目 在

是

(هرگاه) 每当 وی تامن برخطرعظیم شدم زیراکه هرچند

尽管 因为 巨大的 危险 在 我 就于 他的

کردم من ببینم درنفی واثبات که تمساحی

鳄鱼（龙） 肯定 否定 在 看见 我 我干功修

یاپلنگی صول کند وزیان کرد ومن پیوسته

经常 我 它 受伤 攻击 或豹（虎） 向

是

دربی امان باشم وهرچند طلب کنم شفانیافتم

我找到 痊愈治 我 寻找 尽管 安宁 不 在

واجعل لی من لدنک سلطانا نصیرا

援助的 权柄 近你&足前 我给 你 赏赐

امروز بنصرة الله ورسوله طبیب حاذق ولیّ

沃利 精通的 医生 他的使者 和 真主 相助 凭 今天

是

کامل صاحب ما هوشفاء ورحمة للمؤمنین

众信士 慈悯 治愈 它 （药物） 拥有者 完美的

میافتم نقل است که روزی دانشمند سیوم

三 阿訇 有一天 传述 我 找到

011相傳：有一天，穆罕默德 ．艾布 ．福土哈✽說：「繼我之後，除了你，再也沒人了。」然後，我們的偉大毛拉✽說：「螞蟻怎麼能夠擔負大象的重擔呢？！」艾布 ．福土哈✽不高興了。

012相傳：有一天，在一個地方，我們的偉大毛拉✽同許多朋友默默坐著。一會兒，所有的人都聽見了大雨聲。許久以後，哈祖勒提[1]和卓[2]✽問：「你們聽見什麼了嗎？」他們回答：「是的，我們聽見了下雨聲。」

他說：「那不是下雨聲，而是降恩[3]的幽聲。」有人問：「這恩惠降於何方？」他說：「降於祁阿訇[4]✽的村莊。」贊主清淨！祁阿訇的村莊真了不起！假如這個恩惠降於我們，那麼，我們一定會陷入磨難，變成瘋子。

013傳述：穆罕默德 ．祁（願真主慈憫他）說：「有一天，我們的毛拉沉浸在熱望、悲痛中……突然，一個英俊瀟灑的男子進門跪下，毛拉看見他說：『哎呀，我們的降龍伏虎的人啊，你來了！』」

過後我（穆罕默德 ．祁）問他：「你是何人，住在何處，來幹什麼。」他回答：「我是鞏昌府的三阿訇，我遵行艾布 ．福土哈的教門，我按照他的傳授行教辦道，我竟至於處在巨大的危險中——因爲，每當我幹功辦道的過程中，念到否定句[5]和肯定句[6]的時候，我就看見一條龍和一隻虎在搏鬥，虎受傷了。我經常惴惴不安，儘管我多方尋醫問藥，但終究沒有得到治癒。你賞賜我近你跟前援助的權柄吧！[7]今天，仰賴真主及其使者的相助，我找到了良醫、

---

1 合祖勒提（حضرت）：尊稱「閣下」與阿拉伯語的「毛拉」等尊稱類似。

2 和卓（خواجه）：波斯語，本意為長者，先生，首領；後引申為對權貴和地位顯赫之人的尊稱，在中亞用法廣泛。蘇非派中用於指稱宗教導師，宗教學者。此處指毛拉馬明心。

3 法益祖（فیض）：本意為流動，或釋譯作「恩惠、啟示」

4 原文：العالم اللوائی 由「العالم」（學者，回民音譯作「阿林」或「阿訇」）和「اللوائی」（旗幟，諧音祁：姓氏）構成對人的稱謂。

5 即「لااله」：万物非主。

6 即「الاالله」：万物非主。

7 《古蘭經》17：80

ما قدس الله سره در بحر فنا میرفته اند و کسان

人们 航行 法纳(深化) 海 在 我们的

كُنْجيا آنْقُوْرِى وى همه دانند اين را وفات

归真 这个 把…看作 所有的 巩昌府

وى دفن کردند و بعد ازین حضرت مولانا

我们 毛拉 这 以后 他们 埋 他

قدس الله سره گفتند که دفن کردید دانشمند

阿訇 你们 埋 说

سیوم ما حَيًّا فانه لم یمت و روزی

有一天 死亡 没有 他 因为 活活地 我们的 三

من پرسیدم دوستی ما پسر ایشان شیخ قانْ یَه

爷 纲 世 他的 儿子 我们的 朋友 问 我

رحمة الله علیه و بینی بروی چه اثر و گفت

他说 痕迹 什么 他 在 你 看见 他 真主 慈悯

در آن وقت من در بیمار و بانیز بودم چون

当 也 瘟疫 病 在 我 时候 那个 在

مردمان پوشیده اند بر ایشان کفن و پیراهن

皮拉汗 (坎肩) 克凡 (裹尸布) 他 在 覆盖 人们

من بینم در پیشانی اثر عرق و روی ان

相传 汗水 痕迹 额头 在 看见 我

العالم الادیبی الشنتونوی من اصحابه قدس ال

他问了 他的 弟子 从 山东 李 阿訇

يوماً اى مولانا قيل ان القرب اثنان قرب

善功 两种 古勒布 有人说 我们的毛拉 哎 有一天

(接近真主的善功)

النوافل وقرب الفرائض انى اديت النوافل

余功 我履行 主命 善功 副余

ولا وجدت قرب الفرائض واديت الفرائض

主功 我履行 主 功 我得到 没有

ولا وجدته ايضاً وما وجهه ثم قال انما

是

只 他说 然后 它的原因 什么? 也 它 我得到 没有

علمتم القرب ولا تعلمون ان الذين

那些人 你们知道 不 古勒布 你们知道

سبقت لهم منا الحسنى اولائك عنها

它 由 这等人 优待 我 为 他们 领先

مبعدون وروى ان حضرت مولانا

我们的毛拉 相传 远离

قدس الله سره قد سأل يوماً علماء الزمان

当时 阿訇 有一天 他 问

قوله تعالى حافظوا على الصلوات والصلوة

礼拜 和 一切礼拜 你们坚持 清高的真主言

الوسطى وما مراده بالوسطى هنا فسكتوا

是

他们沉默了 这里 以 他的 指向 什么? 中间的

ثم قال ان المراد بالوسطى هنا هو فرض دائم

是

常川的 主命 它 这里 以 指向 他说 然后

完美的臥里、『治癒且憐憫信士之藥物』[1]的擁有者。」

014傳述：有一天，我們的三阿訇✽在法納[2]的大海上航行，鞏昌府的所有人都認爲他已歸眞，他們就把他埋葬了。事後，我們的哈祖勒提毛拉✽說：「你們把三阿訇活活地埋掉了，他並沒有死。」

有一天，我問我的朋友、他（指鞏昌府三阿訇—譯註）的兒子——世剛爺（願眞主慈憫他）：「你在你的父親身上看到什麼痕跡沒有？」他說：「當時我身染瘟病，當人們把他裹進克凡[3]、皮拉汗[4]的時候，我看到他的額頭上有汗跡。」

015相傳：毛拉的弟子、山東李阿訇有一天問道：「我的毛拉啊！據說古勒布是兩種：古勒布納瓦非裡[5]，古勒布法拉依足[6]。我履行了納瓦非裡，而我沒有得到法拉依足；我履行了法拉依足，同樣沒有得到納瓦非裡——這是什麼原因呢？」毛拉說：「你們只知道古勒布，而不知道『來自我的優待爲他們領先的那些人，這等人是遠離它的』[7]。」

016相傳：有一天，我們的毛拉✽問當時的阿訇們：「眞主說：你們當堅守一切禮拜和中間的禮拜[8]，此處，眞主以『中間的禮拜』所指的是什麼？」他們都沉默了。他說：「此處『中間的禮拜』所指的，就是川流不息的主命。」[9]

1 《古蘭經》17 : 82

2 法納（فناء），本意為消亡。蘇非哲學術語，意即修道者化滅了人的物欲，掃抹了人的意識，去掉了人的思想和主觀能動性，忘卻了非真主的一切事物，達到了內亡無己、外亡無物、無己無我的狀態。蘇非稱此為渾化，無我，融於真主。

3 克凡（كفن）：阿拉伯語，穆斯林埋葬亡人時用的裹屍布。

4 皮拉汗（پيراهن）：波斯語，裹屍布三件套中的一件，意為坎肩。

5 古勒布納瓦非裡：قرب النوافل：指在主命功修的基礎上增加的副功修。

6 古勒布法拉依足：قرب الفرائض：指念禮齋課朝等主命功修。

7 《古蘭經》 21 : 101

8 《古蘭經》 2:238

9 「川流不息的天命」（فرض دائم）：因《古蘭經》〈黃牛章〉第238節中有「你們當堅持中間的禮拜」一語，自古對何為「中間的禮拜」註釋不絕。馬明心此解刪繁就簡，直指禮拜的本質，強調了人的敬畏乃是永遠的天命，顯示了思想的高人一等。

وروى ان العالم الادبى قد سائل فيامولاى

我的毛拉 哎 问 李 阿訇 相传

ان عيسى عليه السلام نبي الله و گفتند

他说 真主 的 圣人 平安 他 在 尔萨 是 降

قوموا باذن الله وحضرت شيخ امام ربانى

兰巴尼 伊玛目 筛海 真主 许可 凭 你们站起

قدس الله سره ولى الله فكيف امر قوموا

你们站起 他命令 怎么 真主 的 沃利 是

باذنى فقال لا تعجب فيه فان الموج اعلى

更高 浪 因为 此 对 你奇怪 不要 他说 我的许可 凭

من البحر وروى ان يوما فى قبة القمرى

格麦尔的 拱北 有一天 相传 海 比

قدس الله سره نذرا كبيرا والناس كلهم

他们 全部 人们 大的 乃兹尔

قد جمعوا ههنا ومولانا قدس الله سره

我们毛拉 此处 聚集

ايضا حاضر فاذا هو قام ونظر من قبل

前 从 他观看 站起了 他 忽然 到场的 也

ومن بعد ويمينه وشماله فقال ما اكثر

真多啊 他说 他的 左边 他的 右边 后 从

الناس ولكن ليس فيها انسان

"人" 他们中 在 没有 但是 人们

نقل است که در بلدهٔ خوجیووی مترفه مؤمن بود
有信仰的 生活富裕的 河州 城 在 传述

و آماده اند مجلس غالب و نذر کمال کرد ند و دعوت
邀请 最大程度 悼念活动 盛大的 宴会 他 准备

کرد حضرت مولانا اعظم قدس الله سره و حضرت
和 伟大的 我们毛拉 他

ابو الفتوح قدس الله سره و حضرت مولانا
我们毛拉 艾布福图哈

برفتند از اجابت چون رسید بر خانهٔ وی
他的 家 他到达 当 邀 应 去了

نشیند بر زانو و دهان خود در جیب تفکر
沉思 衣领 在 自己的 口 膝盖 在 他坐

دخول کنند و درین وقت ابو الفتوح نامد
来 没 艾布福图哈 时候 这个 在 他让入

و گفت هرکجا که در وی حاج بود من نرسیدم
到 不 我 有 哈吉 宅里 在 无论哪里 他说

و آنگاه آن مترفه در غوغا و سخن پراکنده
散乱的 话语 吵闹 在 生活富裕的 那个 那时

آمده اند ابو الفتوح حیله نیافته و بر سبیل
方式 按照 得到 没 办法 艾布福图哈 来

اضطراری نیز آمد و مردمان درین مجلس
场所 这个 在 人们 他来 也 迫不得已的

017相傳：李阿訇問道：「我的毛拉啊！爾薩（祝他平安）是眞主的聖人，他說：『憑眞主的許可，你們站起來！』而篩海．伊瑪目．蘭巴尼✽[1]是眞主的臥里，他怎麼命令道：『憑我的許可，你們站起來！』」他說：「對此，你不要奇怪！因爲浪花總比海面高。」

018相傳：有一天，格麥爾✽的拱北[2]上有隆重的悼念活動[3]，人們全都聚集到了那裡。我們的毛拉✽也到場參加。忽然，他站了起來，前後左右看了一遍，說：人眞多啊！但是，人中無「人」。

019傳述：河州城裡有一戶家道殷實的穆民[4]，他要舉辦一場盛大隆重的悼念活動，他邀請了我們的偉大毛拉✽和艾布．福土哈✽。屆時，我們的毛拉應邀去了，來到那戶人家他就（上炕）跪下，沉浸在沉思冥想中，深緘其口。艾布．福土哈沒有來。他曾說過，無論何處，哈吉[5]去了我就不去。那個富人去與艾布．福土哈爭吵，他沒有辦法，迫不得已地也來了。

---

1 伊瑪目．蘭巴尼（امام الربانی）：即謝赫．艾哈邁德．本．阿蔔杜．艾哈迪．法如格．希爾信迪（1564年—1624年），印度希爾信迪地區的宗教家，蘇非派代表性人物，被譽為伊斯蘭教曆史上第二位千年的「穆占迪底」（宗教復興家）。

2 拱北（قبة）：原意為圓頂、穹頂，是一個建築用語；引申為帶穹頂的陵墓。蘇非語境中專指聖徒墓。

3 「隆重的悼念活動」（نذرا كبيرا）：此處出現了「乃孜爾」一語。三聯版譯「大爾麥里」，意同「大乃孜爾」波斯-突厥語，本意為「許願、還願、踐諾」，至今在中亞各族中膾炙人口，幾乎泛指所有的宗教紀念活動。但這一用語並不通行於回族，它在這部古籍裡出現，亦是馬明心中亞行旅的痕跡。

「各麥勒的拱北」（قبة القمرى）：這位各麥勒值得注意。他及他的教派，在書中時有出現。但資料僅限於此，無法究明。謹作存疑，待以後探討。

4 穆民（مؤمن）：意為有信仰的人，信士。

5 哈吉（حاج）：意為朝覲者。按照穆斯林習慣，參加過朝覲儀式的人，被稱為「哈吉」此處指毛拉馬明心。

ایشان همه بیرون کرده اند و اقبال کنند
他们 迎接 出去 所有的 他们

و حضرت مولانا حرکت نکرد و در مکان
位置 在 没有 动 我们毛拉

خود قرار کند بسبب الفناء باز ابو الفتوح
艾布福图哈 然后 法纳 缘故 因 他 稳 定 自己

قدس الله سره یک خرما خورد و آن خرما از
从 枣子 那个 吃 枣子 一个

دهان ایشان افتد و دوستان ایشان همه
所有的人 他的 朵斯塔尼 掉下 他的 口

ربوده اند از تبرک باز حضرت مولانا قدس الله
我们毛拉 然后 沾吉 出于 抢

سره از این خواب خوبتر آغاز کند و سر رفع کرد
他 抬起 头 清醒了 美好的 沉睡 这个 从

و گفتند بیت
诗 他说

ما کان نصیباً لک فیصیبک ، ولو کان بین الجبلین ،،
在
两座山 之间 即使 你 会来到 你 属于 份额 是

ما لم یکن نصیباً لک فلم یصیبک ، ولو کان بین الشفتین ،،
在
两片唇 之间 即使 你 会来到 不 你属于 份额 是不

آنگاه ابو الفتوح برخاستند و گفتند بر ظن السوء
恶意 基于 他说 站起来 艾布福图哈 那时

که نه آمدم و غوغا کردید واکنون آمدم و حاج

哈吉 (我来 现在 你们 吵闹)我来不

گفتند بر سبیل هزء و حقارة این سخنان

话 这些 藐视 嘲笑 方式 按照 说

و رفته اند و نقل کردند که از بعد از این جمع نکنند

他们不 聚会 这 以后 从 据传 他 走了

نقل است که شبی حضرت مولانا با اصحاب وی

他的 弟子 带着 我们毛拉 有一晚 传述

در مسجد خود نماز تراویح بگزارند و یک زراعت وار

农民 一个 礼 间歇 拜 自己的 寺 在

از حرث رجوع کرد و گذر راه وی در این مسجد

寺 这个 门 他的 通道 返回 耕种 从

اعظم ناگاه مصلیان آغاز میکنند صوت سبحان

赞主清净！ 声音 开始 礼拜的人 忽然 伟大的

ذی الملک والملکوت سبحان ذی العزة

荣耀 执掌者 赞主清净！ 精神世界 物质世界 执掌者

والعظمة والقدرة والکبریاء والجبروت

威力 主权 全能 伟大

سبحان الملک الحی الذی لایموت

他 死 不 永活的 万物的拥有者 赞主清净！

سبوح قدوس ربنا ورب الملائکة والروح

鲁哈 和 众天仙 养主 我们的养主 完美无疵的 崇拜赞美的

واین زراعت وار در فتنه شوق و دیوانه حیران

惊慌失措 疯癫 热望 磨难 在 农民 这个

دخول کردند و گفته باواز بلند مالی سمعت

我听见 我怎么啦?高 声 他说 入

صوت سبحان ذی الملک وکیف ما رایت

我看见 没有 怎么 物质世界 执掌者 赞主清净 声音

الله سبحان ذی الملک باز حضرت مولانا

我们毛拉 然后 物质世界 执掌者 赞主清净 真主

قدس الله سره رحمت کردند و شفقت کنند

关怀 怜悯

وثبوت یافت نقل است که در مدرسة

学堂 在 传述 他得到 稳定

ما متعلم بود مشهور بمجدور و قاية سره

维嘎耶 麻脸 著称的 经学生 有 我们

و در روزی بخانه رجوع کرد و بیند دوستی وی

他的 朋友 他看见 他 回 家 一天 在

که پسر خالند و نیز دانشمند فقیر است وگفت

他说 贫穷的 有知识的人 也 舅舅的 儿子

بالله ما رایت فقیرا منک و دولستان در غلکیانی

伏羌 在 朵斯塔尼 你比 贫穷的人 我 看见 没有 指主发誓

بسیار غلبه است فاذهب معنا الی جنبه

它的一边 跟我一起 你 去 非常 多

在場的所有人都出去迎接（艾布．福土哈），我們的毛拉因法納的緣故穩坐不動。席間，艾布．福土哈✽吃一個棗子，那個棗子從他的口中掉落了，他的多斯塔尼[1]爭搶著沾吉[2]。這時，我們的毛拉✽從沉思冥想中甦醒了，他抬起頭吟了一首詩：「屬爾份額爾自獲，即使兩山亦難隔。非爾份額爾弗獲，兩唇之間亦難得。」艾布福土哈當時站了起來，憤憤地說：「我不來，你們又吵又鬧，我來了，哈吉又嘲笑地說這些話……」據傳，從此以後他倆不再聚會了。

020傳述：有一晚，我們的毛拉帶著弟子們在自己的寺裡禮間歇拜[3]，一個莊稼漢收工回家，正好從這個寺門前路過。忽然，禮拜的人們開始誦念：「贊主清淨！物質世界和精神世界的執掌者；贊主清淨！榮耀的，偉大的，全能的，王權與威力的執掌者；贊主清淨！萬物的擁有者，永活不滅的主，常被讚美的主，完美無疵的主，我們的養主，衆天仙和魯哈[4]的養主。」

這個莊稼漢陷入了熱望的磨難和驚慌的癲狂，他高聲說：「我怎麼啦？我聽見了『贊主清淨！物質世界和精神世界的執掌者』的聲音，我怎麼沒有看見眞主——物質世界的執掌者？」然後，我們的毛拉憐憫、關懷了他，他才得以安定。

021傳述：我們的學堂裡有一個穆臺安林[5]，以麻臉維尕葉出名。有一天，他回到家裡，看到他的一個朋友、他舅舅的兒子，也是一個貧窮的阿訇。麻臉維尕葉說：「我沒見過比你更窮的人，伏羌的多斯塔尼多的很，你跟著我到那裡走一趟。俗話說：『動則生福』。」伏羌的多斯塔尼給他捐助了長衣短褂，鞋帽，錢財，他盡力而爲地（帶著財物）向我們的毛拉——沙赫．維尕葉屯

---

1 多斯塔尼：阿拉伯語，朋友的複數。門宦內互稱，有同屬一個派別的語意。

2 沾吉：中國回民穆斯林口頭語，通過觸摸、接近高尚的人/物以獲得吉慶之意。

3 間歇拜：副功禮拜的一種，通常在齋月的夜間，由伊瑪目帶領、集體禮拜。

4 魯哈（الروح）：靈魂。這裡指哲布拉依勒天仙。

5 穆臺安林（متعلم）：在清真寺裡學習教門知識的學生，西北地區俗稱「滿拉」，沿海一帶俗稱「海里凡」其實就是「經學生」。

که الحرکة برکة باز دوستان ایشان همه

全部 它 的 朵斯塔尼 然后 福气 运动

اعانت کردند بجامه کلان وخرد وقلنسوه

帽子 小的 以 大的 衣服 捐助

ونعلین ودرم وباین قدر امکان واستطاعت

尽力而为地 钱币 鞋

رفت بر جنب حضرت مولانا شاه وقایة الله

我们毛拉 身边 他去

قدس الله سره وچون رسید آن حضرت ما

我们 哈孜拉特 他来到 当

لا یجوز رؤیته وبعد از چند روز بصد دعا

哀告 一百个 天 几 之后 他 见 他允许 不

وبسیار حاجت دید باز حضرت ایشان

他 哈孜拉特 然后 他见了 祈求 很多

پرسیدند از کی ترا اینها بود وگفت رسیدم

我 到 他说 这些 你 有 谁 从 问

در قلیانی ودوستان ایشان همه اعانت کردند

捐助 全部 它 的 朵斯塔尼 伏羌

وحضرت خواجه ما قدس الله سره غضب کنند

发怒 我们的 和卓

وگفت خریدی درمهای بدین ما که ولا تشتروا

你们不要买 我们的 教门 拿 钱 你卖 他说

بآیاتی ثمنا قلیلا الخلع الخلعا باز حذف کند

他 脱下 然后 脱 脱 少的 价值 我的迹象 拿

همه جامهای وی در پیش ایشان برهنه و گریه

哭泣着 赤身着 他 的面前 在 衣服 全部

بر زانو نشست و ایشان گفتند اگر نه

非若 说 他 他 坐 膝盖 在

پوشیدن عورت فرض است بر ترا حذف

是

脱掉 你 对 主命 羞体 遮蔽

ازار واجب بود فالخروج والاخراج ولاتدخل

你进入别 赶出去 出去 必须的 裤子

فی هذا الباب من هذا الیوم آنگاه این عالم

阿訇 这个 那时 天 这 从 门 这个

باکیا و متحیرا در پیش ایشان قدس الله سره

他 的面前 不知所措地 哭泣着

نشست و دو چشم وی بر بیرون در دید

看 门 外 他的 眼 两 坐

یار مخلصان حضرت قدس الله سره ایشان همه

全部 他们 忠诚的 朋友

اعانت کنند بهزار تضرع و بسیار الحاح

哀求 多的 央告 一千个 以 帮助

و گفتند این همه نقصان ما و شوم ما است

我们的 不幸 我们的 缺点 一切 这 他们说

فاعف عنا واغفر لنا وارحمنا فلما غلب

胜利 我们你怜悯 我们 你饶恕 我们 你原谅

استغفارهم وعدی التماسهم حضرت ایشان

哈孜拉特 他们的请求 过分 他们的求饶

قدس الله سره گفتند که بعد ازین مکن چنین

如此之事 你千别 这 以后 说

وگفت ای حضرت مولانا وبنصیر ترا نکردم

我干 不 你的 相助凭 我们毛拉 哎 他说

باز دیگر وآنگاه گفتند همه در پیش ایشان

他的 面前 在 全部 说 这时候 其他人 然后

سلام علیکم وبوسه کردند بر دست مبارک

吉庆的 手 他们 亲吻 您 祝平安

ایشان باز ایشان گفتند التلبیس التلبیس

穿上 穿上 说 他 然后 他

باز پوشیدو نشیند در پیش ایشان گریه وفرموده اند

他命令 哭泣着 他 面前 在 他 坐 他 穿上 然后

که ازین روز ین عطا ما است نه اعانت

捐助 不是 我的 赠品 这 日 这 从

ایشان است الحمد لله علی ما انعم به

赞颂 归于 真主 他们

نقل است که این عالم فقیر بعد ازین

这次 之后 贫穷的 阿訇 这个 传述

拉✽走去。當他來到我們的毛拉的居所時，毛拉不允許他見面。幾天之後，經過百般哀告乞求，毛拉才肯見他，見面就問：「這些東西你是從哪裡弄到的？」他說：「我去了趟伏羌，那裡的多斯塔尼給捐助的。」我們的和卓發怒了，說：「你拿我們的教門賣錢了。『你們不要以我的跡象賣些微的價值。』[1] 脫下來！脫下來！」

他脫下了全身的衣服，跪在毛拉面前，赤身裸體，哀告哭泣……毛拉說：「若非遮蔽羞體是主命，連褲子你也必須脫掉。出去！趕出去！從今天起你不要再進這個門！」這個阿訇（指麻臉維尕葉—譯註）跪在毛拉的面前，哀告哭泣、不知所措。他的兩眼凝望著門外……毛拉的忠誠亞爾[2]們全都幫著他央告求情，他們說：「這全是我們的缺點和不幸。」

「你原諒我們，你饒恕我們，你憐憫我們吧！」[3]當他們殷切求饒，苦苦請求時，毛拉說：「今後，你不要再幹這種事！」他說：「我的毛拉啊，憑您的相助，我不會再幹這種事了！」這時，其他人都在毛拉面前說：「祝您平安！」並親吻了他吉慶的手。毛拉這才說：「穿上，穿上。」他就穿上了，跪在毛拉的面前哭哭啼啼。毛拉吩咐：「即日起，這是我的贈品，不是他們的捐助。」一切讚頌，全歸施恩的主！

022**傳述**：經過這次教訓，這個窮阿訇奉他老人家✽（指沙赫維尕葉屯拉—譯註）的命令到十字坡[4]坊進行教學，坊民給他定出每年十二貫錢的工資。有一天，他的家人來叫他回家，指主發誓：這事發生在工作一年半的時候。但是，鄉老們付給了他兩年的工資，又派一個人——曼蘇爾的父親給他牽騾子送他回家。他們到了狄道城，離家也近了，就在黎明時分，他們啓程趕路。途中，牽騾人要解手，阿訇就獨自先走了。時長夜黑，（走了一段之後）阿訇停下來等候。

---

1 《古蘭經》2 : 41

2 亞爾（یار）：波斯語，意為同伴，朋友，密友，情人。中國回民多用於教內互稱。

3 《古蘭經》2 : 286

4 十字坡（ده حرف پُو）：這是一個由波斯文數詞「ده」（十）和阿拉伯文單詞「حرف」（字）+小兒錦「پُو」（坡）構成的地名。

تربیتی بفرمان ایشان قدس الله سره اقامت میکند

居住 他 命令 奉 教训

درجماعت ده حرف پوُ للتعلیم و تعیین کنند

他们 定出 教学 为了 坡 字 十 坊

برای وی هریک ساله دوازده هزار درم

钱 千 十二 年 一 每 他 给

ودر روزی از دعوت اهل وی بر ویرا رجوع بود

回家 他的 家人 召唤 从 一天 在

是

بالله این دریک ساله و نیم است ولیکن محتسبان

乡老们 但是 半 年 在 这 捐钱发薪

ایشانرا اجره دو ساله داده اند و فرستادند

他们 派 给了 年 二 工资 他

یک مرد پدر منصور و یک بغل از خدمت

侍候 为了 骡子 一头 曼苏尔 父亲 人 一个

چون برسید بر بلدهٔ دیدوُ و نزدیک بخانه وی

他的 家 接近 狄道 城 他到达 当

在

رحلت میکنند در سحرگاه و در میان راه برخادم

侍候的人 途 中 在 黎明时分 在 他们 启程

را قضا حاجت بود و عالم سابقند چون وقت

时间 当 先行的 阿訇 解手

کلان شد و شب تاریک است آن عالم انتظار کند

等待 阿訇 那个 黑暗 夜 大

چون آمد بر پشت ثقیله پرسید چیست

是什么 他问 重物 脊背 上 他来 当

وگفت ملتقط است وماهو وگفت نقره است

银子 他说 它 是什么 拾的东西 他说

در این حال آن عالم گفتند الترک الترک در آن

那个 在 扔 扔下 说 阿訇 那个 情况 这种 在

جای باز غضب کند و دشنام گفت حیوان حیوان

畜生 畜生 他 骂 他发怒 然后 地方

حرام است حرام است واین جاهل نکرد

干 不 无知的人 这个 是 非法的 是 非法的

بر ظن السوء باز آن عالم زجر کرد و زدند بسوط

鞭子 用 他打 呵斥 阿訇 那个 然后 歹 猜 基于

چون این جاهل حیلت نیافت و داند که مالا بد

必须 他知道 得到 不 办法 无知的人 这个 当

بویراست وقنع دهد در آنجا که یافته وآن عالم

阿訇 那个 他拾到 地方 那个 在 他 放

بر تبع و مراقبه بود وچون رسید بخانه

家 他到 当 监督 跟随

چند روز و داند که نتواند بیرون کردن از خانه

家 从 出去 他能 不 他知道 天 几

شش هزار درم بر پدر منصور دادند وگفتند

他说 给 曼苏尔 父亲 钱 千 六

اجرة بلا عمل حلال نبود وروزى رسيدم براَن

那个 我到 有~天 是不 合法的 工作 无 工资

جماعت شريفة لطلب العلم وپرسيدم ازآن

那个(阿訇) 我 问 知识 学习 为 尊贵的 坊

وپدر منصور گفت همه حق است وراست

实的 是 真的 所有的人 说 曼苏尔 父亲 和

است اكنون آن ندم در دل من بقا است

存 我的 心 在 遗憾 那个 现在 是

وپرسيدم چند بود وگفتند بمقدار هفتصد

百 七 数量 他们说 是 多少 我 问

يا هشت است فاعتبروا يا اولى

有 啊 你们当引以为戒 是 八 或

الالباب وزنوا بالقسطاس المستقيم

公正的 天平 用 你们称量 理智的人

نقل است كه در بلدة فكيانى مردكه مشهور

著名的 男子 伏羌 城 在 传述

است بتيسيانذابد بالله انه من المجذوبين

爱主提拔的人 属于 他 指主发誓 爷大相泰 以

ولكن اعتقد نفسه ضيفا كبيرا ونظر بعين الحقارة

藐视 眼 以他观看 贵 宾 他自己 他认为 但是

مولينا وگفت اتى اعطيته الشرب والقهوة

咖啡 饮水 他我 递 他说 我们毛拉

他（指曼蘇爾的父親—譯註）趕上來了，背上背著沉甸甸的東西。阿訇問他：「脊背上背的是什麼？」他說：「拾的東西。」（阿訇）又問：「什麼東西？」他說：「銀子。」當時，阿訇說：「扔下！扔到那裡去！」由於歹猜[1]，這個無知者不扔。阿訇生氣了，罵道：「畜生！畜生！那是哈拉目[2]！那是哈拉目！……」阿訇呵斥並拿鞭子抽他，這個無知者沒有辦法，他清楚必須得扔下了，阿訇跟隨著監督他（把銀子）放回了原地。

他回到家中幾天，自知不能再離家出去（開學），他就把六千錢交付給了曼蘇爾的父親，（委託他退還十字坡坊的鄉老），並說：「不勞而獲不是哈倆裡」[3]。

有一天，我（指作者—譯註）因求學來到了那個貴坊上，我打聽了那個阿訇和曼蘇爾的父親（的事蹟），大家都說是眞實的。現在，我心存遺憾。我問：「（拾的銀子）有多少？」人們說：「有七八百」[4]。

有理智的人啊，你們當引以爲戒，「你們當用公平的秤稱量。」[5]

023傳述：伏羌城有個人，以泰相大爺著名。指主發誓，他是個麥支祖布[6]。但是他妄自尊大，常以藐視的眼看我們的毛拉，並揚言：「我給他端茶遞水，我怕他不能吃哩。」

---

1 歹猜：中國回民口頭語，懷疑，（傾向於惡意的）猜度。

2 哈拉目（حرام）：伊斯蘭教法律術語，意為禁止的，不許可的，非法的。

3 哈倆裡（حلال）：伊斯蘭教法律術語：許可的，合法的。與「哈拉目」對應。

4 原文此處無量詞。

5 《古蘭經》17：35

6 麥支祖布（مجذوب）：意為受提拔的人。蘇非稱為「先得道而後行道者」。

وخفت ان لا یمکن الاکل بازروزی حضرت

有一天 吃 他能够 不 我 担心

مولانا قدس الله روحه آمدند دردروی وزدند

他敲 他的门 来到 我们毛拉

دروی بدست خود وندا گفتند ای علی فتحا

开门 阿里 哎 他喊 自己 手 用 他的 门

فتحا واهل وی ندانند مدعو کیست بازآن مجذوب

爱主提拔的那个 是谁 客人 知道 不 他的 家人 开门

دروی کشاید محتقرا ومتبسما وحضرت خواجه

和卓 微笑地 藐视地 开 他 门

مادر خانه وی دخول کردند ونشیند بر سریر وی

他的床 他坐 进入 他的 家 我们

وهو قایم بین یدیه فمکث ساعةً وخوانده

他 念 一会儿 他等待 他的 前面 站 他

خافضا مخفیا الله اکبر وخرّ مجذوب علی

阿里 爱主提拔的 倒下 至大 真主 秘密地 低声着

صعقا ووقتا خوانده سبحان الله ووقتا

一会儿 赞主清净! 他 念 一会儿 昏迷地

خوانده الله اکبر ووقتا یا مصطفی ووقتا

一会儿 被选拔者 啊 一会儿 至大 真主 他 念

لا اله الا الله بازحضرت مولینا خواندند

念 我们毛拉 然后 安拉 除外 主宰 没有

الله اکبر خفیا یکبار و درین گاه نیز خواند الله اکبر

至大 真主 他念 也 时候这 在 遍 一 秘密地 至大 真主

باز اقامت کرد و بنشیند بر[上] زانو در پیش ایشان خائفا

畏惧的 他 前边 在 膝盖 在 他 坐 他 站起来 然后

مضطربا آنگاه حضرت خواجه ما قدس الله سره

我们 和卓 那时 惊慌失措的

پرسیدند در فلان وادی کیست آن شباب دلیلک

你 带路的 青年 那个 是 谁 山谷 某 在 问

وآن شباب منست اگر نه ماست لا تمر از آن وادی

山谷 那个 你过 不 我 非 若 是 我 青年 那个

و در فلان کوه آن پیر بدرقه کیست وآن پیر منست

是 我 老者 那个 是 谁 护送人 老者 那个 山 某 在

اگر نه ماست نتوانی گذشتن از آن کوه و در فلان

某 在 山 那个 翻过 你能够 不 我 非 若

بحر صاحب سفینه حاملک کیست وآن صاحب

船主 那个 是 谁 你、担载 船 主 海

منست و اگر نه ماست لا یمکن ان تمر از آن

那个 你渡过 能够 不 我 非 若 是 我

بحر باز نزدیک کرد گریه و اعتراف بمزلت کرد

他 错误 承认 哭泣 他 临近 海

در پیش وی و گفته که ایشان پدر[是] ماست

我 父亲 依禅 他说 他的 面前 在

是

وایشان مرشد ما است و ندانم و بوسید بر

他亲吻 我知道 不 我的穆勒师德 依禅

کو دست مبارک ایشان وانگیخت خوانده

他念 他激昂 他 吉庆的 手 掌

ربنا ظلمنا انفسنا وان لم تغفر لنا

我们 你饶恕 不 若 我们自身 我们亏 我们的养主

وترحمنا لنكونن من الخاسرين

折本的人 属于 我们是 定 我们你怜悯

وروی ان حضرت مولینا شاه وقایة الله

拉乇叶尔维赫沙 我们主拉

相传

قدس الله سره قد قال ای مکان اذا کان

岂 无论何处 说 曾

有

فیه انسان فالامر لا یخلو اما ان تفتح

我 开辟 之 不 事情 "人" 它 在

بینی وبینه صراطا واحدا واوصلته

他 我使达到 一条 路 道 他之间 和 我之间

منه او طلبته نفسی

我自己 他 我 寻找 它 从

فاستمسکوا بکریم ان یحن لنا

我 他怜悯 如果 仁义之士 你们 用力抓住

بشری لنا معشر الاسلام ان لنا

我们有 确实 伊斯兰 群体 我们属 喜讯

有一天，我們的毛拉✽來到他的家門口，親手敲門，喊道：「阿里！開門，開門！」他的家人不知道來者是何人。那個麥支祖布冷笑著開了門，我們的和卓走進他的家中，坐在他的床上，他站在和卓的面前。過了一會兒，和卓默默地念了句：「眞主至大」，麥支祖布 · 阿里就暈倒了。（和卓）時而念：「贊主清淨」，時而念：「眞主至大」，時而念：「被選拔的聖君啊」，時而又念：「萬物非主，唯有眞主」……

後來，毛拉低聲念了一句：「眞主至大」，他（指麥支祖布 · 阿里—譯註）同時也念：「眞主至大」，念完他站起來，膽戰心驚地跪在了毛拉的面前。當時，我們的和卓✽問他：「在某山谷，給你帶路的那個青年是誰？那個青年就是我！如果沒有我，你不可能走出那個山谷；在某山上，護送你的那個老者是誰？那個老者也是我，如果沒有我，你不可能翻過那座山；在某海上，渡你過海的那個船家是誰？那個船家還是我，如果沒有我，你不可能渡過那條海。」

他快哭了，當面承認了錯誤，說：「依禪[1]是我的（精神）之父、是我的穆勒師德，我不知道（天高地厚）」他親吻了毛拉吉慶的手掌，並激昂地念道：「我們的養主啊，我們自虧了，你若不饒恕我們，不憐憫我們，我們必定是折本的人。」[2]

024相傳：我們的毛拉——沙赫 · 維尕葉屯拉✽曾說：「無論什麼地方，一旦那裡有『人』，情況不外乎：或在我與他之間，我開闢一條道路，我讓他由此道路達到（目的）；或者我親自尋找他。」

你們要緊隨仁義之士，如果他同情我們。

伊斯蘭的群體啊！喜訊獨歸我們。

確實，由於眞主的關懷，我們便有了不倒的支柱。

---

1 依禪（ایشان）：該詞原系波斯語第三人稱複數代詞，意即「他們」，用於個體時表示尊重。亦是中亞與中國新疆地區對伊斯蘭教蘇非派首領的尊稱，在本經中有時候替代「毛拉、和卓」使用此時音譯作「依禪」。這個詞在關裡爺筆下的使用，暗示著哲赫忍耶與中亞的密切關係。

2 《古蘭經》7 : 23

من العنایة رکنا غیر منهدم

坍塌的 不 支柱 关怀 由于

نقل است که روزی حضرت خواجه ما

我们 和卓 有~天 传述

رفته‌اند در چند مکان بر عادت نرفته‌اند

他 去 不 习惯 按照 地方 几个 去

باز بر کوه بیت عوار صعود کرد چون زان کوه

山 那 从 当 他 上 供奉佛像 山 然后

نزول کردند آن علی مجذوب اقبال کرد

迎接 受主提拔的 阿里 那个 下来

بصحاف لبن وچون خواجه ما بیند گفتند

他 说 看见 我的 和卓 当 奶 大石碗 端着

شیخ نزول کرد از کوه و شیخ اقبال کرد

迎接 一个筛海 山 从 下来 一个筛海

و بعد ازین مبین که آن مکانهای و آن کوه

山 那座 地方 那些 众所周知的 这 之后

مقامهای شهدای نه ساله است

年 九 烈士们 殉教处

نقل است که حضرت خواجه ما قدس الله سره

我们 和卓 传述

روزی میرفته‌اند بلا دعوت مردی

任何人 邀请 没有 去 有~天

در درهای مختلف معدود وعدد آنها

它们 数目 可数的 不同的 家门

هشده است وهمه مردان ودوستان

米斯塔尼 人们 所有的 十八

تعجب کردند وگفتند چگونه رفته اند

他 去 怎么 他们说 蹊跷

درین ابوابها زیراکه دروی کسی

人 它 在 因为 家门 这些

دین وار نیست وبعد ازین معلوم

众所周知的 这 之后 没有 有 教门

که انها ابوابهای شهیدای شش ساله

是

年 六 烈士们 家门 那些

است بلا کثیرة ولا قلة ولا خطاء

错 不 少 不 多 不

نقل است که روزی حضرت خواجه ما

我们 和卓 有一天 传述

وقاية الله قدس الله سره در مدرسة ما

我们 学堂

آمده اند واخز کرد بدست خود سریر

桌 自己 手 用 摆正 来

الدرس والتعلیم ووضع کرده اند اورا بر میل

偏斜 它 他们 摆放 教 学

وبی استقامت وپرسیده اند که این سریر وضع کردن

放 课桌 这个 他 问 端正 不

باستقامت خوب است یا بمیل وبی استقامت

端正 不 偏斜 还是 好？ 端正

خوب است وظاهر که وضع کردن براستقامت

端正 放 显然 好？

خوبتر است وازچه برمیل وبی استقامت

端正 不 偏斜 什么 为 更好

وضع کرده اند باز گفته اند اذا مال الزمان

光阴 偏向 一旦 他 说 然后 他们 放

لا یمکن ان یوضع مستقیما ومکروا مکرا

他们要计谋 端正 放 能够 不

ومکرنا مکرا وهم لا یشعرون بالله

指主发誓 他们感觉不到 我用妙计

ودرین وقت چند ماکران بود

有

搞阴谋的人 几个 时候 这 在

نقل است که روزی حضرت مولانا قدس

我们毛拉 有一天 传述

الله سره نشستند با چند کسانی بی بسیار

不多的 人 几个 同 坐

بالله درمیان این کسان کذاب ودروغ وازآن

有

那些从 撒谎者(波) 经常说谎的 人 这些 当中 在 指主发誓

025傳述：有一天，我們的和卓一反常態地去了幾個地方。他登上了一座塑著佛像的山。當他從那座山上下來的時候，那個麥支祖布 ．阿里端著一碗奶來迎接，和卓看到說：「一個篩海下山，一個篩海迎接。」後來，衆所周知，那些地方和那座山是（乾隆四十）九年烈士們的殉教處。

026傳述：有一天，未經任何人的邀請，我們的和卓✽去了不同的、可數的一些人家，數目共有十八家。所有的人們和多斯塔尼都感到蹊蹺，說：「他怎麼去了這些人家？這些人家裡都沒有有教門[1]的人。」後來，衆所周知，那些都是（乾隆四十）六年的烈士們的家門，不多不少，沒有誤差。

027傳述：有一天，我們的和卓——維尕葉屯拉✽來到了我們的一個學堂裡，他親自動手把課桌給擺放得端端正正，他們原來擺放得歪三斜四，他問：「這課桌放端正好呢還是放偏斜好？顯然放端正更好，那爲什麼他們要放偏斜呢？」隨後他說：「一旦世風偏向了，就不可能再匡正了。」「他們耍計謀，我用妙計，但他們感覺不到。」[2]指主發誓！這一時期有幾個搞陰謀詭計的人。

---

1 教門：回民的口頭語，語意多重：宗教，信仰，門派，宗教功修和表現等。

2 《古蘭經》：27:50

کسان ایشان همه شنوند ز خواجه ما قدس الله سره

我们和卓 从 听见 全部 他们 人

صوت باد زیر و ضحک کردند باز حضرت مولانا

我们 毛拉 然后 他们 笑 下 气 声音

قدس الله سره گفته اند و ما ضحکتم زیرا که باد

屁 因为 你们 笑 啥? 说

پنج حبة بود باد بهتر از دروغ باشد

说谎 比 更 强 放屁 谷 玉

نقل است که حضرت مولانا قدس الله سره

我们毛拉 传述

در مدرسه ما نشستند و خوانده اند بصوت لاعب

玩笑的 以口吻 他 念 坐 我们 学堂 在

کل بیع بنیت و کل طریقة لقیت و کل الناس

人 所有 我 遇到了 道路 所有 我 修建了 教堂 所有

هدیت بازگفته و ما فعلتم باتباع اللاعب

玩世不恭的人 跟随 你们 干 啥 他说 然后 我 引导了

نقل است که روزی حضرت مولانا قدس الله سره

我们毛拉 有一天 传述

گفته اند دو اعمی اقمشه دین ما است

我们 教门 摆设 是 商人 两个 说

و ما ینتیانده ادویه دین ما است

我们 教门 药剂 是 马尚德

نقل است که خواجه ما محمد لوائی قدس الله سره

传述 和卓 我们 穆罕默德 祁

گفته‌اند که من بر فتوحی بودم و پدر من بر

说 我 遵行 福图哈门宦 父亲 我 遵行

قمری بود و روزی پدر من گفتند ای پسر

格麦尔门宦 有一天 父亲 我 说 哎 儿子

فمنذ انظرت انظاری ما رایت احدًا مثل

自从 我细心观察 没 看见 我 一个人 像

الحاج قدس الله سره فانظر ماذا تری بالله

哈吉 你观看 什么 你看见 指主发誓

این چنین نیز در دل ما آمده و شبی پدر من

这 如此的 也 在 心 我 来 有一晚 父亲 我

مجلس غالبتر آماده و دعوت کرد حضرت ایشان

宴会 较盛大的 准备 邀请 他 他老人家

قدس الله سره و در خانه ما و ساحت ما و بیرون

在 房子 我们 院子 我们 外面

در ما طیب سیاه و مشک سوخته و استشفاء کرده

门 我们 香 黑 麝香 他点火燃 寻求医治 他

واسلام طلب کرده و ما حضور در میان است

伊斯兰 新求 我 在场 在 其中

و بحمد الله تعالی بکرمه و فضله میافته چنانات

赞颂凭 清高的真主 他的仁慈宽 他的恩惠 他得到了 正如

یافتیم وآبریک راه بودیم ولکن پوشیدیم

隐瞒 我们 道路一个 遵行 我得到

ازکسان دیگران زترس فتنه اگرچه در پیش

前 在 忽然 迫害 害怕 因为 别的 人 向

این در دلان غیران شک بود

怀疑 别人 心里 在 这

نقل است که روزی حضرت مولانا قدس الله سره

我们毛拉 有一天 传述

گفته ان شاء الله تعالی فردا روز تماشا کنیم

我们 游览 天 明 清高的真主 意欲 若 说

برکوه حبیب بالله در آن کوه قبه بود وجمع کردند

他们 收集 有 拱北 山 那 在 指主发誓 哈比布 山

اباریق وکاساة ودیگ استعمالات ونهند در یک

一个 在 他们放 使用 锅 杯子 壶

زنبیل کلان وطلبیند کسی را باجرة ودادند

他们交给 工资 出 一个人 他们 召 大的 筐

اخذة اخذة آنگاه حضرت مولانا قدس الله سره

我们毛拉 那时 拿着 拿着

گفته که نرفتیم زیراکه ارادة ما اخذ تم

是

你们拿 我的 意思 因为 成 去 不 说

اما سمعتم قوله تعالی لن یستنکف المسیح

麦西哈 鄙弃 绝不 清高的真主的话 你们 听到 没有 难道

028傳述：有一天，我們的毛拉✽同爲數不多的幾個人坐著。指主發誓！這幾個人當中有個愛撒謊的人。他們全都聽見了我們和卓✽的下氣聲，全都哄堂大笑，我們的毛拉✽說：「你們笑什麼？！屁是五穀（產生的氣體），放屁強於撒謊。」

029傳述：我們的毛拉✽在我們的一個學堂裡坐著，他以玩笑的口吻念道：「所有的教堂我都建設了，所有的道路我都走過了，所有的人我都引導了。」他又說：「你們跟著一個玩世不恭的人幹什麼呢？。」

030傳述：有一天，我們毛拉✽說：兩個盲人是我們教門的擺設，而馬尚德[1]則是我們教門的藥劑。」

031傳述：我們的和卓——穆罕默德．祁✽說：「我原來遵行福土哈的教門，我父親遵行格麥爾的教門。有一天，我父親說：『兒子啊！我細心觀察了，我沒有看見過一個像哈吉[2]那樣的人，你考慮一下，你究竟有什麼意見。』指主發誓！我的心裡也是這樣想的。

有一晚，我父親準備了比較盛大的宴會，邀請了他老人家✽。我們家裡裡外外都點燃了黑香和麝香，他要尋求醫治，乞求教門。我也在場。讚頌眞主，憑藉眞主的慈恩，我們父子如願以償，走上了同一條道路。出於擔心迫害，對別人我們諱莫如深，儘管此前別人心裡已有懷疑。」

032傳述：有一天，我們的毛拉✽說：「若主意欲，明天我們去遊覽哈比布山。」指主發誓：那座山上有一座拱北。他們收集了壺、杯子和鍋等用具，放在一個大筐裡，雇了一個人，交給他說：「拿著，拿著」。當時，毛拉✽說：「我不去了。我的意思是你們自己拿著，難道你們沒有聽到眞主說：『麥西哈[3]和近主的衆天仙絕不鄙棄給眞主做僕人』[4]？！」

---

1 馬尚德：或為密尚德，秦州（天水）阿訇，曾參加乾隆四十九年哲赫忍耶起義。後因「牛皮刮刀案」被捕殉教。參見《心靈史》（改定版）p101—102。

2 即馬明心。

3 麥西哈：先知爾薩的別稱。

4 《古蘭經》4：172

ان يكون عبد الله ولا الملائكة المقربون

是

近主的 众天仙 绝不 真主属于 仆人 他

ثم اخذنا بايدينا وانفسنا مع استحياء

羞愧 带着 我们 自己 我们的手 用 我们拿

وحضرت مولانا قدس الله سره از مكان سوق

街道 一个地方 从 我们毛拉

رفتند وانا على آثاره مهتدون وازين

这儿 从 遵循正道的 他的遗迹 按照 我们 去了

درميان بلدة خوجيوى فتنه كلان وغوغا

吵架 大的 风波 河州 城 中 在

بسيار پيدا شد و دوشمنان وغيران ميگفتند

说 对方的人 敌人 出现了 多多的

سخنان خلاف در دل است كه قد بدت البغضاء

漏恨 显露 心里 在 相反 话

من افواههم وما تخفى صدورهم اكبر

更大 他们的胸中 所隐藏的 他们的 口 从

نقل است كه روز بسيار بگذرد ناگاه در يك روزى

天 在 忽然 过去 没有 多的 日子 传述

در وقت نماز شام مردى آمد وگفته حضرت

哈孜拉特 他说 来了 一个人 昏 礼 时候 在

ايشان قدس الله سره دعوت كند ترا وبرفتيم

我 去 你 叫

بازلمس کرده اند بدست راست خود از زیر جامه

衣服 下 自己 右 手 用 他 摸 然后

ما از میان پشت ما از سر عظم پشت تا آخر

末尾 脊 骨 顶端 我的 脊背 中间 从 我的

یکبار بالله ما ندانم که چه کرده اند باز گفتند

他 说 然后 他 干 什么 知道 不 我 指主发誓 一遍

رفتن رفتن و در دل ما ظنهای اختلافات

各种不同的 猜测 我的心里 在 去 去

آمده اند و در روز دوم بعد از نماز بامداد

晨 礼 之后 第二 天 在 来

از خانه بیرون کردم و چون برسیدم بر سوق

街道 我 到 当 我 出去 家中 从

فتوحی نعوذ بالله من ذلک ناگاه کسان ایشان

他们的 人 突然 那个 从 真主 向 我求护佑 福图哈敬下的

همه جمع کردند و زدند مرا بکلان عصا و اختلاف

不同的 棍 大的 用 我 他们打 聚集 全部

آلات غلیظ و زنان ایشان هم آماده اند

准备 也 他们 的 女人 粗的 器具

بسیار نجس و استادند بر درهای ایشان

她们 的 门口 在 她们站 秽物 很多

فبرحمة الله و فضله و منه و احسانه

... 恩赐 ...恩惠 他的恩惠 真主 的 怜悯 凭

غلبه کنیم برایشان همه وآلتهای ایشان شکستیم

我 损坏 他们 器具 所有人 他们 我 战胜

وافتادم چند مردم ازایشان وندانم که از کجا مرا

我 哪里 从 我知道不 他们 从 人 几个 我 摔倒

این قوة بی حد بود وچگونه برین نوع زد.

他 打 方式 这 按 怎么 限 无 力量 这个 有

واینگاه فتنهای زاید وپسر چهارم فتوح سطر کند

写 福图哈 第四个 儿子 太多 风波 时候 这

حروف ادعای وادعای کردند باقامت نودین

教 新 立行 以 他们 诬告 诉 状

وجمع دلهای مردمان وامیر شنود واجازه کند

他 准(状子) 听 官吏 人 心 聚集

ورشوه خورد لعنة الله علی القوم الکافرین

不信道的 民众 降于 真主 的 诅咒 他 吃 贿赂

چون قضا کند بزدند مرا چهل وزدند حضرت

他们打 我祖 四十 我 他们 打 他 判决 如果

خواجه ما سه عدد وخواجه ما قدس الله سره

我们的和卓 三 我们的和卓

میخواند سبحان الله یکبار ناگاه آلت

器具 忽然 遍 赞主清净! 念

امیر شکسته وامیر استادند ونهی کنند

他 禁止 站起来 官吏 损坏 官吏 的

然後，我們羞慚地自己親手拿上去了。毛拉✽從街上的一個地方去了，「我們是遵循他的足跡的」[1]。從此，在河州城中起了軒然大波，對方的人說了些口實心非的話，「仇恨從他們的口中顯露了，他們的胸中所隱藏的仇恨是更大的[2]。」

033傳述：沒過多少天，在一天昏禮的時候，突然來了一個人，他說哈祖勒提．依禪叫你呢，我就去了。

他用自己的右手從我的衣服下面、從我的脊背中間、從脊骨頂端開始摸，一直摸到尾骨，摸了一遍。指主發誓！我不知道他在幹什麼。摸完他說：「去吧，去吧。」我滿腹疑團（地回去了）。第二天晨禮後，我走出家門，來到福土哈教下居住的街道——我向眞主求護佑——時，突然，他們的男人全部集結起來，拿著大棍還有不同的粗重器械打我，他們的女人也準備好了穢物，站在門口（等著潑我）。憑眞主的憐憫和恩惠，我戰勝了他們的所有人，毀壞了他們的器械，還撂倒了他們的幾個人。我不知道我從哪裡來的這麼大的力氣，更不知道他們爲什麼要打我。

此時，風波還在升級。福土哈的四兒子寫了訴狀，誣告我們另立新教、聚集人心。官吏吃了賄賂，聽信一面之詞，准了訴狀——眞主詛咒一切不信道的民衆。（官吏）判決打我四十（板子），打我們的和卓三（板子）。（打我們的和卓時），他✽念了一句「贊主淸淨」，突然，刑具損壞了，官吏站起來不讓再打了，於是，我們退堂回家。

---

1 《古蘭經》43：22
2 《古蘭經》3：118

از زدن و نزول کردیم و رجوع کردیم

我们 回家 我们 下来 打 从

نقل است که محمد لوائی قدس الله سره گفت چون

当 说 神 穆罕默德 传述

بازگشتیم از قضا ناگاه ناقصا من بینم پیری سپید

白的 老者 看见 我 瘸拐着 衙门 我们 回来

ریش و سپید موی و در دست ایشان دسته

一把 他 的 手 在 头发 斑白的 胡子

نو بقل بقاء بسته بحبل و گفته اند ببینده مرا

我 观看着 他 说 绳子 用 捆的 韭 菜 新鲜

هی هی بئس الرجل ظلمهم هذا عادتهم

他们的 习惯 这个 他们的亏待 人 真恶劣 咳! 咳!

ای دوست ادانی نام این زدن چیست

是 什么? 打 这个 名字 你知道 吗? 朋友 哎

و گفتم آکه من ندانم بازگفتند که این نام

名字 这个 他说 然后 知道 不 我 阿爷 我 说

و نیو نه زبود اگر امشب شفا نکنی فردا روز

明天 你 不 医治 今晚 如果 手板 牛卧

نبودی و پرسیدم آکه چگونه شفا کردم و گفتند

他说 我 医治 怎样 阿爷 我 问 你存在 不

طلب کنی دو مرد و رفته کنید در زیر آب آسیا

磨 水 下 你们 去 人 两个 你 找

ونصرت واعانت کردند از زیر دو بغل ترا

你 腋窝 两 下边 从 他们 帮助 相助

وزدی آن قساوه مضره بآب معتور ومدور

转动的 震动的 水 用 受伤的 硬痂 你 打

آسیا اگر ذرة از آن قساوه بقاء است بیرون نکنی

你不 出来 存在 硬痂 那个 从 一点儿 如果 磨

از آن آب تا همه نیست بازجوید باجرة کلان

大的 工价 找 没有 全部 直到 水 那个 从

نیابد کسی را زیرا که ترس فتوحی نیافتند اگرچه

即使 他们 去 福图哈教下 害怕 因为 人 不 得到 不

برادر او از جنب عم باز رفته بیگانه هرچند که

孤单地 他 去 然后 叔父 一边 他的 弟兄

زد آب معتور آسیا بر زیان وی در بیهوش

昏厥 在 他的 伤口 磨 震动的 水 打

بود چون حیله نیابد بریدا از آن شجر غرسین

树 那个 他砍 他得到 不 办法 当 他是

دو شاخ وبست بحبل ازار وی ونهد در زیر

下 在 他放 他的 裤 腰带 用 他绑 树枝 两个

بغل خود وزد تا وقت نماز شام ذرة مضره

伤疤 一点儿 昏 礼 时间 直到 他打 自己 腋窝

نه پراکنده است وباران از آسمان بود

有了 天空 从 雨 脱落 不

وآب نهر در زیر پای است وهوا برد است

寒冷的 天气 是 脚 下 在 河 水

ودل درد است وصبر کردم صبر جمیل وخواندم

诵 念 优美的 忍耐 我 忍耐 疼痛的 心

رَبَّنَا ظَلَمْنَا أَنْفُسَنَا وقتا و وقتا يَا رَبِّي لَا تَجْعَلْنِي

你使我成为 不要 我的养主啊! 一会儿 一会儿 我们自身 我们亏了 我们的养主!

فِتْنَةً لِلنَّاسِ وَنَجِّنِي مِنَ الْقَوْمِ الظَّالِمِينَ

不义的 民众 你使我摆脱 人们 时 磨难

ناگاه در اول وقت نماز خفتن باد خلاف بلا سکون

平静 灾难 逆 风 宵 礼 时候 开始 在 忽然

گرد و باران رحمت نزول کردند وآن زیان همه

全部 伤疤 那个 降下 恩惠 雨

پراکنده است وذره اثر از وی وعلامت نیست

没有 它 从 痕迹 一点儿 脱落

وما چنان نزدند والله متم نوره ولو کره المشرکون

多神崇拜者 憎恶 即使 他的光辉 完美的 真主 他们打 没有 正如一样我

ودر روز دوم بعد از نماز بامداد رفتیم در سوق فتوحی

福图哈教下街道 我去 晨 礼 之后 第二 天 在

واز بالا تا زیر گشادم زبان سبب چند و دشمنان

敌人 多 骂 口 我开 下 到 上 从

وغیران همه ایشان تعجب کردند وگفتند آیا این

这个 啊呀! 他们说 诧异 他们 全部 对方的人

034傳述：穆罕默德．祁說：我從衙門（出來）一瘸一拐地回家，我看見一個鬚髮皆白的老者，手裡提著一捆新鮮韭菜，他看見我說，嗨！嗨！他們的虧待真惡劣！這是他們的慣技。哎，朋友！你知道這種刑具的名字叫什麼嗎？我說，阿爺，我不知道。他說，這叫臥牛板子，如果今晚你得不到醫治，你連明天也活不到。

我問，阿爺，我怎樣醫治呢？他說，你找兩個人，你們去到水磨下邊，他倆從你的兩腋下架住你，你借水磨轉動傾下的水流沖刷傷痂……若還有一點兒傷痂的話，你都不要從那水中出來，直到全部沖刷乾淨。然而，他（指穆罕默德．祁—譯註）出高價也雇不到人，就連他的叔伯兄弟也因畏懼福土哈的教下而不敢去。他自己無助地去了，每當水磨傾下的水流拍打他的傷口時，他就昏厥了過去……沒有辦法，他從樹上砍了兩根枝杈，用褲腰帶綁起來撐在腋下，一直沖刷到昏禮時分，可是一點兒傷痂都沒有脫落。

天上開始下雨了，河水在腳下流淌，天氣寒冷，心情沉痛，我只有很好地忍耐。我一會兒念：「我們的養主啊，我們自虧了……」[1]一會兒念：「我的養主啊，求你不要使我受到人們的迫害，求你使我擺脫不義的民眾[2]」。忽然間，在宵禮的初時，災難的逆風平靜了，恩惠的雨點降下了，傷痂全部脫落了，不留一點兒印痕，我痊癒得就跟沒有被打過一樣！「真主是完善自己的光輝的，即使多神崇拜者憎惡也罷。」[3]

第二天晨禮後，我去了福土哈教下所居的街道，從街頭到街尾，我破口大罵，敵對的人們全都感到詫異，他們說，啊呀，這是個亡命徒，他怎麼這樣勇敢呢！

1 《古蘭經》7：23

2 《古蘭經》28：21

3 《古蘭經》61：8 {提示}本節經文的引用與原文有出入，原文如下：والله متم نوره ولوكره الكافرون

是
میت بود و چگونه او بر این شجاعت است
勇敢 这么 他 怎么 死人

وادعای کردند باقامة اختلافات وانگیختن فتنهای
是非 激起 分歧 进行 以 他们 诬告

پس امیر قضاء کند که هرکسی بازگشت در مکان
地方 回 人 每个 判决 官吏 然后

خود و بلدة خود آنگاه حضرت مولانا وقایة الله
拉也叶尔排 我们毛拉 那时 自己 城 自己

قدس الله سره بر حکم وسیق الذین اتقوا الی
到 他们敬畏的 那些人 被驱赶 判决 按照

الجنة زمرا بازگشت برکینْ هینْ ماپُو
坡 马 县 金 回 成群地 乐园

و ما بر صاحبت ایشان بودیم
他 陪伴 我们

نقل است که حضرت مولانا قدس الله سره چون
当 我们毛拉 传述

برسید بکینْ هینْ بسلامة گفت که الله تعالی
清高的 真主 他说 平安地 县 金 到

خراج کرد حبیب وی و دوستی وی از بلدة
城 从 他的 朋友 他的 喜爱者 取出

خُوجیُوی همچنان که نقل کند ورده از میان خار وهیزم
柴 刺 中间 从 玫瑰 移出 正如…那样 河州

نقل است که حضرت مولانا اعظم قدس الله سره

传述 我们毛拉 伟大的

در روزی گفته دانشمند عسلی ما عالم صالح است

有一天 说 阿訇 蜜 我们 是 阿訇 正直的

وروی عن محمد عالم لوائی انه قال انا کنا

相传 阿訇 祁 他 说 我

مع حضرت مولانا الاعظم قدس الله سره

同 我们毛拉 伟大的

نقعد فی کین هین ما یو فی مکان واحد

我们坐 在 金 县 马 坡 在 地方 一个

فاذا المشیر الجمیل دخل من باب وسلم

忽然 老年(人) 清秀的 进入 从 门 他说色兰

وجلس مع رکبته وحضرت مولانا الاعظم

他坐 两膝盖 他的 我们毛拉 伟大的

قدس الله سره قد قام وقال ای سبیل ذهبت وای

站起 他说 哪条 路 你走 哪个

رجل ضررت فخرج فسئالته عن آین وکیف

人 你伤 他出去 问 他 我 由 哪里 怎样

ومن وما فقال انی عالم سابع لیخیوی وانا

谁 什么 他说 我 是 阿訇 七 灵 州 我

علی مذهب ابی الفتوح قدس الله سره واسلامه

遵行 道路 艾布 福图哈 他的伊斯俩目

是

وانا من اسلامه على خطر عظيم فاني رايت

我 看见 巨大的 危险 处在 他的伊斯俩目 从 我

دائما السماء والارض والشمس والقمر وكل

万 月 日 地 天 经常

شيء يسجدون لي واني خفت خوفا شديدا

强烈的 恐惧 我恐惧 我给 叩头 物

فاينما طلبت شفاء فما وجدت ثم يوما

有一天 然后 我 得到 没有 医治 我 寻求 无论哪里

صرت الى بلدة قولنفوري ولقيت عالما

阿訇 我 遇见 府 兰 皋 城 我回到

مشهورا بعلم في بطن امه ابن محمد عالم

阿訇 他母亲 肚子 在 知道 以 著名的

(胎里会)

خامس واخبرته عسري فشفقني واشارني

我 他指示 我 他疼顾 我的 困难 他 我 告诉 五

هذا المذهب وقال ان حضرت وقاية الله

拉杜耶噶 维 他说 道路 这个

قدس الله سره طبيب حاذق وشيخ كبير

伟大的 筛海 精通的 医生

是

وانك ذو نصيب عظيم ومالك طبيب

医生 你 对 没有 大的 福份 有 你

سوى هذا الكريم وليس لك سبيل سوى

除过 道路 你 对 没有 仁慈的人 这个 除过

他們以搞分歧、起風波誣告（我們），最終官吏判決：各回原籍，我們的毛拉遵照「他們敬畏的那些人被成群地邀入樂園」[1]的判決，由我們陪伴著，回到了金縣[2]馬坡。

035**傳述**：我們的毛拉✽平安地到了金縣。他說：「眞主從河州城取出了他的朋友、多斯梯[3]，猶如從荊棘叢中採擷出玫瑰花一般。」

036**傳述**：有一天，我們的偉大毛拉說：「我們的密阿訇[4]是個德行良好的阿訇。」

037**相傳**：穆罕默德 ．祁阿訇說：「在金縣馬坡的一個地方，我陪同我們的偉大毛拉坐著。忽然，一個眉淸目秀的老者從門中進來，說完賽倆目跪下了，我們的毛拉✽站了起來，說：「你走了哪條路？你傷害了什麼人？」他（指老者—譯註）出去了。我（追上）問他：「你從哪裡來？你有什麼情況？你是誰？你是幹什麼的？」他說：「我是靈州七阿訇，我遵行艾布 ．福土哈的教門路線，我因而處在巨大的危險中——我經常看到天地日月以及萬物向我叩頭，我非常恐懼，多方求醫，均無效果。有一天，我來到皋蘭府，遇見了一個以『胎里會』著名的阿訇——穆罕默德 ．五阿訇的兒子，我把我的困惑告訴了他。他同情我，給我指示了這條道路，他說，維尕葉屯拉是個良醫、大篩海。你是個有大福分的人，除了這位仁慈之人，你的病將無醫可醫；除過這道門，你將走投無路。當今，只有他是（良）醫，只有他是（眞）篩海，其他的人都是跟我們一樣的阿訇，去（找他）吧，去（找他）吧。」

1 《古蘭經》39 :73 {提示} 本節經文的引用與原文有出入，有漏詞現象。原文如下：وسيق الذين اتقوا ربهم الى الجنة زمرا

2 今甘肅省榆中縣。

3 多斯梯：阿拉伯語，朋友，「多斯達尼」的單數形式。參見頁51註3

4 即前文中提到的密尚德。或為密尚德之父。參見頁57註3

هذا الباب الآن لا طبيب الا هو ولا شيخ الا هو

他 除过 筛海 没有 他 除过 医生 没有 现在 门 这个

والسايرون عالمون مثلنا فالزهاب الزهاب

去 去 我们 像 是 阿訇 其它的人

فقال محمد لوائي له فاذهب وارجع وانو نية

举意 你举意 你 回 你 去 他对 都 德默罕穆 说

جديدة وصم صوما مخلصا ثم ائت الى روحه

你来 然后 虔诚的 斋 你封斋 新的

فعسيت وجدت مطمئنة فرجع وفعل كما قال

他说 如 他干了 他回了 宁静 你得到 你 或许

ثم اتى وذلك المولى قدس الله سره لا يعتبره

他 关注 没有 毛拉 他来了 然后

كما في المرة الاولى فلح الحاحا شديدا واينما

无论哪里 强烈的 纠缠 他纠缠 头 一次 在 正如

وجده فثم جلس على ركبته ثم يوما من الايام

有一天 然后 他的两膝盖 上 他坐 那里 他 他发现

حضرت مولانا الاعظم قدس الله سره قد جلس

坐 伟大的 我们 毛拉

في مكان واسعة مع قلة اصحابه وهو جلس

坐 他 他的 弟子 少数 同 宽敞的 地方 在

بركبته بين يديه فذلك المولى قد قام

站起来 毛拉 他的 前面 他的 两膝盖 用

وانامه وركب على جسده وضربه بيده

他的 手 用 他 他打 他的身体 上 他骑 他 他使睡倒

ومتى ضربه مدحه وقال ان لك معجزة

奇迹 你 有 他说 他 他夸赞 他 他打 在时候

من سليمان غُدُوُّهَا شَهْرٌ وَرَوَاحُهَا شَهْرٌ

一个月 它的 下午行程 一个月 它的 上午行程 乃 玛 莱 苏

ولك معجزة من داؤد صنعة لبوس

铠甲 制造 德吾达 奇迹 你有

ولك معجزة من موسى فاضرب بعصاك

你的 手杖 用 你 击打 萨 穆 奇迹 你有

البحر ولك معجزة من ابراهيم يا نار

火 啊 欣拉布伊 奇迹 你有 海

كوني بردا متى مدحه قال ذلك المولى

毛拉 说 他 他夸赞 在 时候 凉爽 你变得

قدس الله سره برفع الصوت حق است

是 真的 声 高 以

والحاصل ان الضرب كثير والمدح غير قليل

少 不 夸赞 多的 是 打 总而言之

ثم جلس مولانا قدس الله سره وايضا جلس

他坐 也 我们毛拉 坐下 然后

بين يديه على ركبتيه ولقنه قل سبحان الله

赞主清净 你念、 他 他提示 他的两膝盖 上 他的 前面 在

اَلَا انه في هذا الوقت زاد عسره وجاء في قلبه

在 这个 时候 增加 他的困难 来 在 他的心里

ان المولى قدس الله سره لا يريد وان ارادني

此事 毛拉 不 要 如果 他要 我

فكيف قال هذا وهو جالس غما وحزنا بين

怎么 他念 这个 他 是 坐 悲伤 忧愁

يديه فقراء خافضا مخفيا الله اكبر وفي هذا

面前 他 他念 低声 秘密地 真主 至大 在 这个

الحال قد خرّ ذلك العالم صعقا وقد دعا الله

时候 倒了 那个 阿訇 晕 他呼叫 真主

وقتا ووقتا قد دعا رسوله وقد دعا تلا كلمة

时而 时而 他呼叫 使者 主的 他念 言

طيبة ووقتا قراء كلمة الشهادة ومتى ما كان

清真 时而 他念 言 作证 无论何时

لا يجد الافاقة ثم قال شيخنا سبحان الله

不 他得到 苏醒 然后 念 我们的筛海 赞主清净

خفية وايضا قراء سبحان الله تبعا مرة

默默地 也 他念 赞主清净 跟随着 遍

واحدة وفي هذا الوقت قد افاق وجلس

在 这个 时候 他苏醒了 他坐

فقال مولانا قدس الله سره والارادة هو هذا

说 我们毛拉 意愿 它 是 这个

穆罕默德．祁對他說：「那你回去，重新舉意，虔誠封齋，然後再來，或許你能得到寧靜。」他就回去了，照辦之後又來了，毛拉跟頭一次一樣沒有理會他，他糾纏不休，無論在哪裡發現毛拉他就跪在哪裡。

有一天，在一個寬敞的地方，我們的偉大毛拉✻同少數幾個弟子坐著，他跪在毛拉的面前。

毛拉站起來，讓他躺下，毛拉騎在他的身上用手打他，一邊打一邊誇讚：「你有蘇萊麻乃的奇跡──『（供他驅使的）風的上午行程是一個月，下午行程是一個月』[1]；你有達吾德的奇跡──『製造鎧甲』[2]；你有穆薩的奇跡──『你用你的手杖擊打海水』[3]；你有伊布拉欣的奇跡──『火啊，你（對他）變得涼爽』」[4]，毛拉邊誇邊高聲說：「是眞的。」

總而言之，打得多誇得也不少。打完之後毛拉坐下了，他跪在毛拉的面前，毛拉提示他，你念：「贊主清淨。」

此時，他更加困惑，心裡想：「毛拉是不打算收留我吧，要是收留的話，他怎麼也讓我念這一句？」他坐在毛拉面前，悲傷憂愁。毛拉低聲念了句：「眞主至大」，這時候，七阿訇暈倒了。他時而呼求眞主，時而呼求主的使者，時而念淸眞言，時而念作證言，但無論念什麼他就是甦醒不過來。後來，我們的毛拉低聲念了句：「贊主清淨」，他也跟著念：「贊主清淨」，他立刻甦醒了，他坐了起來。毛拉✻說：「意願就是這句『贊主清淨』。」他站起來，親吻了毛拉的兩手，並向毛拉說了賽倆目。因此，他不能夠聽「贊主清淨」的聲音。

---

1 《古蘭經》34:12
2 《古蘭經》21:80
3 《古蘭經》26:63
4 《古蘭經》21:69

سبحان الله ثم قام وقبل على يديه وسلم

他说色兰 他的双手 他亲吻 他站起 然后 赞主清净

ولهذا لا يستطيع ان يسمع صوت سبحان الله

赞主清净 声音 他 听 他 能够 不 此 因

وروي ان جد سبع البابا اللنجيووي قد ذهب

他去 州 灵 巴 巴 七 爷 相传

يوما الى القولنفووي وسكن في اهل العالم

阿訇 家 在 他住 府 兰 皋 有一天

البحري الان كسبه بيع اللبن ورعى

他牧放 奶 卖 他的 生计 海

بقرة كثيرة وفي الليل في ثلثها قد انقطع

断了 夜的三分之一 在 夜晚 在 多的 牛

حبل البقرة وابوه الكبير مع جد سبع بابا نائم

睡觉的 巴 巴 七 爷 同 年大的 他父亲 牛 缰绳

في بيت واحد ونادى ابنائه ونومهم غالب

深沉的 他们的睡眠 他的 儿子们 他 喊 一个 房间 在

ومتى ينادي قد ناموا وليس لهم صوت وجواب

答应 声音 他们 没有 他们已睡着了 他喊 时候

وذلك البابا قدس الله سره ايضا نائم وعند

当 睡着的 也 巴 巴 那个

طول الوقت قد تلا غضبا سبحان الله

赞主清净 生气地 他念 时间 长

وهكذا الناس ميّتون وكيف لا يسمعون فاذا هو

他 忽然 他们听见 不 怎么 死人 人 这些

是

قائم من ذلك النوم وهو على ركبتيه فطفق

他不停 他的 两膝盖上 在 他 睡 那个 从 站起

ضربا سنّ ولا يثبت الى طلوع الشمس

日 出 直到 他镇静 不 牙齿 打颤

وروى ان جد سبع بابا قدس الله سره يوما يؤدى

礼 有一天 巴 巴 七 爷 相传

مع العالم الخامس رحمة الله عليه في القولنفويّ

府 兰 享 在 他 真主 慈悯 五 阿訇 同

صلوة الفجر واذا قراء وَالسَّمَاءِ ذَاتِ الْبُرُوجِ

宫分 有 天 誓以 他念 当 晨 拜

وَالْيَوْمِ الْمَوْعُودِ وَشَاهِدٍ وَمَشْهُودٍ سكت

他沉默了 被见证的 见证的 所警告的 日子 和

وهو ساكن في مقامه ثم ان العالم الخامس

五 阿訇 然后 他的 位置 在 静立 他

قدس الله سره قد كمل الصلوة واذا فرغوا ارسل

他派 他们礼完 当 拜 他完成了

الخلفاء في جوانبه حفظة وحذرا الى وقت فجر

晨礼 时候 直到 防备 保护 他的 四周 在 学生

اليوم الثاني فاذا هو قاري قُتِلَ أَصْحَابُ الْأُخْدُودِ

坑 挖掘者 被杀 念 他 忽然 第二 天

(被弃绝)

النَّارِ الى آخره وكمل صلوته ماعجبا لهذا

这件 真奇怪! 他俩 拜 他礼全 尾 至 火

الشأن اولياء الله تعالى لا يصلون الا فجرًا

晨礼 除非 他们礼 不 清高的 真主 卧里们 事情

واحدًا في يومين كاملين ونحن في كل يوم

天 每 在 我们 整整的 两天 在 一个

نؤدي الخمس فكيف تشرّفونا

我们 他们超越 怎么 五番拜 礼

وروي ان سَبَبُ بناء قبة لمرقد قديم لا يعلم

人知道不 古 坟 为 拱北 修建 爷 布白赛 相传

اسمه ولا نفسه باموال الانفس المخدوع ويومًا

有一天 骗来的 昂贵的 钱财 墓主本人 墓主的名字

حضرت مولانا الاعظم شاه وقاية الله قدس الله سره

拉在叶尔维赫砂 伟大的 我们毛拉

قرائتي بلدتنا وانه يدعو مولينا وقال اي حضرت

哈兹拉特 哎 他说 我们毛拉 他邀请 我们的地方 他来到

اقرأ سورة في هذا المرقد ونحن نتبرك وحضرت

哈祖勒提 沾吉 我们 坟 这个 在 苏勒 你念

ايشان قد ذهب وقرب الى بابه فرجع وتقدم

向前 他返回 它的门 他临近 去了 依禅

ذلك السبب وجلس على ركبتيه بين يديه

他 前面 在 他的两膝盖 上 他坐 布白赛 那个

038相傳：有一天，靈州七巴巴爺[1]去了皋蘭府，他住在海阿訇家裡。海阿訇以賣牛奶爲業，他養著很多牛。當夜三分之一的時候，一頭牛的韁繩斷了，海阿訇的老父親和七巴巴爺睡在一個屋裡，他喊兒子們（起來去拴牛）。他的兒子們都已睡著，個個睡得很沉，沒人出聲答應。七巴巴✲[2]也睡著了。時間一長，他生氣地念了句：「贊主清淨」，說：「這些死人，怎麼聽不見呢？」突然，七巴巴從睡夢中跪了起來，牙齒不停的打顫，難以鎮靜，直到日出。

039相傳：有一天，在皋蘭府，七巴巴爺✲同五阿訇（願眞主慈憫他）一起禮晨禮。七巴巴爺念到「誓以有宮分的蒼穹，和所警告的日子，以及見證的和被見證的」[3]時候，他停住不念了，靜立於原位。五阿訇✲完成了晨禮。禮完拜後，五阿訇派海裡法[4]守護在七巴巴爺的周圍……直到第二天晨禮的時候，忽然，七巴巴爺念誦「願掘坑的人們，被棄絕……」[5]至結尾，他圓滿了自己的晨禮。

這件事眞奇怪！眞主的臥里在整整兩天裡只禮了一個晨禮，而我們每一天都禮五番拜，他們是怎麼超越我們的呢？

040相傳：賽白布[6]爺耗費騙來的鉅款給一個古墳修拱北，那墓主及其名字誰也不知道。有一天，我們的偉大毛拉——沙赫．維尕葉屯拉✲來到我們地方，賽白布爺邀請我們毛拉，說：「毛拉啊，請您到這個墳上念個蘇勒[7]，我們從中沾個吉。」毛拉就去了，快到拱北門口的時候，他又返回來了，那個賽白布向前一步跪在他的面前，（哀求說：）「您同情同情吧！」

---

1 即前文中的「靈州七阿訇」。

2 巴巴：波斯語，爺爺，亦泛指長者。本書中多為對宗教導師的敬稱。

3 《古蘭經》85：113

4 海裡法（خليفة）：本意為繼任者，代理人。指學習教門知識的經學生。

5 《古蘭經》85：4

6 賽白布（سبب）：意為原因，緣故。此人喜好藉故生端，人送外號「賽白布爺」。

7 蘇勒（سورة）：《古蘭經》的章節。哲赫忍耶百姓也用「念蘇勒」代稱家庭宗教紀念活動。

ارحم ارحم فقال مولانا قدس الله سره غضبًا

怒恼地 我们毛拉 说 您怜悯 您怜悯

انكم تنفقون اموال الانفس في الطينة والماء

水 和 泥 在 昂贵的 把 钱财 你们花费

وانتم مسرفون وانكم لتدعونني في هذا اليوم

日子 这个 在 我 你们请 浪费的 是 你们

وانما تعلقون الاسم واللقب وانتم تقولون

你们说 号 名 你们挂 只

للناس ان الفلان قد طاف هذا البيت وقرأ

他念 房子 这个 他游览 某人 人们 对

سورة في هذا القبر وماكرا تأخذون اموال الناس

人们 钱财 你们拿 耍计谋着 坟 这个 在 苏勒

بالباطل وانا اشاهد بالله والله لا نذهب

我去 不 真主 誓以 真主 以 是 见证者 我 诈术 以

وروى ان حضرت مولانا قدس الله سره

我们毛拉 相传

قد لقي في هذا اليوم من لا يعدل بين النساء

妻子们 之间 他同 等对待 不 人 日子 这个 在 遇见了

وسأله ارايت ثلثة نجوم في السماء وذلك

那 天 在 星 三 你看见了吗？ 他 他问

هيكل جامع الزوجين وانما عدم ميله

他 偏向 不 两个妻子 拥有者 的 形象 是

ان يكون عدلا ووسطا اما سمعتم قوله تعالى

清高的 真主的话 你们听到 没有难道? 公正的 公平的 他是

فلا تميلوا كل الميل فتزروها كالمعلقة

悬空的 像 她 你们抛弃 偏向 完全 你们偏向 不要

وروى ان حضرت مولانا قدس الله سره قد لقي

遇见了 我们毛拉 相传

جاهلا لا يصلي ابدا ابن ثمانين في سوق صغير

小的 街道 在 八十(岁) 从 他礼拜 不 无知之人

وردّه بيديه وسأله انت شيخ ام انا شيخ

老 我 还是 老 你 他 他问 他的 两手 用他 他拦住

وفرّ ذلك الجاهل من يمينه وردّه بيد شماله

他的 左 手 用他 他拦住 他的 右边 从 无知之人 那个 逃跑

وذهب من شماله فردّه بيد يمينه ولا يجد حيلة

办法 他得到不 他的 右 手 用他 他拦住 他的 左边 从 他去

وزعم انا شيخ فقال حضرت مولانا قدس الله سره

我们毛拉 说 老了 我 他说

قد اديت صلوة الخمس ولا تركت واحدة منها

它 从 一时 我抛弃 不 五时 拜 我礼

واتممت الحج مرّاتا وصمت صوم رمضان

勒麦丹(月份) 斋 我封斋 多次 朝觐 我 全美

وكملت فرض الخمس فالنظر النظر اانت

你 看 看 五项 主命 我完成

شخت ام انا شخت فقال وعلى هذا فانت شخت

老 你 这个 按照 他说 老 我 还是 老

وانا جاهل فقال حق است وروي انه من بعد قد صلى وصام

他封斋 他礼拜 (这)之后 从 相传 对 他说 无知之人 我

وروي ان العالم البلدي الصغير السيغنفوري

府 安 西 小 城 (陈) 阿訇

كان يعلم المتعلمين في البلد الجنزفوري

府 都 成 城 在 学生 教授

وكان زاهدا شدة وفي النهار يجوع ولا يشبع

他吃饱 不 他饥饿 白天 在 非常 弃绝尘欲

في الليل يقظ ولا ينام حتى ضنا نيا شدة فلما سمع

他听到 当 很 消瘦 以至于 他睡觉 不 他醒 晚上 在

خبر حضرت مولانا قدس الله سره قد ترك مدرسته

他的 学堂 他放弃 我们毛拉 消息

وجاء ماشيا لصحبته قدس الله سره واذا لاقى

他相见 当 他 陪同 步行着 他来

فحضرت مولانا قدس الله سره قال ويحك

你真可怜 说 我们毛拉

اذا جعت ولا شبعت فكلوا كثيرة واشربوا

你喝 多 你吃 你吃饱 不 你饥饿 当

غفيرة فانه اذا اكثر الاكل كثر الفعل

工作 多了 吃 多了 当 因为 多

我們的毛拉✾怒斥：「你把鉅款花費在泥和水上，你是揮霍浪費的人。你今天請我來，只爲假借名號，只爲向人誇口：某某人來拜謁過這座拱北，還在這個墳前念了蘇勒……你們施計謀以詐術騙取人們的錢財！我以眞主見證，指主發誓！我不去。」

041相傳：就在這天，我們的毛拉✾遇見一個不公平對待衆妻的人。毛拉問他：「你看見天上的三星了嗎？那是娶妻納妾者的形象，他只有不偏不倚，才算公平公正。難道你沒有聽到眞主說：『你們不要完全偏向所愛的，而使被疏遠的，如懸空中。』」[1]

042相傳：我們的毛拉✾在一條小胡同裡遇見一個八十歲高齡，從不禮拜的瞎漢[2]。毛拉伸開雙手攔住他，問：「你老還是我老？」那個老瞎漢想從右邊逃走，毛拉伸開左手攔住他；他想從左邊逃走，毛拉伸開右手攔住他……他無法可施，遂說：「我上年紀了嘛。」毛拉✾說：「我日禮五時，一番不脫，我多次朝覲，我封勒麥丹月的齋，主命五功，我樣樣俱全──看看，你老還是我老？」他說：「這樣的話，你是篩海，我是瞎漢。」毛拉說：「對！」相傳，從這以後，他開始禮拜封齋了。

043相傳：西安的小陳阿訇在成都府傳道授業，他是個極度厭棄今世嚮往後世的人，他晝不飽食夜不安寢，以至於變得瘦骨嶙峋。

當他聽到了我們的毛拉✾的消息時，他就放棄了教學，徒步來陪同他。相見之時，毛拉✾說：「你眞可憐！餓了你就往飽吃，（渴了）你就往足喝……因爲，多吃才能多幹。」此後，他開始增加飲食。

1 《古蘭經》4 : 129

2 جاهل：本意為無知的，愚昧的。西北回民把不懂教門知識的人稱作「瞎漢」。

ومن بعد قد اكل كثيرة وزيادة بالله قد ظفر

他获得 真主 藉以 增加 多 他吃 之后

من كثيرة الاكل ما لم تجره من الجوع والزهد

厌弃 饥饿 由 它 他得到 没有 吃 多 因

من انواع النعم الظاهرة والباطنة من غير ان

无有 隐微的 和 明显的 恩典 各种各样

تحصاه وروواته في ثلثة او خمسة اشهر

月 五个 或 三个 在 相传 它 人统计

قد غرق في بحر الفناء مرة وربما يقول الذين

那些人 说 一次 海 '法纳' 在 他淹没

لا يعلمون ان العالم البلدي قد مات

归真了 阵 阿訇 他们知道 不

فاسعوا الى دفنه وقال البعض انا لله وانا اليه راجعون

归于 他 我们 真主 属于我们 有的人 说 他 送埋 你们赶忙去

وروى ان العالم الادبي الكنجيانفوى قد اتى

来 府 昌 巩 李 阿訇 相传

القاء حضرت مولانا قدس الله سره وهو محب

是

喜好的 他 我们毛拉 见

لون الذكران فسأله آيا لي آخون قد اتيت

你来了 訇阿李 啊呀 他 他问 男 色

ومن بعد استطعت لي ام لا فقال اي حضرت

哎 他说 不 或者 我 你服从 吗? 以后

مولانا بالله انما اخشيت خوفا ومن بعد لا اعصي

我作恶 不 以后 害怕 我 害怕 真主 誓以 我的主拉

وروى ان ساباغا رحمة الله عليه قد ذهب يوما

有一天 去 尔巴萨 相传

بامر شيخه لقلة امر الى بلدة غَنْدِ نِهَيْن واقامة

他 住宿 县 定 安 城 事情 少 为他的 筛海 命令 奉

في منزل فيه خرابات كثيرة واذا غنين قد ضاقت

变窄 她们唱歌 当 许多 有 娼妓 它里边 旅店 在

الارض بما رحبت لكثرة الناظرين وقال

他 说 观众 多 因为 它广阔 虽然 大地

ما عجبا وما حمق هذا الناس والظاهر انها

她们 明显的 人 这些 傻 真 奇怪 真

غدارة ومكارة همّازة والله تعالى يصنع هداية

引导 制订 真主 中伤的 阴险的 背叛的

الاسلام ويدعوا الى دار السلام ولِما لا يجيبون

他们不相应? 不 什么为 平安 宅 至 召唤人 伊斯兰

واني ضربت في هذه الليلة الى دار الخبيثة فلينظر

看看 让 逆奸 房子 夜 这 在 我来

هذا الاحمق كلهم لان الرجلين الرجلية برت

出现 男子汉 两脚 他们全部 傻子 这些

في يوم وغى وحرب عدى ثم وقع في العسر

困难 他陷入 然后 歼敌 战斗 鏖战 日子 在

ودخل سيفه في غلاف المكارة فاذا هو تنبه

醒悟 他 忽然 阴险的 鞘 他的剑 插入

وسقط من بطنها في الحال وندم ندامة وخاف

他恐惧 他懊悔 当时 她的肚子 从 他下落

خوفا وذكر يومئذ اَيْنَ المَفَرُّ فخبط خبط

盲目行走 他齿间盲目行走 逃避之处 在哪里 在那天 他 念叨

العشوا الى ان يدخل في غار قديم بعيد موحش

荒凉的 遥远的 陈旧的 山洞 他进入 直到 患夜盲症的人

لا يعلم ولا يذهب الا انه في هذا الحال حياءه

他的羞愧 时候 这个 在 人去 不 人知道 不

حياته وخوفه قوته واين المفر ذكره

他的 念词 逃避之处 在哪里 他的 食物 他的恐惧 他的 生活

وحيرانه اعتكافه الى امضاء الاربعين يوما

天 四十 过去 直到 他的 坐静 他的 惊慌

وحضرت مولينا الاعظم قدس الله سره كل يوم

天 每 我们是拉

يسأله ويقول اين سابا عي فتحسسوا من يوسف

优苏夫 你们打听消息 我的 尔巴萨 在哪里 他说 他 107

ولا تايئسوا من روح الله ثم يوما يقول

وافيه 他的精神和

他 说 有一天 然后 真主 慈恩 从 你们绝望 不要

للاصحاب وكان في فلان مكان غار قديم

陈旧的 山洞 地方 某 在 有 弟子们 对

指主發誓！他因多吃而獲得了因饑渴和厭世未能獲得的數不勝數的各種表裡的恩典。相傳，在三個月或五個月裡，他就沉浸在法納的海裡一次。不明眞相的人們都說：「陳阿訇無常了，快去送葬吧！」聽到訃信的人念道：「我們確實屬於眞主，我們確實要歸於他。」[1]

044相傳： 鞏昌府的李阿訇來見我們的毛拉✽，他是個喜好男色的人。毛拉問他：「啊呀，李阿訇，你來了！以後你順從我呢還是不順從？」他說：「毛拉啊，指主發誓！我非常害怕，此後，我不再違抗了。」

045相傳： 有一天，撒巴爾（願眞主憐憫他）奉他的篩海的（卽沙赫維尕葉屯拉—譯註）命令去安定縣城辦點兒事，他住宿在一家旅店。那旅店裡有很多娼妓，她們一旦放聲高歌，觀者雲集，大地雖廣，也變得狹窄。撒巴爾說：「眞奇怪！這些人眞傻！她們明顯就是些背信失義、勾心鬥角、擠眉弄眼的人。眞主制訂了伊斯蘭的引導，號召人們歸至樂園，她們爲什麼響回應呢？今晚我來到了這個淫窩，要讓這些傻子們看看，男子漢的兩腳應出現在鏖戰之日殲敵的戰鬥中。」

隨後，他陷入了困境，他的劍插入了陰險的鞘。忽然，他醒悟了，立刻從娼妓的肚子上翻下。他懊悔不已，驚恐萬狀，在那天裡，他只念叨：「逃到哪裡去呢[2]？」到了晚上，他像夜盲症患者一樣盲目行走，走啊走，走進一個荒涼古老、人跡罕至的山洞。

從此，羞愧就是他的生活，恐懼就是他的食物，「逃到哪裡去呢？」就是他的念詞，驚慌失措就是他的坐靜……就這樣過了四十天。

我們的毛拉✽每天都會問起他：「我的撒巴爾在哪裡呢？」「你們打聽一下尤蘇福和他弟弟的消息，你們對眞主的慈恩不要絕望。」[3]

有一天，他對弟子們說：「在某個地方有個古老的山洞，你們到那裡去打聽打聽，也許撒巴爾就在那裡。」

---

1 《古蘭經》2：156
2 《古蘭經》75:10
3 《古蘭經》12：87

فاذهبوا الى جنبه وتحسسوا فلعله في ذلك

那个 在 他 或许 你们打听 它 那里 你们去

المكان فوجدوه متحيرا وذاكرا اين المفر

逃避之处 在哪里呢? 念叨着 惊慌失措的 他 他们发现 地方

وجاهلا اتيناهم ويسألون ماصنعت ههنا

在此处 你 干 什么? 他们 问 他们 到来 不知道

وان مولينا الاعظم يدعوك فالسرعة السرعة

快(走) 快(走) 你 叫 伟大的 我们毛拉

واذا سمع قولنا هذا فقر سقط وقدمات

他死(休克)了 他跌倒了 这个 我们的话 他 听到 当

واسرعنا اليه ورفعنا الى ندائه ثم افاق

他苏醒 然后 他 呼唤 我们高声 他 来到 我们急忙

فاخزناه بايدينا الى بين يديه قدس الله سره

他的 面前 到 我们的手 用 他 我们带

قَائلا رَبَّنَا ظَلَمْنَا أَنْفُسَنَا وَإِنْ لَمْ تَغْفِرْ لَنَا

我们 你饶恕 不 如果 我们自身 我们亏了 我们的养主啊!念着

وَتَرْحَمْنَا لَنَكُونَنَّ مِنَ الْخَاسِرِينَ

折本的人 属于 我们 一定 我们 你怜悯

ماعجباله ولا يجلده ولا يستغفره ايضا

也 替 他求饶恕 没有 他 他鞭打 没有 他 责怪 真

ولا يزكره بالله منز ذلك اليوم لا يرفع

他抬起 不 天 那 自从 真主 借以 他 他提起 不

راسه بين الناس وعند ذكر المعصية والزنا

奸淫 犯罪 提到 人们 在中间 他的头

فلا يكون الا بكاء وحسرة

悲叹 哭 只是 他

وروي ان بُوِيْ آخُونْ يَه السِيغَنْفُورِيّ

府安西 爷 訇阿 摆 相传

رحمه الله قد اتى يوما الى بلدة غَنْدِن وانزله

他住宿 定安 城 有一天 来

في مكان فيه خرابات جميلة واذا راى بلا اختيار

不由自主地 他看见 当 漂亮的 娼妓 有 它里 地方 在

قد صالت عليه حية الشهوة فاسرع الى

(去)到 他急忙 欲望 蛇 他 向 猛扑

حضرت مولاه خائفا وباكيا ومستغيثا

求救着 哭泣着 恐惧着 他的毛拉

وقال قد عصيت فارحمني بالجلدة والاستغفار

求恕 皮鞭 用 我 你怜悯 我已失足 他说

فقال الحضرت لا تخف ولا تحزن فان ذلك

那 因为 你忧愁 不要 你害怕 不要 哈孜拉特 说

حركة لا صنعة ثم بكى بكاء شديدا

强烈的 哭 他哭 然后 职业 冲动 是

واستشفع اصحابه الكبيرة وقال ان شيخي

我的 筛海 他说 伟大的 他的 弟子们 求情

ومولاى لم يردني يومئذ اين المفر فيا ايها

啊 逃避之处 在哪里 在那天 我 他要 不 我的毛拉

الاصحاب قد سقطت في حفرة الخسران وانتم

你们 折本 坑 在 我已掉 同伴们

تنظرون ولا تلقوا نفسي واحدة في غربة البعداء

遥远的 离乡 孤独地 我自己 你们都 不要 观看

واني ارجو تحرك في المولى شفاهك بي يا ايها

啊 我 因你的 嘴唇 毛拉 翕 动 我盼望

الاكرام فضربه جلدة واستغفار باكيا

哭着 他 求饶 皮鞭 他 他 打 高尚的人

ثم قال وانما اكتساب الاسلام هو على هذا النوع

样子 这个 按照 伊斯兰 承担罪责 他说 然后

وروى ان حضرت مولانا الاعظم شاه وقاية الله

拉杰叶尔罗 赫沙 伟大的 我们毛拉 相传

قدس الله سره في ابتداء قد اتى الى بلدة القولنفوور

府兰皋 城 来到 起初 在

يدعوه ابن العالم الخامس المشهور بعلم في

在 知道 以 著名的 五 阿訇 儿子 他 邀请

بطن امه لاكل الطعام واستعمال النعم

恩典 享用 食物 吃 为 他母亲 肚子

واذا ذهب فاتبع ساكتا ولا يشير الى

他指 不 沉默地 他跟随 他 去 当

（弟子們來到了那裡的時候），發現他驚慌失措，念叨著「逃到哪裡去呢？」他沒有發覺他們的到來，他們問他：「你在這裡幹什麼呢？我們的毛拉叫你回去呢，快走快走！」他聽到我們的這個話的時候，就暈倒在地，不省人事。我們急忙來到他跟前，大聲呼喚他。過了一陣，他甦醒了，我們把他拉到了他✽的面前，念著「我們的養主啊，我們自虧了，如果你不饒恕我們，不憐憫我們，我們一定是折本的人」[1]。

眞奇怪！他✽沒有鞭打他，也沒有爲他求饒恕，不再提起他。指主發誓！自從那天起，撒巴爾在人前再也抬不起頭了，有人提到姦淫之類的話題時，他只是哭泣悲歎。

046相傳： 有一天，西安府的擺阿訇爺（願眞主憐憫他）來到了安定縣城，他投宿在一個有漂亮娼妓的地方。當他不由自主地看見那些娼妓時，情欲之蛇纏住了他……他急忙去到毛拉跟前，恐懼、哭泣、求救，他說：「我已失足，請您用皮鞭和求饒來憐憫我吧！」毛拉說：「你不要害怕，不要憂愁。那只是一時衝動，而非有意爲之。」

然後，他嚎啕大哭，尋求毛拉的大弟子們爲他求情。他說：「我的篩海、我的毛拉不要我了，在那一天，避難所在何處？同伴們！你們眼睜睜地看著我掉進折本的坑裡，你們不要把我一人孤獨地扔在遙遠的他鄉……高尙的人們啊！我盼望你們能爲我在毛拉面前啓齒美言。」於是，毛拉就打了他一皮鞭。他哭著求饒，然後，毛拉說：「伊斯蘭的體罰就是這樣。」

047相傳： 我們的偉大毛拉——沙赫．維尕葉屯拉✽初到皋蘭府，以「胎里會」著名的五阿訇的兒子宴請毛拉。毛拉去他家赴宴時，他默默地跟著——爲了考驗，他既不帶路又不指明他的住所——（求眞主護佑我們別做那種事）。

沒有任何指引，毛拉徑直走到了他的家裡。毛拉坐在他的高房裡，他站在毛拉的面前，毛拉問他：「阿訇！知識的終點是什麼？伊斯蘭的終點是什麼？」他無言以答，即使他們相互幫助也無濟於事，他對毛拉深深敬服。

---

1 《古蘭經》7：23

طريقه ولا مكانه تجربة نعوذ بالله من ذلك

那个 从 真主 向我们保护佑 考验 他的 处所 不 他的 路

فضرب الى مكانه بلا اشارة ولا دلالة

带领 没有 指引 没有 他的 处所 来到

واذا جلس في بيته العالى فقد قام بين يديه

他面前 他站 高的 他的 房子 在 他坐

وسأله اي آخون وما نهاية العلم

是

知识 终点 什么? 阿訇 哎 他 他问

وما نهاية الاسلام فاعجزه عن الاتيان

回答 对 他无能为力 伊斯兰 终点 什么?

ولو كان بعضهم على بعض ظهيرا وثبت

他稳定 帮助 一部分 他们的一部分 即使

على الارسال والتعظيم فقال حضرت مولانا

我们毛拉 说 尊重

قدس الله سره نهاية العلم والله اعلم

是

至知 真主 知识 终点

ونهاية الاسلام لا حول ولا قوة الا بالله

是

于真主 求助除非 力量 没有 办法 没有 伊斯兰 终点

ثم سلم عليه قدس الله سره ونزل من مكانه العجب

自负的 他的位置 从 他下来 他 向 他说色兰 然后

نقل است كه روزى براى وضع مدرسة

学堂 建立 因为 有一天 传述

مبارکه فتنة الادعای در میان دانشمند پنجم حلوایی

甜(田) 五 阿訇 中间 在 争议 风波 吉庆的

رحمه الله وقوم واقع شد باز آن دانشمند آمده اند

来 阿訇 那 然后 发生了 他的高目 和

بر جنب حضرت خواجه ما قدس الله سره وگفت ای حضرت

哎 他 说 我们 和卓 身边

مولانا ارحمنا واعطنا مکانا واحدا للاستنصار

求助 因为 一个 地方 我们 赏赐 我们 你怜悯 我们毛拉

والاستغاثة زیراکه مدرسه محصور کتد بسی هزار

千 三十 以 计算 学堂 因为 求救

درم وبر ما این امکان واستطاعت نبود باز حضرت

然后 有 没 能力 条件 这个 我们 上 钱

ایشان قدس الله سره گفته اند که شما اسلام کنید

干 伊斯兰目 你们 说 他

ودیگران مال نفقه کرده اند واین نیز غیر موافقه است

合适的 不 也 这 花费 钱财 别人

پس حرث وزمین خود رهن کنی ونفقه کردی باز آن

那 然后 你 花费 你 典当 自己 田地 庄稼

عالم کرد چنانکه فرموده اند باز مدرسه

学堂 然后 他 吩咐 正如所 干了 阿訇

اقامت کند بنصرة الله ورسوله

他的 使者 和 真主 相助 凭 他 建起

ورُوِيَ ان حضرت مولانا قدس الله سره قد دخل

走进 我们毛拉 相传

يوماً في مدرسة العالم الثالث الكُنجيانفُووِيّ

府 昌 巩 三 阿訇 学堂 有一天

وقد كان معلما في بلدة الكِين جِيُووِيّ فقال

他说 州 秦 城 是 教师 他

ان عالمي الثالث قد حسن في الوضع اما وضع

布置 或者 布置 在 他成为好的 三 我的阿訇

سريرة لرجل واحد او سريرة لثلثة رجال لا

不 人 三个 给 一张床铺 一个 人 给 一张床铺

لرجلين فاحذروا بلاء الذكر وفتنة العورة يا ايها المتعلمون

学生们 哎 羞体 磨难 下体 祸患 你们提防 两个人 给

ورُوِيَ ان الله تعالى سنة من السنين منع منا

我们 由 他剥夺 有一年 清高的 真主 相传

الغيث واستقيناه في مسجدنا ومولانا الاعظم

我们毛拉 我们的寺里 向 在 他 我们求雨 雨水

شاه وقاية الله قدس الله سره حاضر وتلونا القرآن

古兰经 我们念诵 到场的 拉也叶尔維赫沙

العظيم واذا قرأنا ثلثه ونصفه فحضرت مولانا

我们毛拉 它的一半 或 它的三分之一 我们念了 当 尊贵的

قد قال برفع الصوت ان هذا ليكفيكم فامنعوا

你们停止 你们 使得够一定 这些 声 高 说

毛拉✽說：「知識的終點是『惟主至知』[1]，伊斯蘭的終點是『無法無力，惟賴眞主』」然後，他向毛拉說了賽倆目，放下了自負。

048傳述：有一天，田五阿訇（願眞主慈憫他）[2]與他的坊民[3]之間因籌辦學堂而發生了爭議，田五阿訇來到了我們的和卓✽身邊，他說：「毛拉啊，您憐憫一下我們吧，您給我們賞賜一個地方，我們到那裡去求援。辦學預算需要三萬錢，而我們沒有這個條件和能力。」毛拉說：「你們辦教門，讓別人花錢，這也不合適啊！你把自己的莊稼田地典當了去辦學吧。」田五阿訇照辦了。憑眞主及其使者的相助，他辦起了學堂。

049相傳：有一天，我們的毛拉✽走進了鞏昌府三阿訇的學堂，他曾在秦州[4]城教學。毛拉說：「我的三阿訇布置得很好，要麼一個人睡一張床鋪，要麼三個人睡一張床鋪，而不是安排兩個人睡一張床鋪。」學子們，當謹防下體的禍患和羞體的磨難！

050相傳：有一年，眞主剝奪了我們的雨水（天旱無雨），我們在清眞寺裡求雨[5]，我們偉大的毛拉——沙赫．維尕葉屯拉✽也來到了現場，我們念誦尊貴的《古蘭經》，當念到三分之一或一半的時候，我們的毛拉高聲說：「念這些已足夠了，你們停止吧。」

---

1 「知識的終點惟主能知，伊斯蘭的終點無計無力」：此一句是《熱什哈爾》一書在哲學思想上的高點。第一個「終點」（نهاية）是句子中的賓語，知者是安拉。

2 田五阿訇（دانشمند پنجم حلوائي）：這是由波斯文單詞「دانشمند」（有知識的，學者）、「پنجم」（第五）和阿拉伯文單詞「حلوائي」（甜美的，諧音田）構成轉譯的人名。

3 坊民：中國回民口頭語，以清真寺為中心的一個社區稱作「一坊」，坊內普通成員即為坊民。

4 今甘肅省天水市。

5 求雨：穆斯林社會的一種風俗：當發生旱情，舉行儀式向真主祈求降雨。依據先知的遺訓。

من التلاوة وفي مدرستنا استاذي عبد الهادي

迪 哈勒都布阿 我的 老师 我的 学堂 在 念诵

وهو على دين محمد ابي الفتوح سره وفي قلبه مرض

有 病 他的心里在 哈图福 布艾 穆罕默德 教门 遵行 他

النفاق وقال من نفسه وهوائه ان اتممنا كله

它的全部 我们全美 如果 他的欲望 和 他的私心 出于 他说 伪信

فلا مضرة وما بأس فيه ثم ارتحل وارتحب الخيل

马 他骑上 他启程 然后 它 在 防碍 没有 伤害 没有

في خارج باب المسجد وقال على اعين الناس ركبت

我 骑上 人们 面 当着 他说 清真寺 门 外边 在

الخيل امرتني الخير فانتظروا ان الغيث في

在 雨 你们 等待 善事 你 我 命令 马

فلان البروج وذهب والحال لا شيء من سحاب

云 从 什么东西 是没有 情况 他离去了 宫分 某个

في السماء والشمس حريق كالنار وفي هذا الوقت

时候 这个 在 火 像 燃烧的 太阳 天空 在

قد جاء في قلب عبد الهادي انه قال انا منتظرون

等待 我们 他说 此事 迪 哈 勒都布阿 心 在 来

غيثك وناظرون حق وليك وشيخك الا

你的 海筛 你的 里卧 真实性 看看 你的 雨

انه في وقت غير كبير قد غيمت وسكبت

（天空）倾注 （天空）乌云密布 大 不 时间 在

ماء كافواه القرب وقلبه مطمئن بالايمان

信仰 信 安定的 他的心 皮袋 口 像 雨水

وروى ان المحتسب الابيض السيغنفووق

府 安 西 白 乡老

相传

اذا اتى صحبة مولانا الاعظم قدس الله سره

我们毛拉 陪伴 他来 当

يحبه حبا شديدا وقال عالمنا الصغير

小 我们的阿訇 说 强烈的 喜欢 他 他喜欢

ابو بكر امي رحمه الله لمولينا ما احببته حبا

喜欢 他 你 喜欢 怎么 我们毛拉 对 米吾尔克白布艾

شديدا لان هذا الرجل لقيته في بلدة كاشغري

尕噶什喀 城 在 他 我遇见 人 这个 因为 强烈的

وهو منتشر في الاخذ فقال المولى بلى وهو

他 是的 毛拉 说 抓揽 在 乱的 他

منتشر في الاخذ ولكنه اذا اخذ يدا واحدة

一只 手 他抓住 当 他 但是 抓揽 在 乱的

فما اشبه يدا واحدة ومن بعد قد نزل بلاء

灾难 降临 之后 一只 手 他 像 不

السنة السادسة وكان ماخوذا بسبب

因为 被捉拿 他 第六 年

اعمين وذلك الحال قد ظهر رجليته فانه

因为 他的 男子汉气概 显了 时候 那个 两个盲人

اذا أُخذ بوسوس مترف كبير ذو مرتبة في بلدته

他的 地方上 在 地位 有 大 富户 教唆 他被提拿 当

في نظر الامير ولهذا وضعه في السجن ثم ذلك

那个 然后 监牢 他被放入 此 因 官吏 眼 在

المترف قد ندم وعزم ان يشفعه من ذلك

那个 从 他 他搭救 他打算 懊悔了 富户

البلاء وارسل رجلا فقال له غيّر قولك في

当着 你的 话 你改变 他 对 他说 一个人 他打发 灾难

اعين الامراء واقلب كلامك فاني شافعك

你 搭救 我 你的 口供 你 推翻 官吏 面

منه فقال ومن سواه فما استشفعت من يده

他的手 从 我 寻求说情 不 他 除过 人 他说 它 从

مع ان هذا المقام مكان النعم والرحمة واذا

当 怜悯 恩惠 地方 场所 这个 同时

لم اجده فقلبي ضيق جرح واذا ظفرت اتركه

我放弃 吗? 我 获得 当 受伤 痛苦 我的心 它 我得到 不

اما ترى ان حياتي في مماتي ومماتي في حياتي

我的生中 在 我的死 我的死中 在 我的生 你看到 没有 难道

حتى يدخل في زمرة اهل السعادة من الشهداء

烈士 从 幸运的 人 一伙 在 他入 以至于

صدق الله العظيم ورسوله النبي الكريم

仁慈的 先知 他的 使者 伟大的 真主 说实话

我們的學堂裡有我的老師——阿布杜．哈迪，他遵行穆罕默德．艾布．福士哈的教門。他的心裡有僞信之病，私欲作祟，他說：「全部念完也沒有什麼傷害，也沒什麼不好。」然後，毛拉要動身離開，到寺門外他翻身上馬，當著衆人的面說：「我已騎上了馬，我命令你們行善，你們等著，雨在天際。」說完他就走了。

當時萬里晴空，驕陽似火。阿布杜．哈迪心裡想：我們等著你的雨，倒要看看你當臥里、當篩海的眞實性。

不大會兒功夫，天空烏雲密布，大雨如傾。阿布杜．哈迪心悅誠服了。

051相傳：西安白鄉老來陪同我們的偉大毛拉✽，毛拉非常喜歡他。我們的小阿訇——艾布白克爾．吾米（願眞主慈憫他）問我們的毛拉：「您怎麼那麼喜歡他呢？這個人我在喀什噶爾城遇見過，他是個亂抓攬[1]人。」毛拉說：「是的，他是個亂抓攬的人。但是，當他抓住一隻手的時候，他跟抓住一隻手不一樣。」

後來，（乾隆四十）六年的災難降臨了，他因爲兩個盲人的牽涉而被捉拿。那一刻，他的男子漢氣概才顯示出來。他是因爲在官吏眼裡有地位的一個本城富戶人家的告密而被捉拿的，他被投入了監牢。

後來，那個富戶懊悔了，打算救白鄉老擺脫牢獄之災。他打發了一個人到監牢裡告訴白鄉老：「你當著官吏的面改變說法，你翻供，我救你出來。」白鄉老說：「『除他外，我不求任何人說情幫忙』[2]，同時，這個場所（指監牢）是個恩惠、憐憫的地方，得不到它的話，我的心會痛苦悲傷。如今我得到了，我還能放棄嗎？君不見：我爲『死』而活，爲『活』而死？！」最終，他加入了幸運的烈士行列。眞主及其使者言之鑿鑿！

---

1 抓攬：即追隨導師。

2 《穆罕麥斯》中的詩句。

وروى ان حضرت مولانا يومًا قد جلس مع

同 坐 有一天 我们毛拉 相传

كثير من العلماء والعالم المشهور بصوفي آخُون

訇 阿 苏 伙 著名的 阿訇 阿訇 多的

السالاري ايضا حاضر في مجلس واحد فاذا هو

他 忽然 一个 宴会 在 在场 也 拉 萨

قائل عابسًا متوليًا هي كاد ريح الكفران

昧主 气味 几乎 咳 转过脸 严肃的 说

يملأ ويقصم دماغ العارف والعالم السالاري

拉 萨 阿訇 智者 脑子 使破裂 充满

قد سرع الى طرف ارضه ثم سائل ووجهه

他的 脸 他问 然后 他的 下 边 到 他急忙来

المباركة حمر قُلِ ادْعُوا اللّٰهَ اَوِ ادْعُوا الرَّحْمٰنَ

红的 吉庆的

اَيًّا مَا تَدْعُوا فَلَهُ الْاَسْمَاءُ الْحُسْنٰى من سماه

他 给命名 谁

هذه الاسماء فاجاب وقال في الكتاب ان اسماءه

他的 名称 经典 在 他说 他回答 名称 这些

قديمة سماعية لا رجل سماه فسكت ثم

然后 他沉默了 他 他给命名 人 没有 众口相传的 古有的 是

غني وغرد كاللاعب ثم مد يده وقراء

他念 他的手 他伸出 然后 玩耍者 像 他放声歌唱 他歌唱

برفع الصوت اشهد ان لا اله الا الله

用 高 声 我作证 没有 主宰 除非 真主

وحده لا شريك له واشهد ان محمدا عبده

独一的 没有 合作者 他 我作证 德默罕穆 是 他的仆人

ورسوله وقال مشيرا بمسبحة على لغة

他的使者 他说 指着 用 食指 他的 语

الصيني انما الله اله واحد لا ثاني له

汉 只 是 真主 主宰 独一的 没有 第二个

وروى ان حضرت مولانا الاعظم شاه وقاية

相传 我们毛拉 伟大的 拉屯叶原维赫沙

الله قدس الله روحه انما اتى الى الشنسوى

来到 西陕

لاجابة الدعوة من جنب ذلك الامير الكبير

因 答应 邀请 那个 官 大

المعلوم بمايبو واذا قرب ان يقدم القى

众所周知的 以 为 彪 当 临近 他到来 他迎接

مع الامراء من تحته كلهم على عرفهم الاغلب

同 官吏们 在下边 他们全部 按照 他们的惯例 大多的

ووضعوا في خارج البلدة خيمة كثيرة

他们搭建 在 外 城 帐篷 多的

جميلة وروى انه اذا قدم الى الخيمة

漂亮的 相传 当 他来到 帐篷

الاولى وهي خيمة لذلك الكبير فالامراء كلهم

他们全部 官吏们 官长 那个 属于 帐篷 是 它 第一个

قد نظروا باعيان الحقارة وقالوا انه ليس شيئا

人物 他不是 他们说 藐视 眼 用 他们观看了

مذكورا ولا درينا ما سبب دعوته بهذه النفقة

花费 这些 以他 邀请 原因 是 什么？ 我们知道 不 值得一提的

وتعظيمه على هذه الحركة وفي الحال اخبروا من

从 他们告知 当时 在 举动 这个 按照 他 尊重

خيمة الى خيمة تواتر الان انهم في هذا الوقت

时候 这个 在 他们 接连不断地 一个帐篷 到 一个帐篷

قد اخذوا كثيرة الحرمة ونقصوا غلبة التعظيم

尊重 他们减少 帐篷 多的 拆除

وفعلوا ما لابد بالحقارة والاستهزاء فلما

当 讥笑地 轻视地 必不可少的 他们做

قدم الى آخر الخيمة وهي قريبة الى دخول

入 接近的 是 它 帐篷 最后的 他来到

البلد فريح الشقاوة قد هبت من مراح قلوب

心 房 从 刮起了 薄福 风 城

ذلك الزين شقوا وقصدوا الى خزي الضيف

客人 羞辱 他们企图 他们薄福 那些人

واسقاط المضيف نعوذ بالله من ذلك وجلسوا

他们坐 那个 从 真主 向 我们求护佑 东道主 贬低

052相傳：有一天，在一個宴會上，我們的毛拉同很多阿訇坐著，著名的撒拉蘇阿訇[1]也在場。忽然，毛拉轉過臉皺著眉說：「嗨，味主的氣味充滿智者的頭腦，幾乎使之破裂。」蘇阿訇急忙來到他的下首，毛拉臉紅撲撲地問：「『你說，你們呼叫安拉，或呼叫至仁主，無論你們呼叫什麼，他都有優美的名稱』[2]——是誰給眞主命名這些名稱的？」蘇阿訇回答：「經典上講，眞主的名稱是衆口相傳的、古有的。無人命名。」毛拉沉默了一會兒，他像玩耍的人一樣放聲歌唱，然後，伸出他的手（指），高聲念道：「我作證，萬物非主，唯有眞主，獨一無二；我作證，穆罕默德是主的僕人和使者。」毛拉舉起食指，用漢語說：「只有安拉是獨一的主，沒有第二個。」

053相傳：我們的毛拉——沙赫．維尕葉屯拉✽應大官馬彪[3]之邀來陝西，快到達的時候，馬彪帶領他手下的全體官員，按照他們的慣例迎接，他們在城外搭建了許多漂亮的帳篷。

相傳，當毛拉來到第一座帳篷，也就是那位大官的帳篷時，所有官吏都以輕蔑的眼神看他，他們說：「他並不是一個有名氣的大人物，不知道大人耗費鉅資、興師動衆地邀請他來幹什麼？」當時，他們把此消息，接連不斷地從一個帳篷傳到另一個帳篷。

此時，他們已拆除了許多帳篷，也降低了尊重，他們虛情假意地做了必不可少的（應付）。

當他來到最後一個帳篷，也就是接近入城的帳篷時，薄福之風從那些薄福的人們的心房中刮起了——他們企圖羞辱客人，貶低東道主——（祈求眞主從那種行徑上護佑我們）。

---

1 撒拉蘇阿訇：或即乾隆四十六年哲赫忍耶起義的領導者蘇四十三。事蹟參見《心靈史》改定版第一門。

2 《古蘭經》17:110

3 馬彪：據「欽定石峰堡紀略」，此人時任陝西提督，後曾參與鎮壓乾隆四十九年哲赫忍耶起義。

على ركبتيهم عند الرحلة بين يدى سيدهم

他们的首领 前面 在 出发 在时候 他们的膝盖

وقالوا اذا دخل هذا البَابَا الى البلد لا يثبت

确定 不 城 巴巴 这个 进入 如果 他们说

لنا امكان الرؤية والعدم وقصدنا ان نحتاج

我们求 我们的心愿 否 与 见 能够 我们对

منهم بحقي وبحرمتي شعرة لنكون

它(诗) 以便 一首诗 你的 面子 你的情份 以 他 向

نصب طروفنا فلما حير ولا يجيب فقد ولوا

他们把…转向 他 答应 不 他为难 当 我们的 财 富

وجوههم شطر مولينا الاعظم قدس الله سره

我们老祖 方向 他们的 脸

وفي هذا الوقت قد سأل ما تقولون ثم زعموا

他们说 然后 你们说 什么? 他问 时候 这个 在

متحيرين قصدهم وقال خير خير وما متن

主题 什么? 好 好 他说 他们的意愿 惊慌地

الشعر واي منكم ظاهر المتن ثم سكتوا

他们沉默 然后 主题 显示 你们 从 哪一个 诗

متحيرين وسأل ثانيا وثالثا الا انهم

第三次 第二次 他 问 不知所措地

قد صاروا منكوسة التلف كما قال جل جلاله

尊大的主 说 正如 损伤 被倒置 他们变得

ولا يحيق المكر السيء الا باهله وفي هذا

这个 在 ， 它的创作者 只 恶劣的 计谋 包围

الوقت حضرت مولانا قدس الله سره قام من

从 就起来 我们毛拉 时候

مقامه وراى من جوانبه ثم نظر على نقشة

画 他看它 然后 他的 四周 从 他看 他的位置

واحدة معلقة من خلفه وكان المنقوش

所画的 他的后边 从 悬挂 一幅

是

فيها هيكل الشتاء وهو شجرة كبيرة بلا ثمر

果实 没有 大的 一棵树 它 冬天 景象 它 在

是 有

ولا خضر وعليها صقر ضعيف والبرف نازلة

下的 雪 虚弱的 鹰 它 上 绿色 没有

ثم قال ضاحكا مستهزاء هي اردتمو الشعر

作诗 你们要 嗨 嘲笑着 笑着 他说 然后

ولا تستطيعوا اخراج المتن فعلينا ان نتلو

我朗读 题 出 你们 能够 不

بهذه النقشة فلفظ شعرا

诗 他读出 画 这幅 以

فِي وقت خُوَانْ يِ آمرشَنْ سِي ، تِي كِهِ لِيَانْ جُوَابُ جَنْ نِي ،

泥 粘 不 瓜 两 起 提 西 陕 来 鹰 黄 时 非

بُ پَا جِنْ جُو زِ نَوْ نُو ، لِيَانْ بَانْ شُوي شَرْ وَاسِ تِ ،

蹄 马 万 折 捧 膀 两 怒 恼 惹 主 真 怕 不

وروى انهم قد سجدوا بين يديه تسليما

佩服地 他 面前 在 他们叩头 相传

وخرجوا رغما على رغم فدخل في البلد بلا رد ولا

没有 拦挡 没有 城 他进入 粘上泥土 上 粘上泥土着 他们出去

منع وروى ان حضرت مولانا الاعظم

我们毛拉 相传 阻碍

قدس الله روحه لما اقام في مقام معلوم

众所周知的 地方 在 他住 当

لذلك الامير الكبير اياما معدودة فالعلماء

阿訇们 可数的 日子 大 官 那个 属于

في هذه البلدة قد بدت البغضاء في قلوبهم كما

正如 他们 心里 在 憎恨 显露 城 这座 在

قيل الفقهاء عند الاولياء كالفراعنة للرسل

使者 对于 法老 就像 卧里 跟前在 法学家 人说

بل هم اضل سبيلا لان فرعون قال عند الغرق

淹没 在…时候 说 法老 因为 路道方面 更迷误 他们 甚至

انى آمنت رب موسى وهارون ولهذا

这个 因 伦 哈 和 萨 穆 养主 我归信

لا يقال لحقه بحقية الكافر كما في الحسيني

《注因 塞 侯》 在 正如 不信道者 真实性 他的真话 因为 断言 不

واظهروا على صورة المحبة من حيث لا يشعرون

他们 感觉到 不 地方 从 喜爱 样子 按照 他们显示

在他出發進城時，他們跪倒在他們的首領面前，說：「這位巴巴進了城，我們能否再見到他還不確定，我們的心願是看在您的情面上，我們想向他求一首詩，以便它成爲我們的財富。」大官爲難了，未置可否。他們就轉向了我們的偉大毛拉✽，毛拉問：「你們剛才說什麼？」他們戰戰兢兢地說出了他們的意願。毛拉說：「好，好。詩的主題是什麼呢？你們中哪位出個主題？」他們默不作聲，不知所措。他又連問了兩邊，（依然無人應答）。

他們已變得顏面掃盡，一敗塗地。正如尊大的眞主所說：「惡劣的計謀，只圍困其策劃者。」[1]

這時，我們的毛拉✽從他的位置上站了起來，環顧四周，看到他背後的牆上掛著一幅畫，畫中呈現出一派冬天的景象：一顆大樹，沒有果實，沒有綠色，樹上落著一隻瘦弱的鷹，雪花飄飄。看完他嘲笑道：「嗨，你們要作詩，而你們又不能夠出題，那我就以這幅畫爲題，口占一首：

飛時黃鷹來陜西，提起兩爪不沾泥。

不怕真主惹惱怒，兩膀摔折萬馬蹄。」[2]

相傳：他們佩服地五體投地，灰溜溜地出去了，毛拉一路暢通進了城。

---

1 《古蘭經》35 :43

2 「飛時黃鷹來陜西」：這是一段「小兒錦」使用的豐富例子。小兒錦，即用阿拉伯文或波斯文的字母，拼寫口語，頁旁寫注。它是中國穆斯林經堂教育的傳統之一，是沒有漢語教育背景的經學生在清真寺聽課時用以記筆記的手段，所以也叫「小經」。隨年深日久，小兒錦對於處理阿語的難讀音、類近音和漢語的特有語音，有了一套成形的語言學方法。作經注是它最主要的用途，著述家也利用夾雜小兒錦的寫法，完成使用阿拉伯文的寫作。
這是一首混雜著阿拉伯文、波斯文、小兒錦的七言絕句。對其構成，簡述數語，其中第一句，使用了阿文、波斯文、小兒錦。解析如下：飛（小兒錦，ف[fei]）時（阿文，وقت[時間]）黃鷹（小兒錦，خوآن ء[huān yin]古代經堂裡使用小兒錦，沒有加後鼻音g--غ的習慣，只是用長音的آ來表示，比如huang就寫作huān）來（波斯文，آمد[āmad]）陜西（小兒錦，شن سى[shan si]哲派傳統上把سى[si]讀[xi]西）。第二句除了「起」採用波斯文連接詞外，基本上使用小兒錦：提（تى[ti]）起（كه[qi]古代經堂裡習慣上把這個波斯文單詞讀q,而不是讀k）兩（ليآن[liān]）爪（جوا[zhuwa]按照標音因讀作「竹瓦」=爪[zhua]）不（ب[bu]）沾（جن[zhan]）泥（ني[ni]）。第三句使用純小兒錦：不（ب[bu]怕（پا[pa]真（جن[zhen]）主（جو[zhu]惹ژى[ry）此音按原文所標符號寫出，應讀作（re]نو[nao]）怒（نو[nu]）。第四句除了「馬」用波斯文單詞轉譯以外，基本上使用小兒錦：兩（ليآن[liān]）膀（بآن[bān]）摔（شوى[shuai]）折（ش[she]）萬（وا[wan]）馬（اسب[asb]）蹄（ت[ti]）。

جزاء ومكرنا مكرا بها انهم قد اتوا الى ذلك الباب

门 那个 到 他们来 我用妙计 惩罚

وقال انا ندعو مع الاحباء في الجماعات المختلفة

不同的 提尔玛哲 在 朋友 同邀请 他(们)说

امير المسلمين شيخنا الاعظم قدس الله روحه

我们的筛海 穆斯林 官长

وبهم نتبرك ونستشهدهم حقيقة الكتب

经典 真理 他 我们求证 向 我们沾吉 他 凭借

بئس الرجل هو المضل وذلك الامير لا يجوزهم

他们 允许 不 官长 那个 使人迷路的 人 真坏

فانه قد علم ان ما تخفي صدورهم اكبر ووعظهم

他们 他劝 更大 他们 心胸 所隐藏的 他知道 因为

هذا لا تفعلوا لان الفتنة اشر من القتل

杀戮 比 更厉害 是非 因为 你们干 别 这事

ولكن لم يقل هذا بين يدى حضرت وفي

在 特拉兹哈 面前 这个 他说 没有 但是

يوم الثاني قد سأله ان العلماء في هذه

这个 在 阿訇们 他 他问 第二 天

البقعة ما فعلوا باتيان هذا الباب وما صنعوا

他们 做 什么? 门 这个 来到 他们干 什么? 地方

ولما اتوا فاجاب لم ياتوا فقال له متبسما

笑着 他对他说 他们来 没有 他回答 他们来 什么时

انهم ان كانوا يدعونني ويريدون بحث الكتب

经 讲 他们想 我 他们邀请 如果

فقل لهم ان هزا الرجل جاهل ولا يستطيع ان

是

他能够 不 瞎汉 人 这个 他们 对 你说

يبحث الا انه قدس الله سره قد قال في اليوم

天 在 他说 讲

الثالث لزلك الامير ان ارادتي ان نزهب

我去 我的意愿 官长 那个 对 第三

في هزا المسجد ونطوف فالتظر النظر او البصر

看 观 观 我游览 寺 这座

البصر او منعه وقال انه مفتن كبير فلا تزهبوا

是

您去 别 大 是非之地 它 他说 他 他阻止 看

فقال ان الارادة ثابتة فلا رد ولا منع فاذا هو

是

忽然 阻止 没有 拦挡 没有 坚定的 意愿 他说

قد قام واخذ عصاه وذهب اليه والناس الكثير

多的 人 它 向 他去 他的 拐杖 他拿 他站起

بلا عد ولا حد قد تبعه وفي الحال رؤسهم قد

他们的头目 当时 在 他 跟随了 限 无 数 无

وضعوا المجلس ودعوهم عليه فقال لهم

他们 对 他 说 宴 赴 他 他们邀请 宴会 设置

انكم قد دعوتموني في هزا الامس وتقولون

你们说 昨天 这个 在 我 你们邀请

تريدون بحث الكتب خير فخير ولكني

我 但是 好 好 经 讲 你们想

是 جاهل لانستطيع فابحثوا نوادر الكتب

经典 珍奇的 你们讲 我能够 不 瞎汉

وعلينا السمع والتبرك فسكتوا سكوت

沉默 他们沉默 沾吉 听 我

المتحيرين وثبتوا ثبوت النابتين والعلام

语 幼苗 稳定 他们稳定 瞪目结舌的人

是 على هذا النوع مرات ثم قال قدس الله سره

他说 然后 多次 样子 这个 按照

اذا لايستطيعون فاني نبحث فعليكم السمع

听 你们 我讲 他们能够 不 当

السمعا فضرب الى جنب عباراتهم القديمة

古 他们的(碑)文 跟前 到 他走 听

واشار لهم بعصاه المباركة ان هذه الكلمة

词 这个 吉庆的 他的手杖 用他们 给 他指出

خطاء وذلك الكلمة خطاء ألا ان الخطاء

错误 错误 词 那个 错误

المشار اليه في سبعة مقام فالنظر النظر

看 看 地方 七个 在 被他指出的

ان كنتم تعلمون والنطق النطق ان كنتم

如果 讲 讲 你们知道 如果

相傳：我們的毛拉✽在那位大官的府邸住了數日，本城阿訇心中的嫉恨就顯露了出來，俗話說：「法學家對待臥里，猶如法老對待使者。」他們甚至更迷路。因爲，法老在淹沒的時候還說：「確實，我歸信穆薩和哈倫的養主。」因此，不能斷言法老就是地地道道的不信道者。「候塞因經注」中如是說。而他們由於尚未感受到報應，卻表現出一副沾沾自喜的樣子。『我善運妙計』——他們來到了官邸，說：「我們偕同各坊的朋友們來邀請穆斯林的官長——我們的偉大篩海✽，我們向他沾個吉，並向他求證經典的眞理。導人於迷途的人眞壞！」那位大官不允許他們（滋事）。他清楚他們心中所隱藏的嫉恨更大。他勸導他們：「這事你們不要幹。因爲，『迫害比殺戮更殘酷』」[1]。

但是，他在毛拉面前沒有說這件事。第二天，毛拉問他：「當地的阿訇們到官邸來幹什麼？他們要做什麼？他們爲什麼而來？」他搪塞說：「他們沒有來呀！」毛拉笑著對他說：「如果他們邀請我講經的話，你告訴他們，此人是個瞎漢，他不會講經。」

第三天，毛拉✽對那位大官說：「我想去那座寺裡遊覽一下，參觀參觀。」那位大官阻止他說：「那是個大是非之地，您還是別去了。」毛拉說：「我意已決，您就不要攔擋了，不要阻止了。」忽然，他站了起來，拿著他的拐杖，就向那座寺裡走去，他的後邊跟著很多人。當時，他們的頭目設宴邀請他。毛拉對他們說：「就在昨天你們已邀請了我，你們說要講經，好，好，但我是一個瞎漢，我不會講經，所以，請你們拿些稀罕的經典來講，我聽聽，沾個吉。」

他們沉默不語，瞠目結舌，像幼苗一樣，呆若木雞。話就這樣說了好多遍。然後，當他們不能講的時候，他✽說：「那我就講，你們聽著」——他走到古老的（碑）文旁，用他吉慶的手杖給他們指出：這個詞是錯的，那個詞是錯的……被他指出的錯誤多達七處。如果你們有知識就看看，如果你們會講就講講。說完，他似行雲般地返回了，他們瞠目結舌，福薄運淺。

1 《古蘭經》2:217

تنطقون فرجع رجوع السحاب وهم متحيرون

目瞪目结舌的 他们 云 返回 他返回 你们讲

وشقيون اللهم لا تجعلنا شقيا ولا مطرودا

被遗弃的 薄福的 我们你使成为 不要 主啊！ 薄福不幸的

ولا محروما هب مسيئنا لمحسننا ومقصرنا

我们的懈怠者 我们的好人 给 我们的坏人 你赠送 可怜的

لعاملنا وهبنا الكل لوجهك الكريم

慷慨的 你的 喜悦 因为 一切 我们 你赐予 我们的功修者

وروى ان ابا بكر امّي آخونْ قد اتي من بلدة

城 从 来 阿訇 米吾尔克白布艾 相传

كاشغري ورجع بامر شيخه طورسن بابا

巴巴 逊尔图 他的筛海 命令 奉 他返回 尔噶什喀

قدس الله روحه وقد اعتقد ان لا يكون في

在 没有 他认为

الصين شيخ مثل شيخه ويوما قد دخل

走进 有一天 他的筛海 像 筛海 中国

خانگاه لقي حضرت مولانا الاعظم قدس الله سره

我们主拉 他遇见 道堂

وجاء في قلبه ان ليس ههنا عالم وعارف

精通的 懂得的 这里 没有 此事 他的心里在 来

حقيقة القرآن الكتاب المثنوي المولوي

维拉毛 维纳斯玛 经典 古兰经 真理

قدس الله سره ليتني قرأته وبحثته بين ايديهم

在他们面前 它我讲 它 我读 我 但愿

واظهرتهم هزي واسلامي فيوما حضرت مولانا

我们毛拉 有一天 我的伊斯俩目 دين 我的教门 他们 我阐释

قدس الله روحه قد دعاني وساير الاهل في خانگاه

道堂 在 人 其他的 和 我 他叫

وقال ائتوا واسمعوا من ابي بكر آفون كتابه

他的 经典 阿訇 尔、克白布艾 从 你们听 你们来 他说

المثنوي فانه لا يستطيع ان يبحث الا هو ولا

(能够)不 他 除非 讲 他能够 不 玛斯纳维

غيره وفي هذا الوقت قرأتي كتابه بين يديه

他的 面前 他的经典 他拿来 时候 这个 在 别人

قدس الله سره ثم حضرت مولانا الاعظم قدمسه

它 他摸 我们毛拉 然后

بيده المباركة من جلده وقال له بحثا بحثا

讲 讲 他 对 他说 它的 皮 从 吉庆的 他的 手 用

فلما كشف الاوراق متواليا ولا حرف فيها

它 里边 字 没有 不停地 书页 他翻开 当

قد سرع ان يهبط من مقامه العالي الظاهر

表面的 高的 他的 位份 从 下来 他急忙

والباطن وجلس بركبتيه بين يديه

他的 面前 他的两膝盖 用 他坐 内在的

نادما وخايفا وتقصيرا قائلا اخطأت وغلطت

我错了 我错了 说 放弃地 害怕地 懊悔地

فاعف عني وارحمني والا اكن من الخاسرين

是

折本的人 一部分 我 否则 我 您怜悯 我 您原谅

ومن هذا قلبه مطمئن بالايمان

信仰 凭 安定的 他的 心 此 从

وروى ان طورسن بابا قدس الله روحه

巴巴 逊尔图

相传

قد نام ليلة نوم الغافلين الى غاية وقت

时间 终点 直到 疏忽大意的人 睡觉 有一晚 睡觉

صلوة الفجر وخادمه الواحد قد ضرب ميقادة

火镰 他摔 一个 他的仆人 晨 礼

في الارض للتنبيه فاذا تنبه قد سأل من

谁 他问 他醒 当 提醒 为 地上 在

ضرب هذا فانه لا يضربه على الارض بل

而是 地 上 它 他摔 没有 这个 摔

ضربه على قلبي فان حبيبي ابابكر امى آخون

阿訇 米吾尔克白布艾 我的朋友 因为 我的心 上 它 他摔

قدس الله سره قد شهد في هذا اليوم في هذا

这 在 天 这 在 牺牲了

الوقت انا لله وانا اليه راجعون

归 他 于 我们 真主 属于我们 时

主啊！求你不要使我們成爲薄福的、被遺棄的、可憐的。求你施恩——使我們棄惡從善、變懈怠失職爲勤勉盡責。爲了你的喜悅，求你賞賜於我們一切吧！

054相傳：艾布白克爾 · 吾米阿訇從喀什噶爾[1]城來了。奉他的篩海——吐爾遜巴巴✽的命令又回去了。他曾認爲，在中國沒有像他的篩海那樣的篩海了。

有一天，他走進了道堂，遇見了我們的毛拉✽，他心裡想：此地沒有通曉毛拉維✽著作的「瑪斯納維」經的人，但願我在他們面前讀講一番，向他們顯示一下我的水準和我的教門。

有一天，我們的毛拉✽叫來了我和道堂裡的其他人，說：「你們來聽聽艾布白克爾阿訇講他的「瑪斯納維」經，只有他會講，別的人都講不了。」此時，艾布白克爾阿訇把他的「瑪斯納維」經拿到了毛拉✽的面前。然後，我們的毛拉用他吉慶的手摸了一下它的封面，對他說：「講，講」……他不停地翻頁，裡面卻連一個字也沒有，他趕忙放低身段，懊悔、沮喪地跪在了毛拉的面前，說：「我錯了，我錯了，您原諒我、憐憫我吧！否則，我是折本的人。」從此，艾布白克爾阿訇心悅誠服。

055相傳：有一晚，吐爾遜巴巴✽睡得昏昏沉沉，直到晨禮時間將盡。他的一個僕人爲了叫醒他，把火鐮扔在了地上，他驚醒了，問：「是誰扔的火鐮？他沒有把火鐮扔在地上，而是砸在了我的心上。我的朋友、艾布白克爾 · 吾米阿訇就在今日此時犧牲了——『的確，我們由眞主掌管，的確，我們要歸於他』。」[2]

---

1 喀什噶爾（كاشغرى）：在《熱什哈爾》一書中此地名的多次出現，給哲赫忍耶與中亞乃格什阪丁耶的關係研究投來了一道亮光。與之相隨，一系列人名和細節如「吐爾遜巴巴」(طورسن بابا)，「熱瓦普」(ربابى)，「鼓」(بدوغ)，「鑲」(النان) 等，都發人深省。東至西安，西至費爾幹納盆地，一派民間大交流的罕見情景，後人很難想像。另據張承志《心靈史》改定版考證：為究明哲赫忍耶派道統譜《尼斯白提》和清代官方文獻的關聯，作者於一九九七年訪問過喀什附近一個自稱哲赫忍耶、源頭在費爾幹納盆地的蘇非派別，得知這一教團在三代前（1745年前後）曾有過「一個撒拉人弟子」。這一資訊與馬明心回國的時間大體吻合，也與《熱什哈爾》此處記載相呼應。（參見張承志《心靈史》改定版簡裝本p36—37）

2 《古蘭經》2：156

وانى قد دللته فى الجنة واعطيته ثمرات

果实 他 我给予 天堂 在 他 我引领 的确

المختلفة والم الفراق لا يكون الا فى قلبى

我的心里在 只 分离 痛苦 不同的

ولا يزال فى حزن والبكاء ففى هذا الزمان

时候 这个 在 哭泣 悲伤 在 他仍然

اتوشوشون وروى انه قد دعا اصحابه باكيا

哭泣着 他的弟子们 他召唤 相传 我 你们扰乱 你们来

وخرج فى الصحراء وصلى عليه معهم

他们 带领 他 给 他举行殡礼 野外 他出去

وروى ان حضرت مولانا قدس الله روحه قد قال

说 我们毛拉 相传

يوما ان الطبيبة لا يكون بداوية واحدة

一种 药物 凭 是 不 当医生 有一天

والطبيب من استعمل داوية شفاء العين

眼 治 药 使用 医生

لدى علتها وعند علة الساق داوية شفائه

它 治 药 腿 生病 在…时 它生病 在…时

وطورسن بابا قد حسن ولكن له داوية واحدة

一种 药 他有 但是 他很好 (好医生) 巴巴 逊尔图

وروى ان اهل الفكيانى من عاداتهم ان يخرجوا

他们出去 他们的习惯 从 羌 伏 人 相传

من ديارهم في الشتاء لطلب الرفد وقال

说 济助 寻找 为 冬季 在 他们的家园 从

الحبيب السلطاني انى ابتفقت يوماً مع

同 有一天 我偶遇 姓王的 朋友

ذلك الحبيب المعلوم بشِيَانْدَهْ في منزلة واحدة

一个 旅店 在 德尚 以 著名的 朋友 那个

وقلنا امورنا المختلفة بعد اداء صلوة

拜 完成 之后 不同的 我们的情况 我们谈

العشاء وانمنا في السرير الواحد ثم تنبهت

我醒了 然后 一个 床铺 在 我们睡觉 宵礼

لنصف الليل فاذا انا سمعت صوت كلمة

言 声音 我 听到 忽然 夜 半 在

طيبة كطفل واحد واضطربت منها وقمت

我站起 它 从 我心绪不宁 一个 儿童 像 清真

من منامي وفتحت الباب وطلبت من خارج

外面 从 我 寻找 门 我 开 我的床铺 从

من القارئ ولم نجد فغلقت وفعلت كذا

如此 我 做 我 关门 我发现 没有 念诵者

مرّات بالله ان ذلك صوت الجمال لا ينقطع

断 不 美妙 声音 那个 真主 誓以 多次

ثم من كثيرة حركة قد تنبه ذلك الحبيب

朋友 那个 醒了 动作 多 由于 然后

فاذا هو عدم فتعجبت ومن بعد

之后 我吃惊 没有了 它 忽然

قد نام وجاء ذلك الصوت في سمعي

我的耳朵 里边 声音 那个 来 他睡着了

فلما اكدت السمع سمعت ان هذا

这个 我 听见 听 我仔细 当

من صدره من قلبه ولهذا قد ثبت

确定 此 因 他的心 出自 他的胸 出自

في قلبي ان الدين والاسلام لحضرت

伊斯俩目 教门 此事 我的心 里边

是

مولانا الاعظم قدس الله سره حق واطمان

我心安慰定 真的 我们毛拉

نقل است كه هر كجا كه حضرت مولانا برسيدند

来到 我们毛拉 无论哪里 传述

有

اگر كجا بيوه ميانساله بود فرموده اند بيرون كردن

出嫁 她命令 中年的 寡妇 在那里 如果

ولتنكح زوجها اذا تراضوا بينهم بالمعروف ولا

不要 礼 依 他们中间 他们互相喜悦 当 她的丈夫 她嫁 让

为

تمسكوها ضرارا لتعتدوا ان الله لا يحب المعتدين

过分的人 喜 不 真主 的确 你们过分 以便 伤害 她 你们留下

وروى ان حضرت مولينا رساله كل محمد جوفي

非召·穆默罕穆·力乳·俩 洒勒 我们毛拉 相传

我確已把他引領在了天堂裡，我給予了他不同的果實。我的心裡只有分離的痛苦——他一直在悲傷哭泣中——在這個時候，你們還來煩擾我！」……相傳：他哭哭啼啼地叫來了衆弟子，帶著他們到野外給艾布白克爾．吾米阿訇舉行了缺席殯禮。

056相傳：有一天，我們的哈祖勒提．[1]毛拉✽說：「當醫生的不能只憑一種藥，醫生要眼病用治眼的藥，腿病用治腿的藥。吐爾遜巴巴是個好醫生，但是，他只有一種藥。」

057相傳：伏羌人有個習慣——他們在冬季走出家門去尋找救濟物資。一個姓王的朋友說：「一天，我與尚德[2]朋友碰巧住在了一個旅店裡。宵禮拜後，我們暢談了各自的情況。當夜，我們睡在一張床鋪上。睡到半夜的時候我醒了，忽然，我聽到彷彿一個兒童念清眞言的聲音。我輾轉反側，睡意全無，我下床打開門，到屋外去尋找念誦者，但是沒有找到，我又進屋關上門（上床睡覺）……就這樣折騰了幾次。以眞主發誓！那個美妙的聲音不絕於耳。由於我的動作頻繁，吵醒了那個朋友。頓時，念誦清眞言的聲音聽不見了。我感覺蹊蹺。片刻，他又睡著了，那個聲音再次飄入我的耳裡。我側耳細聽，終於聽出，這個聲音來自他的胸膛。因此，我心裡確信，我們的毛拉✽的教門是眞的，我心安意定。」

058傳述：我們的毛拉所到之處，如果那裡有中年寡婦，他就命令她們再婚。「當他們兩廂情願的時候，讓她們依禮嫁給她們的丈夫」[3]。「你們不要爲傷害她們而加以挽留，以致你們過分」[4]。「的確，眞主不喜過分的人。」[5]

---

1 合祖勒提（حضرت）：尊稱「閣下」。與阿拉伯語的「毛拉」常常疊加使用。
2 即前文中的馬尚德。參見註釋80
3 《古蘭經》2:232
4 《古蘭經》2 :231
5 《古蘭經》5: 87

مقلب القلوب قدس الله سره في اوان الرجوع قد نادى

叫来 归真 时候 在 比录古 白力干穆

الاهل في جماعته فاستغفر لهم وقال اني

他说 为他们 他求恕 他的 同道 中 人

خفت انكم ظلمتموني وضررتموني وان انتم

你们 纵然 我 你们伤害 我 你们亏待 我担心

جاهلون ثم استغفر له نفسه وقال اني

他说 他自己 为他 他求恕 然后 无知的

خفت ظلمتكم ومضرتكم بلا ارادتي

我的 意愿 无 你们 伤害 你们 亏待 我担心

وروى ان حضرت مولانا الاعظم شاه وقاية الله

拉杰叶尔维赫赫沙 我们毛拉

相传

قدس الله سره اذا ذهب الى القولنفور لضرورة

无法逃避的 因 府兰暴 他去 当

البلاء قال تأسفا وتحزنا ان البلاء ان نزل

降临 如果 灾难 忧愁 悲伤 他说 灾难

على هذا النوع فرأس اسلامي قد خفض شدة

强烈地 低下了 我的伊斯俩目 头 样子 这个 按照

ثم وقتا قد رفع رأسه المباركة وقال لا خوف

害怕 没有他说 吉庆的 他的头 他抬起 一会儿 然后

ولا مضرة فاني قد طلعت بعد ثلثين سنة

年 三十 之后 它来临 因为 伤害 没有

ثانيا كالشمس من المشرق

东方 从 太阳 像 再次

وروى ان ساآفون يه رحمه الله قال

说 他 真主 怜悯 爷 阿訇 撒 相传

ويوماً حضرت مولانا محمّد وتدي قدس الله

丁台卧德默罕穆 我们毛拉 有一天

سره قد رجع الينا من صحبة حضرت مولانا

我们毛拉 陪伴 从 我们 到 返回

رساله على محمّد جوفي قدس الله سره ثم من قريب

不久 然后 非召德默罕穆

وهب الثوبين الجميلين له على يد الآتي الواحد

一个 前来的人之手 托 他 给 漂亮的 两件衣服 他则赠送

وحضرت محي الدين محمّد قلندري قدس الله سره

尔代兰格德默罕穆 丁 印合穆

في هذا الوقت حاضر معنا واني قلت له على

按照 他对 我说 我们同 在场的 时候 这个 在

عاداتنا عبثا انك لا تستطيع ان تلبس فردا

独自一人 穿 你能 不 开玩笑 我们习惯

وانا قد اردنا ان نلبس ايضا ونتبرك به

也凭 我们沾吉 也 穿 我们要

الان حضرت قلندري في هذا الحال قد خفض

低下了 时候 这个 在 尔代兰格 但是

راسه وخواجه محمّد وتدى قدس الله سره اثر الحزن

忧愁 痕迹 丁台卧德默罕穆 卓 和 他的头

قد ظهر على وجهه وتعجبت أيا ما بالكما وما

你们俩咋么了? 我感到蹊跷 他的脸 上 显露

حالكما مع هذه نعمة الكبرى فقال لي حضرت

我 对 说 大的 恩典 这个 同 你们俩什么情况?

محمّد قلندرى قدس الله سره بعد الغروب اى

哎 日落 之后 尔代兰格德默罕穆

حبيبى اما علمت ان زمان حضرت محمد وتدى

丁台卧德默罕穆 时间 你知道 不难道我的朋友

قدس الله سره قريب شديد ثم ذلك الحبيب

朋友 那个 然后 非常 近的

قدس الله سره قد مات فى قلة الايام باستعمال

使用 因 日子 少数 在 归真了

السم فى طعامه اعدى عدوه من القدماء وفى

在 格底目派 中 他的 死对头 他的食物 里 毒药

هذا الوقت قد ساله حضرت محمّد قلندرى

尔代兰格 德默罕穆 他 问 时候 这个

قدس الله سره وقل لي من فعل هذا بك فانى

我 你 对 这事 干 谁 我 你告诉

منتقم منه فقال يا حبيبى لا تسالنى فان

因为 我 你问 别 我的朋友 哎 他说 他 报复

059相傳：我們的毛拉——勒灑倆孔力．穆罕默德．召菲．目各裡白．古魯布✽[1]歸眞的時候，叫來了本坊的人，爲他們向主求饒恕。他說：「我擔心你們在無意中虧待過我、傷害過我。」然後，他爲自己向主求饒恕，他說：「我擔心我在無意中虧待過你們、傷害過你們。」

060相傳：當我們的毛拉——沙赫．維尕葉屯拉✽因無法逃避的災難去了皋蘭府的時候，[2]他悲傷憂愁地說：「如果災難就這樣降臨了，那麼，我的教門的頭就深深地低下了。」過了一會兒，他抬起了他吉慶的頭，說：「沒有害怕，沒有傷害，三十年後，它會再次來臨，宛如日出東方。」

061相傳：撒阿訇爺（願眞主慈憫他）說：「有一天，穆罕默德．臥特丁✽結束了陪伴我們的毛拉——穆罕默德．召菲✽後，回到了我們的身邊。不久，毛拉贈送給他兩件漂亮的衣服，托一個來人捎帶給他。在這個時候，穆合印丁．穆罕默德．蓋蘭達爾同我們一起在場，我習慣性地跟他（穆罕默德．臥特丁—譯註）開玩笑說，你不能一人獨穿啊，我們也想穿上沾沾吉。」但是，蓋蘭達爾這時候低下了頭，穆罕默德．臥特丁愁容滿面。

我感到蹊蹺，得了這麼大的恩典，您二位這是怎麼啦？什麼情況？……穆罕默德．蓋蘭達爾在日落後對我說：「難道你不知道？！穆罕默德．臥特丁✽的時間非常近了。」沒過幾天，格底目派[3]中他的死對頭在他的食物中下了毒，他歸眞[4]了。彌留之際，穆罕默德．蓋蘭達爾✽問他：「你告訴我，是誰對你狠下毒手的？我要找他報仇。」

他說：「朋友啊，你別再問我了。如果眞主不饒恕那個兇手，我也不進天堂。如果眞主讓我進天堂，那麼，我同著他，他同著我，手拉著手一起進！我的情況就是哈桑[5]（願眞主喜悅他）的情況。」以眞主發誓，他眞善良！以眞主發誓，他眞厚道！

---

1 哲赫忍耶第二代導師穆憲章的經名。

2 指乾隆四十六年，馬明心被官府抓捕到蘭州。

3 格底目派（قدماء）：中國伊斯蘭教派之一，亦稱老教，老派，老古派。

4 歸真：中國回民口頭語，回歸真主，死亡的婉辭。

5 哈桑：穆聖的外孫、阿里與法蒂瑪之子，什葉派第二代伊瑪目，被奉為烈士的典範。

ذلك القاتل ان لم يغفر الله له فلا ادخل في

我进 不 他 真主 饶恕 不 如果 凶手 那个

الجنة ايضا وان يدخلني فانا معه وهو معنا

我 同着 他 他 同着 我 我 他让进 如果 也 天堂

آخذا بيده فان شأني شأن حسن رضتي

喜悦 桑哈 情况 我的情况 因为 他的手 拉着

الله عنه بالله ما احسن تالله ما اكرم

他真厚道！ 真主 誓以 他真善良！ 真主 誓以 他 真主

وروى ان احدا من الاهل قد قال ان المحلقين

麦客 说 家人 中 一个 相传

يوما عند صفرة الحرث قد تحلق لحضرت

为 收割 庄稼 黄 在…时候 有一天

مولينا وفي هذا المكان هو حاضر معنا ولدى

在…时 我们 同 在场的 他 里 地方 这个 在 我们毛拉

نصف اليوم قد اتى سحاب مركوم ذو الرعد

雷声 有 堆积的 乌云 来了 日 半

والبرق وفي هذا الوقت قد سرعنا سرعة

加紧 我们加紧(干) 时候 这个 在 闪电 和

شديدة ثم جئت في الاهل لاخذ الماء

水 拿 为 家 里 我 来 然后 强烈的

واذا سمعت امنا الكريمة صوت سرعتي

我匆忙 声音 仁慈的 我们母亲 听到 当

قالت لا تسرعن في المشي لان الحضرت نائم

睡觉的 特拉兹哈 因为 走路 你匆忙 穆她说

في البيت فتعجبت وقد جاء في قلبي ان اذا

当 此事 我的心 里 来 我惊讶 屋 [illegible]

جئت فالحضرت في الحرث فكيف نائم

(他是) 睡觉的 怎么? 地里 在 特拉兹哈 我来

ههنا فلما استرقت السمع والبصر

看 听 我 偷 当 在这里

فنومه حق وسعته في الحرث بصير

是 是

可见的 田地 里 他的忙碌 真的 他的 睡觉

وقال عبد القادر ان حبيبي محمد حق رحمه الله

格罕 德默罕穆 我的朋友 尔地嘎 都布阿 说

يقول لي يوما ان حضرت مولانا الاعظم

我们主拉 有一天 我对 说

شاه ولاية الله قدس الله سره اذا جاء بلدتنا

我们 城 他来到 当 拉 土耶噶维 赫沙

البينلا نفوو قمن قبل قال الاهل كلهم ان

他们全部 人们 说 在这之前 府 凉 平

الحضرت قال ان القدر قد نزل من قريب

很快 降临 尔得格 说 特拉兹哈

فانتظروا اني معكم من المنتظرين فيوما

有一天 等待的 你们 同 我 你们等待

قد وعظ ونصح في مسجدنا وقال

他说 我们 清真寺 在 他忠告 他劝戒

آيان قُوَانْ ءِ جَوْ وَاخُوَاكِ ، زُقُوَانْ جَوْدِ جَوْزْ كُوِى ،

葵 日 照 的 照 光 白 开 花 万 照 ～ 光 阳

وفي هذا الوقت العالم السلطاني على الدكان

台子 上 王 阿訇 时候 这个 在

جالس على ركبتيه بين يديه قدس الله سره

在他 面前 他的两个膝盖 上 坐

فاعطاه قائلاً فاذهب وان هذا متن فانتظر

是

你等待 正文 这个 你去 说着 他 他给了

شرحه في الاهل وهنا لا يرى كل واحد منا شيئا

任何东西 我们中 一个人 每 看见 没有 在这里 家里 在 它的注释

الاخواجه محمّد قلندري قدس الله سره فانه

尔代兰格 卓 和 除了

بصرانه قدس الله سره اعطاه كتاب المخمس

《斯麦罕穆》 经 他 给了 他 他看见

القصيدة المباركة فقال ان ذلك القدر

尔得格 那个 他说 吉庆的 诗

قد وجده وظفره اهلنا الليخيووى

州 灵 我们人 它获得了 它 他已得到

وروى ان ذلك العالم السلطاني الدكان

台子上 王 阿訇 那个 相传

062相傳：一個家人曾說：「莊稼成熟時，有一天，麥客爲我們的哈祖勒提毛拉（指穆罕默德．臥特丁—譯註）收割，他同我們一起在地裡忙活。中午時分，烏雲滾滾，電閃雷鳴，這時候我們快馬加鞭地收割。然後，我回家裡取水，我們的慈母（臥特丁的夫人—譯註）聽到了我走路匆忙的聲音，她說：『你走路不要忙，哈祖勒提（指臥特丁—譯註）在屋裡睡覺呢！』我驚訝了，心裡想，我來的時候哈祖勒提還在地裡呢，這會兒他怎麼會在屋裡睡覺呢？我偷偷一看，他果眞在睡覺！然而，他在地裡忙碌的身影也是有目共睹的。」

阿布都．尕地爾說：「有一天，我的朋友——穆罕默德．罕格（願眞主喜悅他）對我說：『我們的毛拉——沙赫．維尕葉屯拉✽來到了我們平涼城。』在這之前，人們全都說，哈祖勒提說了，格德爾[1]很快就會降臨，『你們等待著，確實，我同你們一起等待』[2]。」

有一天，他在我們的寺裡進行演講，他說：「陽光一照萬花開，日光照的照日葵。」

這時，臺子上王阿訇跪在了毛拉✽的面前，毛拉給了他（一樣東西），說：「你去，這是正文，你在家裡等待它的註釋。」在場的所有人都沒有看到給的是什麼東西，除了穆罕默德．蓋蘭達爾✽，他看見毛拉✽給了王阿訇一部吉慶的《穆罕曼斯》[3]。他（指蓋蘭達爾）說：「那個格得爾王阿訇得到了，我們靈州人也得到了。」

063相傳：有一天，臺子上王阿訇來到了伏羌城。遇見了祁阿訇✽，他提起了以前他倆在陝西學堂裡的交往。王阿訇高興地擁抱祁阿訇，想把他抱起來，卻未能抱動。然後，祁阿訇臉色緋紅地說：

---

1 格得爾（القدر）：意為珍貴，高貴。宗教語境中專指《古蘭經》初次降示之夜（齋月的某一夜），因《古蘭經》〈格得爾章〉的相關內容得名。

2 《古蘭經》10:20

3 《穆罕曼斯》：一部贊聖詩文集，亦稱「五聯詩」。哲赫忍耶教眾每晚宵禮後集體高聲念誦五頁，三十三天一個週期，周而復始，經年不絕。

قدجاء يوما الى البلد الفُكيانّى ولقى حضرت

来 有一天 到 城 伏 羌 他遇见

خواجه لوائى قدس الله سره وذكر معاملتهما

和 卓 祁 他提起 他俩的交往

من قبل فى مدرسة الشَنْسيوى وضمه اليه

之前 在 学堂 陕 西 他拥抱他

فرحا واراد ان يرفعه على صدره ولكنه

高兴地 他想 抱他抱起来 但是

لايستطيع فقال حمر الوجه

不 他能够 他 说 绯红地 脸色

نِى بَوْيَه بَوْ بُ كِيَه ، نِى بَوْيَه بَوْ بُ دُ ،

你 抱 也 抱 不 起 你 抱 也 抱 不 动

پنج صدساله دِعالم مُوْوجُنْ ، وَدست بَ كُنْ لُنْ قُوْ نَه سِيَوْ ،

五 百 年 的 阿 兰 没 我 重 我 手 扳 昆 仑 过 九 霄

هِيُوْ دُوْحق زِنْتواند رِ ، بُ لِيَوْ نِى لِين جِيُوْ دِ وَانْ اَفُونْ ،

许 多 真 人 不 能 认 不 料 你 灵 州 的 王 阿 訇

وروى ان حضرت مولانا الاعظم قدس الله سره

相 传 我们毛拉

قال يوما قد طلبنى لثلثين سنة السابقة

说 有一天 他寻找 我 在 三十 年 前

وفى ثلثين سنة الواسطة قد طلبته وفى ثلثين

在 三十 年 中 我寻找 他 在 三十

سنة الآخرة قد طلبته إمّا طلبني او لم يطلبني

我　他寻找　不　或者　我　他寻找　或者　他　我寻找　后　年

وروى ان حضرت مولانا الاعظم قدس الله

我们毛拉　相传

سره قد اتى بلدنا واذا رجع ذهب

他去　他返回　当　我们地方　来到

الى المسجد الشمالى بسبب دعوة اهله

寺的人　邀请　应　北　寺　到

وادى صلوة الظهر فيه وبعض الفساق منتظر

等候的　道德败坏的人　一些　那里　在　晌礼　拜　他做

فى خارجه مشاور فى افعال فسقهم واذا

当　他们的　罪恶　行为　商量的　寺外面　在

فرغ وخرج سأل ما فعلتم ههنا ثم

然后　在这里　你们　干　什么呢？他问　他出来　他礼完拜

جلسوا على ركبتيه بين يديه وقالوا قد

他们说　他的　面前　他们的两膝盖　上　他们坐

طلبنا منكم الاستغفار والتوبة ونرجوا

我们希望　忏悔　求饶　您　向　我们寻求

منكم العفو والرحمة فجلس بركبتيه

他的两膝盖　用　他坐　怜悯　原谅　您　从

على سدّته وقرأ لهم التوبة والاستغفار

(伊斯提额发勒)求饶　(讨白)忏悔　他们　为　他念　寺的门槛　上

جَاءَ الْحَقُّ وَزَهَقَ الْبَاطِلُ إِنَّ الْبَاطِلَ

虛妄 的确 虛妄 消失 真理 来临

كَانَ زَهُوقًا ثم قام في ساحته وقال

他说 它的院子 里 他站 然后 易灭的

على أعين الناس لمولينا محمّد عبد الجليل

力力哲 都布阿 德默罕穆 我们主拉 对 人们 面 当着

قدس الله سره انت مفتيان من هذا اليوم

天 这 从 提夫穆 你

فركب خيلة وقد اخذه حبيب شيا نده وخرج

他出去 德 尚 朋友 它牵拉 马 他骑上

معهم من بابه وهو اصغر واسفل وذهب

他去 又低 又小 它 它的门 从 他们 同

الى جنب شمال النهر وماءه كبير منبتشة

凶猛地 涨的 大的 它的水 河 北 边 到

والمزبزبون ثابتون قد تفكروا قد عجبوا

他们吃惊 他们思考 坚定的 摇摆不定的人

انا نشاور ما فعلنا وما قلنا بين يديه وما

没有 他 面 前 在 我们所说的(话) 我们所做的(事) 我们商量

ظفرنا منه قدس الله سره ذلك فضل الله

真主 的 恩惠 那 我们得到

يؤتيه من يشاء والله ذو الفضل العظيم

巨大的 恩惠 执掌的 真主 他意欲的 人 它 他赏赐

你抱也抱不起，

你抱也抱不動。

五百年的阿蘭[1]莫我重，

我手扳崑崙過九霄。

許多眞人不能認，

不料你靈州的王阿訇。

064相傳：有一天，我們的偉大毛拉✿說：「前三十年他尋找我，中三十年我尋找他，後三十年我尋找他。或者他尋找我，或者他不尋找我。」

065相傳：我們的偉大毛拉✿來到了我們的地方。返回時，他應北寺的坊民邀請去了北寺，並在那裡禮了晌禮拜。

一些心術不正的人等候在寺外，密謀著他們的壞招數。毛拉禮完拜走出寺門，問他們：「你們在這裡幹什麼呢？」他們跪在毛拉的面前，說：「我們求您（向眞主）爲我們求饒恕，我們希望得到您的原諒和憐憫。」毛拉跪在寺門檻上，爲他們念了討白[2]並爲他們向主求饒。「眞理來臨，虛妄消失，虛妄確實易滅的。」[3]爲他們念完討白，他站在寺院裡，當著衆人的面，對穆罕默德・哲里里說：「即日起你就是穆夫提」[4]。毛拉騎上馬，尙德牽著，他們一起走出了寺門。寺門低矮窄小。他來到了河的北岸，河水正洶湧猛漲。

一些搖擺不定的人變得堅定了，他們思考後感到驚訝，我們商量好在他面前怎麼說怎麼做，但是我們連一點機會都沒有得到。「那是眞主的恩惠，眞主將它賜予他意欲的人，眞主是執掌巨大恩惠的。」[5]

---

1 阿蘭（عالم）：世界，宇宙。

2 討白（توبة）：意為懺悔、求恕，是穆斯林的一個日常儀式。

3 《古蘭經》17 :81

4 穆夫提（مفتى）：教律解釋者，法官。但在中國回民語境中，語意寬泛，泛指宗教學者、宗教上層。

5 《古蘭經》62 :4

والناس كلهم قد عجبوا ان باب مسجدنا اسفل

较低的 我们的 寺 门 吃惊了 他们全部 人们

والرجل الطويل اذا ذهب فناكس راسه

他的 头 他 低下 他经过 当 高个子 人

واصغر والرجل السمين اذا ضرب لابسا

穿着 他进出 当 肥胖的 人 较小的

كثيرة اللباس فمزدحم جنبيه وخيله اكبر

较大的 他的马 他的两肋 挤 衣服 多的

وآخذه لاقصير فكيف خرجوا جميعا منه

是

它 从 一起 他们出去 怎么? 矮的 不 它的牵拉者

تالله ما كبر وتالله لطف حق حقا وقالوا

他们说 真真 切切 他真优雅 真主 誓以 他真伟大 真主 誓以

ربنا ظلمنا انفسنا وان لم تغفر لنا

我们 你饶恕 不 如果 我们自身 我们亏了 我们的养主啊!

وترحمنا لنكونن من الخاسرين

是

折本的人 之 一部分 我们 一定 我们 你怜悯

وروي ان حبيبي الواحد قد ذهب يوما الى

有一天 去 一个 我的 朋友 相传

صحبت حضرت مولانا رسالة كل مقلب القلوب

我们毛拉 陪伴

محمد جوفي قدس الله سره وساله ا يأتي

来到 吗?他 他问 非召 德默罕穆

معانكم واحد وتدي نفسه الآن في هذا الوقت

时候 这 在 现 他的姓 丁 的 一个人 你们地方
(性：谐音姓)

في كل جماعة لنا متعلم وتدي نفسه وجاء

来 姓 丁 的 满拉 我们的 坊上 每个 在

في قلبه انه هذا او ذاك او ذلك ولكنه لا يقول

是

他说 不 但是 那个 或者 那个 或者 这个 他 此事 他的心 里边

له فقال ليس هذا وذاك وقال ان هذا آخر

是

另一个 这个 他说 那个 和 这个 不是 他说 他对

مفرد وسألتك فاني خفت انه يدخل في

他混进 我担心 因为 你 我 问 单独的

اسلامنا ويفعل ما يفسد اسلاما من البدعة

异端 伊斯俩目 败坏 他干 我的伊斯俩目

والضلالة واذا رجعنا قال لي ما عجباله ومولانا

我们毛拉 真奇怪！ 我 对 他说 我们 他返回到 当 迷误

الاعظم محمّد جوفي قدس الله سره قد سألني

我 问 非 召 德默罕穆

أيأتي معانكم وتدي النفس طِيَوْ جِيُووْ

州 兆 姓 丁 你们 地方 来到 吗?

مع انه لا كلام من قبل ومن بعد وقال فاني

他说 以后 以前 说话 没有 尽管

خفت انه يدخل في ديننا الآن في هذا الوقت

时候 这 在 我的教门 他混进 我担心

قد جاء في قلبي ان هذا الفساد لتأتين من بعد

以后 来 一定 坏蛋 这个 此事我的心里边 来

是

وانه فساد كبير شديد فحذرته وقتا فوقتا

时时 它 我提防 凶猛的 大的 坏蛋 它

حتى ان يمضي من وفاته قدس الله سره

他归真 从 过去 直到

عشرون سنة فاذا متعلم متعارف صاحب

弟子 相互认识的 满拉 忽然 年 二十

حبيبي عالم مولود رحمه الله دخل من

从 进来 德录毛 阿訇 我的朋友

بابنا وسلم علينا فسألته وما تفعل

你 干 什么? 他 我 问 我 向 他祝安 我的门

فقال ان استاذي ارسل وقال ان الواحد

一个 他说 派来 我的 老师 他说

الوتدي النفس الطِيَوْجِيُووِي قد جاء في

到 来 已 州 洮 姓 丁

是

مكان مسجد جديد وقال انه حبيب

热爱的 他 他说 新 寺 地方

有

في الاسلام وعمل عملا فيه شاذ كثير وقال

他说 许多 奇异的 它 里 功修 他干 伊斯俩目

ان اعمالنا كاملة في اربعين صباحا والى

到 清晨 四十个 里 圆满的 我们的功修

人們全都感到不可思議：我們的寺門比較低，高個子的人進出都得低下頭；（寺門）也比較窄，胖人穿著厚衣服進出還擠他的兩肋——毛拉騎的是高頭大馬，牽馬的人個子也不矮，他們是怎麼一起出去的呢？以眞主發誓，他眞偉大！以眞主發誓，他眞優雅！眞眞切切。

他們說：「我們的養主啊！我們虧了自身，如果你不饒恕我們、你不憐憫我們，我們一定是折本的人。」[1]

066相傳：有一天，我的一個朋友去陪伴我們的毛拉——勒灑倆孔力・目各裡白・古魯布・穆罕默德・召菲✽。毛拉問他：「有一個姓丁的人來過你們那一帶嗎？」

須知：當時我們每個坊上都有姓丁的穆臺安林。我的那個朋友心裡想，他說的是這一個？還是那一個？或者另有其人？但他沒有對毛拉說出來。毛拉說：「不是這一個也不是那一個，而是單獨的另一個——我向你打聽此人，是因爲我擔心他混進我們的教門，幹出破壞教門的異端迷誤。」

當他回到我們跟前時，他對我說：「眞奇怪！我們的偉大毛拉——穆罕默德・召菲✽突兀地問我：『洮州[2]一個姓丁的來過你們一帶嗎？我擔心他混進我們的教門』。」

當時，我心裡想：這個壞蛋以後一定會來，他是個兇猛的大壞蛋，我要時時刻刻提防。

直到我們的毛拉✽歸眞二十年過去了。忽然有一天，一個熟識的穆臺安林——我的朋友毛路德阿訇的弟子從我的門中進來了，他向我說了賽倆目，我問他：「你來有何貴幹？」他說：「我師父打發我來告訴您，洮州一個姓丁的人已來到了新寺一帶，此人說，自己熱愛教門，並幹一種功修，那功修包含著許多奇異的事。還說，他的功修四十個淸晨就圓滿成功，你們幹那些沒頭沒尾的功修幹到什麼時候呢？！

---

1 《古蘭經》7：23

2 今甘肅省甘南藏族自治州臨潭縣。

اي وقت عملتم عملا لا راس له ولا عاقبة

结果 没有 它 头 没有 功修 你们干 时候 什么

والآن قد دخل فولودوستي وسالك كيف

怎样? 你 他 问 我的朵斯提 禄福 加入 已 现在

هو وقلت قل له انه ساحر كذاب وكافر

不信道的 骗人的 巫师 他 他对 你说 我说 他

مناع فاحذروا في امور الاسلام فانه ظهر الفساد

败坏 出现了 伊斯兰目 事务 在 你们小心 吝啬小气的

في البر والبحر بما كسبت ايدي الناس ولكني

我 但是 人们的 手 所营干的(罪恶) 因 海上 和 陆地 在

رايته مذبذبا بين الحق والباطل لا يحقق

他 查清 不 假 真 之间 摇摆不定的 他 我看

ولا يصنع ودعوت على عينه ذلك الحبيب

朋友 那个 他的面 当着 我叫来 他放弃 不

وقلت له ان هذا المتعلم قد جاء بالامر

情况 带来 满拉 这个 他对 我说

كذلك فما تقول في حقه فقال ان هذا

这个 他说 他 关于 你说 什么? 如此

ما رايناه وما تثبتنا بين حقه وباطله

他的假 与 他的真 之间 我确定 不 他 我看见 没有

وسالته اما ذكرت ونسيت قولك

你的话 你忘记 你 想起 没有 难道? 他 我 问

وكلام مولينا محمّد جو في قدس الله سره فقال

他说 非 召 德默罕穆 我们毛拉 谈话

وماذكرت وما كلامه ثم قلت له اياتي

来到 吗?他 对 我 说 然后 他的 话 什么? 我 想起 没有 是

مكانكم واحد وتدي واني خفت انه يدخل

他 混进 我 担心 (姓)丁的 一个 你们 地方

في اسلامنا الآن انه قد ذكر في هذا الوقت

时候 这 在 他想起来了 我的伊斯俩目

وقال استغفر الله استغفر الله واني

真主 我求饶 真主 我求饶 他说 向

قد نسيت كلامه وكلامي وذلك المتعلم

满拉 那个 我的 话 和 他的 话 我忘记 已

في هذا الوقت يحقق ويضيع فذهب

他去了 他放弃 他查清 时候 这 在

وطردوه من بين اسلامنا ورجموه الْحَمْدُ

一切赞颂 他 他们遗弃 我们的伊斯俩目 中间 从 他 他们驱赶

لِلَّهِ الَّذِي نَجَّينَا مِنَ الْقَوْمِ الْفَاسِقِينَ

犯罪的 民众 我们 他使摆脱 真主 归

وروى عن بعض الاصحاب ان حضرت

弟子 一些 由 相传

مولانا الاعظم شاه وقاية الله قدس الله سره

拉史叶尕维 赫沙 我们毛拉

ارسل يوما مخلصا له فاذهب الى جنب

他派 有一天 忠诚的朋友 你去 边

المشرق فذهب ثم يوما اشتد تعب

东 他去了 然后 有一天 更厉害 劳累

الزهاب فاذا هو قد راى من البعيد

行路 忽然 他 看见 从 远处

صبي لاعب قد دخل في باب واحد مناديا

小孩 玩耍的 进了 门 一个 喊着

ياماه قداتى ثم الغانية الواحدة قد خرجت

奶奶 他来了 然后 美妇 一个 出来了

وكانها عرفتني معرفة الام ولدها وقالت

好像 她 认识 我 认识 母亲 她的孩子 她 说

قد اتيت وشفقتني وحضرت الى النعمة

你来了 她关心 我 她端来 美味精制的食物

والشربة واذا طعمت واشبعت اخرجتني

清凉饮料 当 吃 我 我吃饱 出去 她让 我

من بابه فغلقت الباب ثم يوما اذا غربت

从 她的门 她关 门 然后 有一天 当 落

الشمس اقمت في مسجد مكانه اعلى من

日 住 我 在 一个寺里 它的位置 更高 比

اهله متيما نمت بعد النوم عني واضطرب

无论什么时候 它的人 我睡觉 远离 睡眠 我 烦躁不安

現在，我（指毛路德阿訇—譯註）的朋友福祿已經加入了（姓丁的門派）。他（毛路德阿訇）向您打聽：「那個姓丁的是什麼情況？」我說：「回去告訴你師父，那姓丁的是個騙人的巫師，吝嗇的卡非爾[1]。關於教門的事務，你們要多加小心。因爲，『災害因衆人所犯的罪惡而顯現於大陸和海洋[2]』。」

但是我發現他（指穆臺安林—譯註）在眞假之間搖擺不定，辨不清眞相，還不願放棄……我就把那個（曾陪伴過毛拉的）朋友叫到他的當面，我對那個朋友說：「這個穆臺安林帶來了如此如此的信息。關於那個姓丁的人你有什麼要說的」？他說：「我沒有見過他，我對他的眞假不能確定。」我問他：「難道你想不起來你曾經對我說過的話了嗎？難道你忘記了我們的毛拉——穆罕默德．召菲✽曾經對你說過的話了嗎？」他說：「我想不起來毛拉說過什麼話了。」

然後，我向他復述了（毛拉穆罕默德．召菲曾對他說過的話）：「一個姓丁的來過你們那一帶嗎？我擔心他混進我們的教門。」他當時就想起來了，他念道：「我向眞主祈求饒恕，我向眞主祈求饒恕，我確實忘記了毛拉曾經對我說過的話，和我曾經對你說過的話了！」至此，那個穆臺安林終於弄清了眞相並放棄了。他回去（向他的師父如實稟告）了，人們從我們的教門中逐出並遺棄了他（指姓丁的—譯註）。一切讚頌，全歸眞主，他使我們擺脫了犯罪的民衆。

067（據一些弟子）傳說：有一天，我們的毛拉——沙赫．維尕葉屯拉✽差派一個忠誠的朋友：「你向東邊去」。他就去了。有一天，他走得精疲力竭，忽然，他看到遠處一個玩耍的小孩，跑進了一個家門喊：「媽媽，他來了！」隨後從門裡走出一個美麗的婦女，她像母親認識自己的孩子一般認識我，她說：「你來了！」她關心我，給我端來美味佳餚和清涼飲料。我吃飽喝足了，她讓我從她的家裡出去，她關上了門。有一天，日落時我住在一個清眞寺裡。那寺的位置高於其坊民（的住宅）。晚上躺在床上我怎麼也睡不著，我的心煩躁不安，我起來走出寺門，坐在寺前的臺階上。

---

1 卡非爾（كافر）：《古蘭經》術語，本意為忘恩負義者，一般譯作「不通道者」。

2 《古蘭經》30:41

قلبي وقمت فخرجت من المسجد وجلست

我 坐 寺 从 我出去 我站起来 我的心

في دكانه فاذا الخيل الواحد يطير من سبيل تحته

它下面 路 从 飞马地而过 一匹 马 忽然 它的台子上 在

وقد نادى ماضيا برفع الصوت يا وقاية الله

拉 在耶噶维呀 声 高 过去着 他喊

مولاي وسألته بلا اختيار من انت فاذا

忽然 你 是 谁? 不由自主地 他我 问 我的毛拉

انا سقطت وعدمت وسمعت خفيان

隐隐约约 我 听见 我昏厥 我 跌倒了

الخيلين طايران من بعده والراكبان

两个骑马的人 它 后边 从 飞马地的 两匹马

قائلان لا خير لا خير فان ههنا رجلا فالرجوع

返回 一个人 有 这里 好 不 好 不 说

الرجوع واذا افقت رايت من حوالي اني

我的周围 从 我看见 我清醒 当 返回

نفسي قد كثر جدا ثم وقتا تنقص وقتا

一会儿 它减少 一会儿 然后 非常 变多 我本身

الى ان بقيت وحدة وفردا قد خلت

我走进 独自地 孤单地 我剩下 直到

في المسجد ونمت وفي اليوم الثاني قد رجعت

我返回了 第二 天 在 我睡觉 寺

وفي ذلك ما اكلي لا يكون المكان والاهل

人 和 处所 没有 我吃饭的地方 那 在

ما عجباله واذا لاقيت مولانا الاعظم قدس الله

我们毛拉 我遇见 当 真奇怪！

سره فسائلني ما لقيت وقلت له كذا فكذا

如此 如此 他对 我说 你遇到 什么？我 他问

ثم قال قدس الله سره ذلك مريدي علي الغيب

未曾谋面的 我的 德勒穆 那 是 他说 然后

وساقه السارقان وعملت عن خيرا واغثته

他 你解救 好事 我 替 你 干 两个盗贼 他 追赶

وروى ان حضرت مولانا الاعظم وقاية الله

拉也叶尔维 我们毛拉 相传

قدس الله روحه قد امر يوما سابا عة فاحفظ

你看守 尔巴撒 有一天 命令

قبة في بلدة الويلي الحزر الحزر وقال فاقمت

我住 他说 小心 小心 礼卫 城 在 北拱

فيها اياما وليلة قد سمعت ان باب القبة

北拱 门 我听见 有一晚 一些天 它 里 在

قد فاتح وقد جاء رايحة المسك في شمي

我的嗅官 里边 麝香 气味 来 被打开 在

والحال لا رجل في ساحتها ومن بعد في

在 之后 它的院子 里边 人 没有 情况 在 是

اكثرها ثم في كل ليلة وجاء في قلبي اني

此事 我的心 里边 来 晚 每 在 然后 它的大多数 (夜晚)

استرقت البصر ان شاء الله تعالى وفي ليلة

一个晚上在 清高的 真主 意欲 如若 看 我偷

قد نوّر القمر بصرت من فرج الباب ان

门 缝 从 我看到 月亮 发光

الباب اذا فاتح خرج الرائحة الابيض

白 气 出来 被打开 当 门

والابيض الآخر قد بدا من ساحتها والرائحتان

两道(白)气 它 院子 从 出现 另一个 白 (气)

قد جمعتا ووقفتا ورفعتا من فوقها واصبح

变成 它的 上面 从 他俩分离了 汇合 聚集

المكان من انفاسهما عطرا واني انتظرت الى

直到 我 等待 芳香的 他俩的气息 从 地方

ان رجعتا في اصبح كاذب وكل واحد قد رجع

回 一个 每 (天)蒙蒙 亮 时 他俩返回

في مكانه والباب مغلوق على نوعه وقلت على

按照 我说 它的原样 按照 被关闭 门 他的位份 到

هذا الشك في هذا المكان ولي الله تعالى قدس الله

有

真主的 里卧 地方 这个 在 怀疑 这个

سرهما اثنان لا واحد ولكن لا اقول لواحد

任何一个人 对 我说 没有 但是 一个 不是 两个

忽然，一匹馬從寺下方的路上飛馳而過。騎馬的人高喊：「呀，維尕葉乇拉！毛拉耶！」（啊，維尕葉乇拉！我的毛拉！）。我不由自主地問他：「你是何人？」突然，我跌倒昏厥了過去。迷迷糊糊中我聽到兩匹馬從他的後邊飛馳追趕，兩個騎馬的人說：「不好，不好！這裡有個人，回去！回去！」當我清醒的時候，我看到自己周圍變化出很多個「我」……然後，「我」逐漸逐漸減少，直至剩下了孤零零的我自己，我又走進了寺裡去睡覺。第二天，我向西返回，途經我吃飯的地方時，那裡已經沒有了房屋人煙……眞奇怪！

我與我們的毛拉✽見面了，他問我遇到了什麼情況，我向他講述了發生的一系列事。他說：「那是我的一個未曾謀面的穆勒德[1]，兩個盜賊在追趕他。你替我做了一件好事，你解救了他。」

068相傳：有一天，我們的毛拉✽命令撒巴爾：「你去看守衛裡城的拱北，務必小心謹愼。」撒巴爾說：「我在拱北裡住了幾天，有一天晚上，我聽見拱北的門打開了，麝香味兒隨之撲鼻而來，可是當時拱北院子裡沒有別的人。自此以後，這種情況大多數夜晚都會出現，漸漸地發展到後來每晚都會出現。我心裡想：若主意欲，我要窺測個究竟。在一個月光皎潔的夜晚，我從門縫裡看到，當拱北門打開的時候，進來一股白氣，另一股白氣從拱北院子中出現，兩股白氣相聚匯合，繼而在拱北上空飄散消失……整個庭院因兩股白氣的氣息而變得芳香四溢。我繼續等待著，直到天矇矇亮的時候，他倆返回了，各歸其位。拱北門原樣關閉。我揣測著說：『這個地方有眞主的臥里，而且是兩個，還不是一個』。但是，我沒有對任何人說起此事。

1 穆勒德（مريد）：伊斯蘭教蘇非術語，指尋道者，被指導者，追隨者。回民門宦中類似門客。

ويوما قد طهرت حرمها وفي طرف الساحة حفرة

有一天 打扫 我 它的禁地 边沿 院子 坑

النجاسة فاذا الخرقة قد ظهرت منها بسبب

垃圾 忽然 一块破布 出现了 从 它 因

زبر الحديد 一块铁

التطيب والعطر الذي خرج منه هو الذي قد شممت

香味 那个 就是 它出来 从 它 那个 我闻到

في ذلك الليلة واذا بصرت داخله فهو

在 那 晚 当 我观察 它的里面 它

صفرة شديدة وقلت بنفسي لعل حقيقة

是 黄色 非常的 我说 在 我的心里 也许 真相

الامر والحفظ هو هذا واني في الساحة قد

命令 与 看守 就是 这个 在 里 院子

طهرت نجاستها كلها وملأتها بتراب

清理 垃圾 它的(坑里) 所有的 填满了 它 用 土

الطهور وسترت ذلك السم المباركة

干净的 我盖住 那个 坑洞 吉庆的

بخشبة طهورة ودعوت اهل هذه الجماعة

用 木板 干净的 我叫来 人 这个 坊上

واخبرتهم به فبصروا كلهم اجمعون

我告诉 他们 把它 他们看了 全部 全部

وشموا وتبركوا وبنينا قبره ربنا الهمنا

他们闻了 他们沾了吉 我们修建 他的坟 我们的主啊! 你默示 我们

عمارة الارماس وبحمد الله تعالى لما وجدت

我得到 当 真主 赞颂 坟墓 修建

ضيف الملاقات الشريفة اخبرته قدس الله سره

他 我告诉 尊贵的 相遇 招待

بذلك وسالته عن ذلك فقال ذلكما سالكان

两个修道的人 那两股气 他说 那件事 关于 他 我问 那件事

غير كاملان وفي كل ليلة يطلبون مقاما معلوما للاستكمال

完美 求为 有名的 地方 他们寻找 晚 每 在 完美的 不

نقل است كه حضرت خواجه ما قدس الله سره

我们和卓 传述

العزيز ميگفته اند كه در در عدل دو مريد ما

我的德勒穆 两个 公道 门 里边 说

بود ويلى مَا يَوْتِيَه وتُكْيَانْ سبيد يُو

月 白 羌伏 田耀马 礼卫 有

وروى انه كان في الصيني في مكاننا سنة مغلية

干旱 年 我们地方 在 中国 在 相传

لعدم الغيث وفي طرف قرية مباركة لحضرت

吉庆的 村庄 边 雨水 无 因

مولانا الاعظم شاه وقاية الله قدس الله سره

我们毛拉

غار كبير قديم وهو ملجاء كل فار من المغلية

是 干旱 逃命的 每个 避难所 它 陈旧的 大的 窑洞

والاحياء فيه وفيه اموات ايضا ويوما حضرت

有~天 也 死人 它里边 它里边 活人

مولانا قدس الله سره مع بعض الاصحاب يمضي

经过 弟子 一些 同 我们毛拉

من بابه فاذا هو داخل فيه قائلا وفيه مؤمن

民穆 它里边 说着 它里边 进入 他 忽然 它的门

وهم يدخلون ايضا كرها فوضع رجلا قريبا

濒临 一个人 他放在 勉强地 也 进入 他们

الى الموت على ظهره المباركة وهذا ايضا

也 这个 吉庆的 他的 背 上 死亡

وذاك ايضا وردهم جمعا ثم وضعه في مسجده

他的 寺 里 他放置 然后 全部 他们 他拒绝 也 那个

واستغفر له فمات بكلمة طيبة وغسله

他 他洗浴 清真 言 带着 他归真 他 为 他念临终讨白

ولبسه وصلى ووضعه في لحده ودفنه

他 他埋葬 他的 坟 里 他 他安放 他站殡礼 他 他穿克凡

محيط بعمل العبد سره وجهره وكفيل

担保的 公开的 和 秘密的 仆人 工作 洞悉的

للمؤمنين بتاييده ونصره ثم قال نادما

遗憾地 他说 然后 帮助 援助 众信士

وحزينا ويوما قد مضيت من المصر والهواء

天气 埃及 我经过 有~天 忧愁地

有一天，我打掃拱北禁地，在院子邊上有一個垃圾坑。忽然，垃圾坑裡的一塊破布掛在鍬上出現了。那塊破布上散發出的香味，正是那天夜晚我聞到的撲鼻香味。我看到那塊破布的背面是深黃色的。我自言自語地說：『也許毛拉命令我看守拱北的眞相就是這個吧』。

我把院子裡的所有垃圾清理一空，在那個坑裡塡上了淨土，用一塊乾淨的板子蓋上了那個吉慶的坑洞。我叫來了這個坊上的人，把這件事告訴了他們。他們都看了，也聞到了香味，並沾了吉。我們在坑上面修建了墳墓。」

我們的養主啊，求你默示我們修建墳墓吧！

感贊眞主，當我有幸面見毛拉時，我把那件事講給了他✽聽，並向他請教其詳。他說：「那兩股白氣是兩個不完美的修行之人，他們每天晚上尋找一個知名的地方，以求完美。」

069傳述：我們的和卓✽說：「公道的門裡有我的兩個穆勒德——衛裡馬耀田，伏羌白月。」

070相傳：在中國，在我們的地方上，有一年天旱無雨。我們的毛拉——沙赫維尕葉屯拉✽的吉慶村莊邊上有一孔大的舊窯洞，它是每個逃荒之人的避難所。窯洞裡有活人也有死人。

有一天，我們的毛拉✽同一些弟子經過窯洞門。突然，毛拉邊往窯洞裡面走邊說：「窯洞裡面有穆民。」弟子們也勉強地跟了進去，毛拉把一個瀕臨死亡的人背在他吉慶的脊背上，弟子們見狀，這個也要背那個也要背，都被毛拉拒絕了。

毛拉把那個人背到寺裡放下，給他念了臨終討白[1]。那個人口誦著清眞言歸眞了，毛拉給他洗了大淨，穿了克凡，站了殯禮，放入墳墓裡埋葬了。眞主是洞悉僕人祕密的和公開的工作的，還是給衆信士保證支持和援助的。

事畢，毛拉哀傷、憂愁地說：「有一天，我途經埃及，天氣炎熱，我不時地到樹下歇陰涼。那時，我尚不知在中國也有這樣嚴峻的大旱，嗨，嗨……」

1 臨終討白：穆斯林儀式，臨終前請阿訇代為悔過、求恕。

حريق شديد واستظلت حينا تحت شجرة

树 下 一会儿 我歇荫凉 强烈的 炎热的 （在）

ولا دريت ان في الصين هذه المغلية الكبيرة

大的 干旱 这样 中国 在 我知道 不

الشديدة هي هي وروى ان اهل اليوع

儿披 人 相传 嗨 嗨 强烈的

چوه يدعون حضرت مولانا قدس الله سره يوما

有~天 我们老拉 邀请 叫

لايفاء النذر واقام في قريتهم اياما ويوما قد

有~天 一些天 他们 村庄 在 他住 "尔孜乃" 过 为

دخل في باب واحد للاجابة فاذا صبي مجهول

不知名的 一个孩子 忽然 应邀 一个 家门 他走进

خارج منه واذا راه حضرت مولانا قد سرع على

上 他急忙走到 我们老拉 他 看见 当 它 从 出来

طرف وقال نعوذ بالله ولمن هذا وما صنع

他干 什么？ 这（孩子） 谁家的？ 是 真主 向 我求护佑 他说 边

قالوا للفلان ويتعلم فقال وما يتعلم هذا واذا

当 这个 念 什么经！ 他说 他念经着呢 某某人家（的） 他们说

سمع ابوه كتم غضبه ولكنه في قلبه مرض

病 有 他的心 里边 在 但是 他的愤怒 他抑制 他父亲 听到

ولا يسمع اتقوا فراسة المؤمن فانه ينظر

他 观看 因为 信士 相术 你们敬畏 他听 不

بنور الله ولا يمنع تعلمه لهوائه الى ان يقراء

他念 直到 他的私欲 因 他的 学习(念经) 他阻止 不 真主 光亮 借

وقاية الرواية ويوماً قد ذهب الى بلدة القَوْلَنْقُوِيّ

府兰果 城 他去 有一天 《耶瓦雷 屯耶尔维》

لطلب العلم وطاف الى مكان الاصنام فنظر

他观看 佛 堂 他游览 知识 学习 为

صورة امراءة جميلة وقبلها وقال ليت لى

我 但愿 他说 她 他亲吻 漂亮的 女人 形象

مثلك نعوذ بالله من ذلك واذا رجع فذلك الشيطان

恶魔 那个 他回来 当 那个 从 真主 向 我们求护佑 你的 有个象

قد اتي من بعده ويوماً فيوماً الى ان لا يمكن

他能够 不 因 复 一日 他后边 从 来了

انفصالها وللشفاء قد اكتسب انواع

各种 他营干 治病 为 她 分开

الكفر والبدعة الى ان يموت كافراً

迷信着 他死去 直到 异端 和 迷信

وروى ان حضرت مولانا قدس الله سره

我们毛拉 相传

في نصف ليلة لا قمر قد خرج من اهله

他的 家中 从 出去了 月亮 没有 夜 半 在

والوقت كبير فدخل واذا فرغ من صلوة الفجر

晨礼 拜 他礼完 当 他进来 然后 大的 是 时候

فسأله حضرت محمّد قلندري قدس الله سره

尔达 兰盖 德默罕穆　　　他　问

وما سبب خروجكم في هذه الليلة فقال

是

他说　夜　这个　在　您　出去　原因　什么?

انا سمعنا صوت الاستغاثة ولا درينا من

是

何人　我　知道　不　求救　声　我　听见

المستغيث والحال ان محمد قلندري ايضا

也　尔达 兰盖 德默罕穆　当时　求救者

سامع ذلك الصوت واذا خرجت فهو العالم

是

阿訇　他　我　出去　当　声音　那个　听见

الظبيئي الثالث الهيوجيووي وقد ينادي

他喊　州　肃　三　张

على جنب النهر من تحتنا متيما طلبت شيئا

东西　我寻找　无论什么时候　我们下面　从　河　边　上

فما وجدت ثم وجدنا حبل الاعتقاد وقد اغثت به

也用　我救了　诚信　绳　我发现　然后　我找到　没有

وروى ان مولانا الاعظم وقاية الله قدس الله سره

拉来叶尔班　我们毛拉　相传

العزيز يوماً قد قال للمتعلم الواحد ولا تنس

你忘记 也不要　一个　给学生　对　说　有一天

الدين والاسلام وان جلست اميرا ثم بعد الثلثين

三十　之后　然后　官　你　做了　纵然　目俩斯伊　教门

071相傳：有一天，坡兒川人爲過乃孜爾邀請了我們的毛拉✽，毛拉在他們的村莊住了幾天。有一天，他應邀走進一戶人家。突然，不知誰家的一個孩子從門中出來，毛拉看見那個孩子趕忙躲閃到了一邊，並說：「我向眞主求護佑！這是誰家的孩子？他在幹什麼？」有人回答：「他是某某人家的孩子，他在念經」，他說：「就這個還念什麼經！」那孩子的父親聽到此話，控制住了憤怒，但是他心存芥蒂，不聽取毛拉的話。

「你們當敬畏信士的相術，因爲他是借眞主的光在觀看。」[1]

私欲使然，他未阻止他的孩子繼續念經。那孩子一直念到了《偉嘎耶屯雷瓦耶》[2]。

有一天，那個孩子去皋蘭府學習。他遊覽時來到了一處佛堂，看到一個漂亮的女佛像，就親吻了她，並說：「但願我有個像你一樣漂亮的……」——求眞主護佑我們別做那種事——他回來時那個惡魔也尾隨而來，日復一日，他竟無法與之分離。爲治邪病他幹遍了各種迷信和異端，最終，他做爲一個迷信者死去了。

072相傳：我們的毛拉✽在一個無月的夜半走出家中，時隔良久，他才回屋。禮完晨禮拜，穆罕默德．蓋蘭達爾✽問他：「昨夜您因爲什麼事出去了？」毛拉說：「我聽到了呼救聲，我不知道求救者是何人。」穆罕默德．蓋蘭達爾也聽到了那個聲音。「我出去一看是徐州張三阿訇。他經常在下面的河邊上喊，無論何時，我想尋找個東西來救他，可就是找不到……後來，我發現了『誠信』的繩索，我用它救了他。」

073相傳：有一天，我們的毛拉——維尕葉屯拉✽對一個穆臺安林說：「縱然你做了官，也不要忘記了教門。」

---

1 聖訓，出自「提爾米茲聖訓集」（Jami 'al-Tirmidhi），由艾布．賽爾德．胡德忍耶傳述。
2 「وقاية الرواية」：伊斯蘭教哈乃斐教法學派著作。

سنة هذا المتعلم قد صار اميرا في مكان مغرب

年 这个 好学生 他成了 官 在 地方 西

الجبل واذا علي مكانه قد ذكر كلامه

山 当 他上了 他的位置 他想起 他的话

المباركة وقال سبحان الله ما اعظم حبيبه وما صدق

吉庆的 他说 赞美 真主 真伟大！ 他的朋友 真诚实！

كلامه وروى ان بعض الاصحاب يقول

他的话 相传 一些 弟子 说

لحضرت مولينا الاعظم قدس الله سره ان ابن

对 我们伟拉 儿子

العالم الخامس المعلوم يعلم في بطن امه

阿訇 五 著称 知道的 肚腹里 他母亲

قد انزل من القولنفووّ الى بلدة السيغنفووّ

他下 皋兰府 城 西安府

وقد نقش ورقم خمسة التفسير وكشف

他刻 和写 五部 经注 开设

المدرسة كثيرة وقال ان طريقة واد

学堂 许多的 他说 道乘 川

الامير غالبة شديدة واني خفت انها ضارة

关 强胜 非常 我担心 它 伤害

الشريعة واذا سمع هذا قال فمنذ خرجنا

教乘 当 他听见 这个(话) 他说 自从 我回

الى الصين ما اضر الشريعة ذرّة واينما اصبت

我到 无论哪里 一丝毫 教乘 我伤害 没有 中国 到

فاقمت ثمة الشريعة ووضعت المدرسة

学堂 我开设 教乘 在那里 我立行

وانكم لتقولون لنا اليوم هذا القول واين

在哪里 话 这个 今天 我对 你们说

قلوبكم السليمة وكان في الولاية شيخ قدربّي

有

他调养 一个筛海 那個維 (王国) 在 良 你们的心

اربعين مريدًا مجرَّدًا ولاشيء على اجسادهم وفي

在 他们的身体 上 什么东西 没有 赤身的 德勒穆 四十个

كل يوم الجمعة قدخرجوا من بيتهم وفي خارج

外边 在 他们的房屋 从 他们出去 聚礼 日 每个

بابهم صعدة من التراب والبعض منهم يعلو

上 他们 中 一部分 土 从 高地 他们的门

والبعض ينزل ويفعلون كذا ولا يثبتون

他们停 不 如此 他们干 下 一部分

الى غروب الشمس واذا رأيتم ذلك فكيف

怎样? 那个 你们 看到 当 日 落 直到

قلتم وان شاء الله تعالى ان الدين والاسلام

目俩斯伊 教门 真主 意欲 如果 你们说

لله فالله خيرٌ حافظًا ثم سمعنا انه

是

我们听到 然后 保护者 最好的 真主 真主 归于

كتب قلة الاوراق وصاحب الكتاب قد اخذه
他抄写 少数 纸张 主人 经 拿回了 它

ولا يعيره بسبب وسوسة المنافق بانه قد
不 借给他 因他 原因 教唆 格非纳穆

اظهر علمه وغير كتابه القديم واذا لايمكن
他显示 他的知识 他更改 你的经 古老的 当 不 能够

ان يرقم قد رجع فلما دخل في بلدة الغنذن
此事 他写 他返回了 当 他进入 城 安定

وجد علة ثقيلة فاسرع الى اهله وروى انه
他得了 病 重 他赶忙回 他的家 相传

قد مات بامضاء اثنين او ثلثة اياما
他无常了 过去 两 或 三 天

ورجع انا لله وانا اليه راجعون
他归真了 我们 掌管 真主 我们 于 他 归

وروى ان حضرت مولانا الاعظم شاه وقاية الله
相传 我们毛拉 赫洒 维卡叶尔拉

قدس الله سره قد جاء من السيغنفو الى
来 从 西安府 到

بلدنا الفكيانكى ثم سار مع قلة الاصحاب
我们城 羌伏 然后 他步行 同 少数 弟子

بعضهم ذوالدرة والمرتبة وبعضهم العلماء
他们的一部分 有的 钱 势 他们的一部分 阿訇

三十年後，這個穆臺安林在山西的一個地方當了官。上任之際，他想起了毛拉的吉言，他感慨地說：「贊主清淨，眞主的朋友眞偉大！毛拉的話眞實！」

074相傳：一些弟子對我們的毛拉✽說：「以『胎里會』著稱的五阿訇的兒子從皋蘭府去了西安，他曾刻寫了五部『經注』，很多學堂將這些『經注』作爲課程開設。」他說：「關川[1]的妥勒蓋提[2]非常強勝，我擔心它傷及舍勒爾提。」[3]

聽到此話，毛拉說：「自我回到中國以來，我沒有傷及舍勒爾提一絲毫。我所到之處，立行舍勒爾提，開辦學堂。然而你們今天對我說出這樣的話，你們的良心何在？！在維倆耶有個篩海，他調養了四十個赤身裸體的穆勒德，每逢主麻日，他們就走出家門，在門前的土堆上，他們中一部分人往上上，一部分人往下下……他們就這樣不停地做著，直到日落。如果你們看到那個情形會怎樣說呢？若主意欲……伊斯俩目教門是屬於眞主的，『眞主是最善於保護的』。」[4]

後來，我們聽說他（指胎里會阿訇—譯註）抄寫了爲數不多的幾頁，由於穆納非格[5]教唆借經給他的人說：「他顯示自己的知識，篡改了你的老經。」借經給他的人就把經收回去了，他無法再寫，於是就返回故里。他進入安定城的時候得了重病，所以就急急忙忙往家裡趕。據傳：他回到家中，過了兩三天就歸眞了。「我們確實由眞主掌管，我們確實要歸於他。」

075相傳：我們的毛拉——沙赫．維尕葉屯拉✽從西安府來到了我們伏羌城。然後，他帶著爲數不多的弟子去秦安縣城。一部分弟子是有錢有勢的人，一部分是清廉的阿訇。

---

1 關川：地名，在今甘肅會寧縣境，時為馬明心道堂所在地。此處代指馬明心的教團。

2 妥勒蓋提（طريقة）：蘇非修行所經歷的「三乘」中的第二個階段，稱作「道乘或中道」既是由外到內，清除一切的障礙和幔帳，也就是說，道乘在於養性。

3 舍勒爾提（شريعة）：蘇非修行所經歷的「三乘」中的第一個階段。稱作「教乘或常道」即嚴格遵守教規教法，堅持履行天道五功，人道五典，掃除人的外在的障礙和昏愚。就是先揭開人外層的「光暗幔帳」，這是入道歸真首要之門。也就是說，教乘在於修身。

4 《古蘭經》12:64

5 穆納非格（منافق）：《古蘭經》術語，口是心非之徒，偽信者。

الصالحون الى بلدة الكِينْ غَنْهِيَنْ اَلَا انه خلاف

清廉的 到 城 秦安县 它 是 相反

عادته لان عادته مع العلماء والصلحاء ثم

他的习惯 因为 他的习惯 同 阿訇 清廉之人 然后

اراد ان يذهب اللِينْ خُوَاجِه ويسير الى القُنْبَاعَ

他要 去 莲花城 他步行去 尔巴衮

واذا قرب الى الاصابة ارسل ذلك البعض ذا الدرة

当 他临近 到 他派 那 一部分 有…的 钱

والمرتبة سابقون الى الخيرات فلما سبقوا

势 争先的 (于)善事 当 他们领先

اليه قد عاينوا ان ذلك الفئة التي يعبدون الاصنام

到达 之 他们目睹了 那 一伙人 他们拜 佛像

ويقولون انا مؤمنون ومنهم كثير من ذي درة

粗 他们说 我们 是 穆民 他们中 有 许多的 有…的 钱

ومن مرتبة قد وضعوا الطيب والسراج وقرؤا

势 摆设 香 灯 他们念

كلام الملك والسابقون قد انزلوا من الخيل

话语 国王 领先的人 他们下来 从 马

وسمعوا على ركبتيه ايضا واذا تم الكلام

他们听了 在 上 他们的两膝盖 也 当 结束 话语

فحضرت مولانا الاعظم قدس الله سره يظهر

我们老祖 他出现

للعينين من بُعد فاقبلوا كلهم اجمعون

撓撓 他们全部 他们迎接 远处 从 两眼 对

ثم احضروا انواع النعم ولا يستعمله ومكروا

他们用计谋 它 他吃 不 美味饭菜 各种 他们端来 然后

مكرا ومكرنا مكرا وهم لا يشعرون

他们知觉 不 计谋 我用计谋 计谋

وقال الا تعلوا على واتوني مسلمين وما آتاني

我 给 赏赐（东西） 服从者 我跟前你们来 我 对 你们傲慢 不要 他说

الله خير مما اتيكم واين معبودكم والضالون

迷路的人 你们的崇拜物 在哪？ 你们 他赏赐 比 更强 真主

كلهم يبكون وكادوا يدخلون في الحرب فبينما

正当……时候 战争 进入 他们几乎 哭泣 他们全部

هم كذلك فاذا شيخ فان ذو مرتبة كبير مؤمن

信主的 大的 地位 有…的 年迈的 老者 忽然 如此 他们

يكتم ايمانه منهم ظاهر وهو ينادي قوموا

你们停住 他喊 出现了 他们中 他的伊玛尼 他隐藏

واسكتوا فجلس على ركبتيه بين يديه

他的面前 他的两膝盖 在 他坐 你们安静

وقال اى بابايه انا اقرا العلم الصيني وانا

汉文的 知识 我读 爷爷 哎 他说

نمكن ان نفرق بين الحق والباطل ونعلم

我知道 假 与 真 之间 区分 我能够

انت حق وهو باطل فقال مولانا قدس الله سره

是 是

我们毛拉 说 假的 它 真的 您

القيام القيام الشيخ الشيخ وانما منعنا مانع

障碍 我们阻止 老了 老了 但 起来 起来

عظيم من الاتباع وهو اذا قال انا نميت شيوخكم

你们的老人 我弃死 它说 当 跟随 巨大的

او شبابكم او نساءكم او غيرها فقد وقع الامر

事情 发生了 等等 你们的女人 你们的青年

كما زعم وحكم ولا ينقل حرف من لفظه

它的 话语 从 一个字 挪动 不 它判决 它说 如…那样

وانا خفنا خوفا شديدا اي بابايه واذا اردتم

您 想要 当 爷巴巴 哎 强烈的 害怕 我们害怕

اتباعنا نتبعكم وانما لجونا الى الهدى على

放弃 正道 我们投奔 只 您 我们跟随 我们跟随

الضلالة ولا نخلف فانا مؤمنون ضعيفون

是

羸弱的 穆民 我们 因为 我们食言 不 迷路

خاطئون ولكنك وكيل حقيق وكفيل وثيق

可靠的 保证人 真正的 保护人 您 但是 犯错的

من ذلك المضرة فقال مولانا ان شاء الله

主 意欲 若 我们毛拉 说 伤害 那个 从

ان شاء الله ان شاء الله فان ذلك الملعون

恶魔 那个 主 意欲 若 主 意欲 若

這與他的出行習慣不同，他的習慣是帶著阿訇和清廉的人。

後來，毛拉要去蓮花城[1]，再去拱巴爾。快到拱巴爾的時候，他派那部分有錢有勢的弟子先行。當他們到達那裡時，親眼看到，一夥崇拜偶像卻自稱穆民的人——其中有許多有錢有勢的人——已擺設了香燭，宣讀國王的聖旨。先行到達的弟子們也下馬跪聽。聖旨宣讀完畢，毛拉✿從遠處出現在了他們的眼前。他們全體上前迎接，落座後，他們給毛拉端上了各種美食，可是他一口不嘗。「他們曾用一個計謀，我也曾用一個計謀，但他們不知不覺。」[2]毛拉說：「你們不要對我傲慢，你們當服從地來到我跟前。眞主賜予我的比他賜予你們的更好。你們的崇拜物在哪裡？」迷路的人們全都哭了，（因毛拉揭露眞相，他們覺得有辱他們，遂與毛拉弟子發生爭執）幾乎陷入毆鬥……

他們即將陷入毆鬥之際，突然，一個有威望的、隱藏其信仰的穆民耋老出面了。他喊道：「你們住手，安靜下來！」他跪在毛拉的面前，說：「巴巴爺啊，我上過漢學，能分辨眞僞，我知道您是眞的，它（指他們的崇拜物—譯註）是假的。」

毛拉✿說：「起來，起來，你年紀大了，你年紀大了！」那位耋老接著說：「阻止我們跟隨您的巨大障礙就是當它說『我弄死你們的男女老少』時，事情就照它所說的發生了，它說到做到，我們非常恐懼。巴巴爺啊，您要想讓我們跟隨您的話，我們可以跟隨您，棄暗投明，絕不食言——因爲我們是犯錯的、羸弱的穆民。不過，您要切實保證我們不再受到那種傷害。」毛拉說：「印沙安拉[3]，印沙安拉，印沙安拉，那個惡魔不會再傷害你們的！」

---

1 今甘肅省天水市秦安縣蓮花鎮。

2 《古蘭經》27 :50

3 印沙安拉（ان شاءالله）：穆斯林口頭語，意為「如果真主意欲」。

لايستطيع ان يضركم وقرؤا كلهم اجمعون

统统 他们全体 他们念 你们 伤害 它能够 不

نعم الوكيل لاحول ولاقوة الا بالله

真主 求助于 除非 力量 没有 能够 没有 保护者 真好

ثم ساءل كيف علمت انى حق وهو باطل

假的 它 真的 我 你知道 怎么? 他问 然后

فقال پير عصا انا لم نذهب الى الفكيانى

羌伏 我去过 没有 贡生 老 说

وسمعنا في جنبه جبل اسمه ليو كيا پو

坡 家 刘 它的命字 山 它的边旁 在 我听说

فقال حق است وساءل وفي فلان يوم وفلان

某 天 某 在 他问 对 他说

وقت انزلت من ذلك الجبل اهو حق ام باطل

假的 还是 真的 是 吗? 山 那座 从 你下来 时

فرفع مولانا راسه المباركة وتفكر فقال

他说 他想了想 吉庆的 他的头 我们毛拉 抬起

لا خطاء وماغلط فقال الشيخ كيف علمت

你知道 怎么! 筛海 说 错 没 错 没

وقال ان معبودنا المسمى بسلانئير قال لنا

我们 对 说 爷 郎 塞 被叫作 我们的崇拜物 他说

على لسان امراة في ذلك الوقت ان باباية واد

川 爷 巴 巴 时候 那个 在 一个女人 口舌 借

الامير قد جاء من لِيُو كْيَا يُو فُكْيَانّني ونور منير

火灿烂的 光辉 羌伏 坡家 刘 从 来 关

قد اطلع في بيتي واني خفت شدة فاخفوني سرعة

快 我 你们隐藏 非常 我害怕 我的房子 进 照

سرعة واكتموني بلا تراخي ولا تعقيب وان كان

如果 拖延 不要 缓慢 不要 我 你们隐匿 快

هو(是) الحق فلا يخاف قوله تعالى اني لا يخاف لدي

在我跟前 害怕 不 真主的话 它不会害怕 那么 真的 它

المرسلون الآن غضبه الحقيقي قد دخل

开始了 真正的 他的愁恼 真的 使者

هنا وقال شيطان شيطان ملعون ملعون

该死的 该死的 尼塔筛 (恶魔) 尼塔筛 (恶魔) 他说 在此处

اين فقال رحمه الله انا هديناكم اليه وارشدناكم

您 我指引 它那儿到 您 我领 他说 在哪儿?

فاخذه مولانا الاعظم قدس الله سره ان اخذه اليم

痛苦的 它 抓住 我们毛拉 它 抓住

شديد وهو(是) قطعتان ثوبا والمنقوشة في واحد منهما

两块中 一块 里 画的 布 两块 它 非常

صورة الاحسان وفي الآخر هيكل الشر نعوذ بالله

真主 向 我们求护佑躲恶 形象 另一块 里 慈善 形象

من ذلك والمؤمنون راعون تحته البقر والغنم

羊 牛 在它下面 放牧的 众信士 那个 从

مربع
是
وكل واحد منهما ربع وحوله اربعون ذراعا

尺 四十 它的周长 正方形的 两块中 一块 每

把
ثم وضعهما في سبيل اهلهم وبسطهما والناس

人们 两块布 他铺开 他们的家人 的 路 上 两块布 他放置 然后

كلهم يبكون بكاء فامرهم ضيعوه بماء افواهكم

你们的口 水 用它 你们糟蹋 他们 他命令 哭泣 哭泣 他们 全部

ووطئ ارجلكم واتما فعلوا كما امر ثم حرق

他烧掉 然后 他命令 如 他们做了 是 你们的脚 踩踏

الواحد منهما بالنار ويذر الواحد فقال امردوا

你们伸出 他说 一块 他留下 火 用 两块中 一块

ايديكم فانا اشهد ان لا اله الا الله وحده

独一地 真主 除非 主宰 没有 我作证 你们的手

是
لا شريك له واشهد ان محمدا عبده ورسوله

他的使者 他的仆人 穆罕默德 我作证 他 合作者 没有

ثم حضرت مولانا الاعظم قدس الله سره والتابعون

跟随的人 和 我们老拉 然后

كلهم يستعملون انعامهم المتهيئة ووضع

他安排 准备好的 他们的饭菜 吃 他们 全部

عالما صالحا لاقامة المدرسة في ذلك الجماعة

坊上 那个 在 学堂 建立 清廉的 阿訇

把
وصنع المهمل دافع عرق خيله ووضعه عليه

它 上 它 他放 他的马 汗 垫 无用的那块 他做成

他們全體一起念道：「保護者眞好，無能爲力，只向眞主求助！」

接著，毛拉問那耋老：「你怎麼知道我是眞的，它是假的？」那老貢生[1]回答說：「我沒有去過伏羌，但我聽說在伏羌城邊有座山，名叫劉家坡」毛拉說：「對。」那老貢生問毛拉：「某天某時，您從那座山上下來，是否有此事？」毛拉抬起頭想了想說：「沒錯，沒錯！」毛拉又問：「你怎麼知道？」他說：「就在那個時刻，我們的被稱作『色郎爺』的崇拜物附在一個女人身上，對我們說：『關川的巴巴爺從劉家坡來了，耀眼的光輝射進了我的屋裡，我很害怕！你們快把我藏起來，快把我藏起來！不要緩慢、不要拖延！』如果它是眞的，那麼它就不會害怕。」眞主說：「衆使者在我跟前不會害怕。」[2]

當時，毛拉大發雷霆：「該死的篩塔尼[3]!該死的篩塔尼!它在哪裡？」老貢生說：「我帶您去它那裡。」到了那裡，毛拉抓住了它，抓住它是非常痛苦的。原來它是兩塊布，一塊上面畫的是善形，另一塊上面畫的是惡形，衆穆民在它下面放牧著牛羊——（我們向眞主求護佑，免遭那種傷害。）

兩塊布是正方形的，周長四十尺。毛拉把那兩塊布放在路上鋪開，人們都哭泣不已。毛拉命令他們：「你們踐踏它，用唾沫吐它，用腳踩它！」他們照辦了。然後，毛拉燒掉了一塊，留下了一塊。毛拉說：「伸出你們的手，（念）我作證，萬物非主，唯有眞主，獨一無二；我作證，穆罕默德是眞主的僕人和使者。」我們的毛拉✤和所有的隨行者這才吃了他們備好的美食，安排了一個清廉的阿訇在那個坊上開學。把留下的那塊布，做成了他的馬汗墊，搭在馬背上。

---

1 老貢生（پیر عصا）是一個由波斯文單詞（پیر）「老」和一個阿文單詞（عصا）「棍，諧音貢」構成的科舉時代升入國子監的讀書人的稱謂。按兩個單詞的本意，應譯作「老棍」，「棍」的釋義：品行很壞的人。這與該耋老自稱「上過漢學，分辨真偽」的情況不符。因其上過漢學，故譯者將該詞組漢譯時採取加字法譯作「老貢生」。

2 《古蘭經》27 :10

3 篩塔尼（شیطان）：惡魔

وقال انكم قلتم ماصنع وكيف ضر الان ليفعل

也干 让 现在 它伤害 如何如何 它做 做什么 你们说 他说

ماشاء فانتظروا انى معكم من المنتظرين

等待的 你们 同 我 你们等待 它想干的

فركب الخيل وسار السبيل ومن بعد لا يبقى

存在 不 之后 路 他上 马 他骑上

اثر ولا علامة منه كما في بيت الله يقتل على

里阿 杀 天房 在 正如 它 从 形迹 踪迹

المرتضى رضى الله عنه لا يبقى اثر لا علامة

形迹 不能踪迹 存在 不 受喜悦的

اَلْحَمْدُ لِلّٰهِ الَّذِى نَجَّيْنَا مِنَ الْقَوْمِ الضَّالِّينَ

迷路的 民众 脱离 我们 他拯救 真主 归于 一切赞颂

قال العبد الضعيف ابو علامة انى كنت

曼拉艾布艾 羸弱的 仆人 说

ضربت لطلب العلم في بلدة الخُوجيووّ

州 河 城 学 求 为 我去

وروى عن بعض اصحابى الزين على مزهب

教派 遵行 我的 同伴(学) 一些 据 传说

محمّد ابى الفتوح قدس الله سره انه كان بعض

一个 哈图福 布艾 德默罕穆

اصحابه اذا سمع هذا الخبر قال ضاحكا ما

不 笑着 他说 传闻 这个 他听到 当 他的弟子

علمنا ان هذا الشأن واقع على هذا النوع

样子 这个 按照 发生的 是 事情 这个 我知道

والاصحاب قد سألوا فقال انا سمعنا من

从 我听到 他说 他们询问了 同伴们

مولينا محمّد ابي الفتوح الصيني قدس الله سره

中国的 哈图福 布艾 德默罕穆 我们毛拉

انه قال اني كنت في تبعة شيخي الاعظم

伟大的 我的筛海 随同 我曾 他说

عطابر قدس الله سره وفي طرف القوانْدُنْنِي

东 广 地区 尔比 扎 阿

هداني الى جماعة موحشة لا فيها مؤمن مصلي

礼拜的 穆民 它 里 没有 凄凉的 一个寺坊 到 我 他领

ولا داخل في المسجد ووضعوه خاليًا وسألنا

我问 空闲的 它 他们放置 寺 进…的 没有

اهله كيف لا تدخلوا فقالوا ان في هذا المسجد

寺 这个 里 他们说 你们进(寺) 不 怎么 坊民

ضار اشدة إمّا جنّا واما شيطانا ثم شيخي

我的筛海 然后 恶魔 或是 精灵 或是 凶猛的 伤人的物

قدس الله سره هداني الى هذا المسجد وساحته

它的院子 寺 这个 到 我 他领

كله منبت الحطب والنبات وبابه مغلق

关闭的 它的门 草木 柴 生长的 它的全部

وثيق ولا نفتحه وقال قدس الله سره انا فاتحه

它 打开 我 他说 它 我们打开 不 坚固的

بقوتنا وامكاننا فبنصرة الله ورسوله باب

门 其 使者 及 真主 相助 凭 我的 能力 我的力量 用

الرضا قد فتح ثم حضرت شيخي قد ضرب

他跺 我的筛海 然后 被打开 喜悦

برجله مع صوت الغضب على خشبة الارض

地 板 怒恼 声音 同 他的脚 用

فاذا ابيض واخف لا صورة مثل القطن

棉花 像 形象 无 轻的 白色的 忽然

قد سقط من خشبة السماء ثم حزفنا بابا

门 我们去掉 然后 天花 板 从 掉下来了

واحدا وشيخي قد وضعه بعصاه عليه ثم

然后 它 上 他的拐杖 用 它 放 我的筛海 一扇

اخذناه وفي خارج المسجد نهر والقيناه فيه

它里 它 我们扔 河 寺 外 在 它 我们抬

فقال شيخي انا نحتسب هذا عملا لكم ومن بعد

以后 你的 功修 这事 算做 我 我的筛海 说

في مكانكم شيخ وعمله ظاهر في ذلك مكانكم

你们的 地方 那个 在 明显的 他的功修 一个筛海 你们的地方 在

ثم دعونا اهله وقلنا فاذبحوا هذا الحطب

柴 这个 你们割掉 我们说 坊民 我们叫来 然后

毛拉說：「你們說它幹什麼什麼哩，如何如何傷害人哩，現在讓它爲所欲爲吧！『你們等待著，我同你們一起等待』。」毛拉騎馬上路了。從此，它消失得無影無蹤，一如阿里（願眞主喜悅他）在天房殺得（惡魔）無影無蹤。

一切讚頌，全歸眞主，他拯救我們脫離了迷路的民衆！

羸弱的僕人——艾布艾拉曼說：「我曾到河州城去求學，據我的一些遵行穆罕默德．艾布．福土哈的教門的同學傳說：『艾布．福土哈的一個弟子聽到上述傳聞時笑著說，我不知道，這件事是這樣發生的。同伴們催問，他才說，我聽我們的中國毛拉——穆罕默德．艾布．福土哈說，我曾經隨同我的偉大篩海——阿絜比爾，在廣東地區，他把我領到了一個荒涼的寺坊，這裡沒有禮拜的穆民，沒有進寺的人，他們把寺閒置在那兒。我問坊民，你們怎麼不進寺呢？他們說，這個寺裡有兇猛的傷人之物——也許是精靈，也許是惡魔。隨後，我的篩海把我領到了那個寺裡，寺院雜草叢生，寺門緊閉，我打不開。我的篩海說，我要以我的力量打開它——憑眞主及其使者的相助，喜悅之門打開了。我的篩海憤怒地用腳跺地板，突然，一團白色的、形象模糊的，像棉花一樣的東西，從天花板上輕輕地落了下來。我卸掉了一扇門，我的篩海用他的拐杖把那東西挑放在門板上，我們把它抬出去，扔進了寺外邊的河裡。我的篩海說，我把這件事算作你的一項爾麥里。我之後，在你們那地方將有一個篩海，他的爾麥里在你們那裡是明顯的。我們叫來了坊民，說，你們割掉（寺院裡的）雜草，把禮拜殿打掃乾淨，你們在裡面禮五時拜和主麻，朝夕讚頌眞主。然後，我們就離去了。』『正信由穆罕默德發揚光大，迷信是他破除摧毀』。」[1]

1 《曼丹葉合》中的詩句。

والعلف وطهروا بيتكم العتيق وصلوا صلوة

拜 你们礼拜 古老的 你们的礼拜殿 你们洁净 草

الخمس والجمعة وسبحوا فيه بكرة واصيلا

晌 它里 你们赞颂(真主)超绝 聚礼 和 五番

ثم ذهبنا والدين اظهره محمد والكفر

迷信 穆罕默德 它 宣扬 正信 我们离去了 然后

ابطله فهدم وروى ان سبيل امضاء مولينا

我们毛拉 过 路 相传 他摧毁 它 他破除

قدس الله سره في بلدة الكين غنهين وانه قدس

他 县 安 秦 城

الله سره في هذه الليلة مقيم في اهل امامه بسبب

因 它的 伊玛目 家里 在 住 晚 这 在

دعوته فلما فرغ من صلوة العشاء قد ساءل

他问 宵礼 拜 他做完 当 他的邀请

كم عمرك وكم من اولياء الله قد لقيت وما

什么? 你遇见过 真主的 卧里 几个 你的年龄 多少?

دينك فقال انا ابن الثمانين وقد لقيت ثلثة

三位(卧里) 我遇见过 八十(岁) 我 他说 你的教门(功修)

سيد امير كلال ومحمد ابو الفتوح وحضرت

提 勒 祖 哈 哈图福 布艾 穆罕默德 力俩克勒米艾 德义赛

ايشان ابيك قدس الله ارواحهم العزيزين

高尚的 他们的灵魂 真主 使圣洁 您的父亲 禅 依

اَلآن وجهه المباركة في هذا الوقت حمر فسأل

他问 红的 时候 这个 在 吉庆的 他的脸色 真的

اين لقيت ابى فقال في الفُكيانِيّ وخدمت

我侍奉 羌伏 在 他说 我父亲、 你遇见 在哪

اثنين وثلثة عاماً وديني دين ابى الفتوح

哈图福 布艾的教门(功修) 我的教门(功修) 年 三 两

فقال كم من سنة قد عملت وقال خمسين

五十 他说 你干(功修) 年 多少? 他说

عاما وقال اكان في دينك اثرٌ فقال والدين

有

教门 他说 效果 你的教门(功修) 吗? 他说 年

قد كان بما عملنا وما عملنا ما الا اثر فيه فقال

是

他说 之 里 效果 没有 我干的 我 所干的 凭

ويحك ما لا عملت وما ظفرت وقد جاء في قلبي

我的心里在 来 你收获 没有 你干办 没有 你真可怜

اني اردت تغيير دينك ولكنك شخت فاعمل

你干吧 老了 你、 但是 你的教门(功修) 改变 我要 此事

على القديم ولكني قبلت في دائرتي عملك

你的 力麦帝 我的 尔依达 在 接受 我 但是 过去的 按照

في عمرك وحسبته مني وروي انه من بعد

把 它

之后 他 相传 我 属于 我 算作 你 一生 在

امضائ اربعين يوما داخل في الفتنة والمجنون

疯癫 呆痴 进入 天 四十 过去

وانه قد رجع الى الله بسببه انا لله وانا

我们 真主 掌管我们 它的原因 回 真主 于 他归

اليه راجعون وقال نبيره مولانا الاعظم محمّد

德默罕穆 伟大的 我们毛拉的 孙子 说 归 他 于

وقاية الله قدس الله سره ان ابانا الكبير محمّد

德默罕穆 高贵的 我的父亲 拉 吞耶嗐 维

عبد الله قدس الله سره اذا قرب الهجر والبلاء

灾难 与 迁徙 临近 当 拉 赖布阿

فجدكم الكريم لم يزل يقول لي دائماً فاذكروا

你记着 经常 我 对 说 仁慈的 你们的爷爷

有个

ان لكم اخا كبيرا وانه في السحاب اليمنى

南 云 在 他 哥哥 你

有个 有

وان سُئلتم الكم اخوة قلتم ان لنا اخا

哥哥 我 你 说 弟兄 你 吗？你 有人问 如果

كبيرا وانه في السحاب اليمنى وان سُئلتم

你 有人问 如果 南 云 在 他

ابعيدٌ ام قريبٌ قلتم للاب والام فاذا

当 同母的 同父 你 说 亲的 还是 非亲的 吗？

وقع البلاء وجئنا الى هذا الغريب فذلك

那位 异乡 这个 到 我们来 灾难 发生

جد الكبير محمد عبد الكريم قدس الله سره

木里克 杜布阿 德默罕穆 大 爷

076**相傳**：我們的毛拉路過秦安縣城，應當地的伊瑪目[1]邀請，當晚住在他家裡。禮完宵禮拜，毛拉問他：「您多大年齡？眞主的臥里，您見過幾個？您的教門功修是什麼？」他答道：「我八十歲了，我見過三位臥里：塞義德．艾米勒．克倆力；穆罕默德．艾布．福土哈；哈祖勒提．依禪——你的父親。（眞主使他們高尚的靈魂聖潔）」

須知！在這個時候，毛拉吉慶的臉面發紅，問他：「您在哪裡見過我父親？」他說：「在伏羌見過，我還服侍過他老人家兩三年哩。我的教門功修是艾布．福土哈傳授的。」毛拉又問：「您幹辦了多少年功修？」他說：「五十年了。」毛拉又問：「您的功修有成效嗎？」他說：「教門是憑著幹辦，我幹的尙無成效。」毛拉說：「您眞可憐，沒有好的幹辦，就沒有好的收穫。我想改變一下您的功修，可是您已經老了，您還是按照原先的幹吧！但是，在我的達依爾上，我接受您畢生的爾麥里，我把它算作是由我（傳授而幹）的。」

相傳：四十天過後，那個伊瑪目就開始呆癡，瘋癲了。借此原因，他歸眞了。「我們的確由眞主掌管，我們的確要歸於他。」

我們的偉大毛拉——穆罕默德．維尕葉屯拉✽的孫子[2]說：我高貴的父親——穆罕默德．阿布頓拉✽曾說，「當遷徙與災難臨近時，你們的仁慈的爺爺時常對我說，你記著，你還有個哥哥在雲南。如果有人問，你有弟兄嗎？你就說：我有個哥哥在雲南。當（對方）再問：親不親？你就說，是同父同母的。」

1 伊瑪目（امام）：師表，首領，領拜人。此處指當地的阿訇。

2 疑為馬聖麟（或作成林），即馬明心之孫，哲赫忍耶內部尊稱「雲南三太爺」者。哲赫忍耶內部流傳：馬聖麟年輕時曾赴西北，投入本書作者關裡爺帳下求學。

قداتاني ولقاني واناغم وحزن ومظلوم

受压迫的 忧愁的 悲伤的我 我 他见 我跟前来到（是）

فسائلني عن اين ولِمَ والاخوة وقلت له كما

像…那样 他对 我说 弟兄 为什么 哪里 关于 我 他 问

علّمني جدكم الكريم قدس الله سره واذا سمع

他听了 当 仁慈的 你们的爷爷 我 教给

قولي بكى بكاء مخفيا خائفا هاان بكائه

他 的 哭泣 提心吊胆的 默默的 哭泣 他哭泣 我的话

اعجبني بالله في هذا الوقت لا اعرفه ولكنه يعرفني

我 认识 他 但是 他 我认识 不 时候 这个 在 真主 誓以 我 使感到蹊跷

وروى اذا رفع على مدرسة حضرت مولانا

我们老拉 的 学堂 他上 当 相传

الاعظم وبيت طريقته فكان امنا بسنتين

两年 在 安心的 他 他的 道 堂（是）

ثم بوسوسة الشيطان قد وهم اني تركت

我 抛弃 他胡思乱想 恶魔 教唆 受 然后

اهلي وسفرت من وطني الاصلي لطلب العلم

知识 求 为 老的 我的家乡 从 我出门在外 我的家人

فاذا لم اجد فكيف رجعت ولكنه لا يقول

他说 没有 但是 我回去 怎么？ 我获得(知识)没有 如果

لواحد فلما اصبح وظفر ضيف الملاقات

相见 招待 他得到 他进入早晨 当 一个人 对

قال له حضرت مولانا اى ملّا ان السفر والترك

抛家舍业 出门在外 拉满 哎 我们毛拉 他 对 说

لطلب العلم فاذا لم تجده فكيف رجعت

你回去 怎样？ 它 你获得 没有 当 知识 求 为

واعطاه الدرهم المعينة والاخباز المصنوعة

做好的 饼子 一定数目 银钱 他/他给了

وقال له ان هذا ارادك فاذهب واطلب

你寻找(知识)吧 你去吧 你的意愿 这个 他 对他说

فبقى متحيرا ومتاسفا وندم ندامة كثيرة

多的 懊悔 他懊悔 遗憾的 惊慌失措的 他存在

وبكى بكاءة شديدة وقال ان ذلك من وسوسة

教唆 是 出自 那 他说 强烈的 哭泣 他哭泣

الشيطان وغروره واعف عنا واغفر لنا

我们 你饶恕 我们 你原谅 它的欺骗 恶魔

وارحمنا فاذا قرب الرجوع وظهر وضع

安排 明显 回家 临近 当 我们 你怜悯

مقلب القلوب ارشده شيخه الاعظم

他的筛海 他 带领 心眼 的 拨转者

قدس الله سره واجلسه معه في مكان

地方 在 他 同 他 他让坐

العالية الرفيعة الشديدة وحكى له

他 对 他说 非常 高的 最高的

اذا كان المريد صديقا حقيقيا فان قال

说 如果 真正的 忠诚的 德勒穆 如果

المرشد له اوقع واسقط من هذه الرفيعة

悬崖 这个 从 你掉下 你跳下 他 对 德师勒穆

اوقع بلا مكث ولا تاخير فاذا هو اوقع

跳下 他 突然 拖延 无 等待 无 她跳下

فاخذه ذلك المولى وبكيا معتنقا بكاء

哭泣 互相拥抱 他俩哭泣 毛拉 那位 他 抓住

شديدا فارشده وارجعه وروى ارسل

派遣 相传 他 他让回家 他 他指示 强烈的

شيخه الاعظم فسأله وما تصنع اذا رجعت

你回去 当 你干做 什么? 他 他问 他的导师

فسكت ثم حضرت مولانا الاعظم يقول له

他 对 说 我们毛拉 然后 他 沉默

اذا رجعت فاصنع تجارة بلا اصل المال فاذا

当 钱 本 元 买卖 你做 你回去 当

رجع واتى هذا المولد يرى فئة كثيرة

多的 一伙 他看到 故乡 这个 他来到 他回去

من الناس قد يطلبون ذرة ذرة من رمل

沙子 一点儿一点儿地 他们寻找 人 从

الفضيلة ويسألهم ما تفعلون والبعض

一些人 你们在干 什么? 他们 他问 优良的

災難[1]發生了，我們來到了異鄉，那位大爺——穆罕默德．阿布杜克里木[2]✽來與我相見，我當時悲傷憂愁且遭受欺壓。他問我是哪裡人，因爲什麼來到了此地，有無兄弟……正如你們的爺爺教給我的那樣，我說給了他。聽了我的話，他泣不成聲。他這一哭倒讓我感到蹊蹺……以眞主發誓！此時我還不認識他，但是他已經認出了我。」

077**相傳：**他（指穆罕默德．阿布杜克里木—譯註）上了我們毛拉的學堂和道堂，初來的兩年裡，他安分守己。後來，受惡魔教唆，他胡思亂想：我爲了求學，拋家捨業，要是學不到知識，我怎麼回去（面對家人）呢？但是，他沒有對任何一個人說。

早晨，他與毛拉相見時，毛拉對他說：「哎，滿拉！出門在外，拋家捨業爲了求學，要是學不到知識的話，你怎麼回去（面對家人）呢？」毛拉給了他一些銀錢和餅子，對他說：「這是你的意願，你去尋求知識吧！」他驚慌失措、遺憾惋惜、懊悔不已、涕泗滂沱，他說：「那是出自惡魔的教唆和欺騙。」「你原諒我們，饒恕我們，憐憫我們吧。」[3]

歸鄉的時間臨近了，撥轉心眼之主的安排要顯露了——他的篩海帶領著他，讓他同自己一起坐在一處高峻險拔的地方。

毛拉對他講：「如果穆勒師德是眞誠的，那麼，當穆勒師德對他說，你從這懸崖上跳下去，則他會毫不猶豫地跳下去。」突然，他縱身要跳，毛拉一把拉住了他，他倆抱頭痛哭。之後，毛拉指示他回家。

078**相傳：**派遣他回家時，他的篩海問他：「你回去以後做什麼呢？」他沉默不語。毛拉對他說：「你回去以後做個無本錢的買賣。」當他回到故鄉時，看到一夥人從優良的沙子中一點兒一點兒地尋找著什麼……

---

1 指乾隆四十六年（1781年）哲赫忍耶起義。

2 穆罕默德．阿布杜克里木：馬明心弟子，早期哲赫忍耶重要人物，內部尊稱「古城三爺」。前文中曾以「毛拉維尕葉屯拉的長子」出現，實為弟子。一說為義子。

3 《古蘭經》2：286

منهم يقول انا من اهل التجارة بلا اصل المال

钱 本 无 买卖 人 属于 我们 说 他们中 (是)

وانه في هذا الوقت قد ذكر كلام شيخه الاعظم

他的筛海 话 他想起了 时候 这 在

المبارك وتيقن ان هذا هو المأمور به

它 以 受命令的 他 这个 他深信 吉庆的 (是)

فدخل بلا شك ولا مكث وظفر منه ما لا يجده

它 得到 不 所 他获得 等待 无 怀疑 无 他加入

الآخر وروى ان حضرت مولانا الاعظم

我们毛拉 相传 别人

شاه وقاية الله قدس الله سره قد سماه بهذا

这个 以他 他命名 (给) 拉亚叶尔维 赫沙

الاسم المبارك ووفى ذمته بهذه التسمية

命名 这个 以 他的约言 他履行 吉庆的 名字

وهو اوفى الخلق بالذمم وروى ان محمّد

德默罕穆 相传 诺言 众生中 最践行的他 (是)

عبد الكريم قدس الله سره لما آن اوان

时间 到了 当 木里克 杜布阿

رحلته المباركة امره شيخه الاعظم

他的筛海 他 命令 吉庆的 他 启程

فاذهب اَوّلاً الى الفُكيمانيّ وقل للمحتسب

乡老 对你说 羌伏 到 先 你去

الثانی فلیصنع لک ثوبا ایّ جمال وقلنسوة وخفین

一双鞋 帽子 漂亮 十分 衣服 你 给 他做 让 二

كذا واذا لبست فارجع فجاء ففعل كما امر

他命令 正如 他干了 他来了 你回去 你穿上 当 如此

وروی ان محمد عبد الكريم قدس الله سره

木里克 杜布阿 德默罕穆 相传

لما اتی الی حضرت مولینا الاعظم فمن قبل

之前 我们毛拉 到 他来 当

ان یصیب بشهر واحد بنت حضرت قد رجعت

以前 特勒祖哈的女儿 一个 月 他到

الی الله ولهذا یضطرم ویحزن ویریق شدة

强烈 他流泪 他难过 他忧心如焚 这个 因 真

حتی یقول قد جاء فی قلبی انی اذهبت هذا الاضطرام

忧心 这个 我消除 此事 我心里来 他说 甚至

والحزن ولكن اهل الصینی لا یدرون الدین

教门 不懂 中国 人 但是 难过

والاسلام ثم یوماً یقول ان المعلقة الواحدة

一个 牵肠挂肚的人儿 他说 有一天 然后 伊斯俩目

قد ذهبت والمعلق الواحد قد یأتی الآن

他会来到 一个 牵肠挂肚的人儿 她离去 已

الذاهبة معلومة ولكن الآتی مجهول فمن بعد

这之后 不知名的 将来的 但是 众所周知的 离去的

بايام غير كثيرة ذلك عبد الكريم قد دخل

进来了 木里克 杜布阿 那个 多 不 日子

من باب مولانا الاعظم فيحبه حبا شديدا

强烈的 喜欢 他 他喜欢 我们伟拉的 门 从

وقد روى انه فرح سرورا قد ذهب عنه

他 由 离去了 高兴 据传

الالم والاضطرام بالكلية وقال له فاذهب

你去 他对 他说 完全地 忧心 悲痛

في المطبخ واغسل وجهك فكلوا واشربوا

你喝 你吃 你的脸 你洗 灶房

فقال الاصحاب كلهم ولعل المعلق الآتي هو هذا

就是 这个 来的 牵肠挂肚的人儿 或许 他们全部 弟子们 说

الحبيب وروى ان محمد عبد الكريم رحمه

木里克杜布阿德默罕穆 相传 朋友

الله مع ابيه الوالد في مخرج الفضة طالب

寻求的 银子 出产地 在 生 他的父 同

المعاش ثم يوما بشدة المشقة قد اخذه

他 控制了 劳累 严重 因 有一天 然后 生活资料

نوم غالب فرأى في المنام انه قد اتى

他来到 梦中 在 他看见 制服人的 睡眠

ذلك المكان الجميل المعين مع الاشياء

事物 和 特定的 美丽的 地方 那个

他問他們：「你們在幹什麼呢？」有人回答：「我們是無本錢的買賣人。」此時此刻，他想起了他的篩海的話，他深信，這正是他受命要做的事情。所以，他毫不遲疑地加入其中。他（每日）的收穫，別人不可企及。

079相傳：我們的偉大毛拉——沙赫．維尕葉乇拉✽給他以這個吉慶的名字——穆罕默德．阿布杜克里木命了名。以此命名，他履行了自己的約言。「他是衆生中最善履行諾言的人」。[1]

080相傳：穆罕默德．阿布杜克里木✽啓程歸鄉的時間到了，他的篩海命令他：「你先去伏羌，對二鄉老說，讓他給你做身漂亮的衣服和鞋帽，你穿上回去。」

他來到（伏羌），二鄉老遵命照辦了。

081相傳：穆罕默德．阿布杜克里木✽來到了我們的偉大毛拉跟前。在他到來之前一個月，毛拉的女兒歸真了。爲此，毛拉傷心難過，潸然淚下。他甚至說：「我心裡想消除這種傷心難過，但是，中國人不懂教門。」

有一天，他說：「一個牽腸掛肚的人已經離去，一個牽腸掛肚的人將要到來，已經離去的衆所周知，將要到來的不知名姓。」

這話說過去不多些日子，那個阿布杜克里木從我們毛拉的門中進來了，毛拉對他非常喜歡。據傳：毛拉心曠神怡，樂以忘憂，對阿布杜克里木說，你去灶房，洗洗臉，吃點喝點。弟子們全都說：「或許將要到來的那個牽腸掛肚的人就是這個朋友。」

082相傳：穆罕默德．阿布杜克里木（願眞主慈憫他）和他的生父一起在銀礦謀生。有一天，因勞累過度，他不由自主地睡著了，他做了一個夢，夢中他來到了一個美麗的、有著各種各樣的事物的地方……

---

1 《穆罕麥斯》中詩句。

المختلفة فبينما هو كذلك فاذا هو تنبه

醒了 他 忽然 如此 是 他 正当 不同的

فمن بعده اضطرب قلبه الحميم اضطرابا

不安 热的 他的 心 不安 它(梦)之后

شديدًا وجاء في قلبه انه يفر ويتعلم فاذا

当 他学习 他逃跑 此事 他的 心里 在 来 强烈的

جاء في بلدة الكبير الجندوفووي ودخل

他进入 府 都 成 大 城 到 他来

في المدرسة بالايام القليلة قد رأى في المنام

睡觉 在 他看见了 少的 日子 学堂

ذلك الرؤيا بعينه فاذا تنبه زاد اضطراب

不安 增加 他 醒来 当 同样的 梦 那个

قلبه وكاد ان يخرج من فيه فركر على متن

他背井离乡 他的 口 从 出来 它几乎 他的 心

الغربة ولا يعتبر مشقة الشديدة ثم

然后 强烈的 艰辛 他考虑 不

بحمد الله وبنصرته فاذا اتى ذلك القبل

地方 那个 他来 当 他的 相助 凭 真主 赞颂 凭

قد صار المثالى ملكا والمخيل مرئيا وفى

在 可以看见的 想象中的 现实 梦幻 变成

هذا الوقت ثبت قلبه واطمئن والله

真主 借以 它安定 他的 心 稳定 时候 这个

ان محمد عبد الكريم قدس الله سره في هذه

这 在 木里克 杜布阿 德默罕穆

السنة ابن اثني عشر وروى ان الهجر

迁徙 相传 十 二(岁) 孩子 年

للهداية والاسلام اذا وقع واولاد الشهداء

烈士们 子女 它发生了 当 伊斯俩目 正道 因为

والصبيان بظلم النفي يحشرون الى السفر

旅途 到 他们被赶 流放 压迫 以 幼童

البعيد والبلد الغريب وآخر المسلمين

林斯穆 其别的 陌生的 地方 和 遥远的

就象逃避

قد يفرون منهم اجفال الغنم مع شدة

非常 不留 羊 群 他们 逃避

الحزن والالم فعبد الكريم قد اكرمهم

他们 尊敬 木里克 杜布阿 痛苦 忧愁

واشفقهم بالحيل والامكار ولا يعتبرون

他考虑 不 用计谋 想办法 他们 同情

是 是

ان الدار دار الحرب والزمان زمان

时代 时代 敌国 家国

الفتن وبذل ارثه وهجر ايضا باهله

他的家人 带着 也 他迁徙 他的家产 他献出 苦难

العزيز الى البلد الغريب واجمعهم

他与他们聚集 陌生的 地方 到 亲爱的

جمع الرحمة والولادة وربيهم تربية الى

直到 抚养 他们 他抚养 生养 与 同情 聚集

الكبريا وزوجهم تزويجا الى ولادة الابناء

子 生 直到 娶妻 他们 他给娶妻 长大成人

ثم قسمهم الى الارحام وانسبهم الى الانساب

亲戚 他们 把 他归于 亲属 他们 把 他划分 然后

قد نوى ان يترك الحيوة وان يأخذ الارادة

义 取 生 舍 他决意

خصوصًا الاولاد حضرت معلقه الاعظم

伟大的 他的 牵挂 的 特勒祖哈 子孙 对 尤其

ذى العزة والاكرام فهو معدن الاحسان

行善 本源 他 是 所以 尊敬的 光荣的

وسيد الانصار ثم خرج مع اهله من

从 他的 家人 同 他出去了 然后 扶助者 头领

المهجر ورجع الى مولده المبارك

吉庆的 他的故乡 到 他回 迁徙地

الا ان هذا ليس بخروج بل الاخراج

请求离开 而是 离开 并不是 这个 须知

وذلك بسبب شكر المهاجرين فيا ايها

啊！ 迁徙的人 感谢 是 因为 那

المهاجرون ويا ايها الشاكرون

感谢的人 啊！ 迁徙的人

正在夢中暢遊之時，他突然醒了。醒來之後，他心神不寧。他心裡想著要棄工從學，於是，他來到了成都府，投入了一個學堂學習。

過了幾天，他又做了與上次一模一樣的夢。夢醒之後，他更加地心神不寧，心幾乎要從口裡跳出。他又踏上了背井離鄉的路，千辛萬苦也在所不辭。

讚頌眞主！憑藉著眞主的相助，當他來到了那個地方時，夢幻變成了現實；想像的變成了可見的……此時此刻，他心安神定。

以眞主發誓！這一年他才十二歲。

083相傳：爲教門而遭遇的遷徙發生了，[1]烈士們的年幼子女被趕上遙遠的旅途，流放到陌生的地方。其他的穆斯林儘管非常憂愁、痛苦，但（因怕受牽連）逃避他們如同羊群四散驚逃一般。然而，阿布杜克里木卻對他們肅然起敬，想方設法關心照顧他們。他從不考慮家園已變成敵國，時代已然是苦難的時代。他奉獻出了自己的家產，帶著家人也遷徙到陌生的地方，與他們團聚，情同手足，精心撫育他們長大成人，並給他們娶妻生子。

然後，他把他們劃分爲自己的親屬，使他們歸於自己的親戚。他曾決意捨生取義，尤其是對待尊敬高貴的、對他牽腸掛肚的、偉大的哈祖勒特（指沙赫．維尕葉屯拉—譯註）的子孫。所以，他是行善的本源、輔士的首領。

後來，他帶著家人離開了遷徙之地，回到了故鄉。這次離開不是他自願的，而是衆流放者出於感激懇請他離開的。

遷徙者！感激者！「你們當銘記眞主的恩惠，不要在大地上爲非作歹。」[2]

---

1 指乾隆四十六馬明心被殺害後，其遺屬被充軍流放，男丁充東（雲南），女眷充西（伊犁）。

2 《古蘭經》7:74

فاذكروا آلاء الله ولا تعثوا في الارض مفسدين

大地上 在 你们为非做歹 真主 恩惠 你们当记

وروى ان ملّا يدعو محمد عبد الكريم قدس

木里克 杜布阿德默罕穆 称作 有个人

相传

الله سره ولدا كبيرا لمولينا الاعظم محمّد

德默罕穆 伟大的 我们毛拉 的 大 儿子

وقاية الله قدس الله سره وروى ان

相传 拉屯耶嘎维

عبد الكريم اذا خرج من المطبخ فسأله

他 问 灶房 从 他出来 当 木里克 杜布阿

حضرت مولانا الاعظم آيْ مَلّا اكان في رحالك

你的行李里 吗? 拉满 哎 伟大的 我们毛拉

شيء ذو ثمن وقيمة وقال له چند سه

有

三 几个 他对 他说 价值 有 东西

نقره وقال اني لا اعلم واعطيت كله للرجل

人 它的全部 我给了 我知道 不 他说 银锭子

الآتي في الباب أتحب وقال آري بالله

真主 誓以 是的 他说 你愿意 吗? 门 在 来

ان اعطيتني نفسي ووهبتني فاحببت ايضا

把 把

也 我愿意 我 你送(人)了 我本人 我 你给了(人) 假使

وروى ان حضرت مولانا قد سأل يوما

有一天 问 我们毛拉

相传

بابا الظبيئ ايأتى راسٌ كبيرٌ فى هذه الليلة

晚上 这个 在 大 头 来了 吗？ 张 巴巴

فقال قد اتى فساله وما صنعا فقال لاعبا

他俩玩耍了 他说 他俩做了 什么？ 他 他问 他来了 他说

ومسحا بيديهما عنقى فقال لاصحابه لا تدخلوا

你们进入 他的 弟子们 对 他说 我的脖子 他俩的 手 用 他俩摸了

فى هذا المسجد مظلمين الا البابا الظبيئ

张 巴巴 除了 处于黑暗之中 清真寺 这个

وروى ان روان خليفه فى الواد الملحى

盐 关 尼里海 刘 相传

قد ضرب يوما بالحجارة والتراب وطرد

他驱赶了 土块 石头 用 有一天 他打了

ولا شيء قبله وحضرت مولانا قدس الله سره

我们主拉 他的前边 东西 没有

حاضر فساله ومن ضربت فقال راسا

是 头 他说 你 打 谁？ 他 他问 在场的

كبيرا وقال قدس الله سره هى لا تضرب

你打 别 嗨! 大

وما صنعت بضربه وروى انهما جنان

是 两个精灵 他俩 相传 他 打 以 你干 什么？

مربيان مقيمان فى هذا المسجد رحمهما الله تعالى

清高的 真主 他俩 怜悯 清真寺 这个 在 住 成长的

وروى ان حضرت مولانا الاعظم قدس الله سره

伟大的 我们毛拉 相传

يدعوه يومًا اهل الفكيانى فقال لا نجب

我答应 不 他说 羌伏 人 有一天 他邀请

دعوتكم ولا نزهب فان مكانكم الفكيانى

羌伏 你们 地方 因为 我去 不 你们的邀请

قد صار مكة صغيرة والآن ان اردت

我要(去) 如果 现今 小 麦加 变成 已

فنزهب فى الارض الموتى ليغفير

免受益 以便 死气沉沉的 地方 我去 那么

قال ابو علامة عبد القادر انى جلست يومًا

有一天 我坐 尔底嘎 杜布阿 曼拉艾布艾 说

مع حبيبى الشقيق شيقانيه رحمه الله

爷刚世 知心的 我的朋友 同

على سطحنا فقال لى ان حضرت مولانا

我们毛拉 我对他说 我们的上房

يومًا قد سار الى مسجده لاداء صلوة المغرب

昏礼 拜 礼 为 他的清真寺 到 去 有一天

وانا فى تبعته اخذ سجادته وفى السير

行走中 在 他的礼拜毯 我拿 他 跟随 我

قد ادبر ونظرنى وقال اى نبيره ذكرًا

记着 孙子 哎! 他说 我 他看着 他转过身

084**相傳**：每個人都把穆罕默德．阿布杜克里木✽稱作我們的偉大毛拉——穆罕默德．維尕葉屯拉✽的長子。

085**相傳**：阿布杜克里木從灶房出來時，我們毛拉問他：「哎，滿拉！你的行囊裡有值錢的東西嗎？」阿布杜克里木告訴毛拉：「有三幾個銀錠子。」毛拉說：「我不知道，就把它全給了來到門上的那個人了，你願意嗎？」他說：「願意。以眞主發誓，假使你把我本人送給人我也願意。」

086**相傳**：有一天，我們的毛拉問張巴巴：「大頭今晚來了嗎？」他回答：「來了。」毛拉又問：「他倆幹了些什麼？」他說：「他倆玩了（一會兒）並用手摸了我的脖子。」毛拉對弟子們說：「除了張巴巴，黑暗中你們不要進入這個清眞寺。」

087**相傳**：有一天，鹽關的劉海里凡[1]用石子和土塊扔打、驅趕，而他的前面什麼也沒有。我們的毛拉也在場，毛拉問他：「你打誰呢？」他說：「（我打）大頭。」毛拉說：「嗨！你別打了，你打他幹什麼呢？」據傳：他倆是居住、成長在這個清眞寺裡的兩個精靈（願眞主憐憫他倆）。

088**相傳**：有一天，伏羌人邀請我們的偉大毛拉✽。毛拉說：「我不答應你們的邀請，我不去了。因爲，你們伏羌地方已然變成了小麥加。現今我要去的話，我會去那些死氣沉沉的地方，以便他們受益。」

艾布艾拉曼．阿布杜尕底爾說：「有一天，我同我的知心朋友——世剛爺坐在我的上房裡。他對我說：『有一天，我們的毛拉去我的寺裡禮昏禮拜，我拿著他的拜毯跟在後面，行走中他轉過來看了看我，說：哎，孫子，記著！記著！爲我們獻出生命的人是：鹽關劉、伏羌馬尚德、糜子灘馬海里凡……某地的某人，某地的某人。』我想了想，他提到的朋友們現今都已辭世。」

1 海里凡（خليفة）：原意為繼任者，代理人。中國東部、南方回民多用此詞代指經學生，相當於西北回民所說的「滿拉」。

ذكرا من بذل الحيوة لنا روانى فى الواد

夫 刘 我们为 生命 他献出 人 记着

الملحى وماشياندة فى الفكيانى وماخليفه

凡里海 马 光伏 德 尚 马 盐

فى الميزطيه وفلان فى فلان وفلان فى فلان

某地 某人 某地 某人 滩子麇

وتفكرت لايبقى حبيب فى قوله الآن

现在 他的话 里 朋友 存在 不 我想了想

ويوما قد جلست معه وقال ان حضرت

他说 他 同 我 坐 有一天

مولانا قدس الله سره قال لى اى نبيره ذكرا

记着 孙子 哎！我 对 说 我们毛拉

ان من عباد الله لفرقة اذا حيوا فهم فى صف

行列 在 他们 他们活着 当 一伙人 真主的 仆人 中 （有） （是）

العام واذا ماتوا فهم فى صف العام واذا

当 普通人 行列 在 他们 他们死了 当 普通人 （是）

يبعثون أُبعثوا فى صف الولىّ فعجبوا ونادوا

他们呼喊 他们惊讶 里卧 行列 在 他们被复活 他们被复活

فكيف هذا وكنت فى الحيوة والممات

死 与 活 时 我 这 怎么回事？ （是）

فى صف العام وقال المنادى ذلك فضل

恩惠 那 传令者 说 普通人 行列 在 （是） （是）

الله يؤتيه من يشاء والله ذو الفضل العظيم

巨大的 恩惠 有 真主 他意欲的 人 它 他赏赐给 真主 (把)

وروى ان خليفه روانى رحمه الله بعد

之后 刘 凡里海 相传

الهجر في ستة سنة قد سار الى مكان

住所 去了 年 六 在 迁徙

شيخه الاعظم قدس الله سره وراى ان عدوه

他的仇人 他看到 伟大的 他的筛海

قد هدم قريته الشريفة فطرده ورجمه

他向他扔石头 他 他逼赶 尊贵的 他的村庄 毁坏

لقتله ولم يجده وذبح ذنب خيله فذلك

那个 他的 马 尾巴 他砍断 他 他得到 没有 他 杀 为

العدو قد ادعى فناداه الامير وساله اقتلته

他 你要杀吗? 他 他 问 官吏 他 传唤 控告了 敌人

فقال آري وساله ولما فقال لاستادي الاعظم

我的师父 为 他答 什么?为 他 他 问 是 他答

قدس الله سره انتقمت منه ثم الامير قد غير

被改变 官吏 然后 我报仇

قوله وقل الحق وليس الامر كذا وان هذا

这个 如此 事情 不是 真话 你说 他的口供

الرجل في اي مكان يضرك فاليوم قتلت

你要杀 今天 你 伤害 地方 哪个 在 人

فقال ليس كذا بل الارادة هو الانتقام منه

他说 不是 如此 不然 意图 就是 报仇

فلما لم يتغير الفتى في السجن ثم يوما بعد

当 不 他改变 他被投入 监牢 然后 有一天 之后

الفجر قد وضع الات عبادته بين يديه و

晨礼 他放 他的礼拜用具 (منه السجادة والابريق) 在 他的面前

سلم عليها وقبّل عليها وقال لها لا انستعمل

他道塞兰 向 它 他亲吻 它 他说 对 它 不 我用

من هذا اليوم ووهب لصاحبه في السجن

从 这 天 他送 给 他的同伴 里 监牢

ولا يدري كيف فعل كذا ثم شهد في قلة الوقت

不 他清楚 怎么? 他干 如此 然后 他牺牲了 少 时

وروى ان المحتسب الثاني اذا رأى حبيبه

相传 乡老 二 当 他看见 他的朋友

مَاشِيَانْدَه في زمان البلاء فسأله ولما جزيتني

马尚德 在 光阴 灾难 他问 他 为什么? 你牵扯 我

في هذا البلاء مع اني احسنت اليك فقال ولا احسانك

在 这个 灾难 尽管 我善待 你 他说 帮助 你善待

قد فعلت كذا والا فلا وروى ان اهل

我干 如此 否则 (我)不干 相传 人

سالاري كلهم كانوا اعتقدوا اسلام محمّد

撒拉尔 全体 他们 诚信 伊斯俩目 穆罕默德

又有一天，我同他一起坐著。他說：我們的毛拉曾對我說：「哎，孫子，記著！眞主的僕人中有一夥人，他們活著時位列凡人，他們死後仍位列凡人。但當他們被復活時，他們躋身於臥里的行列。他們驚訝地呼喊，這是怎麼回事，我生前死後都是個凡夫俗子啊？！傳令者說，『那是眞主的恩惠，眞主把它賞賜給他所意欲的人，眞主是有大恩惠的』。」[1]

089相傳：（乾隆四十）六年遷徙之後，劉海里凡去了偉大毛拉✽的故居。他看到一個仇人在毀壞毛拉的村莊。於是，他就追趕，並扔石頭擊殺他，但沒有得手。他砍斷了對方的馬尾巴，那仇人控告了他。官吏傳喚他到衙門，問他：「你要殺他嗎？」他答：「是！」又問：「你爲什麼要殺他？」他答：「爲了給我師父報仇！」官吏（有意開脫）讓他改變口供，說：「你說眞話，事情不是像你所說的，這個人在哪裡傷害過你，你今天要殺他？」他反駁說：「不是這樣的，不然，我的意圖就是報仇！」他不改口供，於是官吏就把他下獄了。

有一天晨禮後，他把自己的禮拜用具[2]放在面前，向它們說了賽倆目並親吻，對它們說：「從今往後我再也用不上你們了！」他把這些用具送給了一個獄友。那獄友不清楚他爲什麼這樣做。沒過多久，劉海里凡就犧牲了。

090相傳：災難的光陰裡，二鄉老看見他的朋友馬尚德[3]。二鄉老質問他：「我對你以善相待，你爲何把我牽扯進這個災難裡？」馬尚德說：「就因爲你對我以善相待，所以我才這樣做。否則，我還不這樣做呢！」[4]

091相傳：撒拉人曾經全體信奉穆罕默德．艾布．福土哈（願眞主慈憫他）的教門[5]。

---

1 《古蘭經》62:4

2 禮拜用具：可能指禮拜前沐浴用的水壺，禮拜時鋪的拜毯，以及念珠等常用之物。

3 馬尚德：疑為密尚德之誤。參見註釋80

4 意指馬尚德認為為教殉難是一種榮耀。

5 「撒拉人曾經全體信奉穆罕默德．艾布福土哈的教派」：此節表明：1，撒拉人聚居地區（今青海循化、民和、化隆一帶），是花寺馬來遲、哲赫忍耶馬明心兩派傳教的重疊區域；2，亦為馬明心歸國之初的第一個傳教根據地；3，結合前文「撒拉太太」一說，證明馬明心第一任夫人為撒拉人，且他本人極可能會說撒拉語。（參見張承志《心靈史》改定版簡裝本p36—37）

ابى الفتوح رحمه الله وانهم يوما يدعون

他们邀请 有一天 哈图福 布艾

ابا الفتوح لقراءة البرات وقال رحمه الله

他说 提拉白 念 哈图福 布艾

شغلتنا امورنا وشؤوننا فليذهب الحاج رحمه

吉哈 去 让 我的事务 我的事情 使我应接不暇

الله وليفعل مايشاؤن وانه في هذا المكان

地方 这个 在 他们要(干)的 他干 让

قرية كبيرة وفيها شائبة فانية ذات الاسلام

有

伊斯俩目 有 年迈的 老妇 它里 大 村庄

والدين وعظمت مولينا الاعظم كتعظيم

尊重 如同 我们伟拉 他尊重 教门

ابى الفتوح لان اتيانه على امره ولابتداء اصابته

他的到来 开始 在 他的命令 遵照 他的来到 因为 哈图福 布艾

قد هيئت النعمة والحنة التي صنعت بابهام

拇指 用她做的 美味的食物 她准备

يدها الايمن وعند الصنعة بكل واحدة منها

它中 一个 每 做 在…时候 右 她的手

قرأت تسمية كاملة خفية ولكن لا تعلم

知道 不 但是 默默地 完整的 耶米思台 她 念

احد واذا وضعت هذه النعمة بين يديه

在他的面前 食物 这个 她放 当 一个人

قدس الله سره قد سأل الحاضرين وما اسم هذه

这个 名字 叫什么? 在场的人 她 问

النعمة وقال البعض هذا والبعض ذلك على

按照 那个 一些人 这个 一些人 说 食物

عرفهم وقال البعض على عرف اهل الصين

中国 人 俗称 按照 一些人 说 他们的俗称

ان اسمه صتيمية فقال حضرت مولانا ليس

是

不是 我们毛拉 说 面糕 它的名字

هذا وليس ذلك فمكث وقتا وقال ان

他说 一会儿 他等了 那个 不是 这个

اسمه تسمية كاملية واذا سمعت تلك

是

那个 听见 当 完整的 耶米思台 它的名字

الشائبة كلامه هذا دخلت باكية وصالت

她扑倒 哭着 她进来 这个 他的 话 老奴

بين يديه وقالت يا مولانا انت ولي حق

是

真 里面 您 毛拉啊! 她说 在他的面前

وما راينا مثلك قط يا حبيب الله وارحمني

我 你怜悯 真主的 朋友 啊! 从来 您 像 我见过 没有

ايمانا حقيقيا ثم ان الحاضرين كلهم

他们全部 在场的人 然后 真正的 信仰

قد اتبعوا المولى الاعظم قدس الله سره ههنا

在这里 伟大的 毛拉 跟随了

ثم بعض الغائبين وروى ان بعض الاصحاب
弟子 一个 相传 不在场的人 一些 然后

رحمه الله قد سأل اهل القبّاع ومن اين وجدتم
你们得到 哪里 从 尔巴拱 人 问

هذه الشومة وكيف ظفرتموها اما سمعتم قوله
主的话 你们听到 难道 它 你们得到 怎么 厄运 这个

تعالى الم اعهد اليكم يابني آدم ان لا تعبدوا
你们崇拜 不要 阿丹 子孙 啊 你们 我嘱咐 没有 难道 清高的

الشيطان انه لكم عدو مبين وان اعبدوني
我 你们崇拜 明显的 仇敌 你们对于 它 确实 恶魔

هذا صراط مستقيم وانتم مؤمنون يعقلون
有理智的 是 穆民 你们 正 路 这 是

فقالوا انا من عاداتنا ان رددنا زبرًا من النهر
河沟 从 漂浮物 我们打捞 我们的风俗 他们说

اذا سكبت السماء وملاء الارض ماءً ويومًا
有一天 水 地面 充满 大雨 倾盆 当

قد اخذنا زبرًا دروى دسته روغن علف بود ثم يومًا
有一天 然后 有 草 油 一捆 它 里边 漂浮物 我们获得了

قال على لسان امراة منا انا جن فلان فى فلان
某 某 神 是 我 我们中 一个女人 的 口舌 借 它说

مكان فاخدموني واعبدوني والّا فنميت انفسكم
你们自己 我让死 否则 我 你们崇拜 我 你们侍奉 地

有一天，他們邀請艾布 · 福土哈去給他們念白拉提[1]，他說：「我的事務繁忙，使我應接不暇，讓哈吉（願眞主慈憫他）（指沙赫 · 維尕葉屯拉—譯註）去給他們念吧。」

這個地方有個大村莊，村莊裡住著一個有教門的年邁老婦，她像尊重艾布 · 福土哈一樣尊重我們的毛拉。因爲我們的毛拉是遵照艾布 · 福土哈的命令而來的。毛拉剛一到，她就開始準備食物。那食物是她用右手拇指做的，每做一個她都要默默地念一遍完整的臺思米[2]，但任何人都不知道。

當她把這個食物端放在毛拉✽的面前時，毛拉問在場的人們：「這個食物叫什麼名字？」按照當地的俗稱，一些人說叫這個，一些人說叫那個，一些人按照中國人的俗稱說：「它的名字叫糍麵，」我們的毛拉說：「不叫這個名字，也不叫那個名字……」過了一會兒，他說：「它的名字叫完整的臺思米。」那個老婦人聽到毛拉的這句話，哭著走進屋裡，撲倒在毛拉的面前，說：「毛拉啊！您是眞臥里，我從來沒有見過像您這樣的人，眞主的朋友啊！您以眞正的信仰憐憫我吧！」隨後，在場的所有人就地跟隨了毛拉。後來，一些不在場的人（也相繼跟隨了）。

092相傳: 一個弟子問拱巴爾人:「你們從哪裡遭遇了這個厄運?你們是怎麼得到它的?難道你們沒有聽到眞主的話:『阿丹的子孫啊!難道我沒有囑咐過你們嗎?你們不要崇拜惡魔,它確實是你們的明敵;你們崇拜我,這是正路。』[3]你們可都是有理智的信士啊!」他們說:「我們有個風俗——當大雨傾盆,河水暴漲時,我們從河溝裡捕撈漂浮的什物。有一天,我們撈獲了一個漂浮物,它裡邊有一捆油草[4]。後來,有一天,它借我們中一個女人的口舌說:『我是某地的某神,你們侍奉我、崇拜我!否則,我會讓你們或你們的家畜死亡,你們中任何一個人都不能消除我的這種傷害,阿訇不能消除,貴人也不能消除……』

1 白拉提（برات）：伊斯蘭教曆八月。中國回民穆斯林，每年在這個月的前半月內，邀請阿訇在家中念經贊聖，集體念討白（求恕詞），設宴待客，稱作「念白拉提」或「轉白拉提」。

2 臺思米（تسمية）：起始辭。即：以至仁至慈的真主之名（بسم الله الرحمن الرحيم）的簡稱。

3 《古蘭經》36：60—61

4 油草（روغن علف）：這是一個由波斯文「روغن」（油）和阿拉伯文「علف」（草）轉譯的中藥材名。

او انعامكم ولا يمكن احد منكم ان يرفع عني

我上 由 他消除 你们中 一个人 能够 不 你们的家畜 或

هٰذه ولا يستطيع عالم ولا كريم ويومًا فيومًا

一天 一天 贵人 阿訇 能够 不 这个

قد زاد ضلاله واشتد ضرره الى ان فساده ينفذ

通向 它的伤害 直到 它的伤害 强烈了 它的迷误 增加了

في الجوانب و بحمد الله تعالى اليوم قد ظفرنا

我们获得了 今天 清高的 真主 赞颂 各方

نعيما هاديا اظهر الدين وابطل الكفر

迷信 他破除 正教 他阐明 引导者 财富

ولجونا من الضلالة واصبنا الى الهداية الحمد

一切赞颂 正道 我们到达 迷路 从 我们投奔

لله الذي نجّينا من الشيطان والقوم الكافرين

不信道的 民众 和 恶魔 从 我们 他拯救 真主 归于

وروى ان حضرت مولانا الاعظم قدس الله سره

伟大的 我们毛拉

相传

قد سأل اصحابه وكيف اعتقدتموني وما عرفتموني

我 你们认识 怎样 我 你们诚信 如何 他的 弟子们 问了

والاصحاب سكتوا فمكث حينا ثم قال اعتقدوا

你们诚信 他说 然后 一会儿 他等待 沉默了 弟子们

اني استاذكم يلقنكم دين الله واسلام رسوله

他的使者的 伊斯俩目 真主的 教门 你们 他教导 你们的 师父 是 我

ولا تحقروا هذه الملاقات وما اعظم نصيبكم
你们的福分 真大！ 相遇 这个 你们小看 别

وانتم ما اعظم نصيبكم والمقدمون يشتاقون
他们渴望 前辈人 你们的福分 真大！ 确实

ملاقاتي ولا يمكنون فان زمانهم قد سبق
过去 已 他们的光阴 因为 他们能够 不 我 相遇

والمؤخرون يرجون ملاقاتي ولا يظفرون
他们得到 不 我 相遇 他们希望 后辈人

لان زمانهم قد تأخر وروى ان حضرت
相传 来晚 已 他们的光阴 因为

مولانا الاعظم قدس الله سره قال لاصحابه مشيرًا
指着 他的弟子们 对 说 伟大的 我们毛拉

مخفيًا الى حضرت مولانا رسالة كل محمد جوفي
菲 召 德默罕穆 力 孔 俩 洒 勒 我们毛拉 暗暗地

مقلب القلوب قدس الله سره واني كنت
曾 布鲁古 白里干穆

ان اردت ان اكتم في الجبل المعكر
深 山 里 我隐居 我想

ولا علمني احد من الجن والشيطان ولكن
但是 恶魔 精灵 从 一个人 我 知道 不

الله ورسوله ابى وانما خرجت بامر شيخي
我的导师 命令 奉 我 回 只好 不愿意 其 使者 及 真主

من الولاية الى الصينى لهذا الرجل الواحد

一个 人 这 为了 中国 到 耶俩維 从

وهذا الرجل لا يعلمه الآن ولا يُعلمه ايضاً

也 他 人知道 不 现在 他 他知道 不 人 这个

وان شاء الله تعالى بعد اثنى وثلثة سنة

年 三 两 之后 真主 意欲 如果

قد علمه وايضاً يُعلمه وروى ان حضرت

他 人知道 也 他 他知道

相传

مولانا الاعظم شاه وقاية الله قدس الله سره قال

说 拉屯耶 噶维 赫 沙 伟大的 我们毛拉

لاصحابه اذا خرجت من الولاية فبقلة تأخير

晚 稍 耶俩維 从 我返回 倘若 他的弟子们 对

قد مات كثير من المشتاقين بالعطشان

渴 因 渴望的人 许多 死亡

وروى انه كان بالفكيانى رجلٌ ابوه

他 父亲 一个人 羌伏 在 有

相传

مجذوب برؤية كتاب اشعة اللمعات

《昭元秘诀》 经典 看 因 是

布祖支麦

وقراءته فبعض الناس قال انه مجنون

疯子 他 说 人 有些 它 读 是

بشوق المال والدراهم والبعض بلقاء

渴见 因 有些人 银钱 钱 想 因

日復一日，它越來越張狂，傷害越來越強，以至於它的傷害蔓延到了各地……讚頌眞主，今天我們得到了財富——闡明正教、破除迷信的引導者，我們改邪歸正了。一切讚頌，全歸眞主，他使我們擺脫了惡魔及不通道的民衆。」

093相傳： 我們的偉大毛拉✿曾問他的弟子們：「你們是如何誠信我、認識我的？」弟子們沉默不語。過了一會兒，他說：「你們誠信我是你們的師父，我把眞主及其使者的教門教授給了你們。你們不要小看這種相遇，你們的福分眞大！確實，你們的福分眞大！前輩們渴望與我相遇，卻不能夠，因爲他們的光陰已經過去。後輩們希望與我相遇，但得不到，因爲他們的光陰尚未到來。」

094相傳： 我們的偉大毛拉✿暗指我們的毛拉——勒灑倆孔力．穆罕默德．召菲．目各裡白．古魯布說：「我原想隱居深山，神不知鬼不覺，但眞主及其使者不允許。我只好奉我的篩海之命從維倆耶回到中國，就爲了這個人。現如今，這個人他不知道他，人也不知道他。若主意欲，兩三年以後，他知道他了，人也知道他了。」

095相傳： 我們的偉大毛拉——沙赫．維尕葉屯拉✿對他的弟子們說：「倘若我從維倆耶回來得稍晚點，許多渴慕之人都會渴慕而死。」

096相傳： 伏羌有個人，他的父親因研讀《艾愼爾提．倆目阿提》[1]而成爲了麥支祖布。有些人說他是想錢想瘋了；有些人說他是因遇見鬼神而瘋的；還有些人說他是因愛戀（眞主）而瘋的。其實，他就是一個受到眞主提拔的僕人。他因此病及他那信仰混亂的妻子的打罵而歸眞了。

---

1 《艾愼爾提．倆目阿提》：（Ashiaat al Lamaat）伊斯蘭教蘇非派理論著作，作者：阿布杜勒哈瑪尼．賈米。明末舍起靈譯作《昭元祕訣》，有刻本傳世。或譯《光輝的射線》。

الجن والشيطان وقال البعض انه مجنون

(是)

疯子 他 有些人 说 恶魔 精灵

بالعشق والشوق الحق انه عبد مجذوب

(是)

受提拔的 似 他 真相 渴望(主) 爱(主) 因

لله ورجع الى الله بسبب هذه العلة وبضرب

打 因 病 这个 因为 真主(那里)到 他归回 真主 因为

امرأته معتقدة فسادة ثم يوما من الايام

有一天 然后 混乱 信仰的 他的 妻子 的

ذلك المولى قد اتى هذا البلد وهذا ابن المجذوب

布祖支麦 儿子 这个 地方 这个 来到 毛拉

قد سأله دينه واسلامه فقال يا مولى بحرمة

(向)

情面上 看在 毛拉 啊！ 他说 他的伊斯俩目 他的教门 他 乞求

ابي السابق ارحمني واشرني صراطك المستقيم

正 你的 道 我 你指示 我 你怜悯 先 我的父

فاذا وجهه المباركة احمر وقال نعم هذا الفخذ

大腿 这个 好 他说 发红 吉庆的 他的脸 忽然

اعتناقك فلقنه اسلامه وقال اذا خرجت

我回 借着 他说 他的伊斯俩目 他 他教导 你 抱

الى الصيني فبقلة تأخير كثير من المشتاقين

渴望的人 许多 晚 稍 中国 到

قدمات بالعطشان وروى ان حضرت

相传 渴 因 死亡

مولانا الاعظم قدس الله سره اذا خرج من الولاية

耶俩维 从 出徒 当 我们毛拉

المباركة الى الملك الصيني فكان مقيما الى

于 居住 他 中 国 吉庆的

البلد الخوجيووى وان في هذا البلد فقيرا

有

穷人 城 这座 里 州 河 城

مجنونا بسبب خسارة التجارة سائلا من باب

一个门 从 乞讨的 生意 亏本 因 疯癫的

الى باب وقال الجد العالم اللوائى قدس الله سره

都 阿訇 爷 说 一个门 到

ان حضرت مولانا الاعظم قدس الله سره قد اتى

来到 我们毛拉

بيت حبيبي العالم وهو ذو الحال ووجهه

他的脸 正处于修炼状态 他 阿訇 我的朋友 家

حمر شديد فجلس على سريره ونادى قد

他呼喊 他的床上 在 他 坐 通 红

كمل القمر وافطر الصوم مشيرا باصابع يديه

他的两手 手指 用 指着 斋喽 开 月亮 圆喽

وتيقن حبيبي ان هذه الليلة القدر واحالني

我 他让到 尔德盖 晚 这 我的朋友 坚信

الى السوق على سبب اشتراء البقل والفواكه

水果 和 菜 买 因为 街上

واذا جئت السوق رايت ان ذلك المجنون

疯子 那个 我看见 街上 我来到 当

ينادي ايضا ذلك الكلام بالله حدثت بنفسي

我自言自语 真主 凭以 话 那句 也 呼喊

كيف هذا الامر ورجعت سريعا الى البيت

家 匆忙 我返回 事 这件 是 怎么回事呢？

واخبرته حبيبي وذلك المجنون قد اتى

来了 疯子 那个 我的朋友 把 它 我告诉

من بعدي وحينا قد سائل ووقتا ينادي ذلك

那句 他呼喊 一会儿 他乞讨 一会儿 我之后 在

الكلام ثم ان حضرت مولانا الاعظم قدس الله

我们毛拉 然后 话

سره قد سألنا من المنادي في هذا الباب

门口 这个 在 呼喊者 是 谁？ 我们 问

وقلنا ذلك المجنون فقال فليدخل فان

因为 他进来 让 他说 疯子 那个 我们说

المجنون يطلب المجنون فجلس على

在 他坐 疯子 寻找 疯子

ركبتيه مطهرا ثوب فقيره وقلنسوته

他的 帽子 他的衣服 干净的 他的两膝盖上

في ساحته حينا وحينا في باب بيته ووقتا

一会儿 他的房 门 里 一会儿 一会儿 他的院子 里

有一天，毛拉來到了這個地方（指伏羌—譯註），這位麥支祖布的兒子向毛拉乞求教門功修，他說：「毛拉啊！求您看在我先父的情面上，您憐憫我、把您的正道指引給我！」突然，毛拉吉慶的臉面發紅了，說道：「好，你有這個大腿可抱。」毛拉給他傳授了自己的功修方式，並說：「倘若我返回中國稍晚點的話，許多渴慕之人都會渴慕而死。」

097相傳：我們的偉大毛拉✽從吉慶的維倆耶回到中國時，他居住在河州城。

河州城裡有個因生意虧本而瘋癲的窮人，沿門乞討度日。祁阿訇爺✽說：「毛拉✽來到了我的一個阿訇朋友家裡，毛拉正處於修煉狀態，滿臉通紅。他坐在我的朋友的床上，舉起兩手手指，呼喊：月亮圓嘍！開齋嘍！。」

我的朋友堅信，當晚是格德爾夜。他打發我到街上買蔬菜水果。

我到了街上，看到那個瘋子也喊著那句話（即月亮圓嘍，開齋嘍！—譯註）。以真主發誓！我自言自語，這是怎麼回事呢？於是，我匆忙回家，把這件事告訴我的朋友。那個瘋子尾隨而來，他時而向人乞討，時而呼喊那句話。

我們的毛拉問我：「門口呼喊者是何人?」我說：「那個瘋子，」他說：「讓他進來，瘋子在找瘋子呢！」那瘋子衣帽整潔，進來之後，他一會兒跪在院子裡；一會兒跪在毛拉的房門口；一會兒進了門，面向毛拉，跪在地上。

دخل بابه وجلس في ارض بيته متوجهًا الى حضرت

面向着 他的房间的 地上 在 他坐 他的门 他进了

مولانا الاعظم قدس الله سره فاذا عض بنصر يده

他的手 无名指 他咬 突然 我们毛拉

الايسر ومضغه وسال الدم ثم قام وتلى رافعًا

高声 他念 他站起来 然后 血 流出了 它 他嚼 左

ودائرًا في الارض شمس الضحى بدر الدجى

黑夜 圆月 上午 太阳 地上 在 转圈

نور الورى قاب قوسين او ادنى

更近 或 两弓 距离 宇宙 光辉

ثلث مرات فاقام ثلثة اصابعه الى حضرت

向着 他的手指 三个 他竖起 遍 三

مولانا الاعظم قدس الله سره فقال رافعًا صوته

声 高 他说 我们毛拉

حق است كذا كذا الى ثلث مرات فجلس

他坐 遍 三 直至 如此 如此 是的

على ركبتيه بين يديه واخذ الصلوة

提瓦俩素 他拿 他的 面前 在 他的两膝盖 上

وقبل راحته المباركة فخرج وقال حضرت

说 他出去 吉庆的 他的手掌 他来吻

مولانا الاعظم قدس الله سره اذا استطعتم

你们能够 如果 我们毛拉

فاعطوا هذا الحبيب ازار وپيراهن وشغلنا

我们赶忙 衬衫 外衣 朋友 这个 你们给

الامتثال امره واذا حصلنا المأموربه ووهبنا

我们送给 被命之物 我们获得 当 他的命令 服从

له وطلبناه في داره المعلومة فلم يكن فسألنا

我们问 他有 没 众所周知的 他的住房 在 他 我们找 他

المساكين معه فقال بعضهم قد انتقل وسألنا

我们问 他已搬家 他们中一些人 说 和他一起的 可怜人

متى هو فقال في فلان وقت بالله هذا الوقت

时间 这个 真主 誓以 时 某 在 他说 什么时候?

هو وقت خرج من بين يدي مولينا الاعظم

我们毛拉 面前 他出去的 时间 是

وسألنا اين هو فقال لا ادرينا ثم بعد نصف

半个 之后 然后 我知道 不 他说 他 在哪儿? 我们问

الشهر قد لقينا في السوق بعض الحادي

赶驼者 一个 街上 在 我 遇见 月

المتعارف وقال لنا ان ذلك المجنون

疯子 那个 我对 他说 相熟的

قد سلم عليكم ويشكركم لانعمكم

你们的恩惠 因 你们 感谢 并 你们 向 祝安

واثابكم وسألنا اين تلاقيه فقال

他说 他 你遇见 在哪里? 我 问 你们的衣服

في فلان اليوم وفلان الوقت على الجبل المشهور

著名的 山 上 时 某 日 某 在

بقُنْدِيُوعِ يُوَ السِيِنِيِنْفُوِى بالله ان هذا اليوم

天 这 真主 誓以 府 宁 西 坡儿纠官 以

والوقت هو ذالكما بعينهما فرجعنا متحيرًا

吃惊的 我回来 正 那天那时 时 与

ومتأسفا وسألنا حضرت مولانا الاعظم قدس الله

我们毛拉 我 问 遗憾的

سره كيف هذا الامر فقال لا لكم نصيبة

是

福分 你你 没有 他说 事 这件 怎么回事?

حسنة فانى امرتكم الاعطاء للتبرك وارادتى

我的意愿 沾吉 为了 送给(衣物) 你们 我命令 优美的

اعطاء ملبوسكم وتاخرتم تالله انه من

是

他 真主 誓以 你们拖延了 你你 穿着的 送给

حبيب الله ووليه وسألنا وما فعل الامس

昨天 他 干了 什么? 我 问 他的卧里 真主 的 朋友

بين يديك فقال انه شهد قبل عشرة سنة

年 十 前 他 知道 他说 您 面前 在

انى خرجت الى الصينى فانتظر ثلث سنة

年 三 他 等待 中国 我返回

ولم نخرج وقلت له حق است ثم كذا

如此 然后 是的 他 对 我说 我返回 没有

突然，他把自己左手無名指咬破了，血流了出來。他站起來，在地上轉著圈高聲念了三遍：「上午的太陽，黑夜的圓月，宇宙的光輝，兩弓的距離或更近。」念完向毛拉豎起了三根手指，毛拉也高聲說了三遍：「是的。」那瘋子跪在毛拉的面前，與毛拉拿了索倆瓦提，並親吻了毛拉吉慶的手掌，隨後就出去了。毛拉說：「你們有能力的話，給這位朋友給件外衣和襯衫。」

我們急忙遵命置辦。我們置辦好了衣衫拿去送給他，到他的屋裡找他時，他沒有在屋裡。我們向同他一起住的人打聽，他們中的一個人說：「他已經搬走了。」我們問：「什麼時候搬走的？」他說：「某時。」以眞主發誓！這個人說那瘋子搬走的時間正好是他從我們毛拉跟前出去的時間。我們又問：「他搬到哪裡去了？」他說：「不知道。」

半個月後，我在街上遇見了一個相識的趕駝人，他對我說：「那個瘋子帶賽倆目問候你們呢，感謝你們給予招待並贈予衣服」，我問：「你在哪裡遇見了他？」

他說：「某日某時，在著名的西寧府滾丟兒坡山上。」以眞主發誓！那天那時，正好是那瘋子相遇毛拉並從毛拉跟前出去的那天那時。我驚愕、遺憾地從街上回來，向毛拉請教：「這究竟是怎麼回事兒？」毛拉說：「你們沒有福分，我讓你們送給他衣服，是想讓你們沾吉。我的意思是，你們把身上穿的衣服脫下來送給他，然而你們卻遲遲不動。以眞主發誓！他是眞主的朋友、是眞主的臥里。」我問：「昨天他在您面前幹什麼呢？」毛拉說：「十年前他就知道我要返回中國，他等了三年，我沒有返回，我對他說：『是的』；他又等了三年，我沒有返回，我對他說：『是的』；他又等了三年，我還是沒有返回，我對他說：『是的』。因此，他念了三遍：『上午的太陽……』至結尾，並向我三次豎起三根手指。今天，我已返回了。他咬破手指，是爲了贖他年少時的罪及消除他的慚愧。」我問：「他現在去了哪裡？」毛拉說：「他去了吉慶的維倆耶。」「成就了目的和意願，純潔了時光與友誼。」

فكذا ولهذا قراء شمس الضحى الى آخره ثلث

三 尾 至 上午 太阳 他念 这个 因 如此

مرات واقام لنا ثلثة اصابعه ثم كذا كذا

如此 然后 他的 手指 三根 我 向 他竖起 遍

فكذا اليوم قد خرجت وعفر يده لكفارة

赎 为 他的手 他咬 我 返回了 今天 如此

معصية في صغره ورفع حيائه وسألنا الآن

目前 我 问 他的惭愧 消除 他小时候 在 他的 罪

اين ذهب فقال الى الولاية المباركة

吉庆的 耶梯维 (去了) 他说 他 去了 哪里

حصل القصد والمراد وصفا الوقت والوداد

友谊 与 时光 纯洁了 意愿 与 目的 成就了

وروى ان سير العلماء ريس الصلحاء شفيق

同情者 廉士 的 首领 学者 的 领袖 相传

الجهلاء مفتي الزمان محمد عبد الجليل قدس الله

力力哲 杜布阿 德默罕穆 当时 的 法官 愚昧之人 的

سره قال في غاية الشوق نظم

诗 渴慕 极点 时 说

فيا سيدي ويا سندي ، لولا ظهوركم في الصيني ،

中国 在 您 出现 若非 我的靠山 啊 我的领袖 啊

ولا اعتبر الجهلاء منا الداخل طبقتنا ، العالمون في الضلالة والكمراهي ،

歧途 迷误 学者 我们阶层 陷入 必定我们中愚昧无知者 被评论 不

وروى ان حضرت مولانا الاعظم في الصيف يوما للوضوء

做小净 因 有一天 夏季 在 我们毛拉 相传

قد خلع لباسه الكبير في بلدتنا ومس بطنه بيديه

他的两手 用 他的肚子 他摸 我们地方 在 大 他的衣 脱下

فنادى محتسبنا الثاني واخذ يده ووضعه

把它 他放在 他的手 他抓住 二 我们的乡老 他喊

على بطنه وقال له مَسًّا مَسًّا كان من الصيني

中国 从 摸 摸 他对 他说 他的肚子 上

الى الولاية ومن الولاية الى الصيني هٰذا الشيخ

是 筛海 这 中国 到 耶俩維 从 耶俩維 到

الكريم الآخر وروى عن محمد لوائي قدس الله

都 穆罕默德 由 相传 最后的 仁慈的

سره انه قال انا كنا في بلدة الخوجيو وى مع حضرت

同 州 河 城 在 我 他说

مولانا الاعظم قدس الله سره وقلة في ليلة الجمعة

麻主 晚上 在 少数人 和 我们毛拉

عاملين واذا تم العمل فحضرت مولانا قد

我们毛拉 里麦帝 圆满 当 干而麦里的

اطفاء المصباح فجلس على ركبتيه في وسطنا

我们中间 在 他的两膝盖 上 他坐 灯 熄

وعلم كل واحد منا سورة معينة وقال

他说 特定的 一章 我们中 一个 每 他教

فاقرؤا بلا مكث ولا وقف وتلونا القرآن
《古兰经》 我们诵读 停(地) 不 住(地) 不 你们读

على امره فوقتا قد ظهر البرق من فرج باب
门 缝 从 光 显露了 一会儿 他的命令 遵照

بيتنا ثم وقتا فوقتا قد زاد الى ان يظهر
它显出 直到 它增加 逐渐 然后 我们房间

من جوانبه ومن خوارجه قد حرك صوت
声 震动了 它的外面 从 它的各个角落 从

رجل خيل كثير ورأينا ان حضرت مولانا
我们毛拉 我们看到 许多 马 蹄

قدس الله سره قد وضع رأسه المباركة في
在 吉庆的 他的头 把 放

سجدة وتلا يا مصطفى خفية وبلا سرعة
快 不 低声地 法塔斯穆呀 他念 叩头

ولا علية والامر على هذا الى صبح كاذب
晨光熹微 直到 这样 按照 情况 高 不

ثم اوقد المصباح واظهر النعمة كلوا
你们吃 食物 他呈现 灯 他点着 然后

واشربوا فاكلنا كالصائمين في السحر
黎明之前 在 封斋的人 像 我们吃 你们 喝

فاذا فرغنا من صلوة الفجر والاوراد الشريفة
尊贵的 德拉奥 晨 礼拜 我们礼完 当

098相傳：學者的領袖、廉士的首領、愚昧之人的同情者、時代的法官——穆罕默德．阿布杜哲里里✤渴慕至極時曾吟詩一首：

啊，我的領袖！啊，我的靠山！

泱泱中國，若非您的出現，

我等學者階層必深陷迷誤，

愚昧無知者更不足為道！

099相傳：在我們那個地方，在夏季的一天，毛拉因洗小淨脫下了大衣。他雙手撫摸著自己的肚子，又喊來了二鄉老，抓住二鄉老的手放在他的肚子上，對二鄉老說：「摸，摸，從中國到維倆耶，從維倆耶到中國，這是最後一個仁慈的篩海。」

據穆罕默德．祁✤傳述：「在河州城，我同我們的毛拉和少數幾個人，在主麻的晚上幹爾麥里。爾麥里圓滿結束時，毛拉熄了燈，跪在我們的中間，教給我們每一個人（《古蘭經》中）特定的一章。

他說：「你們不停地讀。」我們就遵命誦讀。一會兒，一道光從門縫照射了進來，然後，光逐漸增多，以至於照亮了房間的各個角落。屋外傳來一片馬蹄聲。我們看到毛拉伏地叩頭，低聲且緩慢地念誦：「呀，穆斯塔法！」（啊，受選拔的人！）就這樣一直到天矇矇亮，他又點著燈，擺放上食物，（說）：「你們吃吧，喝吧。」我們像封齋的人那樣在黎明前吃喝了一頓。禮完晨禮拜，念完了尊貴的奧拉德[1]，我們問：「毛拉啊，今晚發生了什麼事？」毛拉說：「撒拉背鍋子阿訇施行邪術。」「真主不引導不忠者的詭計。」[2]

下面斜體（見頁234）是上述傳說的另一個版本：

相傳：穆罕默德．祁阿訇同少數幾個朋友和我們的毛拉——沙赫．維尕葉屯拉✤在主麻的晚上幹爾麥里。爾麥里結束後，毛拉熄了燈，教給我們每一個人（《古蘭經》中）特定的一章。毛拉跪在我們中間，對我們說：「你們不停地讀，你們當執行所受的命令。」正當我們在不停地誦讀時，突然，門縫及

1 奧拉德（اوراد）：本意為祈禱，ورد的複數。此處指哲赫忍耶派每日晨禮之後，集體念誦的贊辭。

2 《古蘭經》12:52

سالنا ای حضرت مولانا الاعظم وما امرهذه

我们问 哎 我们毛拉 是 什么？ 情况 这

الليلة فقال سحر آخون بر پشت دیگ سالاری

晚 施術那本 阿訇 背 锅 的 撒拉

انّ اللهَ لا يَهدِي كَيدَ الخائِنين

真主 不诱导 诡计 不忠者

ورو

ان محمد دانای لوائی

阿訇 穆罕默德 带

قدس الله سره مع قلة المحبين رضي

同 少数 朋友 喜悦

الله عنهم وحضرت مولينا الاعظم شاه وقاية الله قدس

真主 他们 和 我们毛拉 拉吉耶沙维耶 [illegible]

الله روحه العزيز في ليلة الجمعة عالموت وبعد ختم العمل حضرت مولينا

在 晚上 主麻 千佈麦里的 之后 结束 千佈麦里 我们毛拉

الاعظم قدس الله سره قد اطفاء نور المصباح وعلم كل واحد منا سورة معينة وجلس

伟大的 熄灭 光 灯 他教 每 我们一个 一章 特定的 他坐

مع احبتيه في وسطنا وقال لنا اتلوها بغير سكوت ولا وقف فافعلوا ما تؤمرون فبينما نحن

用 他的两膝盖 在 我们中间 他说 你们念它 对我们 不 停 中断 你们干 你们所受命的 正当 我们

كذلك اذ نفروج باب بيتنا وبنوانه بيدو نور مثل البرق ومن خارج البيت صوت قدم خيل واحد او قبلين

如此 忽然 我们房间的门缝 纷纷落落 出现 光 像 闪电 从 外面 房间 声音 马蹄 马 一匹 或 两匹马

ثم رفتنا فوقتنا قد زاد ذلك البرق ونشر صوت القدم كمثل الرعد ونظرنا ان حضرت مولانا الاعظم قدس الله روحه

然后 透过 增加 那个 光 强烈 声 马蹄 像 雷声 我们看到 我们毛拉

قد وضع راسه المباركة في سجدة وسمعنا انه قد ينادي يا مصطفى خفيفة بلا سرعة الى وقت قريب التعريس

放 他的头 吉庆的 在 叩头中 我们听见 他呼唤 穆斯塔法呀 轻轻地 不 快 直到 时候 临近 拂晓

فاذا عدم ذلك الاثر وثبت القدم فحضرت مولينا الاعظم قدس الله سره قد رفع راسه واوقد مصباحه

当 没有了 那个 现象 安静 马蹄声 我们毛拉 抬起了 他的头 点着 他的灯

واظهر بين يدينا مجلسته ونعمة الكريمة الآن فحضر هذا الوقت نأكل الطعام مثل الصائمين ثم ادينا صلوة

他呈现 在 我们面前 他的宴会 他的食物 丰盛的 在 这个 时候 我们吃 食物 像 封斋的人 我们然后 拜

الفجر بالجماعة واتممنا الاوراد الشريفة واذا فرغنا من هذه الصلوة الفريضة فسألنا مولانا الاعظم قدس الله سره

晨礼 同众 我们圆满 谜拉奥 尊贵的 我们做完 这个 拜功 主命的 我们问 我们毛拉

عن ذلك وقلنا وما امر الليلة يا حبيب الله فقال لنا هو سحر آخون در پشت دیگ سالاری

关于 那事 我们说 是 情况什么? 晚上 啊 真主的朋友 他说 对我们 施邪术 阿訇 背 锅 撒拉的

ان الله لا يهدي كيد الخائنين

真主 不 诱导 诡计 不忠者

تمت

上述传说的另一个版本

وروى ان محمد وتريا قدس الله سره قد ارسل حبيبه

他的朋友 委派 丁特邸 德默罕穆 相传

الواحد من مدرسته ده حرف پُوا الى حضرت

到 坡 字 十 他的学堂 从 一个

مولانا الاعظم فيوماً قد اضطرب في مدرسته

他的学堂里 在 他(坐立)不安 有一天 我们毛拉

اضطرابا وحر قلبه حرا وقال شوقا ان من

中 热情地 他说 心情烦燥

有

عباد الله تعالى عبد قد ياخذه بيده اذا غرق

淹没 当 他的手 用 他 他抓住 一个仆人 清高的 真主的 仆人

حبيبه في الماء وينجيه ثم وقتا قد دخل ذلك

那个 进来了 一会儿 然后 他 他搭救 水里 在 他的朋友

المرسل المغروق من باب مدرسته وسال

流 他的 学堂 门 从 被淹没的 受委派的人

给

الماء من جسده وسلم عليه وقال ان نهرنا

我们的河 他说 他 他说色兰 他的 身上 从 水

قد نبت انباتا عند سيري في وسط وجاء في

在 来 中间 到 我 行走 时候 已涨(水)

قلبي اني رجعت الى الله ولكني ادركت

感觉 我 但是 真主 到 我归回 此事 我的心里

在

وانا بين الماء وموجه كان رجلا قد اخذني بيده

他的手 用 我 抓住了 一个人 好像 浪 与 水 之间 我

وانجاني منه وظننت انك قد انجيتني منه فقهر

他呵止 我 搭救了 你 我猜想 我 他搭救

ولا تزعم فالله خير حافظا وهو ارحم الراحمين

最仁慈的 他 保护者 最好的 真主 你胡说 不要

وروى ان حضرت مولانا الاعظم قدس الله سره

我们毛拉 相传

قال لتي سيانذايه قدس الله سره الحزق

去 去 爷大相泰 对 说

دواما في الوضوء والطهارة وروى ان محمد

德默罕穆 相传 洁净 小净中 处在 经常

وتر يا قدس الله سره قد سار يوما من بيت محتسبه

他的一个乡老 家中 从 有一天 步行 丁特卧

الى مدرسته ومريده الواحد في تبعته وفي السماء

天空中 他 跟随着 一个 他的 徒弟 他的 学堂 到

سحاب مركوم فساله فانظر ان ذلك السحاب

云 那朵 你看 他 他问 积 云

ما اشبه فقال مثل الجبل الواحد وسال السحاب

云 他问 一座 山 像 他说 像 什么?

بعد ذلك ما مثله فقال ايضا وسال اذا اجمع

合并 假如 他问 也(像一座山) 他说 像 什么? 其 后 的

الجبلان فما هو فقال هو الخروج فقال محمد وتدي

丁特卧·德默罕穆 说 分离 它 他说 它 什么? 两座山

房間的各個角落出現了像閃電一樣的亮光，屋外傳來一匹馬或兩匹馬的蹄聲。然後，那些亮光愈來愈亮，馬蹄聲像雷聲一樣震動。我們看到毛拉伏地叩頭，聽見他輕輕地呼喚：「呀，穆斯塔法！」（啊，受選拔的人！）直到將近夜末時分。當那個現象消失了，馬蹄聲也安靜了的時候，毛拉才抬起頭來，點著了燈，把豐盛的食物擺放在我們的面前，此時，我們像封齋的人一樣吃起來。吃喝完畢，我們同衆禮了晨禮拜，念完了尊貴的奧拉德，完成了這項主命拜功時，我們問毛拉：「眞主的摯友啊，今晚發生了什麼事？」毛拉對我們說：「撒拉背鍋子阿訇施行邪術。」「眞主不引導不忠者的詭計。」

100相傳：穆罕默德．臥特丁✽委派他的一個朋友從十字坡學堂去了毛拉那兒。有一天，在學堂裡他坐立不安，心情煩躁。他忘情地說：「眞主有一個僕人，當他的朋友淹沒在水中時，他會用手抓住他，搭救他。」

不一會兒，那個溺水的、被委派的人從學堂的門中進來了，他的身上還滴著水。他向穆罕默德．臥特丁說了賽倆目，他說：「當我走到河中央的時候，河水暴漲，我心裡想，我要歸主了（即我要溺水而亡了—譯註）。當我在水浪中（掙紮）之際，感覺到好像有個人用手抓住了我，他搭救我倖免於難。我猜想，是您搭救我倖免於難的。」穆罕默德．臥特丁喝止他：「不要胡說！」「眞主是最好的保護者，他是最仁慈的。」[1]

101相傳：我們的毛拉對泰相大爺說：「去吧，去吧，常帶小淨，常守潔淨。」

102相傳：有一天，穆罕默德．臥特丁從他的一個鄉老家裡步行去學堂，他的一個徒弟跟著。當時天空有積雲，他問徒弟：「你看那朶雲像什麼？」徒弟回答：「像一座山。」他又問：「其後的那朶雲像什麼？」徒弟回答：「也像一座山。」他又問：「假如那兩座山合併在一起，那它是個什麼呢？」徒弟回答：「它就是分離。」

---

1 《古蘭經》12:64

قدس الله سره حواست وقال التابع لا دريت

我 知道 不 跟随的人 说 对

وما ارادته وفي اليوم الثاني قد جاءنا من اهله

他的家人中 从 我们跟前 来到 第二 天 在 他的 意思 是 什么?

رجل بزير ودعاه الامن بعد هذا الخروج لا جمع

聚会 没有 分离 这次 之后 他 把他叫回了 心直口快的 一个人

بيننا بئس ذلك اليوم فراقه بيني وبين استادي

我 师父 和 我 之间 它的 离别 天 那 真糟糕！ 我们之间

وروى ان محمد وتديا قدس الله سره قد سار

步行 丁特卧 德默罕穆 相传

يوما الى صحبة مولانا رساله كل مقلب القلوب

布鲁古 白克于穆力孔 俩 洒勒 我们毛拉 陪同 去 有一天

محمد جوفي قدس الله روحه اذا جلسوا في مكان

地方 在 他们坐 当 非召 德默罕穆

واحد فدخل الحبيب الواحد المتعارف من بابه

他的门 从 相熟的 一个 朋友 进来 一个

وقد اخذ عصاه ثم اشار الى جفر الارض بعصاه

他的拐杖用 地上 坑 他指 然后 他的拐杖 他拿了

ودفنه به المولى ساكت ومحمد وتدي باكي وحزين

难过的 是 哭泣的 丁特卧 德默罕穆 沉默 毛拉 它里在(坑) 把 它(拐杖) 他土埋

وقال الراوي لا درينا ما شانهم ومن بعد هذا

这 之后 他们的情况 是 什么？我 知道 不 传述人 说

حضرت محمد وتدى قدس الله سره قد رجع الى الله

主 归 丁特卧 德默罕穆

تعالى في نصف السنة اِنَّا لِلّٰهِ وَاِنَّا اِلَيْهِ رَاجِعُوْنَ

归 他 于 我们 真主 属于我们 年里 半 在

وروى ان اول المطيع في بلدة الفكياني عالم

阿訇 羌伏 城 里 归附者 第一个 相传

ثاني والكلامنه ولهذا قد بعد من استاديه

他的师父 他疏远了 此 因 他为因 全部人(小部分) 二

مبين العلم آخون ثم كان في قلبه مرض

病 他的心 里 有 然后 阿訇 知 明

بسبب اختلاف الاقوال في الاصحاب وقال الراوي

传述人 说 同学 之间 话语 矛盾 因为

اني سريت يوما الى قرب حضرت مولانا الاعظم

我们毛拉 跟前儿 有一天 我去

شاه وقاية الله قدس الله سره قال لنا ان العالم

阿訇 我对 他说 拉东耶噶维 赫沙

الثاني اخذته بقوتي وامكاني وقد مال عني

我 他偏离了 我的能够 我的力量 以 他 我拯治 二

وبعد باستطاعته وقوته ان شاء الله تعالى

真主 意欲 若 他的力量 他的能够 以 他远离

الاخذ والرؤية يهدي من يشاء الى صراط مستقيم بالله ما اكرم

他真仁慈！真主誓以 正 道 上 他意欲的人 他引导 关照 拯治

نقلاست که حضرت خواجه محمد محی الدین قلندری

尔达兰盖 丁印合穆 德默罕穆 卓和 传述

قدس الله سره میگفته اند که روزی من با یاران خود

自己 朋友 和我 有一天 说

در خانگاه حضرت خواجه ما شاه وقایة الله قدس

拉乞耶嘎雅 赫沙 我们 卓和 道堂 在

الله سره نشسته ام ناگاه حضرت خواجه ما بر آمدند

出现 我们卓和 忽然 坐

و در دست ایشان عصا بود پس ایشان طواف

他绕行 他 然后 有 拐杖 他 手 里

کرده اند بر حوالی ما سه بار و بر زمین سر عصا

拐杖 头 地 上 次 三 我们 周围 在

میزدند و گفتند پیش و برفته اند و بر ما مشکل

难题 我们 对 他去了 呼 他说 他打

است که چه کار باشد و حبیب ما محمد وتدی قدس

丁特卧 德默罕穆 我的 朋友 是 宅 事 什么? 此事

الله سره در میانست و بپرسند که در بلدهٔ پینلان

凉 平 城 里 他领悟 中间 在

مردی بود و ارادهٔ خواجه ما آنست که بر آنجا درسد

三纳 在 那里 是 我们 卓和的 意思 有 一个人

روز رسیدیم فذهبنا نستبق الخیرات

行善事 我们争先 我们就出发了 我们到达 天

他說：「對。」那個跟隨的徒弟說，我不知道他什麼意思。

第二天，他的一個心直口快的家人來叫他回家。「這次分離以後，我們之間再也沒有聚會。那一天眞糟糕！它使我與我師父生離死別了。」

103相傳: 有一天，穆罕默德．臥特丁✽步行去陪同我們的毛拉——勒灑倆孔力．目各裡白．古魯布．穆罕默德.召菲✽。他們在一起坐著的時候，一個相識的朋友拿著拐杖從門中進來了。他用拐杖指了指地上的坑，把拐杖埋在了坑裡。毛拉一言不發，穆罕默德．臥特丁則哭泣悲傷。傳述人說：我不知道他們什麼情況。這件事以後的半年之內，穆罕默德．臥特丁✽歸眞了。「我們由眞主掌管，我們必將歸於他。」[1]

104相傳: 伏羌城裡的第一個歸附者（即改宗哲赫忍耶者–譯註）是二阿訇，其他人都是因他（而歸附的）。因此，他疏遠了他的師父——明知阿訇[2]。後來，因爲同學之間的風言風語，他的心裡有病了（即他的心裡有了疑惑–譯註）。

傳述人說：「有一天，我到我們的毛拉——沙赫．維尕葉屯拉✽跟前，他對我說：『二阿訇，我盡我的能力提拔了他，但他已經偏離了我，且漸行漸遠。若主意欲，我還要再提拔、關照他』。」「把他所意欲的人引上端莊的道路。」[3]以眞主發誓，他眞仁慈！

105傳述: [4]和卓——穆罕默德．穆合印丁．蓋蘭達爾✽[5]說：「有一天，我和朋友們在我們的和卓——沙赫．維尕葉屯拉✽的道堂裡坐著。突然，我們和卓出現了，他手拄拐杖，圍著我們轉了三圈，把拐杖頭往地上一敲，說了一聲『呯』，他就出去走了。我們疑惑不解，是什麼事呢？我的朋友——穆罕默德．臥特丁✽也在其中，他悟出了在平涼城裡有個人，我們和卓的意思是

1 《古蘭經》2 : 156

2 مبين العلم آخون：疑是一個阿訇名字的轉譯。姑且譯為「明知阿訇」。存疑待考。

3 《古蘭經》2:213

4 此書前半至117頁基本用阿拉伯文寫成（但從25頁至45頁兼用波斯文和阿拉伯文，交替使用）。自117頁以後，則全部使用波斯文完成。當然這增加了難度，使得守密的目的更得以保證。當然，蘇非家門宦派的學者似乎偏愛波斯文，也像是一個原因。

5 馬明心的靈州大弟子。人稱「鴻樂府太爺」。

ودر روز دوم رنج سفر بر ما شدّه بود و آتش گرسنه

饥饿 之 火 加剧 我 对于 旅行 劳苦 第二 天 在

سوخته شود ونزدیکست که حبل السلوک بریده

断了 道路 绳子 差一点就… 燃烧了

قد عنی لی مرکب السیر المحوذ به ففی الفیافی من الملجا الملوذ به

投靠的 避难所 谁? 旷野 在 疾驰的 骑乘 我于对 无能为力

ناگاه در میان راه ابریق قهوه و دو نان وضع شود

放着 馍馍 两个 茶 一壶 路 中间 在 突然

بلا واضع ودانستیم که این رحمت شیخ ما است

我们 筛海 怜悯 (是)这 我 知道 放置者 没有

ویطعمنا ویسقینا وخوردیم ورسیدیم در سه روز

天 三 讷 我 到达了 我 吃了 我们 他给…喝 我们 他给…吃

نقل است که محمد قلندری قدس الله سره گفتند

说 尔达兰盖 德默罕穆 传述

که ما در بلدهٔ پینلانگ بتحصیل علمهای مشغول

我 从事 知识 学习 于 凉平 城 在 我

بودیم ناگاه شوق اللقای از باطنها ما سرزده

发生了 我的 内心 从 相见 渴望 忽然

وبرسوی حضرت خواجه ما قدس الله سره بشتافته ایم

我急忙回到 我们 卓和 身边

وبر ایشان سلام گفته ایم وبعد از جواب سلام ما

我的 色兰 回复 之后 我说 色兰 他 向

پرسیده اند در آن دار مردی بود یا نه وگفته ایم آری

是的! 我 说 没有? 还是 有 一个人 城市 那个 在 他 问

بود وفرموده اند مَن هُوَ وگفته ایم خطیب در آن

是

那里 布推海 我 说 他 何人? 他 问 有

مسجد زبر وپرسیده اند کیف هو وگفته ایم خوبتر است

很好 我 说 他 怎么样? 他 问 上 寺

وز ترس مادر خود نامده اند زیرا که مادر او را بجز وی

他 除过 他的 母亲 因为 他 来 没有 自己 母亲 担心 由于

مولود دیگر نیست وخواجه ما قدس الله سره میگفته اند

说 我们 卓和 没有 别的 孩子

که خلاف الوالدین لایجوز فی کل الامور الا الدین

教门 除过 事情 所有 在 允许 不 双亲 违背

فان اتیتم من بعد فارشدتموه باز ثانیا ما بایشان

他 带我 第二次 然后 他 你们 领上 此后 你们来 如果

بر جنب حضرت شیخ ما قدس الله سره میرفته ایم بر ایشان

他 向 去 我们 舒海 身边

سلام چون دیده اند ستوده اند که خوبتر است که بر وی را

他上 很好 他夸赞 他 看见 当 他说色兰

ذره عیب ونقصان نیست باز فرموده اند که

他 说 然后 没有 不足 缺点 一点儿

اگرچه شما پنبه بوده اید شوب صنعت کرده ایم

我 们 制成 布 棉花 是 你 如果

وچون بیرون کرده ایم از در کریم بعض دوستان

尼塔斯多 一些 高贵的 门 从 我们 出去 由

خُوَجیُووِی سلطان دایره وغیراو برما سلامت

色兰 我向 等 爷大 王 川河

میگویند وگفتند طوبی لک بالکفارة الامنیة و

保险的 赎罪 获得 你 恭喜 他们说 说

بشری لکم بالعاقبة الحمیدة فالشکر الشکر

谢谢 谢谢 值得赞扬的 结局 获得 你 恭喜

نقل است که حضرت خواجه شاه وقایة الله قدس الله

拉屯爷嘎推 赫沙 卓和 传述

سره میگفته اند انی کنت ان اردت ان ادخل

我进入 我曾想 说

فی الجبل المکدر واکتم نفسی ولا اعلمنی

我 知道 不 我 自己 我隐藏 深 山

احد من الجن والشیطان ولکن الله ابی

不愿意 真主 但是 魔 鬼 精灵 从 一个

ورسوله وانما خرجت بامر شیخ لفقدان

失去 因为 筛海 命令 奉 我回来 只好 其 使者 及

موسی وخضر علیهما السلام فی الصینی

中国 在 勒祖黑 和 萨穆

نقل است که حضرت خواجه ما قدس الله سره بعض

一些 我们 卓和 传述

三日之內我們要趕到那裡。於是，我們爭先恐後地出發了。

次日，我飽嘗了旅途的勞苦艱辛，饑腸轆轆，幾乎要半途而返了。『疾馳的坐騎，我已無力駕馭；茫茫四野，哪裡是可以投靠的避難所？』[1]突然，路中間放著一壺茶和兩個饢，而沒有放置的人。我明白了，這是我們的篩海的憐憫，他給予我吃喝的飲食。我吃喝（完繼續趕路），於三日之內到達了目的地。」

106傳述：穆罕默德 · 蓋蘭達爾✽說：「我在平涼城忙於學習。忽然間，我的內心渴盼（與我們的和卓）晤面。我急忙趕到了他的身邊，向他說了賽倆目。回復我的賽倆目之後，他問：『那座城裡有沒有那個人？』『有』我說。他問：『他是何人？』我說：『上寺的海推布[2]』。他又問：『他怎麼樣？』我說：『很好。』怕他的母親擔心，他沒有來。因爲他的母親只有他一個孩子。」我們的和卓✽說：「除了教門之外，一切事情皆不可違背雙親。如果你們再來時，就把他領來。」第二次去時，我把他帶到了我們的篩海✽身邊。他向我們的篩海說了賽倆目，當篩海看到他時，誇讚道：「很好，沒有一點兒瑕疵和不足。」又說：「如果你是棉花，我將把你織成布。」

我從高貴的門中出來時，河州的一些多斯塔尼（王大爺等人）向我說了賽倆目，並說：「祝賀你！獲得了有保障的贖罪；恭喜你！得到了可嘉的結局。謝謝啦，謝謝啦！」

107傳述：和卓——沙赫 · 維尕葉屯拉✽說：「我曾想避世絕俗，潛蹤匿跡，讓神不知鬼不覺，但眞主及其使者不願意。我只好奉篩海之命回來，因爲在中國失去了穆薩和黑祖勒。」

---

1 引自《穆罕麥斯》詩句。

2 海推布（خطيب）：意為：講演者，布道者。古代清真寺裡的教職之一，負責聚禮日念宣講詞的人。

دوستان را میگفته‌اند که کسی پینلاکنی حلوای دل است

心灵甜美的 涤平 那个人 ： 说 对 尼塔斯多

پس بایشان معاملات میکنید نقل است که یکروزی

有一天 传述 你们 交往 他 同

حضرت خواجه ما قدس الله سره فرموده اند که ما عجبت

奇怪 我 ： 说 我们 卓和

بر آنکه بر پینلاکن گلی برست و بعض دوستان

尼塔斯多 一些 长出 一朵花 梁平 上 那个 对

بر بالا میدیده اند گلی نباشد باز پیدا شد که بر سقف

房顶 上 显现 然后 没有 花儿 看 上面

هموار مدرسه مثال فردوس خواجه ما گلی برست

长出 花儿 我们 卓和 花园 像 学堂 平坦的

یکروزی این ناتوان بر صحبت خواجه ما رسالدکل

我们 卓和 陪伴 无能的 这个 有一天

محمد جوقی مقلب القلوب قدس الله سره میر سید واز

来 非召 德默罕穆

آن گلی میپرسید دوستی خود محمد حق رحمه الله

格罕 德默罕穆 自己 朋友 他询问 花儿 那个

وگفت راست ولیکن در زمان هرج میشکنند

是

被损坏了 动乱 光阴 在 但是 实情 他 说

اکنون اثر آن بود آنگاه رهنماید این ناتوان

把

无能的 这个 他领到 那时 存在 也的痕迹 如今

بآن مدرسه مثل فردوس و مینگرانند حق است
是 真的 他观看 花园 像 学堂 那个

و دوستی ما محمد حق رحمه الله گفت که صورت آن
那朵 形状 说 格罕 德默罕穆 我的 朋友

گلی و مقدار وی چون کلاه صیف چینی بود
中国人 夏天 凉帽 像 它的 尺寸 花

و ساحتش سپید بود و ظاهرش سبز و سپید
白色 和 绿色 它的 正面 白色的 它的 边沿

و باطنش سبز است نقل است که در زمان
时期 在 传述 绿色 它的 背面

ابتدا که در صحبت خواجه ما قدس الله سره بوده اند
他 我们 卓和 陪伴 那个 开始

خواجه ما رفته اند بر پیلانقوی از اجابت
答应 好 凉平 去 我们 卓和

دعوت حضرت خواجه ما رساله کل محمد جوخی مقلب
非召 德默罕穆 我们 卓和 邀请

القلوب قدس الله سره و خواجه ما با صحاب خود
自己 弟子 带着 我们 卓和

اقتدا کرده اند و خدمت کننده اند یکروز گذر راه
路过 一天 侍候的 跟随的

ایشان بر مکان که نام وی غور رباط است
是
店 底 它的 名字 那个 地方 他们

ودراین مکان اهل دین ودوستان بسیاراست

很多 尼塔斯多 和 有教门的人 地方 这个 在

وآنها ایشان همه آرزو میکرده اند اقامت حضرت

住 希望 全都 他们

خواجه ما وقایة الله قدس الله سره چند روز وگفتند

他们说 天 几 拉屯耶嗬维 我们 卓和

ای حضرت رحم بکن ورحمت نمائی باقامتها چند

几 多住 借 您怜悯 您 疼顾 提勒祖哈 哎

روز وحضرت خواجه ما تجویز کرده اند ولیکن

但是 准许 我们 卓和 天

برآنجا بعض مترف ذودره ومرتبة جاهل بخیل

吝啬的 无知的 势 钱 有 狂妄的人 一些 那里 在

بود خصوصًا براسب حضرت ما قدس الله سره

我们 提勒祖哈 为 对待 尤其 有

وعداوت کنند پنهان حضرت مولانا محمد جوقی

非古 穆罕默德 我们毛拉 暗暗地 他们敌对

قدس الله سره وتابعیهم ومکر کنند ودراینگاه

当 他们搞阴谋诡计 他的追随者

که عداوت ومکر ایشان از حد گذشت گفته اند

他说 超出 限度 他们的 诡计 敌对

که استقامت شما ودین شما همچنین است

这样的 你们 的 教门 你们 的 操守

108傳述：我們的和卓✽對一些多斯塔尼說：「平涼的那個人是心靈甜美的，以後你們和他交往。」

109傳述：有一天，我們的和卓✽說：「我好奇怪，平梁上長出了一朵花。」一些多斯塔尼向上面看，卻沒有花。而後，我們和卓的花園般的學堂的平坦屋頂上真的長出了花。

有一天，這個無能之輩（作者自謙—譯註）來陪伴我們的和卓——勒灑倆孔力．穆罕默德．召菲．目各立白古魯布✽。他向自己的朋友——穆罕默德．罕格✽詢問了那花的情況，他的朋友說：「情況屬實。但是，在動亂的年代被損壞了，它的痕跡還在。」當時，他領著這個無能之輩來到了那個花園般的學堂，他（作者）查看了，是真的。

我的朋友——穆罕默德．罕格（願真主慈憫他）說：「那朵花的形狀和大小就像中國人夏天戴的草帽一樣，它的邊沿是白色的，正面是綠白相間的，背面是綠色的。」

110傳述：在他（指穆罕默德．召菲—譯註）追隨我們的和卓✽（指沙赫維尕葉屯拉—譯註）初期，我們的和卓應他之邀，帶著隨侍的弟子去了平涼府。一天，他們路過一個名字叫底店子的地方，

這個地方有教門的人和多斯塔尼很多，他們全都希望我們的和卓——維尕葉屯拉✽住幾天，他們說：「哈祖勒提✽啊，您多住幾天，疼顧疼顧我們！憐憫憐憫我們！」我們的和卓答應了。但是，那裡有些有錢有勢、愚昧吝嗇的狂妄之徒，尤其是（他們虧待了）我們的哈祖勒提的馬。

他們敵對我們的毛拉——穆罕默德．召菲✽及其追隨者，並且暗中搞陰謀詭計。當他們過分敵對和搞陰謀詭計時，他（指維尕葉屯拉—譯註）說：「你們的教門操守就是這樣的？！」

واذا غضبوهم خواجه ما محمد جوفی را نکوهش میکرده اند

他们斥责 非召 德默罕穆 我们 卓和 他们憎恨 当

در نظر شاه وقایة الله قدس الله سره وگفتند نفس فلان

某 私心 他们说 拉克耶嘎雅 赫沙 眼前 在

کسی کلان تر است فلیذهب مع اصحابه ای

哎 他的同伴 和 他去 让 很大 人

حضرت اقامت کن فردا روز نتبرک وحضرت

提勒祖哈 我们沾吉 天 明 您 住 提勒祖哈

ما گفته اند انا مدعوهم لا مدعوکم ورفتن داعی

邀请者 离去 你们 被邀请的 不是 他们 被邀请的 我 说 我们

واقامت مدعو بی ادب است پس ما همه رفتیم

离去 全部 我们 然后 无礼貌的 是 被邀请的 住下

باز آن ناقصان جهلاء ایشان همه بر زانو نشستند

坐在 膝盖 上 全部 无知的 愚蠢的人 那些 然后

وگفتند غلط ایم وخطا ایم فَاعْفُ عَنَّا وَاغْفِرْ لَنَا وَارْحَمْنَا

我们你怜悯 我们你饶恕 我们 你原谅 我们 错了 我们 错了 他们说

نقل است که روز دیگر سفره پیش ایشان آورده اند

他们摆 他 面前 饭桌 隔天 传述

وحضرت خواجه ما وقایة الله قدس الله سره نخورده اند

吃 没有 拉克耶嘎雅 我们 卓和

وسوال گفتند که در کجا کاروان پیینلان رفته اند

去了 流年 客人 哪里？ 他 问

پس آن ناقصان جهلاء از سر اضطراری طلب کردند

寻找 迫不得已地 无知的 愚蠢的 那些 然后

و پرسند و دعوت کنند و گفته‌اند که خواجه ما

我们 卓和 他们 说 邀请 询问

وقایة الله قدس الله سره شما را دعوت کرده‌اند چون

叫 你 拉亥耶噶雅

حضرت ایشان خواجه ما محمد جوفی قدس الله سره دعوت

召唤 非召 穆罕默德 我们 卓和

شیخ وی شنود از امتثال آمده‌اند باز خواجه ما

我们 卓和 然后 他来了 顺服地 听到 他的 筛海

وقایة الله قدس الله سره از جای خود برخیزد و بدست

手 用 站起来 自己 位置 从 拉亥耶噶雅

خود اخذ کند و بر نزدیک ایشان را نشانیده‌اند و گفتند

他说 他让…坐 他 跟前 他 拉 以 自己

که ارادۀ ما پنهان کرده‌ایم در جبل مکرر و نمیدانانیم

我 知道 不 深 山 在 我 隐藏 我的 愿望

پری و ابلیسی ولیکن بامر شیخ پیری من بیرون کردم

我回 我的 老 筛海 命令 奉 但是 鬼 神

در چینی برای این مردی و بعض اصحاب ما تواند

能够 我的 弟子 一些 人 这个 为了 中国 到

اخذ و نتواند وضع و بعض تواند وضع و نتواند اخذ

拿起 能够 不 放下 能够 一些 放下 能够 不 拿起

وانما هو هذا الرجل خصوصا يمكن ان يأخذ ويمكن

能够 拿起 能够 惟独 人 这个 只有

ان يصنع واين مردی اكنون نداند ونيز ندانده شد

他被知道 不 也 他知道不 现在 人 这个 放下

ان شاء الله تعالی بعد از دو وسه ساله علمه وعلم ايضا

也 人知道他 他 他知道 年 三 两 之后 真主 意欲 若

نقل است كه حضرت خواجه ما رساله كل محمد جوفی

非召 穆默罕穆 我们 卓 和 传述

قدس الله سره در مبادی احوال كه در صحبت حضرت

追随 起初 在

خواجه ما شاه وقاية الله قدس الله سره بوده اند دوستانرا

庞塔斯多的 他 拉屯耶嘴维 赫沙 我们 卓 和

بنسبت ايشان حسد وغيرتی پيدا شد چراكه شيخ را

筛海 因为 显露了 忌妒 嫉妒 他 对

بخدمت خواجه ما محمد جوفی زيادة ميديده اند وآن

那些 增加了 非召 穆默罕穆 我们 卓 和 侍奉

حسداء همه در نظر شيخ ما خواجه ما رساله كل قدس

力弘 俩萨勒 我们 卓 和 我们 筛海 眼前 在 全部 嫉妒者

الله سره نكوهش كرده اند وبعضی احوال ايشان را

他 的 情况 一些 斥责

برتباه حمل كردند وگفتند كه فلان كسی شاءن وی

他 的 情况 人 某 他们说 他们 看成 视作 堕落的

當他們惱恨我們的和卓——穆罕默德．召菲時，他們竟然當著沙赫．維尕葉屯拉✽的面斥責他，他們說：「某人的私心很大，讓他和他的同伴去吧。哈祖勒提啊，您住到明天，我們沾個吉。」我們的哈祖勒提說：「我是他們請來的，不是你們請來的。邀請者離去了，受邀人住下是不禮貌的。」於是，我們全部離去了。那些無知的蠢貨全都跪下說：「我們錯了，我們錯了！你原諒我們吧，你饒恕我們吧，你憐憫我們吧。」[1]

111傳述：隔天，他們招待我們的和卓——維尕葉屯拉✽吃飯，但是他不吃。他問：「平涼的客人去哪裡了？」

那些無知的蠢貨迫不得已地去尋找，他們打聽到了，請他說：「我們的和卓——維尕葉屯拉✽叫你呢。」我們的和卓——穆罕默德．召菲一聽是他的篩海叫自己，就遵命而來。我們的和卓——維尕葉屯拉✽從自己的位置上站了起來，親手拉著他，讓他坐在了自己跟前，並說：「我原想潛隱於深山，讓神不知鬼不覺。但是，奉我的老篩海之命我回到了中國，就是爲了這個人。我的有些弟子能拿得起卻放不下，有些弟子能放得下卻拿不起。惟獨這個人，他能拿得起放得下。這個人現在他不知道他，人也不知道他。若主意欲，兩三年之後，他知道他了，人也知道他了。」

112傳述：我們的和卓——勒灑倆孔力．穆罕默德．召菲✽在追隨沙赫．維尕葉屯拉✽的初期，有些多斯塔尼對他顯露出了妒忌。因爲他侍奉篩海兢兢業業。那些嫉妒者竟然當著我們的篩海的面斥責我們的和卓——勒灑倆孔力✽，並把他的一些情況看作是墮落的。他們說：「某人是一個墮落的人，以後你們不要和他交往。」

1 《古蘭經》2：286

تباه است پس با ایشان معاملات مکنید وشیخ ما در آن

那个 在 我们 筛海 你们不要 交往 他 同 以后 堕落的

مجلس جوابی نداده اند تا حسد وغیرتی ایشان را

他们的 忌妒 嫉妒 以至于 没给 答复 场合

زاید وبجان رسد وجمعیتی را قساوة قلب وسیاه دل

是

黑心肠 狠心 一部分人 忍无可忍 增加的

狠毒 无情

پیدا شد روزی بعد از فراغ از نماز پیشین حضرت

晌向礼 拜 礼完 后 有一天 显露了

شیخ ما شاه وقایة الله قدس الله سره بر سده خلوتگاه

的 静房 门槛 上 拉走耶噶维 赫沙 我们 筛海

ایشان را ستاده اند وتوجه باصحاب خود میکردند

他 自己 的 弟子们 面向 站在 他

وپرسیده اند که شما در حق ما چه گفته اید وچگونه

怎样? 你们 说 什么? 我 关于 你们 他 问

اعتقاد میکنید ودر آنجا ایشان همه خاموش کرده اند

不作声 全部 他们 那里 在 你们 诚信

وبر زانو نشستند باز حضرت شیخ ما گفته اند

说 我们 筛海 然后 他们坐在 膝盖 上

بدرستی وراستی که ما استاد شما بودم که تلقین

是

教授 你们的 师父 我 确实

دین خدا واسلام مصطفی بر شما میکنند وهر کجا که مریدان

穆勒德 无论哪里 他 你们 给 法塔斯穆 伊斯俩目 真主的 教门

بوده اند بر آنجا مرشد بوده اند گرچه برکرانه آسمان بود

他 天 边界 在 纵然 存在 德师勒穆 那里 在 存在

و در این وقت آن سرور حسداء روان ریش یک پای

脚 一只 胡子 到 嫉妒者们 的 头目 时候 这个 在

ایستد و یک پای نشست و خندید و حضرت شیخ ما

我们 筛海 他 笑了 坐下 脚 一只 站起

قهر انگیزد و گفته اند که اگر کار چنانست که گفته اید

是

你 说 的 那样的 事情 如果 他 说 愤怒了

کجا رفتم و توانم اعطا کرد بر شما نتوانم اخذ کرد

取回 我能够 予 吗？ 你们 给予 我 能够 我去 哪里？

از شما پس آن کسی بر دو زانو نشستند آنگاه

那时 坐在 膝 双 上 人 那个 然后 你们在 从

حضرت خواجه ما رساله کل محمد جوفی مقلب القلوب

非召 德默罕穆 我们 卓 和

قدس الله سره طلبیده اند و پرسیده اند که کجا خطیب

布推海 在哪里？ 他 问 他 寻找

پینلانْقُووِیّ و در آن مجمع بایشان روی کردند

他 面向 他 集合地点 那个 在 凉平

(远方太爷) (不读太爷)

روی گشاده و گفته اند خندیده که فلان جماعتی

坊 某 笑着 他 说 高兴的

مرا دعوت کردند و نرفته در جای ماء مور

受命的 地方 他去 没有 邀请 我

سبحان الله ما اعظم همته نقل است كه

赞美 真主 真大！ 他的志向 传述

روزى شيخ ما وقاية الله قدس الله سره گفته اند كه لو كان

有~天 筛海 我们 拔古耶嗎维 说 ： 假如

فى تلقاء اليمين قدر قدم البقر صفصفا الا لقيت

在 边 南 大小 蹄子 牛 平地 一块 我播撒

هذه الحبة فيه لسعة الماء وكثرة الحطب

这粒 种子 在 它里 因为 充足 水 多 草

ولكن لم يكن فالقيت فى تلقاء الشمال

但是 没 它有 所以 我播撒 在 边 北

نقل است كه حضرت شيخ ما قدس الله سره روزى

传述 筛海 我们 有~天

توجه باصحاب خود كرده اند وگفته اند كه درين

面向 弟子们 自己 说 他 在 这个

زمان مردى بيرون كرد از عالم وحقيقت دانست

光阴 一个人 出 世界 真乘 他知道

وحقيقت يافت وليكن تلقين نكند زيرا كه نميشايد

真乘 他得到 但是 传授 他不 因为 不 适合

نشستند دو شاه بر يك مقعد نقل ميكنند كه گفته اند

坐在 二个 君王 大 一个 座椅 播传 说 他

اين كلام مبارك همه از آن وقت كه حضرت خواجه ما

这些 话 吉庆的 全部 从 那个 时候 卓和 我们

在那種場合，我們的篩海未置可否，致使他們的妒忌變本加厲。他們的妒忌到了讓人忍無可忍的地步，一些人已顯露出了內心的狠毒無情。有一天，禮完晌禮拜，我們的篩海——沙赫．維尕葉屯拉✽站在他的靜房的門檻上，面向衆弟子，問道：「關於我，你們說什麼？你們怎樣誠信？」弟子們全都一言不發，默默地跪著。我們的篩海說：「確實，我是你們的師父，我把眞主及其使者的教門傳授給了你們。無論哪裡，有穆勒德就有穆勒師德，縱然在天邊也罷。」

當時，嫉妒者的頭目——劉鬍子一條腿立著一條腿跪著笑了，我們的篩海怒氣沖沖地說：「如果事情如你（指劉鬍子—譯註）所說的那樣，我去哪裡呢？我能給予你們，難道我不能從你們上取回？！」那個劉鬍子雙膝跪下了。當時，他（指沙赫維尕葉屯拉—譯註）尋找我們的和卓——勒灑倆孔力．穆罕默德．召菲．目各立白古魯布✽，問：「平涼的海推布在哪裡？」在大庭廣衆之下，他高興地面向他，笑盈盈地說：「某坊民邀請我（念毛路德），（你代替我去吧）」他沒有去那個指定的地方。贊主清淨，他的志向眞遠大！

113傳述：有一天，我們的篩海——維尕葉屯拉✽說：「假如在南邊有牛蹄子大小的一塊平地，我一定會把這粒種子播撒在那裡，因爲那裡水草豐足。但是沒有。所以，我把它播撒在了北邊。」

114傳述：有一天，我們的篩海✽面向自己的衆弟子，說：「在這個光陰裡，一個人出世了，他懂得哈給蓋提[1]，他也得到了哈給蓋提。但是，他不傳授。因爲兩個君王坐在一個寶座上不合適。」

115據傳：從我們的和卓——勒灑倆孔力．穆罕默德．召菲．目各立白古魯布✽進入水泉的那時起，他（指維尕葉屯拉—譯註）說了這番神聖的話。穆罕默德．召菲進入水泉的事是很著名的。

---

1 哈給蓋提（حقيقة）：蘇非修行中所經歷的「三乘」中的第三個階段，稱作「真乘或至道」。就是由道乘至真乘，進一步去揭開人的更深層幔帳，使人的命（靈魂）顯現出來。這時己主已經不分，完全融合貫通了，達到了最高精神境界。

رساله کل محمد جوفی مقلب القلوب قدس الله سره در

非 召 德默罕穆

عین دخول کرده اند چنانکه مشهور است

它 是 著名的 正如…那样 进入 水泉

نقل است که یکروز حضرت شیخ شاه وقایة الله

拉也耶嘎维 赫沙 筛海 一天 传述

قدس الله سره میگفته اند که از مشایخان شیخ مثل ما

我 像 的 筛海 一切筛海 中 ： 说

نبود زیراکه از ایشان تربیت کرده دو قطب زمان

的 首领 二个 调养者 他们 中 因为 没有
光阴

بیک دست نبود وما دو قطب زمان تربیت کرده ایم

调养了 的 首领 二个 我 没有 手 一 用
光阴

بدست خود وظاهر بیرون کردند ومتوقف زمان توقف کنند

还在等待 光阴 等待者 已出现 明显的 自己 手 用

نقل است که یاران درآن چشمه مبارکه هفت است

是
七个 神圣的 泉子 那个 在 朋友们 传述

ودوستی ما محمد حق رحمه الله از آن جمله است

在其中(包括) 格罕 德默罕穆 我的 朋友

وپرسیدم روزی از آن شاءن اعظم وگفتند که

他说 伟大的 事情 那件 有一天 我询问

آن زمان در مدرسه آب سپید بوده ایم ودرآن شب

晚 那 在 我 白 水 学堂里 在 时 那

تحسبیم تا در وقت صبح کاذب چون بآبدست

(洗)小净 手 当 天蒙蒙 亮 的 时候 在 直到 我枕上枕头 (我躺下睡了)

میشتافته ایم شنودم که حضرت خواجه ما

我们 卓 和 我 听到 我忙

رساله کل قدس الله سره در ساحت دیگر باآواز بلند

高 声 地 另一个 院子 在 力孔 俩洒勒

گفته اند ما سعیت ومن ارادک وسمعت

我 听到 你 需要 谁? 你 忙 什么?: 说

ان استادی حضرت محمد وتدی قدس الله سره

丁特卧 德默罕穆 我 师父

حاجت کنند وگفتند رحیم بکن رحمت نمائی

您 怜悯 您 照顾 他 说 央求

زیرا که آمد چون آبدست تمام کردم همه غائب بوده

看不见了 所有人 我 洗完 小净 当 他来了 因为

اند واذا خرجت من المدرسة واقتدا کردم

我 跟随 学堂 从 我出去 当

بابعض مؤدیان بحضرت خواجه ما رساله کل

力孔 俩洒勒 我们 卓 和 礼拜的人 一些 同…一起

قدس الله سره گفته اند لا تأتوا زیرا که هرکه آمد

他来的 每一个人 因为 你们来 别: 他 说

استاد لنگ او را بسنگ شکستم آنگاه اقامت کردند

是

他们 站住了 当时 我 打坏 石头 他的 腿 师父

واقتدا كردم فردًا حتى ادخل في ذلك العين

泉子 那个 我进入 直到 一个人 我 跟随

المباركة بغتة ولم ندر كيف ادخل

我进入 怎么 我知道 不 突然 神圣的

وديدم كه استاد ما كريم بر پشت خفته بود در آن

那个 在 睡 脊背 上 仁慈的 我 师父 我看见

چشمه مبارك والعين تموج كالجبال وماءه

它的水 山 像 波涛汹涌 泉水 神圣的 水泉

ابيض من اللبن وخواجه ما رساله كل قدس الله

力孔俩洒勤 我们 卓禾 奶 比 更白

سره در دهان استاد ما بغرفة ريختند بى حد ولا

无数的 灌进 捧水 我 师父 口 里

حساب وگفتند كه شما تشنگانى پس شربت كن

你 喝 口渴 你 ： 他说

فشرب ثم اخذ اغترف واخذ شرب بالله

真主 凭以 喝 他开始 捧 他开始 然后 他喝了

فلعل حقيقت شربنا ليلة الجمعة روى ظهور مييابد

得到 露 面 "主麻 夜晚 我们痛饮" 的 真相 也许

ومنعني عن الحاجت علة البرد في بطني ولكن

但是 我的胃 寒 病 需求 我 阻止

بحمد الله تعالى وجدت في ذلك الزمان ما لم ينظر الآخر.

别人 看见的 没有 时 那 在 我得到了 真主 赞颂

116傳述：一天，沙赫．維尕葉屯拉✽說：「一切篩海中，沒有像我一樣的篩海。因爲他們中沒有一個人一手培養兩個光陰的領袖。而我，則親手培養了兩個光陰的領袖[1]。一個已經出世，一個還在等待著光陰。」

117傳述：進入那神聖之泉的朋友是七個。我（指作者—譯註）的朋友穆罕默德．罕格（願眞主慈憫他）是其中之一。

有一天，我（向他）詢問那個重大事件，他說：「那時候，我（住）在白水的學堂裡。那天晚上，我已安枕而臥。天朦朦亮的時候，我忙著去洗小淨。我聽到我們的和卓——勒灑倆孔力✽在另一個院子裡高聲說：『你忙什麼呀？誰需要你呀？』我聽見我師父——穆罕默德．臥特丁央求說：『您疼顧疼顧吧，您憐憫憐憫吧，他都已經來了。』

我洗完小淨時，已看不到一個人了。我走出學堂，和一些來禮拜的人跟上了我們的和卓——勒灑倆孔力✽，他說：『你們不要來！因爲來的每一個人都是老師。（誰要是來），我拿石頭打折他的腿呢！』當時，他們都站住了。我一個人跟上了，直到我突然進入了那神聖之泉。我不知道我是怎麼進去的。我看到我師父在那神聖之泉裡仰躺著，泉水山巒一般波濤洶湧，其水色白勝奶。我們的和卓——勒灑倆孔力✽不停地捧水向我師父的口裡灌，並說，你渴了，你喝吧！我師父就喝了。和卓不停地捧灌，我師父就不停地喝。以眞主發誓！『主麻之夜，我們痛飲……』的眞相顯露了。我的胃寒病阻止了我（對那泉水）的需求。但是，感贊眞主，那時候我得到了別人得不到的（恩惠）。」

---

1 「親手培養了兩個當代的領袖」和「教門有穆罕默德 · 者倆力掌管」:是關裡爺對導師馬明心「一手安排兩代繼承人」的記錄。穆罕默德 · 者倆力（محمد جلال），即哲赫忍耶派第三代導師馬達天。同時認真記下了他的墓所位置，以及逝世日期。關裡爺此書的重要價值，在於他親筆描繪了蘇非主義先驅馬明心「移權外姓、規避世襲」的作為。他親自選擇、信任，並把教權交給了哲赫忍耶派的第二代導師穆憲章和第三代導師馬達天，他的舉措，造成了哲赫忍耶派的「兩姓三家」（階州馬，平涼穆，靈州馬）。同時，這一記載也是《熱什哈爾》成書時間的依據。

نقل است که بعد از بیرون از آن چشمه مبارکه حضرت
神圣的 泉子 那个 从 出来 之后 传述

خواجه ما از تن خود جامه بگل و آب آلوده خلع کردند
脱下 污秽的 水 和 泥 以 衣服 自己 身上 从 我们 卓 和

و داده اند استاد ما محمد وتدی قدس الله سره و گفتند
他 说 丁特卧 德默罕穆 我 师父 他 递给了

اعطاء کردی خواجه شیخ ما وقایة الله قدس الله سره
拉乇耶嘎维 我们 筛海 你 送给

و گوئی که این جامه شاه نپوشیدم چون برسد بر آن
那里 他到达 当 我 穿 不 君王的 衣服 这件 你说

حضرت خواجه شیخ ما ایشان از مسجد بو کرده اند بعد از
之后 干(尔麦里) 手里 在 他 我们 筛海

فراغ کرد از ادای نماز پیشین استاد ما بر زمین خلوتگاه
静房 地 我 师父 晌礼 拜 礼 从 闲暇

ایشان بوسه کردند و بر زانو نشستند و اسرار گفتند که
他说 机密 他 坐 膝盖 上 亲吻 他

کسی نشنود و داده آن جامه اعظم و اشرف و نهادند
他 放 高贵的 伟大的 衣服 那件 他交给… 听不懂 任何人

در صندوق وی نقل است که حضرت شیخ ما وقایة
乇耶嘎维 我们 筛海 传述 他 的 箱子里 在

الله قدس الله روحه العزیز ولو کانت الفتنة کبیرة
是 重大的 灾难 即使 拉

ولکن لا تضر فکشفنا عنه غطاء نقل است که

传述 罩子 他上 由 我揭开 它不伤害 但是

محمد حق رحمه الله گفت که چون بیرون کنیم

我们 出来 当 说 格罕 德默罕穆

از آن چشمه اشرف و اعظم استاد من محمد وتدی

丁特卧 德默罕穆 我 师父 伟大的 高贵的 泉子 那个 从

قدس الله سره از بالا آن چشمه شریف باخذ کردن

拉着 尊贵的 泉子 那个 上面 从

حضرت خواجه ما رساله کال قدس الله سره بیرون کرد

出来 力孔 俩 洒 勒 我们 卓 和

و ما همه از دهان چشمه شریف بخود کردیم

(出来) 自己 尊贵的 泉 眼 从 全部 我们

نقل است که بعد از بیرون کرد حضرت خواجه ما

我们 卓 和 出来 之后 传述

قدس الله سره بر خانه نشسته بود و چراغ و شمع

蜡烛 和 灯 坐在 房里

منور شد و در این وقت حضرت خواجه ما

是

我们 卓 和 时候 这个 在 明亮的

میگفتند که هر که از شما که پروانه بود خوبتر بود

是

是 最好的 他 扑灯蛾 你们中 从 无论谁 说

چند وقت گذشت و کسی نبود و در اینجا آن

里这 在 没有 任何人 过去了 时间 若干

حضرت خواجه ما قهر انگیختند و گفتند که

： 他说 生气了 我们 卓和

از شما کسی که استواء کرد عورت و ذکر محمد

德默罕穆 生殖器 下体 他与⋯相等 的 一个人 你们中 从

وتدی نبود اتمیتون انسانا تحرقا وانتم تبصرون

看着 你们 烧 一个人 你们让死 难道 没有 丁特卧

باز آن دوستی خُواعقیوُیّ رحمه الله انگیزد

站起 淘儿花 提斯多 那个 然后

واطفاء کرد آن چراغ وازاین یافته مقصودها

一切目的 他得到 因此 灯 那个 他 熄了

که دیگران نیافتند سبحان الله ما اعظم

真伟大！ 真主 赞颂 得到 没有 别人 的

شأن محمد وتدی قدس الله سره واعلی مرتبته

他的品级 真高尚！ 丁特卧 德默罕穆 地位

فانه صاحب مطلق لذلک العین الشریف ومالکه

它的管理者 尊贵的 泉子 那个 绝对的 拥有者（进入者） 他 因为

نقل است که حضرت خواجه ما رساله کل

力孔 俩酒勒 我们 卓和 传述

قدس الله سره گفته اند که تَیسیاَنْداَیه چند

几个 爷大相 泰 ： 说

حروف از فاتحه یافتند وظهور کرد کمال الترش

他 更完美 他显示 得到 哈提法 从 字母

118傳述：從那神聖之泉出來之後，我們的和卓從身上脫下沾滿泥水的衣服，遞給我師父——穆罕默德．臥特丁✽，說：「你（把這件衣服）送給我們的篩海——維尕葉屯拉✽，並轉告他：『這件君王的衣服，我不穿。』穆罕默德．臥特丁到達我們的篩海那裡時，他老人家禮完晌禮拜在寺裡幹（爾麥里）。我師父親吻了他老人家靜房的地面，跪下說了一些誰也聽不懂的機密。他把那件珍貴的衣服交付給了（我們的篩海），他就把它放在了箱子裡。

119傳述：我們的篩海——維尕葉屯拉✽（說）：「即使災難重大，它也構不成傷害，因爲我已由他（指穆罕默德．召菲—譯註）上揭起了（災難的）帷幕。」

120傳述：穆罕默德．罕格（願眞主慈憫他）說：「我們從那高貴之泉出來時，我的師父——穆罕默德．臥特丁✽從那泉子的上面拉著我們的和卓——勒灑倆孔力✽出來。我們全都自己從泉出來。」

121傳述：從泉中出來之後，我們的和卓✽坐在屋裡，屋裡燈燭輝煌。當時，我們的和卓說：「你們中無論誰，做個撲燈蛾是最好的。」若干時間過去了，沒有一個人（領會這句話的意思）。

這時，我們的和卓生氣地說：「你們中沒有一個人能抵得上穆罕默德．臥特丁的下體。難道你們眼睜睜地看著讓一個人燒死嗎？」說完，花兒溝的那位多斯提站起來把燈熄滅了。他因此而得到了別人得不到的諸多目的。讚頌眞主，穆罕默德．臥特丁✽的地位和品級眞崇高！因爲他絕對是那高貴之泉的進入者和管理者。

ز حضرت خواجه ما وقایة الله قدس الله سره

拉屯耶嘻维 我们 卓和 此

وتکبر کرد برایشانرا اکنون همه حروفها

字母 全部 现在 他 对 他傲慢

در فاتحه جمیعا کمال کرده ایم الحمد لله

真主 归于 赞颂 我完整(得到) 统统地 哈提法 里

الذی اذهب عنا الحزن نقل است که

传述 忧愁 我们让由 他消除

بعد از آن در خانگاه شیخ حضرت ما قدس الله

我们 筛海 的 道堂里 在 那 之后

سره حضرت محمد قلندری بر خواجه ما رساله

俩洒勒 我们 卓和 尔达兰盖 穆罕默德

کل قدس الله سرهما پرسیده اند ومن نیز درمیان بودم

其中 在 也 我 问 力乱

کیف حالک در آن چشمه مبارک وخواجه ما گفته اند

是

说 我们 卓和 神圣的 泉子 那个 在 您的情况 怎样的?

که در آن چشمه بودیم وآبش سپید تر از لبن

奶 比 更白 它的水 我 泉子里 那个 在 :

بود وموجش همچون کوه بود وبالاوی بنفس

气 以 它的 上面 山 像 它的 浪

سپید پوشیده بود ودر آنجا حقیقت اشیاء وجسمانی

形体 一切事物 的 真相 那里 在 被覆盖的 白

ایشان مرئی ما است وجسمانی ابو بکر امّی آخون

訇阿 米吾 尔克白 布艾 的 形体 我们可见的 他们

سید شهبازی است ودیدم که حضرت شیخ ما

我们 筛海 我看到 鹰 白

قدس الله سره برساحل آن چشمه ایستد وما را اخذ کردند

他拉 我 站 泉子 那个 边 在

بدست خود از جنب بالاتر آن چشمه مبارکه

神圣的 泉子 那个 最上 边 从 自己 的 手 用

وحبیب ما محمد حق رحمه الله گفته که بعد از این

这 之后 说 格罕 德默罕穆 我的 朋友

خسبیم وندانم ونیز گفت که حضرت شیخ ما

我们 筛海 ： 他说 还 我不知道 我躺下休息

قدس الله سره گفت بعد از گذشتن آن حال هرکه

无论谁 ： 状态 那个 消逝 之后 说

از شما که اقبال کرد در آن وقت ای قول ما

我的 一句话 任何 时 那 在 他领受 你们中 从

یافت آن شأن وآن دوستی خُوَاعِقیُوّی

沟儿花 提斯多 那个 地位 那个 他得到

بیک اطفاء چراغ مرتبهٔ قربت یافت بالله

真主 誓以 得到了 接近主 的 品级 灯 熄 一个 以

تالله آن لیلة الجمعة وکانت لیلة القدر

是 是

尔德盖 夜晚 麻主 的 夜晚 那 真主 誓以

122傳述：我們的和卓——勒灑倆．孔力✽說：「泰相大爺得到了開端章[1]中的幾個字母，他顯得比我們的和卓——維尕葉屯拉✽更完美，還對他輕狂傲慢。現在，開端章裡所有字母我統統地完整得到了。讚頌歸於眞主，是他消除了我們的憂愁。」

123傳述：在那之後，在我們的篩海✽的道堂裡，穆罕默德．蓋蘭達爾✽問我們的和卓——勒灑倆．孔力✽——我也在其中——：「在那神聖之泉裡，您的情況是怎樣的？」我們的和卓說：「我在那泉子裡，其水色白勝奶，浪如山巒，泉子上面霧氣彌漫。在那裡，一切事物的眞相及其形體都清晰可見。艾布白克爾．吾米阿旬的形體是一隻白鷹。我看到我們的篩海✽站在那泉邊，他從那神聖之泉的最上邊親手拉我。」我的朋友——穆罕默德．罕格（願眞主慈憫他）說：「這之後，我躺下休息了，就什麼也不知道了。」他還說：「在那種狀態消失後，我們的篩海說，你們中無論誰，只要他在那個時刻領受我的任何一句話，他會得到恩惠。」花兒溝的那位多斯提因一次熄燈而得到了接近主的品級。以眞主發誓，那晚是主麻之夜，也是格德爾之夜。

1 開端章：《古蘭經》第一章。

بود و روزی این ناتوانی بر صحبت ایشان

陪伴 无能的 这个 有一天

حضرت مولانا رساله کل محمد جوفی مقلب القلوب

非召 德默罕穆 力乱 俩洒勒 我们毛拉

قدس الله سره میر سید و دید کتاب ذکر شریف

尊贵的 尔克鲁 经 他看见 来

ایشان وگشاید و در وی منقوش شر بنا لیلة

之夜 我们编改" 被写的 它里 在 他打开 他 的

الجمعة الی آخره بود و بعضی از وی ذو

有 它中 从 一部份 尾至 "麻主

حرکت است و بعضی نی و پرسیدم از آن

那个 关于 我 问了 没有 一部份 符号

وگفتند ندانم کی در وی حرکت نقش کرد

写上了 符号 它里 在 什么时候 我不知道 他说

وفی اصل نیست و پرسیدم که در چه وقت

时候 什么 在 : 我 问 没有 原来

خواندند وگفته اند خنده که وقتی که ندا کردند

呼喊 当 : 笑着 他说 念颂

مردمان نه آسمان و مردمان اطراف ساقی خوش

幸福的 斟酒者 各方 的 人们 天 九 人们

وساقینا میخوانند آمَنّا وصَدَّقنا

我们确信了 我们信仰了 念颂 我们的司酒官

نقل است که حضرت خواجه ما را قدس الله سره

我们 卓和 传述

مدّة قربت نزدیک آن چشمه چهل وچند روز

天 几 四十 泉子 那个 在…旁边 功修 期限（是）

است ودراین مدة دراز ملک الاشربة وصاحبها

它的管理人 饮食 管理 长久 期间 这 在

لَنْگِین دوستی روانی رضی الله عنه لاغیر وبعد

之后 只有 刘 提斯多 东南

از فراغ ازآن قربة میرسید فیض اکبر وجذبة اعظم

伟大的 提拔 巨大的 恩惠 来到 功修 那样 从 闲暇

برایشان وحضرت خواجه ما گفته اند که ای دوستی

提斯多 哎 ： 说 我们 卓和 他 上

فاذهب انت ولاتقم ههنا پس نعره کردند بتکبیری

勒比克台 他 高呼 然后 此地 你定居 不要 你 去吧

ورفته اند ودوستی ما محمد حق رحمه الله گفت از

从 ： 说 格罕 德默罕穆 我的 朋友 他离去

آن زمان تا اکنون نیافتم خبروی وندانم نیز که کجا

哪里 也 我知道不 他的消息 我得到 没有 现在 到 时 那

میرفته اند نقل است که بعد از بیرون از آن چشمه

泉子 那个 从 出来 之后 传述 他 去了

مبارکه جهلاء آن جای مبارک پنداشته اند که ایشان را

他们的 认为 吉庆的 地方 那个 无知之人 神圣的

چشمه بالود پس تطهیر کرده اند وآبهای وی اخراج

他们打出 它的 水 他们洁净了 然后 脏了 泉子

کنند ودرآن زمین حریمه حوالی آن چشمه مبارکه

神圣的 泉子 那个 周围 的 禁 地 那个 在

ریخته اند ناگاه آن جهلای ناقصان میدیده اند که

看到 愚蠢的 无知之人 那些 忽然 他们倒了

اجناس وانواع مرغان مختلفان بی عددهای ما لا

没有 的 数 无 不同的 鸟儿 各样 各种

یبصر عین ولا یسمع اذن برآنجا آمده اند وآشامیده

它们喝了 来到 那里 耳 听过 没有 眼 见过

اند وخورده اند آن همه آبهای وذره نگذارند ونزدیکتر

几乎 它们没留 一点儿 水 所有 那 它们吃了

است که پوستهای آن زمین میاکنند پس بوده اند

他们 然后 啄 地 那 表皮

درغایت تعجبهای آیا این چه کار بود واین مرغان

是

鸟儿 这些 事 什么 这 惊奇 十分

درکجا بودند وازکجا آمده اند باز درنهایه ندمهای

懊悔 非常 然后 它们来 哪里 从 哪里 在

بوده اند **فلم یکن ینفعهم ایمانهم لما راوا**

他们眼见时 当 他们的信仰 他们 裨益 不 他们

نقل است که شَن سَن یَه رحمه الله درآن چشمه

泉子 那个 在 爷 三 山 传述

有一天，這個無能之輩（作者自謙—譯註）來陪伴我們的毛拉——勒灑倆孔力．穆罕默德．召菲．目各立白古魯布✽，他看見毛拉的一部卽克爾[1]經典。他順手打開一看，那一頁上寫的是：「主麻之夜，我們痛飲……」至結尾。這段贊詞的一部分標著符號，另一部分沒有標符號。我（作者）問其故，毛拉說：「我也不知道什麼時候寫上了符號，原來是沒有符號的。」我又問：「在什麼時候念誦這段贊詞呢？」毛拉笑著說：「當九重天的居民（指天使—譯註）和各方的人們引吭高歌時就念。」我們信仰了，我們確信了。

124傳述：在那泉子的旁邊，我們的和卓✽功修的期限是四十幾天。在這漫長的時日裡，（和卓的飲食起居）只由南京的劉多斯提（願眞主喜悅他）一個人經管。完成那項功修（指經管和卓的飲食起居—譯註）之後，他獲得了洪恩和提拔。我們的和卓（對他）說：「多斯提啊！你去吧，不要留居此地。」言畢，劉多斯提高呼著「臺克比勒」離去了。

我的朋友——穆罕默德．罕格（願眞主喜悅他）說：「自那時到現在，劉多斯提杳無音信，也不知道他去了哪裡。」

125傳述：從那神聖之泉出來之後，當地的一些無知之人認爲他們的泉水被弄髒了。

於是，他們進行淘涮，打出泉水，倒在那神聖之泉周圍的禁地。突然，那些愚蠢的無知之人看到各種各樣的、未曾見過的鳥兒落在那裡喝水，喝得一點兒也不剩，幾乎啄啖那片地皮。他們感到非常驚奇，這是什麼情況啊？這些鳥兒在哪裡呢？從哪裡來的呢？驚奇過後，他們懊悔不已。「當他們看見了我的刑罰時，他們的正信毫無裨益。」[2]

---

1 即克爾（ذكر）：原意為：紀念，讚頌。蘇非語境裡專指：讚頌真主，頌唱贊辭。

2 《古蘭經》40:85 引文與原文略有出入，原文：فلم يك ينفعهم ايمانهم لمارأوابئسنا

مبارکه دخول نامد واز یاران نبود ودراین زمان

时 这 在 他不 同伴 属于 没有 进入 神圣的

اخذ کرد بدست خود یک ابریق لبن وبر راه آن

那个 路 上 奶 壶 一 自己 手 用 他拿

چشمه مبارکه رفته ناگاه درمیان راه حضرت

路 中间 在 突然 他去 神圣的 泉子

خواجه ما رساله کل محمد جوفی قدس الله سره ملاقات

他相遇 非召 德默罕穆 我们 卓 和

کرد که عود کنند ودرمیان آن راه مبارکه بردو

双 上 幸福的 路 那条 中间 在 他返回

زانو نشستند وایشان را آشامیده اند فشرب البعض

一些 他喝了 他让…喝 他 他坐在 膝

واعطاه البعض وقال له اشرب اشرب ودراین

这 在 喝 喝 他对 他说 一些 他他给了

وقت پرسید که ای حضرت ایمکن هذا ان یناب

这个 能够 吗? 提勒祖哈 哎 : 他 问 时

مناب ذلک وحضرت خواجه ما گفته اند آری

能 说 我们 卓 和 那个 代替

هو نائب منابه پس در پیش ایشان ادب کند

他施礼 他 面前 在 然后 它 代替 它

وسلام گوید وشرب ذلک البعض من قرع بابا ولجّ لج

他进入 他坚持不懈 门 他敲 那个人 一些 那 他喝了 他说 目俩色

نقل است که بعد از آن حضرت خواجه ما قدس الله سره

我们 和卓 那 之后 传述

میفرموده اند بر اصحاب و یاران که در چشمه شریف

尊贵的 泉子 里 的 同伴 和 弟子 对 说

است که تولا میکنید و گفته اند شرائط قولا فاسألوا

你们问 语言方面 交友之道 他讲了 : 你们交朋友

اسمائکم السعدیة فی الحضوریة وتذاکروا

你们互相记忆 当面 吉庆的 你们的 名字

صورکم الجمالیة فی الغیبة وتعاونوا فی امورکم

你们的 事务 在 你们互相帮助 背后 俊美的 你们的 长相

الدنیائیة والدینیة باز گفته اند که از معاملات

交往中 从 : 他说 然后 教门的 和 现世的

دیگر طبقهٔ معامله هست فما بعدتم من ذلک

因此 你们疏远 不要 交往 一层 另 有

خُواعِقیُوی دوستی در دو و سه ساله رسد و یابد

得到(把握)的结果 年里 三 两 在 提斯多 沟儿若

و دوستی ما محمد حق رحمه الله گفت که روزی

有一天 : 说 格罕德默罕穆 我的 朋友

ما بودم در مسجد ما ناگاه دیدم که حضرت خواجه

卓 和 我看见 忽然 我的寺里 在 我

ما محی الدین محمد قلندری قدس الله سره از در آمده اند

进来 门 从 尔达兰盖 德默罕穆 丁印合穆 我们

ونماز گزارده اند وبیرون کردند نقل است که حضرت

传述 他 出去 他 礼 拜

خواجه ما قدس الله سره بعد از بیرون منع کرده اند

中断 出(泉) 之后 我们 卓 和

بامر نه بخود از گزاردن موقتات ودانا حلوایی

田 阿訇 定时拜功 礼 自作主张 不是 命 奉

پنجم بامر وبکفر ایشان در مسجد جامع بعد

之后 中心 清真寺 在 他老人家 否认教法 来了 五

از فراغ من صلوة الجمعة حکم کرد که الفقهاء

教法学家 他 断 麻 主 拜 礼完

لهذا الطائفة كالفراعنة للرسل ودر این وقت

时候 这个 在 使者 对待 法老 如同 伙人 这 对待

خواجه ما قهر انگیخته ومیگفته اند که ما جاهل

是

无知之人 我 : 他 说 生气了 我们 卓 和

بودیم وشما دانشمند بودید پس لکم دینکم

是

你的教门 你有 然后 有知识的人 你

ولنا دیننا پس از بعد از این روز معاملة بیننا

我们之间的 交往 天 这 之后 我的教门 我有

بریدم ومعاملة نکنم نقل است که منع کردن حضرت

暂停 传述 我 不 交往 我 断了

خواجه ما قدس الله سره از موقتات بامر اکمال چهل

四十 圆满 命奉 定时拜功 我们 卓 和

126傳述：山三爺沒有進入那神聖之泉，他不屬於同伴。當時，他親手提了一壺奶，走在去往那神聖之泉的路上。突然，在途中他遇見了我們的和卓——勒灑俩孔力．穆罕默德．召菲✿正往回走。他跪在那幸福之路的中間，讓和卓喝奶，和卓喝了一些，把一些又給了他，對他說：「喝，喝。」當時，山三爺問：「哈祖勒提啊！這奶能代替那泉水嗎？」和卓說：「能，這奶能代替那泉水。」山三爺向和卓施禮祝安，並喝了那些奶。「精誠所至，金石為開。」[1]

127傳述：那件事（指進泉—譯註）之後，我們的和卓✿對參與進泉的同伴們說：「你們相互結為朋友吧。」他講了語言方面的交友之道：你們當面詢問彼此的尊姓大名，離別後記憶彼此的美好容貌，在今世和教門的事務中互相幫助。他還說：「交往還有另一種層面的交往。所以，你們不要因此而疏遠。」花兒溝多斯提兩三年裡就有了結果，並得到了（機密）。

我的朋友——穆罕默德．罕格（願真主慈憫他）說：「有一天，我在寺裡，我突然看到穆合印丁．穆罕默德．蓋蘭達爾✿從寺門中進來，禮完拜就出去走了。」

128傳述：我們的和卓✿從泉子裡出來之後，奉命而非自作主張地中斷了禮五時拜。田五阿訇來了，他在中心清真寺[2]裡禮完主麻拜後，論斷依禪（指勒灑俩孔力）否認伊斯蘭教法。常言道：「法學家們對待這夥人（指蘇非篩海—譯註）猶如法老王對待衆使者。」當時，我們的和卓生氣地說：「我是個瞎漢，你是學者。你有你的教門，我有我的教門。從今往後，我斷絕我們之間的交往，我不再（與你）交往了。」

---

1 阿里（願真主喜悅他）語錄。直譯為：「敲門且堅持不懈者，方可進入」。

2 中心清真寺：指某一城市或區域內，規模較大、人數較多、舉行聚禮的清真寺。

روز بود بالله بتشویش آن حلوایی خلل ونقصان
欠损 缺点 田 那个 干扰 因真主 誓以 天

درمیان اکمال افتد بئس العبد هو المضل
使人迷路的 仆人 真坏! 发生 圆满 中间 在

باز بترس فتنهاء وغوغاء فقهاء حضرت خواجه
卓和 教法学家 争吵 和 搬是非 害怕 因然后

ما قدس الله سره قیام می کنند نقل است که حضرت
传述 开始执行时辞 我们

خواجه ما قدس الله سره گفته اند بعد از وفات آن
那个 归真 之后 说 我们 卓和

حلوایی مقدار سی وچند ساله که دانشمند حلوائی
田 阿訇 : 年 几 三十 田

ولی الله باشد وعفو کند گناه وی وجبر کرد
他 补偿 他的 罪过 他 饶恕 真主的 里卧

خسارت ویرا نقل است که آن چشمه مبارکه در
在 神圣的 泉子 那个 传述 他的 损失

آب سپید در مِیکِیا قِیُو بالله آن هم جودی نوح
哈奴 朱迪山 也 那(泉子) 真主 誓以 沟家米 在 白 水

وآن هم طور موسی وآن هم غار حراء محمد
穆罕默德 依拉哈 山洞 也 它 萨穆 吐热山 也 它

صلی الله علیه وسلم فکل من اراد التبیین فلیذهب
他去 让 弄清楚 他想 的 每个人 赐予安宁 他 于 真主 赐福

الی ذلک الجنب ولیتبرک والله مایسعد ذلک

那个 真幸运！ 真主 誓以 他沾吉 让 边 那

الارض ومایارک نقل است که روزی برخشبة

木板 上 有~天 传述 真吉祥！ 地方

در بئر حضرت شیخ ما محمد وقایة الله قدس الله سره

拉屯耶嘻维 德默罕穆 我们 筛海 井

گلی برست واصحاب تعجب باشد وبعض ازایشان

他们 中 一些人 惊奇 弟子们 长出了 一朵花

پیش حضرت شیخ ما میاورده بازگفتند که این

这 ： 他说 然后 拿 我们 筛海 面前 在

是

اشارة مردی اینجا بود وپیش ازاین برسقف هموار

平坦的 屋顶 上 这 之前 这里 的 一个人 指点

是

مدرسة پینلانفووی گلی برست وآن اشارة آن

那个 指点 那 长出 一朵花 存涞平 一个学堂

خطیب درزبر مسجد وگفته‌اند اقامت کننده ابهام

大拇指 竖起 他说 寺 上 里 布推海

是

خود که آن مردی خطیب در دین واسلام خیر بود

最好的 伊斯俩目 教门 方面 布推海 人 那个 自己

وخیر بود وخیر بود وعبد ناتوانی عبدالقادر

尔底尕 杜布阿 无能的 仆人 是 最好的 是最好的

گفت که روزی برصحبت خواجه ما رساله کل

我们 卓和 陪伴 有~天 ： 说

129**傳述**：我們的和卓✽奉命中斷禮五時拜（的期限）是四十天整。以眞主發誓！（由於）受到那個田阿訇的干擾，圓滿出現了欠缺。使人迷路的那個僕人眞糟糕！後來，因爲顧忌教法學者搬弄是非和爭吵不休，我們的和卓✽又恢復了禮五時拜。

130**傳述**：田阿訇歸眞三十幾年後，我們的和卓✽說：「田阿訇是眞主的臥里[1]，眞主饒恕了他的罪過，補償了他的損失。」

131**傳述**：那眼神聖之泉位於白水米家溝。以眞主發誓！它是奴哈聖人（泊船）的朱迭山；是穆薩聖人（與主談話）的西奈山；是穆罕默德聖人（願眞主賜予他福安）（接受啓示）的哈拉依山洞[2]。誰要是想弄個水落石出，那就讓他到那裡去！讓他也沾個吉。以眞主發誓！那個地方眞幸運！眞吉祥！

132**傳述**：有一天，我們的篩海——穆罕默德．維尕葉屯拉✽的井口蓋板上長出了一朵花兒，衆弟子感到驚奇。一些弟子把那朵花兒拿到我們的篩海面前，他說：「這朵花兒是指點[3]這裡的一個人。在這之前，平涼的一個學堂的平坦屋頂上也長出了一朵花兒，那朵花兒是指點上寺的那個海推布。」他豎起大拇指說：「海推布那個人在教門方面是最好的，是最好的，是最好的。」

無能的僕人——阿布杜尕底爾說：「有一天，我去陪伴我們的和卓——勒灑倆孔力．穆罕默德．召菲．目各立白古魯布✽，他招待我吃喝以後，對我說：『你到穆罕默德．罕格那兒去，陪他坐坐。』我就去陪他坐著，他言辭

1 「田五阿訇（答失蠻甜五，دانشمند حلوائ پنجم）是真主的朋友」：如此短句中，「答失蠻」已是古代舊譯（元朝譯回回教士為答失蠻，與和尚-佛教、先生-道教、也裡可溫-基督教），而「田」居然以「甜」意譯，田五乃是乾隆四十九年為導師復仇而一舉率眾造反的起義領袖，也是底店-石峰堡大案的首犯。原文如此的「曲筆隱晦，顯然為在國家恐怖主義氣氛中守密。這些竭盡語言學可能的表述，表明了著者的抗議立場，以及《熱什哈爾》的地下藏書本質。

2 哈拉依山洞：位於麥加近郊的一處岩穴。據說先知穆罕默德曾在此處長期獨處、冥思，並在此接受了最初的啟示。又譯「希拉山洞」。

3 指點：中國回民經堂語詞彙，意即：暗示，寓意，象徵。

محمد جوفی مقلب القلوب قدس الله سره رسیدم فیطعمنی

我 他让吃 我 来 非召 德默罕穆

ويسقيني وبعد از آن مرا فرموده اند که رو بر جنب

那儿 你去 ： 他 说 对我 那 之后 我 他让喝

محمد حق واجلسه فذهبت واجلسته فاخبرني

我 他告诉 他 我与…同坐 我去了 他 你与…同坐 格罕 德默罕穆

بهذه الامور المباركة على سبيل الصدق والشوق

满腔热忱地 言之凿凿地 吉庆的 事情 这些

ثم ذكرت ونقشت اللهم انزلني منزلا

地方 我 你安置 主啊！ 我书写了 我 记住了 然后

مباركا ذكر فيه الاولياء ومتعني بالسمع والبصر

看 听 我 你加强 卧里们 在那里 被记起 吉祥的

وعبد ناتوان گفته حقیقت است که روز ولادة

生 日 ： 实事 ： 说 无能的 仆人

مباركة حضرت خواجه ما محمد جوفی قدس الله سره

非召 德默罕穆 我们 卓和 吉庆的

در مجلس اکمال القرآن آن حضور کنم چون

当 我 参加 《古兰经》 圆 集会

این مجلس باخرش رسیده حضرت ایشان

他老人家 到 它的 末尾 集会 这个

دو دست خود بسط کردند و دعاء خواندند روی زرد کشته

脸色苍白的 他 他念 祈祷 依阿都 伸开 自己 手 两

ووقت آن یک دعاء بقدر سه بار سورة یس بود ودر

在 辛雅 章 遍 三 长度 有 依阿都 一个 那的 时间

نفس مبارکه ایشان قطع نبود وآواز مبارکه ایشان

他 吉庆的 声音 没有 中断 地 吉庆的 呼吸里

در آن دعاء همچون آواز باد صبا یا رحمت ثقیلة است

沉重的 惠(风)或 和风 声音 像 依阿都 那个 在

وعبد ناتوان گفته که در اول مرة که بر صحبت خواجه

卓和 陪伴 一次 头 在 ： 说 无能的 仆人

ایشان ما کل رساله قدس الله سره با یار خود رسیدم

我来 自己 朋友 同 佩洒勒力孔 我们

حضرت خواجه ما گفته اند که اذا جئتم فلا ترددوا

你们犹豫不决别 你们来了 当 ： 说 我们 卓和

ولا تنتشروا مذبذبين في الاستمساک زیرا که

因为 抓揽 摇摆不定地 你们乱 别

از ولایتی تا چینی شیخ عظمت تر ز حضرت شیخ

筛海 比 更伟大 的 筛海 中国 到 耶病雅 从

ما قدس الله سره نبود ودین راست تر ز دین شیخ ما نبود

没有 我们 筛海的 教门 比 更正确 的 教门 没有 我们

نقل است که روزی حضرت شیخ ما قدس الله سره

我们 筛海 有一天 传述

گفته اند که شیخ طبیب زیرک بود واین طبیب

医生 这个 精通的 医生 筛海 ： 说

آنکس که براو را مختلف دارو بود وشفا اختلاف

不同 的 治疗 和 药 各种 他 人 那个

(有)

بود وترصُنْ خواجه خوب است ولیکن بروی جز

他 但是 好的 卓和 迩尔吐

(是)

یک دارو نبود نقل است که روزی دوستی از دوستان

君塔斯多 从 提斯多 有一天 传述 只有 药 一种

گفته که هر مجلس که در وی عمل ذکر و مدایح بود

赞圣 记主 里麦师 它里 在 的 集会 每个 ： 说

(有)

نتوانم که ثبوت کنم در وی و امان کردم باز حضرت

然后 我 安宁 它里 在 我 宁静 我能够 不

شیخ ما پرسیده اند که ادرکت وگفتم بی خود

失去知觉的：我说 你感觉的到吗？： 问 我们 筛海

باز گفته که رفع نکنی نفس میانه و فرمودند مشیرا

指着 他说 中 气 你不要提升 ： 他说 然后

بدست خود الی سرتی که رفع کن نفس میانه

中 气 你提升 ： 我的肚脐 自己 手 用

چون اشارة کرد بدست ادراک کنم که اخذ کرد

他拉住 我 感觉到 手 用 他 指点 当

بیک رشته از زیر سرتی تا دماغ و بعد از آن

那 之后 脑子 到 我 肚脐 下 从 线 一根

امان یافتم وحرکت نکنم نقل است که روزی

有一天 传述 我 不 乱动了 我得到了 安宁

懇切、滿腔熱忱地把這些吉慶的事情告訴了我，我記住並寫成了文字。」[1]

主啊！「請你使我們在一個吉祥的地方登陸。」[2]——在那裡，臥里們被記起，求你借耳聞目睹來加強我。

無能的僕人說：「下述事情是事實：我們的和卓——穆罕默德．召菲✽吉慶的生日那天，我參加了圓《古蘭經》[3]的集會，當此次集會進入尾聲時，他老人家攤開雙手念杜阿[4]，當時他的臉色蒼白。那個杜阿的時間相當於念三遍〈雅辛章〉[5]的長度，他連呼吸時也沒有中斷。念那個杜阿時，他吉慶的聲音如同和風般低沉舒緩。」

無能的僕人說：「我和我的一個朋友初次去陪伴我們的和卓．依禪——孔力勒灑俩✽時，我們的和卓說：『你們既然來了，就不要猶豫不決，你們不要搖擺不定地亂抓攬[6]。因爲，從維倆耶到中國，再沒有比我們的篩海更偉大的篩海，也沒有比我們的篩海的教門更正確的教門』。」

133傳述：有一天，我們的篩海✽說：「一個篩海就是一個精通的醫生，這個醫生要有各種藥和不同的療法。吐爾遜和卓[7]是個好醫生，但是他只有一種藥。」

134傳述：有一天，一個多斯提說：「在每個記主贊聖的爾麥里場合，我無法做到心靜身定。我們的篩海問：『你感覺得到嗎？』我說：『我是失去知覺的。』他說：『你不要提升中氣。』他用手指著我的肚臍說：『你提升中氣。』當他用手指的那一瞬間，我感覺到他拉著一根線從我的肚臍下一直拉到頭腦。從那以後，（再參加爾麥里的場合時）我得到了安寧，也不再亂動了。」

---

1 「於是我就記錄下來並寫成了文字」：《熱什哈爾》出現的幾次關裡爺的作證與述懷，不可小覷。因為可以窺知，黃土高原深處的他，寫作亦遵循著一種阿拉伯宗教文獻的規矩：傳承人資格、傳承內容、傳承記錄者的結論（誓言）。這一寫作方法論，見於早期的伊本．伊斯哈格《先知傳》（السيرة النبوية亦稱المغازى）和各種「聖訓」。關裡爺應該是從「聖訓」中悟得了這一寫法。

2 《古蘭經》23：29 引文與原文略有出入，原文：رب انزلني منزلامباركا

3 圓《古蘭經》：指在某個宗教紀念活動的儀式上，把此前許諾通誦一遍《古蘭經》的剩餘部分、誦念結尾。西北回民多稱「了經」。

4 杜阿（دعاء）：阿拉伯語，祈禱，祈求辭。

5 雅辛章（سورة يس）：即《古蘭經》第36章，通稱〈雅辛章〉。

6 抓攬：回民口頭語，意即：尋求、選擇、追隨（篩海）。

7 即前文中多次出現的「喀什噶爾的吐爾遜巴巴」。

شش کسان سالاری بآمدند بر حضرت شیخ

筛海 来 拉撒 人 六个

ما قدس الله سره باز گفته اند که شما در هر شبی

晚上 每个 在 你们 他 说 然后 我们

جمعه عمل کردید و واجب در این عمل هفت

是 七个 里麦尔 这个 在 必需的 干尔麦里 麻主

مردمان بود و شما شش بوده اید و شمرده اید ما را یکی را

是 一个 我 你们把…算作 六个 你们 人

نقل است که حضرت خواجه شیخ ما قدس الله سره با یاران

同伴们 对 我们 筛海 传述

خود گفته اند که خطیب پیشلانقوی صاحب الثبوت

坚定 之 人 府 涼 平 布推海 ： 说 自己

والوقار شده شده و بنده ضعیف عبد قادر

尔地尔 杜布阿 羸弱的 仆人 非常 非常 说着

گفته که کرامات حضرت خواجه ما بسیار است

很多 我们 卓和 奇迹 ： 说

واکبر کرامات وی اجتهاد وی در عبارات

拜功 在 他 勤奋 他的 奇迹 最大的

باضعیف تن مبارک وی و مشقت وی در

在 他的 辛苦 他的 吉庆的 身体 虚弱 尽管

عملیات باشده ببیمار ثقیله وی و اشغال وی

他 忙于 他的 重 病 加重 尽管 工作

در خفیات باغلبهٔ شوق وبسیار عشق بالله

真主 借以 爱慕(的) 渴望(的) 独处时 在

در چشم ما وقارتر ومشقت‌تر واجتهادتر از ایشان نبود

他 比 更勤奋 更辛苦 更沉着 我 眼里 在

نقل است که مدة بیمار ایشان دراز است واصل بیمار

病 根 长的 他 的 病 期 传述

ایشان در سجن یافته بود زرفتن نه ساله

年 九 折磨 从 得的 牢狱 在 他 的

نقل است که دوستی از دوستان ما میخواهد پرسیدن

问 想 我们的 尼塔斯多 从 一个 提斯多 传述

که توجه چگونه است ولیکن نپرسید باز حضرت

然后 他没有问 但是 是 怎样的？ 朝向

خواجه ما قدس الله سره گفتند که ان الشیخ اذا کان

他 如果 苏海 ： 说 我们 卓 和

حقیقیا ففیه لطف وسواء علیه اتوجهته ام لم تتوجهه

他 你朝向 不 或者 他 你朝向 在他上 一样的 仁慈 他有 那么 是 真的 是

واکنون بسیار مجازی است وناقل گفته که مرکب

坐骑 ： 说 传述人 是 假的 许多 现在

در این مرة بغل کبیر است ودر راه عود چند روز

天 几 返回 路上 在 大 骡子 次 这 在

گزشت وروزی در جای تنگتر آن بغل زد

踢 骡子 那匹 较狭窄的 地方 有一天 过去了

بیاوی مارا بالله و در آن وقت ادراک کنم بفرد که

孤独 我 感到 时 那 在 真主 藉以 我的 脚步 中

آن حضرت ما قدس الله سره نقل کرد بنت مبارکه ایشان

他老人家 吉祥的 女儿 送 我们 提勒祖哈

مارا الی مکان النجاة پس دانم حقیقت و فیه لطف

仁慈 他有 真相 我知道 然后 得救 地方 到 我

والله ما لطف نقل است که دوستی ما محمد حق رحمه الله

格罕德默罕穆 我的 朋友 传述 他太仁慈了 真主 藉以

گفته که استاد ما اعظم سا آخُونْ یه قدس الله سره گفته

说 爷 宥阿撒 伟大的 我的 师父 ： 说

که روزی بر صحبت خواجه ما محمد جوفی قدس الله سره

非召德默罕穆 我们 卓 和 陪伴 有一天 ：

میرسیدم باز گفتند مرا که انی رائیت فی المنام ان

梦里 在 我看见 的确 ： 对我 他说 然后 我来

ناکل الناس فی العالم کلهم جمیعا ولا نشبع

我吃饱 没 统统 他们全部 世界上 在 人们 我吃

نقل است که حضرت شیخ ما وقایة الله قدس الله سره

拉屯耶嘎维 我们 筛海 传述

در چینی در قاموس الفناء غرق بود تا چهل روز

天 四十 直到 沉浸 纳法 海洋 在 中国 在

برگذشت و خاک بر سیاه و سپید چشم ایشان بود

落 他 眼睛 白眼珠 黑眼珠上 在 灰尘 过去了

135傳述：有一天，六個撒拉人來（陪伴）我們的篩海✿。他說：「每個主麻的晚上，你們幹個爾麥里。幹這個爾麥里必需要七個人，而你們只有六個，那就把我也算上一個吧。」

136傳述：我們的篩海✿對自己的同伴們說：「平涼的海推布是個非常沉著冷靜的人。」

羸弱的僕人——阿布杜尕底爾說：「我們的和卓的奇跡[1]很多。而他最大的奇跡就是，儘管他身體虛弱，但是他在拜功方面勤奮不輟；儘管他重病纏身，但是他堅持辛苦工作；獨處時，他忙於熱切地渴望主、愛慕主。在我眼裡，沒有比他更沉著、更辛苦、更勤奮的人了。」

137傳述：他老人家的病期很長。他的病根是在牢獄裡從（乾隆四十）九年的折磨上落下的[2]。

138傳述：我們的一個多斯塔尼想問（我們的和卓），「朝向」是怎樣的？但是他沒有問。我們的和卓✿（對他）說：「篩海如果是眞的，那麼，他就具有仁愛之心。無論你朝向他與否，對他來說都是一樣的。如今，許多（篩海）都是假的。」

該傳述人說：「我這次騎的是一匹大騾子。在回家的路上，過了幾天。有一天，在一個比較狹窄的地方，騾子踢了我。以眞主發誓！在我感到孤獨無助的時候，我們的和卓✿的愛女把我送到了得以救治的地方。於是，我理解了『他具有仁愛之心』的眞諦。以眞主發誓！他眞仁慈！」

139傳述：我的朋友——穆罕默德．罕格（願眞主慈憫他）說：「我的尊師——撒阿訇爺✿說：有一天，我去陪伴我們的和卓——穆罕默德．召菲✿，他對我說，我夢見我把全世界上的人統統吃掉了，但是我還沒有吃飽。」

---

1 克拉麥提（كرامة）：本意為高貴，尊嚴。在蘇非語境裡指臥里的賢征。

2 「從九年的折磨上落下的」：此句表明：哲赫忍耶第二代導師穆憲章亦可能一度被牽連涉入乾隆四十九年田五-石峰堡大案中，並被捕入獄、遭受酷刑。

پس در روز نزدیک پنجاه در آگاهی آمده اند و گفته اند

他说 地清醒了 五十 临近 天 在 然后

نقل است که ابیت عند ربی یطعمنی ویسقینی

我 他给喝 我 他给吃 在我的养主那里 我过夜

در زمان گزشت خلاف در میان علمای زمان واقع شد

发生了 当时 的 阿訇们 之间 在 分歧 过去的 光阴 在

از حلال و حرام شکر سپید و حضرت شیخ ما قدس الله

我们 苏海 "苏克勒" 非法 与 合法 从

سره خورده اند و گفته اند حلال است و بعض علمای

阿訇 一些 是 合法的 他 说 吃了

رسمی گفت نشاید خوردن باز حضرت شیخ ما

我们 苏海 然后 吃 可以 不 说 世俗的

گفته اند بر پسر عالمی که گویی پدر شما که بس گفتم

使得够多了 你 父亲 你告诉 : 一个阿訇的儿子 对 说

ایشان همه قوله تعالی وَمَنْ لَمْ يَحْكُمْ بِمَا أَنْزَلَ

所降示的 依 判决 没有的 人 清高的 真主的言辞 全部 他们

اللهُ فَاُولَئِكَ هُمُ الْفَاسِقُونَ

犯罪的 这等人 真主

نقل است که عالمی از دوستان در صحبت

陪伴 尼塔斯多 从 一个阿訇 传述

ایشان خواجه ما محمد جوقی قدس الله سره

非召 德默罕穆 我们 卓 和

رفته وخواسته امر سفر از ایشان باز ایشان گفته اند

说 他老人家 然后 他老人家 向 外出的口唤 他讨 去

که چون رفتی میخواهی از محمد حق رحمه الله

格罕德默罕穆 向 你要 你去 如果

دارو شفا در د بطن پس رفته وچند روز

天 几 他去了 然后 肚子 疼 治 药

گذشت وگذر راه وی بر منزل غلبه گناهای

罪恶 盛行 的 地方 他 路 过 过去了

فاحشه باز واقع شد در ورطه وراودته التی

那个女人 他 勾引 泥潭 在 他 陷 然后 淫乱

هو فی بیتها ولقد همت به وهم بها لولا ان

若非 她 他向往 他 她向往 的确 她的房间里 在 他

اخذه شدة الالم فی بطنه ودر خانه زانیه غلطید

翻滚 娼妓 房间里 在 他的肚子 疼 剧烈 他 控制住

ونزدیکتر است که میرد باز در دل وی میآرید

他想起 然后 他死去 差一点

که آن دارو خوردم که خواستم از محمد حق

格罕德默罕穆 向 我要来的 我吃 药 那个

رحمه الله پس خورد ودر این وقت از درد

疼 从 时候 这个 在 他吃了 然后

رهد وعصمت ایشان حضرت خواجه ما قدس الله سره داند

他明白 我们 卓和 保护 他得救

نقل است که متعلمی از دوستان درواد امیری براه

路 官 川 在 尼塔斯多 从 一个经学生 传述

سفر رفته لطلب العلم وگذر راه وی برجای خواجه ما

我们 卓和 居所 他 路 过 学 求 为 去 外出

حضرت محمد جوغی قدس الله سره گذشته باز برصحبت

陪伴 然后 非召 德默罕穆

ایشان رود وایشان حضرت ما قدس الله سره میگویند

说 我们 提勒祖哈 他去 他老人家

که فلان زمرة سیاه کسی حق اند پس حذر کن و در

在 你小心 然后 真正的 人 黑 一伙 某

ای زوان بیغیوی

روز دوم و سیوم چنین گفتند و روز بسیار نگذشته

没过 多少 天 他说 同样的(话) 第三 和 第二 天

وگذرگاه در زمین بیغیوی میگذشت و در راه

路上 在 他 州 邠 地带 经过

کسی سپید ریش و موی ملاقات کرد و گفتند

他说 他遇见 头发 胡须 白的 一个人

درمیان رفتن سخنان پراکنده بی فایده باز پرسید

他问 然后 无益的 散乱的 话 走路 中 在

که در اینجای شما فلان زمرة از کسان آیا دانستی

你知道 吗? 人们 从 一伙 某 你们 的 这个地方 在

وگفت چرا پرسیدی وگفت آنانکه سیاه کسان بود

是

人 黑 那些人 他说 你问 为什么 他说

140傳述：在中國，我們的篩海——維尕葉屯拉✽沉浸在法納的海洋裡已逾四十天，灰塵落滿了他的眼窩。臨近五十天的時候，他清醒了。他說：「在我的養主那裡我過夜了，他給予我飲食。」[1]

141傳述：在過去，關於食用「蘇克勒」[2]合法與非法，在當時的阿訇們之間有分歧。我們的篩海卻吃了（這種食品），他並且說，它是合法的。一些世俗的阿訇說：「吃不得。」我們的篩海對（其中的）一個阿訇的兒子說：「告訴你父親，眞主的話『不依眞主所降示的（經典）而判決的人，這等人是犯罪的。』[3]足以使他們都（停止胡說）。」

142傳述：一個多斯塔尼的阿訇去陪伴我們的依禪．和卓——穆罕默德．召菲✽，並向他老人家討外出的口喚。他老人家說：「你要外出的話，你去向穆罕默德．罕格（願眞主慈憫他）要點治肚子疼的藥。」他去拿上藥就外出了。過了幾天，他路過一個淫亂之罪盛行的地方。經不住娼婦的勾引，他陷入了罪惡的泥潭。此時，他的肚子劇烈疼痛，疼得他在娼婦的屋裡亂滾，疼得他快要死去……此時，他想起來了，我把向穆罕默德．罕格（願眞主慈憫他）要來的藥吃上。他吃了藥，疼痛就消失了。他明白了，這是我們的和卓✽對他的保護。

143傳述：關川的一個多斯塔尼的穆臺安林外出求學。他路過我們的和卓——穆罕默德．召菲✽的居所，他順便去看望他老人家。我們的依禪哈祖勒提✽（指穆罕默德．召菲）（對他）說：「某一夥人是眞正的黑幫，你要小心。」第二天和第三天，他老人家說了同樣的話。沒過幾天，他途經邠州[4]

---

1 這是一段輯錄在《布哈裡聖訓集》中，由艾布胡萊勒傳述的聖訓。

2 شکرسپید 原文詞組語意即「白糖」。史上因使用白糖而發生爭議聞所未聞亦不合理。因此，根據現實生活中對甜醅子、醪糟等食物可食與否一直存在爭議，直到今天。註釋者猜測此處「白糖」即甜醅子這一具體食物。但這一猜測尚無文字根據。姑且將 شکرسپید 暫音譯為「蘇克勒」，雖未能精確，但不作斷言，注以備考。

3 《古蘭經》5:47

4 邠州：古地名，今陝西彬州。

ناگاه اثر عداوت آن پیر و علامت کید و مکر شیطان

恶魔 诡计 计谋 征兆 老头 那个 敌视 痕迹 突然

پیدا شد انی اخاف ان یأکلنی الذئب اعوذ بالله

真主 向 我求护佑 狼 我 吃 我害怕 明显了

من الشیطان الرجیم و آن متعلمی گفت در آخر

最终 说 经学生 那个 受驱逐的 恶魔 从

قد اختفیت من ذلک الملعون و در آن شب

晚 那 在 坏蛋 那个 我躲过

در پیش صبح رحلت کردم نقل است که روزی

有一天 传述 我 出发 黎明 之前 在

حضرت خواجه ما بر صحبت شیخ حضرت ما

我们 苏海 陪伴 我们 卓和

وقایة الله قدس الله سرهما میرفتند و گذر راه ایشان

他 路 过 去 拉本叶尔班

بر منزلی بود که در وی دوستان و مؤمنان بود

民穆 尼塔斯多 有 它里 在 一个地方

و حضرت ایشان خواجه ما در رباط امام آن جای

地方 那个 目玛伊 小旅店 在 我们 卓和

نزول کردند بلا حضور وی باز آبدست کنند

他 洗小净 然后 他 在场 没有 下榻

و نماز گزاردند چون آن معتد اثیم از بیرون رسید

回来 外面 从 犯罪的 过分的 那个 当 他 礼拜

و دید که حضرت خواجه ما آبدست کند هوی نفس

发怒了　洗小净　我们　卓和　他看到

انگیخت و راند ایشان ما و گفت نقل کنید

你们　搬走　他说　我们　老人家　他驱赶

از این جای ما

زیرا که ما ناستانیدیم باز چون رحمت بسیار

多的　仁慈　当　然后　信服　不　我们　因为

ایشان در سنگ قساوت دل آن معتبر اثر ندهد

没有影响　过分的　那个　心　硬　名　他老人家

حضرت خواجه ما قدس الله سره نقل کنند در رباط

旅店　到　搬没　我们　卓和

دیگر پس پرسیدند اصحاب خود را ارایتم

你们看见了　吗?　自己　弟子　他　问　然后　别的

اذا خرجتم ما فی ذلک المکان و گفتند ما نه دیدم

看见　没　我们　他们说　地方　那个　在　什么　你们出来　当

وحضرت ایشان گفتند که آن ساحت رباط خون

有

血　旅店　院子　那个　:　说　他老人家

بسیار بود و روز چند گزشت و پسر خواسته

养　子　过去　几　天　很多

وی کشته اند اهل بسبب ظلم وی نعوذ بالله من

从　真主　向　我求护佑　他　的　虐待　因为　家人　杀　他　的

ذلک چنانکه مشهور است نقل است که خانه

家　传述　它(这件事)是著名的　正如　那事

حضرت خواجه ما قدس الله سره در بیرون بلدهٔ پینلانفوی
府凉平 城 外 在 我们 卓 和

در بیرون در مشرق بود چون بلاء و محنت شش
六 灾难 灾祸 当 东 门 外 在

و نه ساله افتد همه کسان آن بلدهٔ اهل و متاع ایشان
他们的 货物 家人 城 那座 人 所有 发生 年 九

را همه از بیرون در بلدهٔ نقل است کردند جز حضرت
除…外 搬 城里 到 外面 从 全部

خواجه ما و در این دو بار همه بغاة نآمدند باز چون
当 然后 来 没有 暴徒们 次 两 这 在 我们 卓 和

بلاء و محنت چهار ساله زیادة السعادة افتادو نزدیکتر
快 发生 庆 嘉 年 四 灾难 灾祸

بود که بغاة کافران ظالمان رسیده اند ایشان همه
全部 他们 来到 不义的 邪恶的 暴徒们

نقل نگفتند و گفتند اند که ما دیده ایم خواجه حضرت ما
我们 卓 和 看 我们 ： 他们说 没有搬

که اگر نقل کردند ما نقل کنیم و اگر نه زیرا که دانستیم
我们知道 因为 否则… 搬 我们 他 搬 如果

بتجربه چند بار که آن خواجه ایشان علام الغیوب است
是
预知的 他老人家 次 几 验证 经过

و ناقلان میگفته اند که در آخر او نکرد و ما نه کنیم نیز و آن بغاة
暴徒们 那些 也 没搬我们 没搬 他 最终 ： 说 传述人

地帶，在路上他遇見了一個鬚髮皆白的人，邊走邊說些亂七八糟的無用之話。穆臺安林問那白髮人：「在你們這個地方有某一夥人，你知道嗎？」白髮人問穆臺安林：「你問這個幹什麼？」穆臺安林說：「那些人是黑幫。」

突然，那老头兇相畢露。「我害怕狼吃我」——我向眞主求護佑，免遭受驅逐的惡魔的傷害。[1]那個穆臺安林說：「最終，我躲過了那個壞蛋，那夜黎明之前我就動身上路了。」

144傳述：有一天，我們的和卓✿（穆罕默德 · 召菲）去陪伴我們的篩海——維尕葉屯拉✿。途經一個有穆民多斯提的地方。我們的和卓下榻在當地的伊瑪目開的旅店裡，入住時伊瑪目不在。我們的和卓要洗小淨禮拜。當那個犯罪的、過分的伊瑪目從外面回來，看到我們的和卓在洗小淨時，他頓時火冒三丈，要攆走我們的依禪，他說：「你們從我這裡搬走吧，因為我不信服你們。」我們的和卓好話說盡，那個惡棍心如磐石，不為所動。我們的和卓✿只好搬去別的旅店。他問弟子們：「你們出來時，看見那個地方有什麼東西嗎？」弟子們說：「沒有看見什麼。」他老人家說：「那個旅店的院子裡有很多血。」過了幾天，那個伊瑪目的養子因遭受伊瑪目的虐待而殺了家人——我們求眞主護佑，別做那種事。這件事是著名的。

145傳述：我們的和卓✿的家在平涼城東門外。（乾隆四十）六、九年災難發生時，除了我們的和卓外，那個地方的所有人都把家眷貨物從城外搬進了城裡。而這兩次（災難中），敵軍都沒有來。

嘉慶四年的災難發生了。不義的、邪惡的敵軍快要到來了，大家都沒有搬，都說：「我們看著我們的和卓，他若搬，我們就搬；他若不搬，我們也不搬。因為根據幾次經驗，我們已經知道，他老人家能預知未來。」

傳述人說：「最終，他老人家沒有搬，我們也沒有搬。那些邪惡的敵軍也沒有來，我們全都平安無事。」

---

1 穆斯林常用的求護辭。

کافران نامده اند و ما یافتندیم همه سلامت

安宁 全部 得到 我们 来 没有 邪恶的

نقل است که یاران و دوستان که در خانگاه حضرت

道堂 在 那些 朋友 同伴 传述

شیخ ما وقایة الله قدس الله سره بودند عمل مطلق

无条件的 工作 他们居住 拉屯叶尔维 我们 筛海

ایشان اخذ کنند سنگهای در نهر زیر خانقاه زیرا که

因为 道堂 下面 河 在 石头 他们 抱 他们 的

دفع مضرت آبهاء جز حضرت خواجه ما سالار کل

力孔俩洒勒 我们 卓 和 除…之外 水 伤害 阻挡

که بر ایشان را این امر نبود و یکروز حضرت خواجه

卓 和 一天 没有 命令 这项 他老人家 对

ما با حضرت شیخ ما وقایة الله قدس الله سره هما بر

到 拉屯叶尔维 我们 筛海 同 我们

ساحل آن نهر میرفته اند و حضرت خواجه ما همچون

像 我们 卓 和 去 河 那条 边

سایر اصحاب سنگی اخذ کنند و شکستند سر مسبحه

食指 头 他们磨破 抱 石头 弟子们 其他的

دست جز ایشان را و خون روان باشد باز ایشان

他们 然后 流 血 他老人家 除…外 手

مضرت پیش حضرت شیخ ما پیدا شدند و گفته

他们说 显示 我们 筛海 面前 在 伤口

شکسته وگفتند وَمَنْ يَعْصِ اللّٰهَ فَلَهُ جَزَاؤُهُ

真主的报应 他必遭 真主 他违抗 那个人 他说 (手)磨破了

نقل است که محی الدین محمد قلندری قدس الله سره

尔达兰盖德默罕穆 丁印合穆 传述

گفتند که ما با خواجه ما و محمود تدی قدس الله اسرارهم

丁特卧德默罕穆、 我们 卓 和 和 我 ： 说

در خانقاه حضرت شیخ ما در یک بیت با هم نشستیم

坐 一起 屋里 一个 在 我们筛海 道堂 在

ناگاه حضرت شیخ ما از در آمدند و گفته اند ای عالم

阿訇 哎 他说 进来 门 从 我们 筛海 忽然

لیلجیوی امشب حذر کن حذر کن زیرا که امشب

今晚 因为 你小心 你小心 今晚 灵州

دزدی بود چون رسیدم نیم شب بینم که یک مار

蛇 一条 我看见 夜 半 我来 当 有 一个贼

کلان از در ما آمده پس از گردن وی آوردم و در

在 我捏住 它的 颈部 从 然后 进来 我的 门 从 巨大的

زمین افشاندم و چون بروز برسیدم و آن سرور

头目 那个 我来 白天 在 当 它 我把…摔 地上

حسداء ریش روانی دست وی بر گردن آویخت

挂 脖子上 在 他的 手 到 胡子 嫉妒者们

و از در خانقاه آمد حضرت شیخ ما قدس الله سره

我们 筛海 进来 道堂 门 从

پرسیدند چگونه آویختی وگفت که افتادم ازپشت

背上 从 我掉下来了 ： 他说 你(把手)挂起来了 怎么？ 问

حمار باز حضرت شیخ گفته اند ذلک تخفیف لکم

是

你 对 轻的 那 说 筛海 然后 驴

وحقك ان تموت ووقتی نگذشت وشنودم که

我听到 没过 多久 你死 你 应该

در آن شب ملعون کارد خود بود غزپنجید ودر

在 磨快了 自己的 刀 坏蛋 晚 那 在

موزه خود پنهان نهاد وبرپشت حمار بالا کرد وراند

他追赶 他骑 驴 背 上 他 藏 自己 靴子

وخواست که آزارد حضرت خواجه ما رساله کل

力孔 俩 洒勒 我们 卓 和 他杀害 他想

قدس الله سره ناگاه در راه ازپشت حمار افتد

他掉下来 驴 背上 从 路上 在 突然

ودست راست خود آزارد باز علاج کرد بدست

手 用 他医治 然后 受伤了 自己 右 手

چپ ودر ثانی نشست وافتد وعظم دست

手 骨头 他(又)掉下来 他骑上 第二(次) 在 左

خود برید ودر این گاه قد اخذه الالم ولا یعلم

他知道 不 他疼痛难忍 时候 这个 在 断了 自己

بقوله تعالی ولا تلقوا بایدیکم الی التهلکة ووقع

他摔倒 灭亡 手 你们的手 把 你们投 不要 清高的 真主的 话

146傳述: 寄居在我們的篩海——維尕葉屯拉✽的道堂裡的那些亞爾和多斯塔尼，他們所做的一項義務工作，就是到道堂下面的河谷裡抱來石頭（築堤），以防水患。我們的和卓——勒灑倆孔力除外，對他來說，沒有這項義務。

一天，我們的和卓✽陪同我們的篩海——維尕葉屯拉✽去到那條河邊，我們的和卓跟其他弟子們一樣抱石頭。除了他老人家之外，他們都磨破了手指頭，血流不止。他們在我們的篩海面前展示傷口，並且說：「手磨破了。」我們的篩海說：「違抗眞主的人，必遭報應。」

147傳述: 穆合印丁．穆罕默德．蓋蘭達爾✽說：「在我們的篩海的道堂裡，我和我們的和卓✽、穆罕默德．臥特丁✽一起坐在一個屋裡。突然，我們的篩海從門外進來說，靈州的阿訇（指穆合印丁．穆罕默德．蓋蘭達爾—譯註）啊，今天晚上你多加小心，因爲今晚有個賊。」半夜裡我來到（我的房間）時，看見一條巨蛇從我的門中進來了，我從它的頸部捏住，把它摔在了地上。白天我來到（道堂），那個嫉妒者的頭目——劉鬍子把他的手吊在脖子上，從道堂門中進來了。我們的篩海✽問他：「你怎麼把手吊起來了？」他說：「我從驢背上摔下來了。」篩海說：「那對你來說算是輕的了，你該死！」

時過不久，我聽說，（原來）在那個晚上，劉壞蛋磨[1]了一把刀，藏在靴子裡，騎上驢追趕我們的和卓——勒灑倆孔力✽，他要殺害他老人家。半路上，他突然從驢背上摔了下來，右手受傷了。他用左手揉捏了一番，騎上了驢（繼續追趕），卻又摔了下來，這一次他的手骨折了，當時他疼痛難忍。他不知道眞主說過：「你們不要自取滅亡。」[2]他不可避免地要重重地摔在地上。

148傳述: 當我們的和卓要解手時，他總是走到很遠很遠的地方，而從不在自家的廁所裡解手。

149傳述: 我們的和卓✽的品行自始至終都受到那座城裡的所有人的贊

1 該詞原文無法辨認，譯者根據上下文語氣，揣測譯為「磨」。有待方家指正。

2 《古蘭經》2:195

علی الارض غیر معتمد بلامحالة نقل است که چون

如果 传述 必须地 依靠 无 地上

حضرت خواجه ما قضاء حاجت میکرده اند رفته اند

他去 解手 我们 卓和

دور دور نه در مراح اهل خود البته نقل است

传述 决 自己 家 厕所 在 而不 很远 很远

که افعال و اوصاف حضرت خواجه ما قدس الله سره

我们 卓和 品质 行为

از ابتداء تا آخر مقبول مردان آن بلدة معظم همه

所有人 伟大的 城 那座 人们 被赞佩的 终 至 始 自

بلکه کافران قابلان تر بود چنانکه مشهور است

也是 著名的 正如……那样 更赞佩 外教人 而且

تا کافران گفته اند که خواجه ما نبی بود روزی کافری

是

一个外教人 有一天 圣人 我们 卓和 ： 说 外教人 甚至

از تجارت افتاد و بر وی دین بسیار بود و دل وی

他的心 很多 债 他 欠 倒下 生意 从

تنگیتر باشد و نزدیکتر که مرد و این کافر شبی

有一晚 外教人 这个 他死 几乎 很忧愁

در نوم ببیند که حضرت خواجه ما قدس الله سره

我们 卓和 看到 梦中 在

از در ایشان آمده اند چون انگیخت گفت مر زن

妻子 对 他说 他起床 当 进来 他 的门 从

وی که انی اری فی المنام که آن خواجه نبی مؤمن

民穆 圣人 卓和 那位 梦中 在 我看到 确实 ： 他的

از در ما آمده اند و زوجه وی گوید که من نیز در

在 也 我 ： 说 他的 妻子 进来 我们门 从

امشب چنین بودم باز در دل وی آید که فلعل الله

是

真主 也许 此事来 他的 心里 在 然后 如此的 今晚

ببرکته یرزقنا واذهب عنا الحزن و پرسید مؤمنی

一个穆民 他询问 忧愁 我们上由 消除 给予我们衣禄 他的 吉庆 借

از مؤمنان معاملات کننده‌هان که ما را شأن چنین است

如此的 事情 我遇到 ： 经常交往的

و ما را نوم چگونه بود و نیت کردم که بر جنب آن حضرت

那位 那儿 我 打算 怎样的 梦 我做了

خواجه نبی شما ایشان برفتم روا بود یا نی وگفت رو

你去吧 他说 不行？还是 行 我去 你们的 圣人 卓和

روا بود واشارت کرد ادب دیدن وگفتن باز در راه

路上 在 然后 说话 和 见面 礼节 他 讲解了 行

قضا حاجت بر پیش ایشان بر زانو نشست وگفت که

： 他说 他跪 他老人家 面前 在 解手

شما نبی آسمان بلند و ما را شأن قبض چنین بود

如此的 忧愁 事情 我遇到 上 苍 的 圣人 您

و بر ما نبود جز یک راه موت پس رحمت کنید و رحمت نمایی

您 施顾 您 怜悯 死 路 一条 只有 我

ودست گیر وحضرت خواجه ما قدس الله سره رد کردند

拒绝 我们 卓和 您 帮助

ودر روز دوم آن کافر بپیچید ودر روز سیوم رفته درخانه

家 里 他去 第三 天 在 纠缠 外教人 那个 第二 天 在

خواجه ایشان وبر دو زانو نشسته ونالید وگریست

他哭泣 他呻吟 他双膝跪下 卓和

وحضرت خواجه ما میگفته که روان شاء الله تعالی

真主 意欲 若 你去 : 说 我们 卓和

چون کشاده شود سه عقده ترا شأن تو زیبد باز

然后 适宜 你的 事情 为你 纸团 三个 打开了 如果

گفت این چه سخن بود پس رفته با آن یک مؤمن

民穆 一个 那 对 他去了 然后 是 话呢? 什么 这 他说

گفت این سخن باز گفت توقف کن ان شاء الله

真主 意欲 若 你 等一等 他说 然后 话 这个 他说了

وچند روز گذشت ناگاه پسر یار کهنه وی از دکان

店铺 从 他的 老 朋友的 儿子 忽然 过去了 天 几

وی آمد وپرسید که یا ابت چگونه بالکل اینست

这种 是 你的情况 怎么了? 伯伯 啊! : 他问 来了 他的

وگفت سببان آن واین پسر اندوه وبخشاید

他 大发慈悲 很伤心 孩子 这 它的 前因后果 他讲了

ودر این حال پانج صد سیر نقره بروی اعاره داد

他 借给 他 银子 西尔 百 五 情况下 这种 在

佩，而且一些外教人[1]更是贊佩有加。這是衆所周知的。一些外教人甚至說我們的和卓是聖人。

有一天，一個外教人的生意破產了，他負債累累。心情鬱悶，積鬱成疾，幾近病亡。有一天晚上，這個外教人做了一個夢，他在夢中看到我們的和卓✽從他的家門進來了。起床時他對妻子說：「我的確在夢中看到回民的那位聖人從我們的門裡進來了。」他的妻子說：「我也在昨夜做了同樣的夢。」他心裡想，托他的福，也許老天爺賜予我們衣祿，消除我們的憂愁呢。

他詢問一個長期交往的回民，說：「我遇到了如此如此的事情，我做了怎樣怎樣的夢，我打算到你們的聖人那裡去一趟，行不行？」那個回民說：「行！你去吧。」那個回民又給他講解了見面及談話的禮節。

在和卓外出解手的路上，那個外教人碰見了和卓。他跪在和卓的面前，說：「您是上蒼的聖人，我遇到了如此這般的愁事，我只有死路一條……請您可憐可憐，疼顧疼顧，幫幫我吧！」我們的和卓拒絕了他。

第二天，那個外教人又來糾纏……

第三天，他去了和卓依禪的家裡，他雙膝跪地，唉聲歎氣，抽抽噎噎。我們的和卓說：「你去吧，若主意欲，三個紙團打開時，你的事情就妥善解決了。」他自言自語：「這話是什麼意思呢？」他就去把這個話對那個回民說了。那個回民說：「你等等吧，托靠真主。」幾天過去了。突然有一天，他的一個老朋友的兒子來到了他的店鋪裡，問他：「伯伯，您怎麼啦？怎麼愁眉苦臉的？」他把前因後果說了一遍，這個孩子聽完非常同情，並且大發善心，偷偷地借給了他五百兩銀子。

他的兩個債主每天來罵街討債，他們倆人都企圖得到他的店鋪。那個外教人對此一無所知，他（對那倆債主）說：「我想把貨物抵給你們；或者我給你們寫個保證書，每年按約定的數額償還（你們的欠債）」（倆債主不同意），他們爭吵不休。此時，他們中知書達禮的士紳們都說：「把你們的事情交給老天爺，讓他來判斷吧，我們無需費力——我們寫三個紙條，一個上面寫

1 外教人（كافران）：沒有共同信仰的人。

برسبیل خفاء ودو صاحب مال اصل وی هر روزی

天 每 他的 债主 两个 偷偷地

سبب گویند وطلب دین کردند وارادهٔ ایشان دکان

是

店铺 他俩的 目的 债 讨 骂街

ویست وآن کافر نداند وگفت ارادهٔ ما بضاعت دادن

给 货物 我的 愿望 他说 不知道 外教人 那个 他的

یا نقش کنم رقعة وتعیین کردم در هر ساله تأدیة

还 年 每 在 我 规定 保证书 我 写 或者

چنین وچون نزاع وغوغا ایشان نرفت فاضلان

有才华的人 消失 不 他们 吵嚷 争执 当 如此的

عادلان عاقلان ایشان همه گفته اند که شما را شأن

事情 你们的 : 说 都 他们中 懂道理的 公道的

برخدا سپردیم ولی الحکم ومارا دراین تکلف نیست

没有 费力 这事 在 对我们来说 他断 让 我们交付 真主 于

ونقش کنم سه رقعة ودر یکی دکان کنم ودر یکی

一个上 在 我(写) 店铺 一个上 在 字条 三个 我 写

بضاعت ودر یکی درم وعقده کردم وهر که یکی

一个 每一个人 我 揉成团 钱 一个上 在 货

از این سه عقده برد آن بروی بود وچنین کردند

就

他们做了 这样 他 归 那个 他拿到 纸团 三个 这 从

در آخر آن دو صاحب مال دو عقده بردند وکشایند

他们打开 拿到 纸团 两个 债主 两个 那 最终

والمکتوب در یکی متاع بود و در یکی درم بود و آن

那个 钱 一个上 在 货 一个上 在 写的

کافر بر یکی که دکانی بود باز تنازع از ایشان رفته

消失了 他们 从 争执 然后 店铺 那 一个 拿到 外教人

وسلامت یافته اند و در این زمان یاد کنند سخن

话 他说起了 时候 这个 在 他们得到 平安

حضرت خواجه ما قدس الله سره وگفت آن نبی عالم

知先知的 圣人 那位 他说 我们 卓和 的

الغیب والشهادة حقیقت است واز شکر در پیش

面前 到 感谢 出于 真正的

ایشان حضرت آمد و بر دو زانو نشسته و پنجاه سیر

西尔 五十 他双膝跪下 他来 他老人家

نقره و یک دسته بوی بر ایشان هدیه نهاد و حضرت

他赠送 他 给 香 包 银子

خواجه قبول نکردند وگفته اند که ما مؤمن بودم و شما

你 民穆 我 ： 他说 没有接受 卓和

کافر و چگونه بردم هدیه شما و در آخر بسبب حاجت

央求 因为 最终 你的 礼物呢？ 我拿 怎么 外教人

بسیار مردان آن دسته بوی بردند نقل است

传述 他拿了 香 一包 那 人 许多

که دوستی ما گفته در این پیش در زمان میان ساله

年 中 时期 在 之前 这 在 ： 说 我的一个朋友

ما الطلب العلم در چینْدُو فُوئّ میرفتم ودر آن مدرسة
学堂 那个 在 我去 都 成 到 学 求 因 我

خواندم چند ماه روزی استاد ما رحمه الله در کتاب وقایة
本业嘎俸《经典中 在 我的 师父 有一天 月 几个 我学习

الروایة در باب ذبائح گفت المذبوح تحت العقدة حلال
是
合法的 喉结 以下 被宰动物： 说 宰牲 篇 在 《耶瓦雷

وخوردن روا بود وگفتم شنودندم که در زمان گذشته
是
过去的 时期 在 我听 我说 准许的 吃

حضرت شیخ ما وقایة الله قدس الله سره حکم کرد بحرام
非法 以 论断 拉本叶尔维 我们 筛海

آن و دفن کردند چند مذبوح زیر عقدة در زمین ونخوردند
他不吃 地里 在 喉结 以下 被宰动物 几个 他 埋

ونخورانیدند باز استاد ما گویند که آن خواجه ایشان
卓 和 那个 ： 说 我 师父 然后 他不让人吃

جاهل است وما نفس وهوی انگیختیم وگفتم این
这 我说 怒不可遏 我 无知之人

چه سخن بود وحضرت محمد عبد الجلیل قدس الله سره
是
力力哲 杜布阿 德默罕穆 话 什么

عالم نبود ومحمد وتدی قدس الله سره عالم نبود وعالم
阿訇 不是 阿訇? 丁特卧 德默罕穆 不是 阿訇?

ثانی فکیاَنتی عالم نبود وذکر کنم بسیار علماء که
阿訇 好多 我提到 不是 阿訇? 羌 伏 二

『店鋪』，一個上面寫『貨』，一個上面寫『錢』，我們把這三個紙條揉成團，你們三個人，誰拿到的紙團上寫著什麼，什麼就歸他。」他們就這樣做了。

最終，那倆債主各拿了一個紙團，打開一看，一個上面寫著「貨」，一個上面寫著「錢」。那個外教人拿到的紙團上面寫著「店鋪」，爭執遂息，大家也都相安無事了。此時此刻，那個外教人想起了我們的和卓✽的話，他感慨地說：「那位聖人是個眞正的未卜先知的人。」出於感謝，他來到了他老人家的面前，雙膝跪下，拿出五十兩銀子和一包香料作爲禮物送給和卓。和卓沒有收，他說：「我是個回民，你是個外教人，我怎麼能收你的禮呢？」最終，在衆人的央求下，他老人家收下了那包香料。

150傳述：我（指作者—譯註）的一個朋友說：「以前，在中年時期，我到成都去求學，在那個學堂裡我學習了幾個月。有一天，我的老師講到《偉噶業屯雷瓦耶》經典的〈宰牲篇〉時，他說：『在喉結的下邊[1]被屠宰的（動物）是合法的，可以吃。』我說：『我曾聽說，在過去的光陰裡，我們的篩海——維尕葉屯拉✽以非法論斷了那種被屠宰的（動物），他還埋掉過幾個那樣的被屠宰的（動物），他自己不吃也不讓別人吃。』我的老師說：『那個和卓是瞎漢。』我一聽怒不可遏，我說：『你說的這是什麼話？！穆罕默德．阿布杜哲里里✽不是大阿訇？穆罕默德．臥特丁✽不是大阿訇？伏羌二阿訇不是大阿訇？』我列舉了好多學識淵博，操守出衆的大阿訇，我說：『這些老人家哪一個學識不如你？哪一個教門操守比你差？你怎麼這麼自大傲慢呢？我還沒見過像你這樣的人，我不跟著你念這個經了，沒用！難道你沒有聽說過，輕視篩海的衣服是大逆不道的嗎？』他說：『海里凡！你我師徒之間怎麼可以一口一個「你」、「我」呢？！』當時我的脾氣越大了，我說：『你眞可憐！我們贊聖還念：「你是太陽，你是月亮，你是光上光」……你算什麼東西？！』以眞主發誓！我做得很不禮貌。我說：『

1 該處原文為（المذبوح تحت العقدة）：直譯為「在喉結的下邊被屠宰的」按照伊斯蘭教法規定，宰殺可食的動物，應宰於喉結的下邊，喉結處於刀口的上邊，亦即「刀口的左邊」。「在喉結的下邊被屠宰的」本身就符合教法規定，並無異議。據查「偉」經，此處原文是 فلايجز فوق العقدة（在喉結的上邊屠宰使不得），教法學家對於「在喉結的上邊被屠宰的」是否合法可食有分歧。下面的波斯文：مذبوح زير عقدة（在喉結下邊被宰的）應是مذبوح زبر عقدة（在喉結的上邊被宰的）。

ایشانرا علمهای بی حد بودند و دینهای بی قیاس وگویم

我说 无比的 教门操守 无限的 有 知识 他们

علم این همه خواجگان کمتر زعلمت بود و دینهای ایشان

他们 的 教门操守 你的知识 比 更少吗? 老人家 些 这 知识

کمتر زاسلامت وازکجا انانیت وکبرت بود و ما نظرت

我见过 没有 你的傲慢 你的自高自大 有 哪里从 你的 操守 比 更少

مثلک ونخواندم این کتاب از تو بی فایده واما سمعت

你听说 难道 无益的 你 跟 读 这个 我不念 你的像

که حقارت جامهٔ مشایخ کفر است وگفت ای خلیفه

法立海 哎 他说 大逆不道 是 筛海 的 衣服 轻视

در میان ما استاد و تلمیذ لفظ تو من چگونه روا باشد

可以呢? 怎么 '我' '你' 之词 徒 师 我们 之间 在

وآنگاه هوی ما زیادة بود وگفتم که تو وبال شدی

真可怜 你 : 我说 越大了 我的 脾气 那时

وخواندیم در حق مصطفی صلی الله علیه وسلم

赐平安 并 他 于 真主 赐福 法塔斯穆 关于 我们念

اَنْتَ شَمْسٌ اَنْتَ بَدْرٌ اَنْتَ نُورٌ فَوْقَ نُورٍ

光 上 光 是 你 月亮 是 你 太阳 是 你

وتو چیست بالله کردم بسیار بی ادب وگفتم هذا

这 我说 礼貌 无 很 我做了 真主 誓以 算什么? 你

فراق بینی وبینک باز براه عود ورجوع میرفتم

我走上 返 回 路 然后 你 和 我之间 分道扬镳

چون گذر راه ما پپینلانفوی گذشت و بر صحبت خواجه

卓和 陪伴 凉平 我 路 过 当

ما حضرت ایشان محمد جوفی قدس الله سره میرفتیم

我去 非召 德默罕穆 我们

باول ملاقات ایشان گفته‌اند که آن هم (是) دین است

教门 也 那样做 ： 说 他老人家 见面 初 在

وهم آنست (是) بئس العبد هوی المضل والفقهاء

教法学者 使人迷路的 欲望 仆人 真恶劣！ 迷人之处 也

لهذه الطایفة کالفراعنة للرسل وبنده ناتوان

无能的 仆人 众使者 对待 法老王 就如 伙人 这 对待

عبدالقادر گفته که در اول مرة که صحبت ایشان رسیدیم

我去 他老人家 陪伴 那 一次 头 在 ： 说 尔底尔杜布阿

با یار خود حضرت خواجه ما قدس الله سره میگفته‌اند که

： 说 我们 卓 和 自己 朋友 和

ائتونی ولا تکونوا مذبذبین ولا تنتشرون

你们不要乱 摇摆不定 你们不要 我这里 你们来到

فی الاستمساک زیراکه از ولایة تا چینی شیخ اعظم

更伟大的 筛海 中国 到 耶俩继 从 因为 抓揽

ز شیخ ما نبود و دین حق‌تر ز دین شیخ ما نبود زیراکه

因为 没有 我们 筛海 的 教门 比 更真 的 教门 没有 我们 筛海 比

دین ما (是) دین ثابت از بحث دانشمند سابقان بود

前辈 学者 论证 通过 确定下来的 教门 我们的教门

واسلام ما اسلام امان کرده دلهای از فسادهای شد

败坏 从 心 使安全的 伊斯俩目 我们 是 伊斯俩目

نقل است که در پنج وچهل ساله شیخی همدانی علوی هیکل

立克海 阿立派的 哈马丹地方的 一位筛海 年 四十 五 在 传述

قدس الله سره برآمده اند در بلده قُوْلَنْفُوىّ ودر آنجا اقامت

那里 在 府兰皋 城 到 来

کردند دو ماه باز خواسته که رجوع کند وپرسیده اند

有人问 回家 他要 然后 月 两个 他居住

که زیرا چه آمدی وبچه سبب رجوع کردی باز گفتند

他说 然后 你 返回 原因 什么 因 你来了 什么 因为

از بیم گمراه مسلمان در چینی آمدم چون برسیدم در

到 我来 当 我来了 中国 在 穆斯林 迷路 担心 因为

اینجا دانم که در چینی مرشد هادی وطبیب حاذق بود

良 医 指引正道的 导师 中国 在 我知道 这里

شیخ الثقلین علم الحرمین شاه وقایة الله قدس الله

拉表叶尔维 赫沙 麦加和麦地那 旗帜 人类和精灵 筛海

سره وپرسند که چگونه دانستی باز گفته اند

他说 然后 你知道 怎么? 有人问

اشارة کننده بر جانب راست که بینید که آن نور

光 那道 你们看 右 边 指着

تجلی چگونه پیدا شد ما اعظم وما اعلی والله

真主 他真高尚! 他真伟大! 显现 如何 光辉

你我之間就此分道揚鑣吧。』然後，我踏上了回家的路。」

路過平涼時，我去陪伴我們的和卓──哈祖勒提依禪．穆罕默德．召菲✽。見面之初，他老人家就說：「那樣做也是教門，也是迷人之處。」誘人迷路的僕人的欲望眞惡劣！教法學者對待這夥人（指蘇非篩海），猶如法老王對待衆使者。

無能的僕人──阿布杜尕底爾說：「我和朋友第一次去陪伴我們的和卓✽時，他老人家說：『你們既然來到了我這裡，就不要再搖擺不定了，不要亂抓攬。因爲，從維倆耶到中國，再沒有比我們的篩海更偉大的篩海，也再沒有比我們的篩海的教門更眞的教門。因爲我們的教門是通過前輩的學者們的論證而確定下來的教門，我們的教門操守是正心誠意的教門操守。』」

151傳述：（乾隆）四十五年，哈馬丹地方的阿拉維派篩海──海克立✽[1]來到了皐蘭府。在那裡住了兩個月之後，他要回家，有人問他：「你因爲什麼來了？又因爲什麼要回去？」他說：「因爲擔心中國穆斯林迷路我來了。來到了這裡我才知道，中國有指引正道的導師和良醫、人類與精靈的篩海、麥加與麥地那的旗幟──沙赫．維尕葉屯拉✽。」有人問：「您是怎麼知道的？」他指著右邊說：「你們看，那道『臺展倆』的光輝是怎麼顯現的？他眞偉大！他眞高尙！『眞主已在你們中派遣了使者，他把眞主的跡象宣讀給你們，他使你們純潔，並把你們所不知道的教授給你們。』[2]所以，我要回去了，謝謝你們！」

152傳述：有一天，哈馬丹地方的阿拉維派篩海──海克立啓程回國，（皐蘭府）當地的穆斯林來送行。突然，在他們經過的路上有一隻腫脹的死狗，人們全都用兩手捂著鼻子躲得遠遠的。只有那位哈祖勒提．依禪（指海克立—譯註）走到了那隻狗跟前，跪在它的前面，伸開兩手，作了很長時間的祈禱。

然後，他站起來問：「你們爲什麼捂著鼻子？你們會說這是一隻腫脹的死

1 海克力．哈馬丹．阿拉維耶（هيكل همداني علوي）：這一名字意為「哈馬丹地方、阿里派的海克力」。它就是今日著名的阿拉維派（意即阿里派）。此一句表示，在乾隆四十五年，伊朗什葉派宗教人士也曾經來到過甘寧青地區。

2 《古蘭經》2:151 引文與原文有出入，沒有完整引用原文。

قد بعث فیکم رسولا یتلو علیکم ایاته ویزکیکم

你们 他使洁净 他的迹象 你们 给 他宣读 使者 你们中 在 派遣

ویعلمکم ما لم تکونوا تعلمون پس بر ما

我 你们知道 不曾 你们 他教给

رجوع کردن و بر شما شکر کردن نقل است که روزی

有一天 传述 谢谢 你们 回去啦

حضرت شیخ همدانی که هیکل ایشان علوی بود

阿里派的 立克海 哈马丹地方的 筛海

رحلت کردند و مسلمانان آنجای افضاء کنند ناگاه

突然 送行 里那 的 穆斯林 起程(返回)

در گذر راه ایشان سگی مرده گنده بود و مردان ایشان

人们 肿胀的 死 有一只狗 他们 的 通道 在

همه پوشیده اند بینی خود بدو دست و رفته اند

他们 去 手 两 用 自己 的 鼻子 捂住 全都

دور دور جز آن حضرت ایشان که رفته اند بر وی

它(跟前) 到 他 走 他老人家 除…以外 很远 很远

و بر دو زانو نشستند بر پیش وی و دو دست

手 双 它 前边 在 他双膝跪

خود بسط نهند و حاجت کردند وقت دراز

很长的 时间 他 祈求了 他伸开 自己

باز انگیختند و پرسند که چرا پوشیده اند بینی خود

自己 鼻子 他们 捂住 为什么 : 他 问 他就起来 然后

وگوييد اين سگى مرده گنده شد وندانيد كه نه دور

久 不 你们不知道 那种腐的 死 一只狗 这 你们说

اولياء الله بسيار در اينجا همچون اين سگى افتاده اند

被扔 只狗 这 像 这里在 很多 真主的 卧里

اِنَّا لِلّٰهِ وَاِنَّا اِلَيْهِ رَاجِعُونَ ودر ساله دوم بلاء ومحنت

灾祸 灾难 第二 年 在 归 他 于 我们 由真主掌管 我们

شش ساله افتد چنانكه گفته اند نقل است كه

传述 他所说的那样 正如 发生了 年 六

در زمان گذشته عالم ابوبكر اُمّى رحمة الله عليه

米吾·尔克白布艾 阿訇 过去的 光阴 在

از كاشغرى ربابى بردند ونزد وقت غلبه شوق

渴望主 难以自己 时 在 带来 一把热瓦甫琴 尔噶什喀 从

استعمال كنند وجهلاء وعلماء رسمى ايشان همه

全部 他们 世俗的 阿訇 无知之人 他 弹奏了热瓦甫琴

زبانهاى ذمّيت وملامت كشاده اند درمقابلة

面前 在 开 非难 斥责

حضرت ايشان تَيْنسيانْدَايَه قدس الله سره بازگفته اند

他说 然后 爷大 相 泰

ضحك كننده كه لوموا انفسكم فانكم لا ترون

你们看见 不 因为 你们 自己 你们埋怨 ： 笑着

الدين ولا تدرون الاسلام وارايتم ان نظرتم

你们观看 如果 你们看到 伊斯兰 你们懂 不 教门

ان الزمرة يعمل كذا وكذا باز حضرت شيخ ما قدس الله

我们 筛海 然后 如此 如此 干 一伙人

سره اين سخن بشنونده اند وپرسند بعض دوستان

尼塔斯多 一些 他 问 听到了 语 这个

شنودم كه دايه گفته چنين سخن راست بود يا

还是 是真的？ 语 如此 说了 爷大 ： 我听说

نى وجواب گفت حق است وراست است

是实的 是真的 他说 回答 不(真的)

زيراكه ما بخود شنودم پس حضرت شيخ ما

我们 筛海 然后 听到 亲自 我 因为

قدس الله سره گفته اند كه سخنهاى ايشان همه حق

是

真话 全部 他 的 话 说

است زيراكه ملائكه در آسمان هفتم ايشان چنين

如此的(话) 他们 第七层 天上 在 天使 因为

گفتند چنانكه گفته اند ولكن در وى زبان پسران

男孩子 伤害 它里 在 但是 他所说的那样 正如 说了

حكمة الله در ساله دوم پسران همه وفات كنند

归真了 所有 男孩子 第二 年 在 真主的 智慧

انا لله وانا اليه راجعون اينجا حقيقت

真谛 这里 归 他 于 我们 由主执掌 我们

المكثار كحاطب الليل پيدا شد نقل است كه

传述 显现了 夜间 砍柴人 如 嘴碎者

狗。但你們不知道，不久，眞主的很多臥里就像這隻狗一樣被扔在這裡。」「的確，我們由眞主掌管，的確，我們要歸於他。」[1]

次年，（乾隆四十）六年的災難發生了，情況正如他所說的那樣。

153傳述：在過去的光陰裡，艾布拜克爾．吾米阿訇從喀什噶爾帶來了一張熱瓦普琴[2]。在渴望眞主難以自已的時候，他就彈奏了。

一些無知之人和世俗的阿訇全都在泰相大爺面前貶責（這件事），大爺笑著說：「你們埋怨自己吧，因爲你們看不見教門，不懂伊斯倆目，如果你們睜眼看看，你們會看到，一夥人在幹著如此如此的事情。」

我們的篩海✽聽到了這個話，他問一些多斯塔尼：「我聽說大爺說了如此如此的話，是不是眞的？」回答：「是眞的，我親耳所聽。」我們的篩海✽說：「他的話全是眞的。因爲第七層天上的天使們也說了這樣的話，如出一轍。但是，說這樣的話對男孩有傷害——是眞主的奧祕。」

在第二年裡，男孩全部夭折了。「的確，我們由眞主掌管，的確，我們要歸於他。」[3]在這裡，「嘴碎者如同夜間砍柴人」[4]的眞相顯現了。

154傳述：有一天，周禮阿訇來陪伴我們的和卓——勒灑倆孔力．穆罕默

---

1 《古蘭經》2：156

2 中亞維吾爾、烏茲別克等突厥民族善用的一種彈絃樂器。此處資料說明，蘇非派在贊念活動中不僅使用鼓，甚至使用熱瓦普琴。它表明早期哲赫忍耶在蘇非實踐中摻入的中亞色彩以及馬明心教團與中亞突厥人蘇非教團之間的淵源與往來。音樂化的蘇非贊念不能容於習俗封建的中國農民，此處記載即其衝突的一例。魏源《國朝甘肅再征叛回記》雲：「初，撒拉爾黑帽回者……所奉墨克回經，舊皆默誦。有循化廳馬明心者，歸自關外，見西域回，經皆朗誦，自謂得真傳，遂授徒，號新教」——也與《熱什哈爾》保存下來的中亞痕跡相互呼應。馬明心與中亞費爾幹納-喀什噶爾之乃格什板丁耶蘇非派的關係，能從哲派的《尼斯白提》（道譜）以及這一派維吾爾人的記憶中窺見一斑。甘青之間的撒拉爾人操突厥語。張承志《心靈史》提出，根據馬明心妻子為撒拉族且堅持在撒拉爾地區傳教、他歸國的時間與路線、兩地都戴的六角帽、維吾爾老人在無人提示的情況下主動說出三代之前祖父曾接納過一個「從麥加回來的撒拉人穆里德」等資料，推測那個「撒拉人穆里德」很可能即是馬明心。（《心靈史》改定版簡裝本p36—37）但以後哲赫忍耶派並沒有強調這一淵源。不僅哲赫忍耶派，蘇非讚頌儀式中的音樂伴奏，幾乎無一例外地被排擠出了回族諸門宦的儀禮。熱瓦普琴的故事，正是這一改造過程的痕跡。

3 《古蘭經》2：156

4 阿拉伯語諺格。（自己不能防備時，常被蛇蠍咬。比喻因嘴碎多言而自己遭殃）

روزی جیولی آخون رحمه الله بر صحبت حضرت

陪伴　訇　阿　礼　周　有一天

خواجه ما رساله کل محمد جوفی آمدند چون رحلت کردند

他起身(返回)　岁　来　非 召 德默罕穆　我们 卓 和

ایشان قدس الله سره گفته اند که اگر پرسد که چگونه

怎么 ： 有人问 如果 ： 说 他老人家

خوانید لا اله الا الله یک صد بار و محمد رسول الله

是

真主 的 使者 德默罕穆 遍 百 一 真主 除…外 主宰 没有 你们念

یک بار بگو که یک صد بار نفی و اثبات نزد عاشقان

爱主之人 在…看来 肯定 与 否定 遍 百 一 ： 你说 遍 一

یک بار بود باز بعد از رجوع ملاقات کرده اند دانشمندی

一个阿訇 他 遇见了 回家 之后 然后 遍 一

از دوستان و آن عالم پرسد که حضرت خواجه ما قدس

我们 卓 和 ： 问 阿訇 那个 尼塔斯多 中

الله سره با شما چه گفته اند و گفت حکمة الله

真主 的 奥妙 他说 说了 什么? 你 和

حضرت خواجه ما گفته اند که اگر پرسند چنین

如此的 有人问 如果 ： 说 我们 卓 和

بگو که چنین بود باز آن عالم برانگیخته و خوانده

他念 站起来 阿訇 那个 然后 如此的 ： 你说

الحمد لله چند بار و گفته که مشکل ما رفته بود

解决了 我的 问题 ： 他说 遍 几 真主 归一切赞颂

نقل است که
传说

روزی دوستی از دوستان
有一天 一个提斯多 尼塔斯多

ما بر صحبت حضرت خواجه ما قدس الله سره
我们的 陪伴 皇和 我们

برآمده و خواسته که بپرسد که همه درهای مختلفها شادی
来 他想 问 所有 门宦 不同的 事情

ایشان چگونه است ولیکن نپرسید باز حضرت خواجه ما قدس الله سره گفته اند
他们的 是 怎样的？ 但是 他没有问 然后 皇和 我们 说

که آن درهای مختلفها ایشان همه در اصل خوب است و فسادها پیدا شد بسبب
那些 门宦 不同的 他们 都 根本上在 是 好的 变坏 出现了 因为

کسب کردن فروع ایشان و دروغ گفتن و مکر و مجاز کردن باز گفته اند
营干 枝节 他们 说谎 用计谋 弄虚做假 然后 他说

و ما نگفته ام درهای دیگران و هم دین ما اکنون نیز در انتشار بود و بر
不 我说 门宦 别的 我们的教门 现在 也 在 纷乱评

دل وی آمده که در یک حرف بلکه در یک حرکة اقتدا کردیم بایشان
他心里想 在 一个 字母 不然 在 一个 动符 跟随 我们 向老人家

قدس الله سره پس از کجا در دین ما غلط و انتشار بود
那么 从 哪里 在 教门 我们 有 错误 纷乱

باز ایشان گفته اند که هیچ ریش رواحی نیز
然后 他老人家 说 喷 胡子 刘 也

اسلام تلقین کرد و ندانم که چون
教门(操守) 传授 我不知道 如果

دیگران خواستند
别人 讨(要)们

چه دهد
他给 什么呢？

نسخ
另一个版本

نقل است که روزی وِی کِیَا با آخُونْ سَالاَرِیّ از تجربه
考验 出行 拉撒的 訇阿巴加魏 有一天 传述

آمده بر جنب حضرت خواجه ما محمد جوفی قدس الله سره
非召 筵默罕穆 我们 卓和 身边 到 来

باز پرسیده اند که در کجا و گفتند که لاخادر سِینِنْقُوِیّ
府宁西 的 哈拉 : 他说 什么地方 在(你) 他问 然后

بودم و گفتند که غلط کردم و دانستم شما را وِی کِیَا با
巴加魏 你 我把…认成了 我认错人了 他说 我住

آخُونْ سَالاَرِیّ و در حال شرمسار رفته بود
他 离去了 羞臊地 当时 拉撒的 訇阿

نقل است که در بلدة فُکِیَانِنِی اخوة چهار کسان بود
人 四 弟兄 羌伏 城 在 有 传述

وایشان همه عالمان چینی بودند ای ذودرة و مرتبة
地位 钱财 有…的 即 中国的 知识分子 全都 他们 是

وایشان همه در دین حضرت مولینا قدس الله سره بودند
我们 毛拉的 教门 遵行 全都 他们

جز کلان زیرا که او بر دین قدیم است و روزی
有一天 目迪格 教门 遵行 他 因为 老大 除…之外

حضرت شیخ ما بآمده اند و چهار از ایشان دعوت کند
邀请 他们 中 老四 来了 我们 筛海

و گفته با کلان برادر وی که ما دعوت کردم فرداروز
天 明 邀请 我 : 他的 哥 大 对 他说

德．召菲✽。當他起身返回時，依禪（對他）說：「如果有人問：『你們怎麼念「萬物非主，唯有眞主」一百遍，而念「穆罕默德是眞主的使者」一遍？』你告訴他：『在愛主之人看來，一百遍否定與肯定相當於一遍』。」回到家後，他遇見了一個多斯塔尼的阿訇[1]，那個阿訇問他：「我們的和卓✽對你說了些什麼？」他說：「我們的和卓說：『如果有人問否定與肯定的遍數，你就這樣回答……』」那個阿訇站起來念了幾遍「一切讚頌，全歸眞主」，並說：「我的問題解決了！」

下面斜體（見頁317）是上述傳述的另一個版本：

傳述：有一天，我們多斯塔尼中的一個朋友來陪伴我們的和卓✽，他想問和卓：「不同的門宦的情況是怎樣的？」但是他沒有問。我們的和卓說：「那些不同的門宦，根本上都是好的。敗壞就出現在他們對細枝末節的行爲方面，以及出現在撒謊欺騙，施謀用計，弄虛作假上。」他老人家還說：「我不只是說別的門宦。現在，我們的教門也在紛亂中。」那位朋友心裡想，如果（哪怕）在一個字母，不，（甚至）在一個符號上，我們跟隨他老人家，那麼，在我們的教門裡，怎麼會有錯誤和紛亂呢？！他老人家又說：「嗨，劉鬍子也傳授教門操守著呢！我不知道，如果別人來（向他）討（教門操守），他拿什麼給人家呢？！」

155傳述：有一天，撒拉的魏家巴阿訇來考驗我們的和卓——穆罕默德．召菲✽，和卓問他：「你家在哪裡？」他說：「在西寧的拉哈。」和卓說：「哦，我認錯人了，我把你認成撒拉的魏家巴阿訇了。」他當時羞臊地離去了。

156傳述：伏羌城裡有兄弟四人，都是中國的士紳，即有財有勢的人。除老大遵行格迪目教門外，其他三兄弟都遵行我們的毛拉✽的教門。

有一天，我們的篩海來到了（伏羌城），三兄弟中的老四邀請（我們篩海）。他對他大哥說：「我明天邀請哈祖勒提依禪哩，你也來吵。」

這天晚上，老大做了一個怪夢。早上醒來，他心裡忐忑不安。他對一個朋友

---

1 指同屬一個門派的阿訇。

حضرت ایشان پس نیز آمدی باز در این شبی بیند

他作了 晚 这 在 然后 你来 也 他老人家

خوابی غریبی باز چون برسد بر صبح ترسید و گفته

他说 他害怕了 早晨 在 他到 当 然后 奇特的 一个梦

با دوستی از دوستان وی امشب بینیم در خواب که

梦中 在 我看到 今晚 他 的 一个朋友 对

فرقان که در تابوت کتابهای ما بود گفته سخنهای

话 说 我的 书 柜 放在 那本 《古兰经》

جمالتر و خوبتر و پرسید از عالم حی ولیکن نتواند

他不能够 但是 部族 的 阿訇 他询问了 很好的 很漂亮的

تعبیر آن خواب و گفته انتظار کنیم و در وقت زوال

午后 的 时候 在 我等着 他说 梦 那个 圆

حضرت شیخ ما بر خانه ایشان آمده اند و از اضطراری

迫不得已地 来 他 家 到 我们 筛海

نیز آمد و اقبال کند و حضرت ایشان ما بر اعلی خانه

房 上 在 我们 老人家 他迎接 来了 也

ایشان بر پیش تابوت کتابها نشیند و کلان برادر

哥 大 坐 书 柜 前 在 他 的

ایشان استد بر پیش در و در این حال حضرت

时候 这 在 门 前 站 他 的

ایشان ما گفته اند سخنها چنانکه در خواب بیند

他看到 梦中 在 正如…那样 一些话 说了 我们 老人家

نه کم و نه بسیار باز آمده از بیرون در و نشیند

他跪 门 外 从 他进来 然后 多 不 少 不

زانو در پیش حضرت ایشان و گفته ایشان حق است

真的 他老人家 他说 他老人家 前面 在

و راست است ای مولی ده مرا ایمان حقیقی کنی

真正的 信仰 我 你给予 拉毛 哎 正确的

و توبه نصوحه کنی زیرا که دانم از این روز که تو هم

就 你 天 这 从 我知道 因为 忠诚的 忏悔

قرآن بودی و قرآن بود هم تست باز رفته در زمرة

队伍 加入 然后 你 是 就 《古兰经》 是 《古兰经》

اهل سعادة از سالکین تا برسید در صف شهدای نه

九 烈士 行列 他进入 来到 修行的人 幸运之人

ساله اولئک مع الذین انعم الله علیهم من النبیین

众先知 他们 于 真主 施恩 那些人 与…同在 这等人 年

والصدیقین والشهداء والصالحین وحسن اولئک

这等人 很好 善良的人 忠信的人

رفیقا نقل است که حضرت شیخ وقایة الله قدس الله

拉屯叶尔班 筛海 传述 伙伴

سره گفتند که اذا استوی عیناک والشمس فذلک

那 太阳 同 你的两眼 相平了 当 : 说

عین وقت العصر نقل است که حضرت شیخ ما

我们 筛海 传述 晡礼 时间 正是

شاه وقاية الله قدس الله سره گفتند که اذا كتفك الايمن في مقابلة

相对 右 你的肩膀 当 : 说 拉屯叶尔维赫沙

المكيل الايسر فقبلتك مستقيمة ولا ميل فيه

偏斜 没有 端正的 你的 朝向 北 斗(星)

نقل است که حضرت خواجه ما محمد جوفی قدس الله سره

非召 德默罕穆 我们 卓 和 传述

در سجن بودند ودر يوم تسع وتسعون امير قفناء کرد

判决 官吏 九十 九 天 在 牢里 在

بحذف سلسله از ایشان وگشادن قلسم بای کلید

钥匙 什么 用 锁 打开 地 从 枷锁 去掉

قلسم نگشاید ودر یک صد روز قلسم از سلسله بآسان افتد

掉下了 轻易地 枷锁 从 锁 天 百 一 在 打不开 锁

نقل است که در شبی حضرت مولانا شاه وقاية الله

拉屯叶尔维赫沙 我们毛拉 一个晚上 在 传述

قدس الله سره گفتند که ما وليّ از بعد روان کیه لین

是

廉 介 刘 之后 里卧 我 : 说

بودم وقال ابو علامة رحمه الله وكان حضرت مولانا

我们毛拉 曼拉艾布艾 说

الاعظم محمد جوفی قدس الله روحه العزيز في علة

病 在 非召 德默罕穆 伟大的

الوداع وان حبيبي محمد حق رحمه الله استعمله

他 给…服用 格罕 德默罕穆 我的朋友 辞世

說:「昨晚我夢見我的書櫃裡的那本《古蘭經》說了些非常漂亮優雅的話。」他向家族裡的一個阿訇求解,但是他無法圓那個夢。於是,他說:「我等著吧。」

午後,我們的篩海來到老四家裡,老大迫不得已地也出來迎接。我們的老人家走進老四家的上房,坐在了書櫃前,他們的大哥站在門口(觀望)。這時,我們的老人家說了一些話,正如老大在夢中見到的那樣,不少不多。

他從門外進來,跪在哈祖勒提依禪的面前,說:「依禪是眞的。毛拉啊,請您把眞正的信仰指引給我,請您給我做一個眞誠的討白。從今天起,我知道了,您就是《古蘭經》,《古蘭經》就是您。」後來,他加入了修行者中幸運之人的隊伍。直至他進入了(乾隆四十)九年的烈士行列。「這等人,都與眞主所施恩的衆先知,誠實者,殉教者,善良者同在。這等人,是很好的夥伴。」[1]

157傳述: 篩海維尕葉乇拉✲說:「當你的兩眼同太陽成平行時,那正是晡禮的時間。」

158傳述: 我們的篩海——沙赫．維尕葉乇拉✲說:「當你的右肩膀與北斗星相對時,你正朝向著天房,不偏不倚。」

159傳述: 我們的和卓——穆罕默德.召非在牢獄里,在九十九天那天里,官吏判決去掉他的枷鎖,可是鎖子怎麼也打不開,而在一百天那天里,鎖子很輕易地掉落了。

160傳述: 在一個晚上,我們的毛拉——沙赫．維尕葉乇拉✲說:「我是繼劉介廉[2]之後的一位臥里。」

艾布艾拉曼說:「我們的偉大毛拉——穆罕默德．召菲✲病危時,我的

1 《古蘭經》4:69

2 劉介廉:劉智(約1655—1745),清初著名伊斯蘭學者。字介廉,號一齋。上元(今江蘇南京)人氏。主要著作有:《天方性理》,《天方典禮》,《天方至聖實錄》等。其中《天方性理》將伊斯蘭教傳統教義與宋儒「天人性命」之學結合起來加以闡釋,運用宋明理學的範疇、命題、思辨方式論證伊斯蘭教教義;《天方典禮》被收入「四庫全書總目提要」存目中。

شفاء فقال له نم وقتا فلعله افاد ثم حضرت مولانا

我们毛拉 然后 有益 它或许 一会儿 您睡 他对他说 药

قد قهره صوتا وقال هي اني لا انمت في ثلاثين سنة

年 三十 在 我睡觉 没有 咳! 他说 厉声 他训斥

اليوم تنيمني وقال يوما حضرت مولانا قد يحلق

剃 我们毛拉 有一天 他说 我 你让…睡觉 今天

رأسه فقعد على ركبتيه على سريره ثم حبيبنا كيه ريش

胡子 七 我的朋友 然后 他的 床 上 他跪 他的头

رحمه الله قد اتي وايضا جلس في مقابلته فطفقا

他俩开始 他的 对面 在 他坐 也 来了

يخفضان رأسهما الى ان تماسا رأسا ساعة ثم

然后 一会儿 头 他俩互相贴近 直至 他俩的头 他俩低下

ذلك الحبيب قد ينادي برفع الصوت بلا اختيار كل

力乱 不由自主地 声 高 呼唤 朋友 那个

رساله محمد جوفي مقلب القلوب فقال مولانا

我们毛拉 说 布鲁古 白文干穆 非召 德默罕穆 俩洒勒

برفع الصوت حق است رفع شديدا ثم حق

对! 然后 强烈的 高 对! 声 高

است رفع ضعيفا ثم حق است اضعف بالله

真主 藉以 更微弱的 对! 然后 微弱的 高

لا ادرينا اسمه المبارك من قبل ولقبه الكريم

尊贵的 他的道号 之前 吉祥的 他的名字 我知道 不

اَلآن في هذا الوقت قد راينا انه قد صحت علته الثقيلة

重 他的病 痊瘉 已 我看到 时侯 这个 在 真的

وقال حضرت مولانا قدس الله سره قد قال يوماً لا اولى من بعدي

我之后 里卧 没有 有一天 说 我们毛拉 他说

وقال ان حضرت مولانا محمد جوفي قدس الله روحه العزيز

非召 德默罕穆 我们毛拉 他说

قد ساءل حبيبي محمد حق رحمه الله اذكرت ما قال

说的(话) 你记得吗？ 格罕 德默罕穆 我的朋友 问

حضرت شيخنا شاه وقاية الله قدس الله سره فحار

拉木叶尔 班赫沙 我们筛海

عقله وقتا وبنصرته قال قد ذكرت فساءل

他 问 我记起来了 他说 他的 相助 凭借着 一会儿 他迷茫了

ماهو فقلت وانما خرجت بامر شيخ الى الصيني

中国 到 筛海 命令 奉 我出 我说 是 什么？

لفقدان اسمي موسى وخضر عليهما السلام في الصيني

中国 在 勒祖黑 萨 穆 失去 因为

فقال حق است فالذكر الذكر وقال العبد

仆人 说 切记！ 切记！ 对！ 他说

الضعيف ابو علامة وفي الليل السابق لوفات

归真 前 夜 曼拉艾 布艾 羸弱的

حضرت مولانا رسالة كل محمد جوفي قدس الله سره

非召 德默罕穆 我们毛拉

قد انشقت السماء فكانت وردة كالدهان

裂开 天 它变成 玫瑰色 像 红皮

واضاءت الارض بنورها فكانت كالنهار

明亮 大地 借 光 它的 像 白昼

واصبح الكون من انفاسه عطرا

变得 世界 从 他的呼吸 芬芳馥郁

وظهرت كثرة العجايب فشتوا حايرين وفي اليوم

出现 许多 惊奇之事 伫立 惊愕地 天

الثاني قد فات ورجع الى الله ورحلت ايشان

第二 他逝去了 他回归 于 真主 离世 他老人家

قدس الله سره در وقت ضحى روز يكشنبه

是 在 时候 上午 星期天

جمعة آخر جماد الآخر در شهور سنة ست وعشرين

的 一周 最后 六月 年 六 二十

ومائتا والف بود وبحساب چینی روز هفتم

二百 一千(教历) 是 按照 计算 农历 日 七

وبيست ماه پنجم در سال هفدهم زيادة السعادة

二十 月 五 年 十七 嘉 庆

بود وولادة ايشان در ماه جماد الاول در شهور

生日 的 他老人家 五月

سنة تسع وخمسين ومائة والف بود وبحساب

年 九 五十 一百 一千(教历) 按照 计算

朋友——穆罕默德．罕格（願眞主慈憫他）餵他吃了藥，對他說：「您睡一會兒，或許會好點。」我們的毛拉厲聲訓斥他：「嗨！我三十年沒有睡覺了，今天你讓我睡（什麼）覺啊？！」他（作者）說：「有一天，我們的毛拉剃頭，他雙膝跪在床上。我的朋友茄翳子來了，在他的對面跪下了。倆人開始把頭往下低，直至他倆人的頭相互貼近了一瞬間後，茄翳子不由自主地高呼：『孔力勒灑倆．穆罕默德．召菲．目各裡白古魯布！』我們的毛拉高聲說：『對！』然後，毛拉聲音不高不低地說：『對！』之後，又低聲說：『對！』以眞主發誓！此前我們不知道他的尊諱和道號。眞的，當時我看到他已重病痊癒了。」

他（艾布艾拉曼——譯註）說：有一天，我們的毛拉✽說：「我之後，沒有臥里了。」

他（艾布艾拉曼——譯註）說：我們的毛拉——穆罕默德．召菲✽問我的朋友穆罕默德．罕格（願眞主慈憫他）：「你還記得我們的篩海——沙赫．維尕葉屯拉✽說過的話嗎？」穆罕默德．罕格迷茫了一會兒，在毛拉的幫助下，他說：「我想起來了！」毛拉問：「你想起來什麼啦？」我說：「（沙赫．維尕葉屯拉說）我奉篩海之命回到中國，只因爲在中國失去了穆薩和黑祖勒。」他說：「對！切記，切記！」

羸弱的僕人——艾布艾拉曼說，在我們的毛拉——勒灑倆孔力．穆罕默德．召菲✽歸眞的前夜，「天裂開了，變成了玫瑰色，像紅皮一般。」[1]大地借它的光變得明亮如晝。「世界因他的呼吸而變得芬芳馥郁」。[2]出現了許多離奇古怪之事，人們驚愕失色，原地佇立。

第二天，他歸眞了。

他老人家✽在（教曆）一二二六年六月最後一週的星期天[3]上午與世長辭。按照農曆計算是嘉慶十七年五月二十七日。

---

1 《古蘭經》55:37 引文與原文略有出入。原文：فاذاانشقت السماء فكانت وردة كالدهان

2 《曼丹葉合》中的詩句。

3 「最後一周的星期天上午」:阿拉伯文的（جمعة主麻）同有「一周、週五（聚禮）」兩種含義。原文已明示「星期天」（يكشنبه），因此不能譯為聚禮日。

چینی روز نوزدهم ماه دوم در سال دهم کینلُن

隆乾 十 年 二 月 十九 日 农历

بود وعمر مبارک ایشان بهفت وشصت رسیده بود

到达 六十 七 祂 的 吉庆的 寿数

وقبر مبارک مرقد منور ایشان در بیرون بلدة

城 外 在 他老人家的 光辉的 长眠地 吉庆的 坟墓

مشرق پینلانفوی در زیر کوه راست هرکه آنجا

在那里 每一个人 南 山 下 在 凉平 东

کند مستجاب کرد کبیر الرحمة کثیر الفیض

恩惠 广多的 怜悯 巨大的 祂满足了 他干功修

یزار ویتبرک وقال ابو علامة انی زرت مرقده

他的陵墓 我拜谒 曼拉艾布艾 说 沾吉 并 人们拜谒

الشریف فی اربعین یوما لوفاته قدس الله سره

他归真 的 天 四十 里 尊贵的

فقال لی ولده العزیز محمود رحمه الله اذا رجع

归真 当 德穆哈麦 可爱的 他的儿子 我对 说

ابونا الکریم فروحه المبارک العزیز مع الکلمة

言 同…一起 高贵的 吉祥的 他的 罕卢 仁慈的 我 父亲

الطیبة قد خرجا جمیعا من جسده المبارک

吉庆的 他的 身体 从 一起 他俩个出去了 清真

العظیم لانه اذا انتهی ذلک الکلمة اجعل

求你使…成为 吉辞 那个 终结 一旦 因为 伟大的

آخر كلامنا من الدين يا مولانا لا اله الا الله

真主 除了 主宰 没有 我们的主啊！ 教门中 从 我们的话语 最后的

محمد رسول الله وقال ان عمتي في الماء البيض

白 水 我的姑姑 他说 真主 的 使者 是 德默罕穆

قلب حضرت مولينا الاعظم رضي الله عنهما قالت

她说 伟大的 我们毛拉 心肝儿

لي ان اخي الكبير قد احتاج الاسلام يوما من ابينا

我父亲 向 有一天 教门 讨要 我哥哥 我 对

الشفيق فقال ان الدين قد اخذه حضرت محمد

德默罕穆 拿到了 已 教门 他说 仁慈的

جلال الدين قدس الله سره وذهب فمكث ساعة

一会儿 他等了 他走了 力俩哲

ولقنه فقال له اني لا اخبرتك هذا ولا تقل لواحد

任何人 对 你不要说 这事 你 我告诉了 他对 他说 他 他告诫

غيرك ولوكان فانيا في بطنك وعمره الشريف

尊贵的 他的岁数 你的肚子里 在 腐烂 它 即使 除你之外的

ستون سنة ومولده المبارك في يوم الثالث

三 日 吉庆的 他的生日 岁 六十

والعشرين الشهر الثامن من اثني وعشرين

二十 二 八 月 二十

سنة لكين لن خان خلد الله دولته ومرجعه

他的归真时间 他的朝代 真主 使…长久 汗 隆 乾 年

في وقت الضحى لليوم السادس في الشهر التاسع

九 月 初六 日 上午 时候 在

من سنة اثني وعشرين لزيادة السعادة خان

汗 庆 嘉 二十 二 年

ابد الله دولته وقبره الكريم ومزاره الشريف

尊贵的 他的 陵墓 尊贵的 他的坟 他的朝代 真主 使…长久

في الواد الاشمل للبلد الكبير الجوُنجيانْوي في

在 广 船 城 北 洼

البقعة المباركة المزار الادبي سعدًا لذلك

那块 真幸运！ 李家 坟园 吉庆的 地方

الارض بضميمة اعظمه الشريفة وشرفا

真荣耀！ 尊贵的 他的 骨骸 掩埋 因 地面

لذلك الاهل بانتشاق وابتسام وروضة الكريمة

尊贵的 坟墓 微笑 闻(香气) 因 人 那些

وقال عبدنا تواني كه روزي حضرت مولانا محمد

德默罕穆 我们毛拉 有一天 无能的 仆人 说

جوفي قدس الله سره گفتند باما كه در زمان حضرت

光阴 在 ： 我 对 说 非召

شيخ ما وقاية الله قدس الله سره بيرون كردند وظهور

现 出 拉屯叶尕维 我们 筛海

كنند انهاء علماء ماكبر علمهم وماعظم دينهم

他们的教门 真尊大！ 他们的知识 真大！ 阿訇 一些

他老人家出生於（教曆）一一五九年五月，按照農曆計算是乾隆十年二月十九日。享年六十七歲。他吉慶的墳墓在平涼東城外南山下。每一個在那裡幹功修的人都得到了滿足。那是一個憐憫巨大、恩惠廣多的地方，人們常去拜謁沾吉。

艾布艾拉曼說：

在他✽歸眞的四十天[1]裡，我拜謁了他的墳墓。他的侄子——麥哈穆德（願眞主慈憫他）告訴我：「我仁慈的伯父歸眞時，他高貴吉祥的靈魂同清眞言一起從他偉大安祥的身體中離去了。」我們的主啊！一旦言辭終結，求你使「萬物非主，唯有眞主，穆罕默德是眞主的使者」成爲我們在教門方面的最後言辭！

他說，我（指作者—譯註）的白水姑姑（願眞主喜悅她）是我們偉大毛拉✽的心肝兒。她對我說：「有一天，我的堂兄向我的慈父索要教門（權），我父親說：教門已由穆罕默德．者倆倫丁✽[2]拿走了。停了一會兒，他告誡我的堂兄說：『我把這件事已經告訴了你，卽使它爛在你的肚子裡，你也不要對任何人說！』」

穆罕默德．者倆倫丁享年六十歲。他出生於乾隆二十二年八月二十三日[3]。歸眞於嘉慶二十二年九月初六日[4]上午。

他尊貴的墳墓在船廠北窪的李家墳塋[5]。那塊地因掩埋他的尊貴遺骨而吉祥幸運！那方人因嗅聞（聖陵的）香氣、（對遠方來客）面帶笑容而安富尊榮！

無能的僕人說：有一天，我們的毛拉——穆罕默德．召菲✽對我說：「在我們的篩海——維尕葉屯拉✽的光陰裡，出現了一些阿訇，他們知識淵博，教門虔誠，如今像那樣的阿訇沒有了。」

---

1 四十天（اربعين يوما）。疑為「第四十天」。存疑待考。

2 哲赫忍耶教派第三輩導師馬達天的經名。

3 農曆1757年八月二十三日。

4 農曆1817年九月初六。西曆1817年十月十六日，星期四。

5 嘉慶二十二年哲赫忍耶第三輩導師馬達天流徙途中，行至船廠（今吉林省吉林市），他自感生命將盡，便向當地的李姓阿訇討要了墳地，歿後即葬於此。

والآن لا یكون ذلك نقل است كه روزی حضرت

提勒祖哈 有一天 传述 那样的 没有了 如今

ما شاه وقایة الله قدس الله سره آمده اند در بلدة

城 到 来 拉屯叶尕维 赫沙 我们

كِینْ جِیُوٓ وهمه دوستان ومؤمنان اقبال كنند

迎接 民穆 尼塔斯多 全部 州 秦

ودانا عسلی رحمة الله علیه با مریدان سابقند

先前的 弟子 和…一起 蜜 阿訇

واقبال كنند بر دو زانو وعدم آخون ومریدان

弟子 和 訇阿 吴 跪着 他们 迎接

مؤخرند واقبال كنند براستادن ودراین وقت

时候 这个 在 站着 他们 迎接 后来的

حضرت شیخ ما گفته اند اشارت كننده بدست راست

右 手 用 指着 说 我们 筛海

خود وزنوا بالقسطاس المستقیم نقل است

传述 公平的 称 用 称量 自己

كه روزی مردی در آنجا خواست اسلام از حضرت

向 教门操守 讨取 那里 在 一个人 有一天

ایشان ما قدس الله سره باز گفتند كه دین چیست

是什么？ 教门 他说 然后 我们 依禅

ودین دارویی مركب ودروی روا نبود زیادة

增加 不可以 它里 在 配好的 一剂药 教门

ونقصان مثلاً امروز در اوراد بامداد خواندی

你念了 晨礼 的 赞辞 在 今天 比如 减少

سبحان الابد الابد یکبار و کم کردی دو بار و این

这样 遍 二 你减少 一遍 无终的主 无始的主 赞主清净

روا نباشد باز ندهد و پرسند که چگونه خواندی

你念了 怎么? ： 他问 他没有给 然后 不可以

یکبار و گفت وقت تفکر بود وندانم و گفتم یکبار

一遍 我念了 我不知道 沉思 的 时候 他说 一遍

نقل است که حضرت ایشان ما قدس الله سره روزی آمدند

来 有一天 我们 依禅 传述

در مدرسهٔ چینی ما وگفتند خیر الکلام موافقة

符合 话语 最好的：他说 我们的 汉 学堂 到

الحال و در این مکان گفتند سخن موافق وی

他 符合 话 他说了 地方 这个 在 情况

وسه آخون ما وفات کردند اگر حضور کنند خوبتر

太好了 他 如果 归真了 我们的 訇阿三

بود باز گفتند که سه آخون وفات کردند نتوانند

不能 归真 訇阿三 ： 他说 然后

وگفتند الهدایة تقررت فی تحت السماء والشمس

日 天 下 于 安置 正道 他说

والقمر قد احاطت بالقدیم والجدید

新生的 古有的 环绕 月

نقل است که حضرت ایشان ما قدس الله سره روزی

有一天 我们 依禅 传述

گفتند که چون نشستند تن ما بر مکان خود شاهان

君王 自己 位份上 在 我的身体 坐 当： 说

در هفت اقلیم برآمده اند نقل است که در شبی

一个晚上 在 传述 来 (大)洲 七

حضرت ایشان ما شاه وقایة الله قدس الله روحه

拉屯叶尔 依班 赫沙 我们 依禅

العزیز دعوت کنند پسران و دختران خود

自己 女儿 儿子 叫来

وگفتند که امشب در یکجای خوردیم نعمتها

饭 我们吃个 一起 在 今晚 ： 他说

وفردا روز انشاء الله تعالی و در روز دوم بلاء

灾难 第 天 在 主 意欲若 天 明

وفتنه هذا فراق بینی وبینک افتد باز چون

当 然后 发生了 你 和 我 之间 分离 这

رحلت کرده اند گفته اند بر حضرت خواجه رساله

卓 和 对 他说 他 起身

کل محمد جوفی قدس الله سرهما وانشر الشریعة

教乘 你传播 非召 德默罕穆

واخف الطریقة آلآن عمره العزیز فی کهذه

这 在 尊贵的 他的寿数 道乘 你隐藏

161傳述：有一天，我們的哈祖勒提——沙赫．維尕葉屯拉✽來到秦州[1]城，穆民多斯塔尼全都（出城）迎接。密阿訇（願眞主慈憫他）[2]和早期的弟子在一起，他們雙膝跪著迎接。吳阿訇[3]和後期的弟子在一起，他們站著迎接。當時，我們的篩海用右手指著說：「你們用公平的秤稱量吧。」[4]

162傳述：有一天，那裡（指秦州－譯註）的一個人向我們的哈祖勒提．依禪✽討取教門操守。他說：「教門是什麼？教門就是一劑配好的藥，對它不可（隨意）增減。比如，今天晨禮的贊詞，你把『讚美無始無終的主超絕』只念了一遍，少念了兩遍，這樣就不可以。」他沒有給予（那個人教門操守）。問他：「你怎麼只念了一遍？」他說：「當時我陷入了沉思，竟然不知道自己只念了一遍。」

163傳述：有一天，我們的哈祖勒提．依禪✽來到了一所漢學堂，他說：「最好的話，就是結合實際的話。」在這個地方，他說了句符合他的話：「我們的三阿訇無常了，如果他還健在那該多好！」他又說：「三阿訇不能無常。」他還說：「正道昭立，天下如一。日月巡迴，更迭如流。」

164傳述：有一天，我們的哈祖勒提．依禪✽說：「當我的身體坐在自己的位份上時，七大洲的君王來（朝）哩。」

165傳述：在一個晚上，我們的哈祖勒提．依禪——沙赫．維尕葉屯拉✽叫來了自己的兒女們，說：「今晚我們在一起吃頓飯，明天……若主意欲！」第二天，生離死別的災難[5]發生了。「這是我和你之間的離別。」[6]上路之際，

---

1 今甘肅省天水市秦州區。

2 由一個波斯語單詞「دانا」（學者）和一個阿拉伯語單詞「عسلی」（蜂蜜，諧音密）構成的人名。

3 由一個阿拉伯語單詞「عدم」（沒有，無，諧音吳）和一個波斯語單詞「آخون」（阿訇）構成的人名。

4 《古蘭經》17:35

5 指乾隆四十六年馬明心被捕入獄，巨災降臨。

6 《古蘭經》18：7

السنة ستون سنة والحمد لله رب العالمين

众世界 的养主 真主 全归 一切赞颂 岁 六十 年

تمت الكتاب بعون المولى قدس الله سرهم

他们的灵魂 真主 使…圣洁 主人公 的 援助 借 此书 完结了

他✽對和卓——勒灑倆孔力．穆罕默德．召菲✽說：「你明揚『舍勒爾提』，暗藏『托勒蓋提』。」須知，他時年六十歲。

一切讚頌，全歸眞主，衆世界的養主。

此書憑藉著主人公（眞主使他們的心靈聖潔）的援助圓滿完成。

譯後記

念經數載，從未奢望涉足學術之事。一直以來，自覺作爲一個經堂語的學習者，難登大雅之堂。然而，前定的安排將人逼到了風口浪尖。

二〇二〇年中期，疫情稍緩。一天傍晚，突然接到張承志老師的電話，提出讓我翻譯《熱什哈爾》。當時感覺無力勝任，再三推辭說我自念經以來三十多年，聽說哲赫忍耶有一本自己的歷史經典，但從未見過。加之自己經學水平低，漢文底子薄，能力不足，即使用經堂語口譯也頗感吃力，何談文字翻譯！張老師說：不是能力足與不足的問題，而是信仰堅定與否的問題——作爲後輩，我們應當把關裡爺的心血之作挖掘整理，發揚潛藏太久的思想，因爲它是名副其實的「底層民衆的表述」。話已至此，我只得勉爲其難地硬著頭皮幹。

好在有兩版前輩的譯作可供參考。

首先是譯者佚名、年代不詳的《關川道祖傳》。它是目前已知的最早一本《熱什哈爾》漢譯本，據行文風格推測，應當譯成於民國年間，目前能見到的爲手抄本，阿漢並用，半文半白，字跡雋秀，譯文流暢——譯者當爲一位阿漢兩通、不求留名的前輩學者。美中不足的是沒有全譯，遺憾的是流傳不廣，鮮爲人知。第二個版本是由楊萬寶、馬學凱、張承志聯袂翻譯，三聯書店於一九九三年出版的《熱什哈爾》一書以及並行的臺灣商務印書館繁體字版。上述兩個譯本如同太陽光芒四射，拙譯充其量也只是陽光下的蠟燭。因此向兩版譯本的前輩譯者，謹表敬意與深謝。

著手翻譯後，最令人頭疼的莫過於抄本字跡的辨認。衆所周知，阿拉伯語和波斯語各有一些帶點的字母，時有把一點寫成兩點，三點寫成一點的現象，例如ابوبكرامي رحمة الله عليه ازكاشغري ربابي بردند一句中的ربابي，甘肅、寧夏兩個版本都寫成了رياي，查詞典查不出合適的意項。於是，我逐一嘗試著把字母ياي的兩點進行變換：رياي ← رباي ← ريابى ← ربابى，最後發現把兩個ياء的兩點各去掉一個，變成ربابى就有了清楚的義項：熱瓦普琴。這個句子也能表達出完整的意思了：「艾布白克爾．吾米從喀什噶爾帶來了一張熱瓦普琴」，合情合理。於是在抄本中直接改成了ربابى。再例如：ديك بشت，ديك的意思是「公雞」，بشت的意思是「粗毛坎肩」，這兩個單詞組合在一起讓人不知所云。於是，我試著把阿拉伯語單詞ديك的كاف變換成波斯語的گاف，成爲ديگ，意思是「鍋」，再把阿拉伯語單詞بشت的ب加兩點，變換成波斯語單詞پشت，意思是「背」，這個詞組就表達出了完整意義：「背鍋」，也就是「駝背的人」，一個人的形體特徵躍然紙上，同時也可能是那個人的綽號。諸如此類不一而足，在此不一一例舉。

另外需要說明的幾點：

1，《熱什哈爾》主要由阿拉伯文和波斯文兩種文字寫成，前半部使用阿拉伯文，後半部使用波斯文。阿拉伯文部分由一個個「روى」（相傳）劃段起頭，拙譯對該詞採用了三聯版的譯法，依然譯作「相傳」；波斯文部分的劃段起頭是由一個個「نقل است که」開始，爲了與阿拉伯文部分有一個直觀的區分，拙譯將該詞譯作：「傳述」。

2，前半部分的人名、地名旁譯的音譯，按照漢語的習慣寫法從左至右書寫，後半部分改爲從右至左，加底線，以求與原文對應。

3，原文中對篩海、毛拉的祝福語常用「願主使其心靈聖潔」，這是蘇非穆斯林作者慣用的文體格式，祝福語不厭其煩地、隨著人名的每一次出現而出現。爲閱讀方便，譯文中對這句祝福語用圖標（✿）來替代表示。

4，本書中引用的《古蘭經》文，均採用馬堅先生的漢譯本。

穆聖（願主福安之）說：「一切行爲，唯憑舉意。」後學不揣淺陋做此次翻譯，非是冀望名列翻譯者行列，只是不願關裡爺的、中國回族形成一千四百多年以來唯一一部古典歷史文獻被湮滅。雖然已經譯出，但我的內心裡非常忐忑，好在有張承志老師在三聯版序言中的一句話聊作安慰，他說：「補入自己的名字……只是表明自己需要這樣的搭救而已」。

學兄馬千里，參與了對譯文的梳理、對註釋的建議及起草、修改，耗盡心血。工作量浩大的、編入手寫旁譯及阿文的初稿文檔製作，亦是仰仗他完成。

還有活字文化公司的編輯劉盟贇，他爲實現此番「文明內部的發言」，呼籲奔走，牽線搭橋，不厭其煩，竭力促成了此次出版。感激之忱，尺素難盡。

特別要念及臺灣大塊文化出版公司董事長、原臺灣商務印書館總編輯郝明義先生。他不僅是慧眼識珠的出版家，更是眞理路上的先行者。艱難中的我們遇上了他，斷念便變成了坦途。

作爲一部外文古籍、民間著作，且內容爲蘇非神祕主義話語，其中需要譯、註、校……值得研究的工作仍大有餘地。譯者綿薄之力已盡，書中錯漏無疑多多，在此謹向諸方大家求正，敬祈指教。

蒙冥冥之中的襄助，這個本子呈現於讀者面前。對上述師友及未來期待中的批評指教，一併再致謝意。求主厚賜！

馬學華

二〇二一年五月六日

於中閘子大寺

手抄本勘誤表

手抄本				甘肅版			
備註	正	行	頁碼	備註	誤	行	頁碼
	طف	7	10		طوف	9	8
	سبعة رجال	4	11		سبعة رجالا	4	9
	زمزم	1	12		زمزمة	8	9
	ابنائه	8	72		ابنانه	11	48
	زوجين	11	75		مزوجين	2	51
	اسلام كنيد	7	85		اسلام كنيت	5	57
	تدعوا	8	90		تدعو	10	60
	نتلو	8	94		تلون	5	63
	اتوا شوشون	4	102		اتوشوشون	8	68
	اتفقت	2	103		انتفقت	4	69
	كلمة طيبة	7	103		كلمه وطيبه	6	69
	نشاور	9	113		انشاؤ	10	75
	والرجل السمين	3	114		والرجل الثمين	2	76
	انه حبيب في الاسلام	9	116		انه حبيبافي الاسلام	8	77
	عملتم	1	117		علمتم	9	77
	في باب واحد	6	126		في باب واحدا	7	83
	قالوا لفلان	9	126		قالواالفلان	8	83
	من المستغيث	4	128		من المستغيثين	8	84
	العالم الخامس المعلوم بعلم في بطن امه	6	129		العالم الخامس معلوم بعلم في بطن امه	6	85
	مما اتيكم	5	133		مما اتيتم	11	87
	ولكنك وكيل	9	134		ولكنه وكيل	10	88
	قطعتان ثوبا	9	136		قطعيان ثوبا	2	90
	تيقن	3	147		تيقنت	11	96

手抄本				甘肅版			
備註	正	行	頁碼	備註	誤	行	頁碼
	فليصنع	1	148		فليضع	5	97
	في المطبخ	5	149		في المنطبخ	4	98
	سال الدم	3	168		ساءل الدم	1	110
	وپيراهن	1	169		وپيراها	7	110
	بذير	3	177		بنذير	3	116
	شماپنبه بوده ايد	11	181		شما پنبه بوده اند	10	119
	معاملات ميكنيد	2	183		معاملات ميكنيت	10	120
	گلى برست	4	183		گلى بروست	1	121
	آرزو ميكرده	2	185		آرزووميكرده	3	122
	وحضرت خواجه ما	10	186		وخدمت خواجه ما	3	123
	چون حضرت ايشان	4	187		چون خدمت ايشان	7	123
	نشانيده اند	7	187		انشانيده اند	9	123
	پنهان كرده ايم	8	187		بنهاء كرده ايم	10	123
	باخذ كردن حضرت خواجه ما	4	196		باخذ كردن خدمت خواجه ما	10	129
				此詞多餘	در خاليگاه	2	131
	خسبيم	6	199		خوسبيم	9	131
	مَعامله بيننابريدم	10	205		معامله بيننابريدم	3	136
	وجبركرد خسارت ويرا	8	206		وجبركرد خسته ويرا	9	136
	واصحاب تعجب باشد	4	207		واصحاب اتعجبب باشد	3	137
	بيك رشته	10	210		بيك رسته	10	139
	وشماشش بود ه ايد وشمرد ه ايد ماريكه را	4	211		وشماشش است اديت مارايكه را	2	140
	برپسرعالمى كه	7	214		برعالمى كه	6	142
	ودرخانه زانية	7	215		ودرخانه زاينة	2	143

手抄本				甘肅版			
備註	正	行	頁碼	備註	誤	行	頁碼
	آن ساحة رباط	8	218		آن ساحل رباط	3	145
	حضرت شيخ ما	2	220		خدمت شيخ ما	4	146
	شيخ ما پيدا شدند	11	220		شيخ ما پندا شدند	10	146
	امشب حذركن	6	221		امشيب حذركن	3	147
	واشارت كرد ادب ديدن وگفتن	8	224		واشارت كرد ادب ديدم وگفتن	4	149
	آن كافرپيچيد	2	225		آن كافرپنجيد	7	149
	ازولايت	9	230		ازولادت	8	153
	دراينجاه دانم	6	231		دربينجاه دانم	3	154
	بينيد كه	10	231		بينيت كه	5	154
	خواجه مارساله كل محمد جوفي آمدند	2	235		خواجه كل محمد جوفي ما آمدند	7	156
	باز پرسيده اند	3	237		باز پرشيده اند	9	157
	درسال دهم	1	244		درسال درهم	1	163
	بهفت وشصت	2	244		بهفت وششت	1	163
	بر مكان خود	2	249		بس مكان خود	2	167

甘肅版、寧夏版校勘表

寧夏版				甘肅版			
備註	正	行	頁碼	備註	誤	行	頁碼
正	كنوزا	5	2		كنوز	1	3
正	الثالث المشهوربجدالقسم الثالث	5	4		الثالث المشهور	1	5
正	وسعيت شربه بخلت	10	5		وسعيت بخلت	7	6
正	فاذاعدمت	1	6		فاذاعدم	8	6
	احد	2	13		واحد	1	13
現在式	يرتحل	1	11	過去式	ارتحل	10	13
正	مركومنا	7	15		مركوبنا	3	15
	فاذاهماعدما	11	17	正	فاذاهماعدمان	7	17
	من صابكم الحليم	3	20		من صابكم الحكيم	8	19
正	وكل ولى له علامته فقال وماعلامته فقال	1	21		وكل ولى له علامته فقال	8	20
正	وماهذااليوم الكبير	4	22		وماهذاواليوم الكبير	7	21
	في الحمدلله	8	23	正	في الصين الحمدلله	11	22
正	ساكتا	9	25		ساكنا	9	24
正	وجيست	8	26		وجست	7	25
	ماكثرالناس ماكثرالناس	1	29		ماكثرالناس	3	28
	افاده اند	6	29	正	آماده اند	7	28
	فقيرمنك	1	32	正	فقيرامنك	2	31
正	للتعليم	4	34		للمتعلم	4	33
	ازكلان سوق	8	42	正	ازمكان سوق	2	41
	ازسرعظم بشت	4	43	正	ازسراعظم بشت	9	41
正	وانتم تقولون للناس	4	53		وانتم مرسلون للناس	9	50
正	وماكرا تأخذون	5	53		وماكبرتأخذون	10	50
	وهومحب لون الذاكران	7	55	正	وهومحب لون الذكران	1	53

寧夏版				甘肅版			
備註	正	行	頁碼	備註	誤	行	頁碼
	بسبب اعيين	9	62	正	بسبب اعمين	8	59
正	فقلبي ضيق جرح	3	63		فقلبي ضيف جرح	3	60
正	المعلوم بمابيو	7	64		المعلوم بمابيو	6	61
正	صقر ضعيف	5	66		صفر ضعيف	1	63
正	ونتبرك به	10	71		ونبرك به	9	71
正	سحاب مركوم	3	76		سحاب مركوب	9	72
	وسرعت في الحرث بصير	9	76	正	وسرعته في الحرث بصير	2	73
正	فمزدحم جنبيه	3	80		فمزدحم جبينه	3	76
	وحصرت الي النعمة	6	83	正	وحضرت الي النعمة	3	79
正	واضطرب قلبي	9	83		واضطراب قلبي	5	79
	ولايمنع تعلمه هوائه	5	88	正	ولايمنع تعلمه لهوائه	11	83
正	الي ان يقرأ	5	88		الي يقرأ	11	83
正	ماضرمن الشريعة ذرة	5	90	正	ماضرالشريعة ذرة	9	85
	يعبدون الاصنام و يقولون	2	92	正	يعبدون الاصنام يقولون	5	87
正	وتفكرفقال لاخطاء	4	94		وتفكرفقال فقال لاخطاء	5	89
正	انه كان بعض	7	96		ان كان بعض	6	91
正	فقال انابن الثمانين	7	98		فقال ابن الثمانين	5	93
	قد علمت	11	98	正	قد عملت	9	93
正	وماعملناماالاثرفيه	2	99		وماعملناماالاثرفيه	10	93
正	اذارجعت فاصنع	9	101		اذارجعت فاصنع	7	96
正	ان المعلقةالواحدة	2	103		ان المتعلقةالواحدة	11	97
正	اضطرب قلبه الحميم	1	104		اضطراب قلبه الحميم	9	98

寧夏版				甘肅版			
備註	正	行	頁碼	備註	誤	行	頁碼
正	اذاوقع و اولادالشهداء	9	104		اذاوقع اولادالشهداء	6	99
正	واعطيت كله	3	106		واعيطت كله	8	100
正	ان فى هذاالبلد فقيرامجنونا	10	114		ان فى هذاالبلد فقيرمجنونا	9	108
	فى الضيف يوما للؤضوء	11	118	正	فى الصيف يوما للؤضوء	8	112
正	وازآن كلى ميبرسيد	9	126		وازآن كلى ميرسيد	4	121
	جزا كه شيخ را	3	130	正	جرا كه شيخ را	6	124
正	درآن جشمه مبارك	2	134		درآن جشم مبارك	3	128
正	الدنيائية والدينية	3	141		الدنيائية والدنية	4	135
正	درمسجدما ناكاه ديدم كه	6	141		درمسجدما ناه ديدم كه	7	135
正	ازدرآمده اند	7	141		ادرآمده اند	8	135
正	برسيده اند كه ءادركت	7	145		برسيده اند كه ادركت	7	139
正	ما باخواجه ما ومحمد	3	153		ما باخواجه ومحمد	1	147
正	جون كشاده شود	3	156		جوكشاده شود	9	149
正	وبر دو زانو نشسته	9	157		وبرد زانو نشسته	3	151
正	وبرشما شكركردن	6	161		وبرشما شكركرد	8	154
正	ايشان جنين كفتند	3	163		ايشان جنين كنند	4	156
正	فقال له نم	3	167		فقاله نم	8	160
正	ست وعشرين	2	169		ست وعسرين	8	162
正	للبلدالكبير	2	171		لبلدالكبير	9	164
正	آنهاءعلماء	8	171		آنهاءعلمهاء	3	165
	والآن لايكون ذلك نقل است كه	9	171	脫字	والآن لايكون ذلك كه	4	165
	نقل است كه روزى	9	171	脫字	كه روزى	10	165

《熱什哈爾》人名地名阿（波）漢對照表

الملك الصينى	P005	中國
محمد عبدالجليل	P005	穆罕默德．阿布杜哲里里
شاه وقاية الله	P009	沙赫．維尕葉屯拉 （道祖太爺）
محمد عبد الله	P009	穆罕默德．阿布頓拉（他朗太爺）
القَيْجِيُوى	P009	階州
الكُنْچِيآنْفُوى	P009	鞏昌府
اللُوِيقُوَنْيِنْوى	P009	內官營
اِلبلدالخُوَجِيُوى	P057	河州城
السحاب اليمن	P009	雲南
ملك الآواء	P009	阿佤國
روم	P013	魯姆
قُوَنْچُوَنوى	P020	關川
سالارى	P020	撒拉
الشام	P023	沙姆
اليمن	P023	葉門
سعدالدين	P027	賽爾頓丁
ديگ پشت	P027	背鍋子
بقعة الفرسى	P027	馬家堡
القَوْلَنْفُوى	P020	皋蘭府
چَىْ محتسب	P031	柴鄉老
بلدة غَنْدِنْ	P031	安定城
اليَنْپِنْدُووى	P031	煙坪嘴
خَابَاعَ	P031	哈巴爾
محمد عبد الكريم	P197	穆罕默德．阿布杜克里木
ابو علامة	P035	艾布艾拉曼（關裡爺的阿文筆名）
محمدحقيق الله ابن صفى	P039	穆罕默德．哈給袞拉．伊本索奮義（四月八太爺）
صيويا عقيوى	P039	草芽兒溝
جدناالعصائ	p039	龔爺
عالم مشيب على رأس الجبل	P043	坡頭上老阿訇
محمدابوالفتوح	P047	穆罕默德．艾布．福土哈（花寺太爺）
الشيخ عقيل مكة	P047	篩海．阿給裡．曼克

العالم اللوائي	P051	祁阿訇
عالم ثالث کُنْچِیاَنْفُووی	P054	鞏昌府三阿訇
شِی قَاَنْ یَه	P054	世剛爺（鞏昌府三阿訇的兒子）
العالم الادبی الشَنْدُنُنی	P054	山東李阿訇
مجدور وقاية	P061	麻臉維尕葉
فُکِیَاَنْنی	P061	伏羌
ده حرف پُوَ	P065	十字坡
پدرمنصور	P027	曼蘇爾父親
بلدة دِیدَوْ	P165	狄道城
دانشمندء پنجم جلوائ	P117	田五阿訇
بلدة الوِیلِي	P169	衛裡城
مَا یَوْ تِیًّه	P169	馬耀田
سپید یُوَ	P169	白月
پُوَعَ چُوًه	P173	坡兒川
الظبئي الثالث	P173	張三
هِیُوَجِیُووِیّ	P173	徐州
مغرب الجبل	P177	山西
وادالامير	P177	關川
بلدة الکِینْ غَنْهِینَْ	P177	秦安縣城
لِیَنْ خُوَا چٍ	P181	蓮花城
القُنْبَاعَ	P181	拱巴爾
لِیُو گِیَا پُوَ	P185	劉家坡
القُواَنْدُنْنی	P189	廣東
الچِنْدُوفُووی	P105	成都府
روان خليفه	P150	劉海里凡
الوادالملحی	P209	鹽關
باباالظبئی	P209	張巴巴
روان خليفه فی الوادالملحی	P209	鹽關劉海里凡
مَا خليفه فی المِیذْطِیًه	P209	糜子灘馬海里凡
قُنْدِیُوعِ پُوَ السِینِیِنْفُووِیّ	p229	西寧府滾丟兒坡
پِینْلَانْ	p249	平涼
غَوْررِبَاط	p249	底店子
روان ريش	P257	劉鬍子
آب سپید	p261	白水
خُوَاعِقِیُويّ	P265	花兒溝

甘肅版

原件刊布

甘肅版《熱什哈爾》原件書影

وزنوا بالقسطاس المستقيم

وما توفيقي الا بالله وهو على كل
شيء قدير ولا حول ولا قوة الا
بالله العلي العظيم

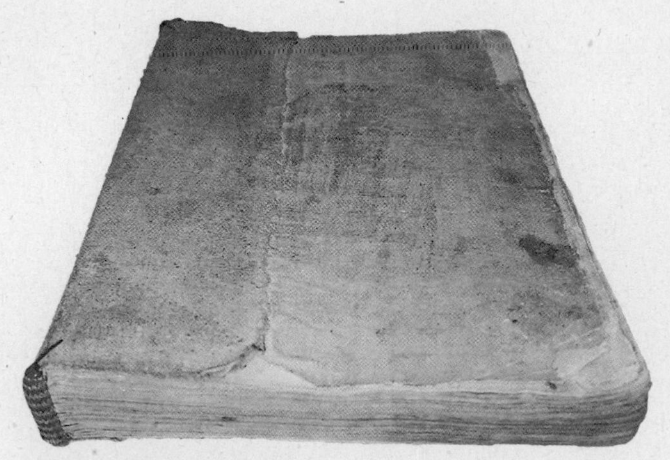

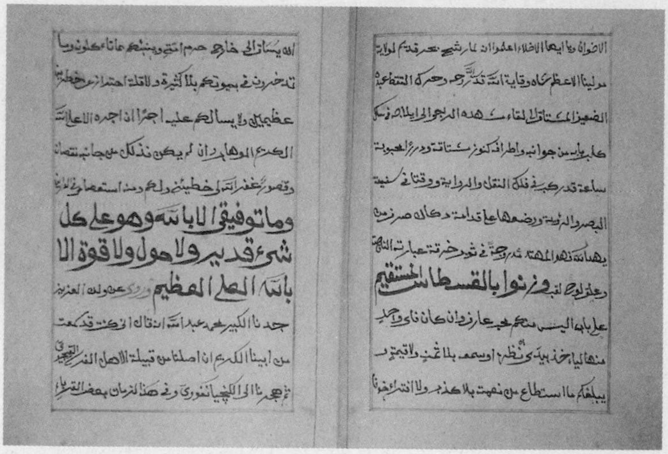

甘肅版《熱什哈爾》原件內文

رب يسّر ولا تعسّر

بسم الله الرحمن الرحيم

بنام خدای بخشاینده مهربان

الحمد لله الهادی والصلوة والسلام على
رسوله محمد الشافی وعلى آله واصحابه و
اتباعه مرشدی السعداء الى مراتبهم المستقمة
والمقام العالی خصوصا لمولينا المرشد على
الفترة فی الملک الصينی كما قال سيّد
العلماء رئيس الصلحاء شفيق الجهلاء
مفتی الزمان محمد عبد الجليل قدس الله
سره فيا سيدی ويا سندی لولا ظهوركم
فی الصينيين لاعتبر الجهلاء
منا لدخل طبقتنا العالمون فی
الضلالة والگمراهی اما بعد فيا ايها

الاخوان ويا ايها الاخلاء اعلموا ان لما رشح بحر قديم لولاية
مولينا الاعظم شاه وقاية الله قدس الله روحه وحركة التقطعية
الضعيف المشتاق الى لقاء هذه الدرجة الى ايلاج في سلك
طلب بابه من جوانب واطراف كنوز مشتاقة ودرر المحبوبة
ساعة قد ركب في فلك النقل والدراية ووقتا في سفينة
البصر والرؤية ووضعها على قدامه وكان صرف زمنه
بهداية الله فهو المهتدي مدرجة في ثوب خرقة عبارة الناصحة
وعلق لوح لقبه وزنوا بالقسطاس المستقيم
على بابه اليس منكم رجل عارف وان كان فاني واحد
منها اليا اخذ بيدي نظرا او سمعا بلا ثمن ولا قيمة و
يبلغكم ما استطاع من نصيحة بلا كذب ولا افتراء اخوانا

الله يساق الى خارج حرم امتي ويبيعكم بما تأكلون وما

تدخرون في بيوتكم بلا كثيرة ولا قلة احترازا عن خطرين

عظيمين ولا يسألكم عليه اجرا ان اجره الا على الله

الكريم الوهاب وان لم يكن نذلك من جانب نقصان

وقصور يغفر الله لي خطيئة ولكم ومنه استعصام في الدارين

وما توفيقي الا بالله وهو على كل

شيء قدير ولا حول ولا قوة الا

بالله العلي العظيم وروي عن ولد العزيز

جدنا الكبير محمد عبد الله انه قال اني كنت قد سمعت

من ابينا الكريم ان اصلنا من قبيلة الاهل الفرس التميمي

ثم هجرنا الى الكنجيانفوري وفي هذا الزمان بعض القرباء

في البادي الليويتو نيهنوي ذا البعض في الحاضر ثم هجرنا الى
البلد الخوجيوي اقمنا في فناء مغربه واذا رجعت جدتنا
الكريمة الى الله تعالى فجدي الكريم المعلوم بهه القسم
الثاني ارشد ابينا وهو صبي يتيم ابن تسعة واخيه الثالث المشهور
تهد
وابنيه الكبير والصغير فركبا متن ليل الغربة وحملا مشقة
المسافة وذهبا الى جبل السحاب اليمن ذي الحزن والوحشة
ودخلا مرصان الى ملك الاوائ ذي اللسان غير الالفة
وصارا تسعة الرجلة الكبيرة ويوما من الايام بينما هما يطلبان
ماء وحطبا لصنعة الطعام اذا ريح خالفة وتراكم سحابه
قد ابتلاء وظهر السواد وستر الشمس وذهب السلامة و
وقع البلاء واذا ثبت الريح ما رايت رئي ولا وجدت ابي مثيما

طلبتها كيًّا وبقيت حيرة واصبحت ولا علمت وامسيت ولا دريت

واشوقا الى لقاء الحي واويلاه ياحسرتاه آه آه غرس الاشتياق ثم

ثاله ثم ولده الافتراق ليت دجاء الفراق وضياء الوصال

لا الم ثم

دفن قرينه وبين انى تفرقا دائما ولكنه مبارك معصوم واذا

جعت رايت عقدة من النان وغنيته وهو ولت فاذا هو

عدمة واذا عطشت رايت مراة جميلة وبال بيديها كاس

من برح الماء وسعيت نحلت ولا تعطيني واخذت وجلست

جايعا وعطشانا شوقا وحزنا وجليت فاذا عدم واذا

لا قصدت حيلة لطلب الماء منها

مضى اليوم الكثير ووقعت الامور العجيبة فرجل فانٍ وشيخ

قد ظهر من بعد واتاني وانا بين النوم واليقظة وسألني

وانا جاهل وقلت له امري وهو متجاهل نحمد الله تو واذا

اشتدت حزنا وشوقا اني يتيم غريب ساقط في البلاء باق في الجوع

والعطشان قد علم واعطاني عنقود الزبيب والطعام و

الشرب اكلاً الماء والشرب الشرب فلعل الله تو يبعثني

من برد البلاء الى الله ظفرت لمولوي الحيخ بابا نحو الكفارة

وموجه فاشارني اما خرجت او دخلت وان خرجت ارشدتك الى

مولدك وان دخلت فهديتك الى سبيل ثم هداني الى ملك وان

دخلت فهديتك الى سبيل يكرم وتوصني الحي تخو قد سنة

سنين وبعد زمان طويلة وامور كثيرة امرني اسكن في هذا البيت

الصغير ولا تخرج منه اصلا فسكنت فيه الى تسعة اشهر ثم

اخرجني وادخلني في مدرسة الشريفة وعلمني ما لا بد من العلوم

الكثيرة وبعد الحصول امرني اعتكف ثلثة اشهر وامر احدا

ما اخذته وروي انه اذا تم الاعتكاف فتح بابه لحضرة

مولانا الاعظم قدس الله سره قد قال لخادمه اسجدني

فاني انا الله وانا نبي ولما اسمع كلامه هذا هذوله الى الشيخ

الكبير وقال اي حضرة مولاي ان ذلك المعتكف الصيني يقول

كذا كذا وسأله اسجد حرام لا وقاله لا فقال رضي الله عنه ان

سجدته حنث والا فقد خسرت وبعده هذا الاعتكاف اذ له

بيت في السلوك بانه فمنذ دخله لا يخرج من بابه الى ان امرني

شيخي قدس الله سره في السنة السابعة وانا ابن الاربعة و

العشرين سنة اخرج من هذا الباب وطوف في الصحراء حتى

نعلو الى جبل رفيع وغت عليه فرأيت في المنام ان هاتفا ينادي

اذا نودي للصلوة من يوم الجمعة فاسعوا الى ذكر الله وذروا

البيع واستيقظت وسرعت منطلقا فاذا لقيت شيخا كبير السن

قد عمر ظنيا ومثله وساير الخمسة انهم تيمموا ويريدون ان يقيموا

الصلوة وانتظروا الى كمال سبعة رجال ولهذا قيل لا جمعة الا بسبعة

رجالا ثم التقطنا مائة حجرة صغيرة حسنة بلا اختيار في هذا المكان

فذلك الشيخ الداعي اعطاه عشرة احجار كبيرة ووصيته

ادر هذا في جنب تخدك ومر كذلك واتبع نضع وتلقيته وبعد

ذلك قصد الحج والبيت وجاء الحجر الاسود فخرج الحجة من لسانه

حتى التصق بوجهه رضي الله عنه واخذ الزمزمة حتى ان

يوكل ولده العزيز جدنا الكبير محمد عبد الله قدس الله سره ثم بالوكل

رجع وطفنا ذهبنا الى الصحراء الانيهها ثلثا والشرب وانه في اليوم

السابع قد سمعتم ان فيه ساحة من الزبيب والتقط عنقودا ساقطا

فی خارج جداره واستاء ذلک صاحب جوعًا فخرج نخيلا وانی
قال انک لیس لک اکله فانک ذو المولی فقدّم واطلب رزاقک
فذهب جایعًا وعطشانًا الی وقت عصر الیوم التاسع ووجد
فی سوق وجد شیخًا عطوفًا رؤفًا قد دعاه متبسمًا بالبشارة
الحبیبة الشریفة واظهره تسعة اناء وفی کل واحد منها انعام
لذیذة مختلفة وقال املک اکلًا وشربًا وشربًا ودخل فی ضحی
الیوم العاشر فی بیت سلوکه ولقی شیخه قد سأله وحکی
قصصه فقال طوبی لک ایها السعدی بالجوع والعطشان
فی تسعة ایام لانها قد اذهبت عنک شبهة تسعة سنتک فی
مولدک الصینی وجعلتک طاهرًا وطهرًا سعدًا لک یا حبیبی
بالطعام والشرب فی الیوم التاسع فی تسعة اناء لانها

اشارة الوصر تبتك التاسع ونهايت مقامك الخاتم وذلك العشرة
والمائة حجارة دايرة لك كاملة وامر عشرة خاصة من بيلاد مرينة
تبلوا في رحمت وحده واصلوات ونشر عليك من ذلك العشرة احجارا
لكل واحد من العشرة الخاصة فيها اي في الدايرة الكاملة
ولهذا مولانا الاعظم شاه وقايته الله قدس الله سره نشر في الصين
في هذا العمل اربعة ذلك العشرة لاربعة اصحابنا الكبيرة يعني
واحد اتو بچونو تيا وكنچيا نفوتيا وقولفوتيا وسالاريتا وستة
لساير الصحابة الستة ولا ينشرها لرجل من العوام وبعد كمال
هذا الدايرة الشريفة لقن لكل واحد من ذلك العشرة
اسما مخصوصا وارسل كلا منهم الى مكان مخصوص
فلقنه واحدا استغفر الله من كل ذنب اذنبته عمدا الى اخره و

شريفة في زمانه المبارك ثم اقام له دايرة كاملة

لقن واحداً عشرة اسماء الفاتحة يعني فاتحة الكتاب

وسبع المثاني وسورة الشافي وسورة الاساس

وسورة الحمد وكتاب الجامع ثم ارسل واحداً منهم الى

الشام وواحداً الى اليمن ولقن لمولينا الاعظم قدس الله سره

سبحان الاحد الابد سبحان الموحد الاحد الى

آخره ثلث مرات ويا لطيف يا كافي يا حفيظ يا

شافي مرتين ويا لطيف يا كافي يا حفيظ

وافي يا كريم يا الله مرة في اورادنا الشريفة واخرج

الى الصين الآن مولينا الاعظم قدس الله سره اخر المرسلين و

بعد ذهابهم قد ظفر سلسلة وسجادة ومتاعاً وعصا

وقدحا وغيره وغادر ثوب حسن الصبغة وطيب الرائحة

في وسورة المطلق وام القرآن وام الكتاب و نظام الجامع

دفن الصيني يوماً قد وضع على سرير في بيت المنالية وقد رآه واحد

من ابنائه حالة اللعب صبياً من ورثتها ان احدا من ذلك

العشرة المذكورة اسمه المبارك سعد الدين قد الكيين قراء

مدا تحتنا هذا وغيرها فلما آن زمان الوداع فشيخه الاكبر قد

وصيها الامريت والواحد انك اذا اصبت ثلثة وستين سنة فارجع

الى بيتك الشريف قال جدنا الكبير محمد عبد الله رحمه الله فان ابي الكريم

محمد وقاية الله قدس الله سره قد انتقل بعض اهله الى الولاية

الشريفة وترك البعض في الصين وكما وضع في الاهل فتقدوضع

في اسلام ايضا والثاني انه اذا ابداء في المتن وانزل البلاء

فاذكرني وادعني واري انه يتصل ولكن لا يذهب ولا ينقطع حبه

الذي بينهما علاقة كديدة ومحبة غليبة والشيخ شاهد

فارسل فاذهب ايضا بمن تبعه فاذا ذهبت ثلثة اياما او اربعة

فاذا حيث في اليوم الخامس لا ينفك فاذا حبيب هذا قد مرض شديدة

الى ان يموت ثم بكى لا غاية وبنى مرقدة وغسله وصلى عليه ودفنه ثم

ذهب حزنا وبكاء واذا مضى اليوم فيذكر انه نسي في ذلك المكان شيئا

لا بد في السبيل فرجع الآن المقبر قد عدم والمفقود قد ثبت وان

مولينا الاعظم قدس الله سره منذ دخل في الصين قد ذكر اسم شيخه

الاكبر ولقب الاعظم ثلث مرات مرة اذا ظهر بحر ديكل بشت سالاري

ومرة اذا اشتد المطر وغلب الماء في بقعة الفري القونجونوي

ومرة اذا انزل البلاء في القولنغوي في مكان الشهداء رضي الله

عنهم ويروى ان ليد هذه البقعة چوخشب يوما قد اتى بعد الفجر

وقال اي حضرة انا سمعنا ان في بلدة غندين مطرا شديدا و

السيل تدعرق اكثر قرية وادها وان جمع ماء النهرين نهر
اسماء

المغندني ونهر اللوي يقونتري في نهر نا هكذا لا يعتبر ساير المكان

فقد خرج حركونا بالاحجار فيه واستاذنه لاخراج الاتهم من

بيوتهم وقراء انشاء الله ووقت قد سرع وقال اي مولانا في الحال

قدم الماء نصعد على الجبل اليشنترودي ورأى السيل ملاء

الارض كجبل اسود الآن في هذا الوقت قد ذكر اسمه الكبير ودعا

لقبه العظيم فسال الماء ليناً وسالماً ومر بغير مضرة ومن هذا

السبب في ديننا الاعظم تيقنت قلوب هذه الانام ويقولون كلهم

آمنا وصدقنا فاعد مجلسا كبيرا وذبح بلاً وبقرتين واغناما

كثيرة وقراء القران وختم كبيرة وكل شربنا الى اخر عن الاربعين

عالما رحمهم الله مرة وبعد الايفاء تراء اليوم اكملت

لكم دينكم واتممت عليكم نعمتي و
رضيت لكم الاسلام دينا واشكروا شكرا كثيرا
وقال جدنا الكبير محمد عبد الله سنخرج في الصين قد تلا في هذه
السنة التاسعة الاسنان التي اقام الدايرة الشريفة فيها
شربنا ليلة الى اخر سنة واحدا دقيق انه قراء ايضا سنة في
سنة الهجرة على الجبل المعلوم القولنتري والسبب الاخر في
تيقنهم ايترك البرد سنداتي في ارضهم ولا يضرهم حتى
يقولوا لولاه لهلكنا وقال ان خا باغا له عبادة في النهار
رعية الاربعين غنماذ البنت وليلة قد صاح صيحة والاحمام
داخلون في عمل الخمس فامر مولانا ابنه الكبير محمد عبد الكريم انظر اليه
واذا وجد نائما على المظهر تحت السرير فالمولى واصحابه قد

دخلوا بيته ويجلسون على سريره وقرأ سبحان من بسط
الارض على الماء فجمد ثلث مرات ونادى فيتقظ وقام
فقال يا كريم انى وجدت الارض تحتها ماءً وقال ابونا قدس الله
سره يوماً قد حكيت عن شيخى قدس الله سره انى رايت عقدة كبيرة من النان
بعد زمان الفراق عند الجوع والعطشان واكلت منه فاذا هو عدم و
رايت امراة جميلة وبين يديها ماءٌ مس من برد الماء وشربت منه
فلا تعطيني واخذت فاذا هي عدماً فقال شيخى قدس الله سره وذلك
ان جدك السابق قد حقر جلال استهزء فينتقم منك وقال في
احقر
حالة الابتداء قد رعيت غنم المولانا الحنفي واعطاني كل يوم خبزة كبيرة
لا امكن ان نأكلها وحدها فقلبي ان شيخى يزيد وهو من هذا اليوم
قد نقص يوماً فيوماً الى ان لا يكفيني بحيث في قلبي ان مولاى هذا بخيلٌ

شديدة وهو من هذا اليوم يزيد يوما فيوما الى ان الانا على غايتها
والام على هذا النوع مرات كثيرة وبعد قد علمت انه مولاي قد ربّاني
صغيرا والحمد لله ذي الانعام وهكذا الكلام من سفر مولينا الاعظم
شاه رعاية الله قدس الله سره وغربته الى ههنا في بلاد جدنا الكبير
محمد عبد الله ولي الله العزيز وقال ابو علامة بانه ان هذا مما يثق
عندي ولا ريب فيه فاني سألت دائما الاحباء والاخلاء السابقة
الخاصة والعامة من قصة سفر مولانا الاعظم شاه رعاية الله قدس
الله سره ودخوله الى الولاية الشريفة ولا وجدت الا ان البعض يقول
ما علمنا والبعض يقول انا سمعنا حكاية قدس الله روحه كثيرة
واذ لم الفرق بينه وبين ابيه تفريق الدائمة فلن يستطيع قط واحدا
ولا صبر حتى اذ يأتيه حبيب صادق من جنب جدنا الكبير محمد عبد الله

قدس الله سره وقال لي ان الجد الكبير يقول اقوال سفر ابيه

الكبير مولانا الاعظم قدس الله سره ودخوله الى الولاية الشريفة

فيقول اذا ذهبت الى اهلنا القديم فقلت هذا لفلان وفلان و

القول

فلان ولهذا اقول قولي هذا واستغفر الله الغفار

لي ولكم ربنا ثبت لساننا على الصدق وقلوبنا

على التصديق وقال الشيخ مولانا محمد حقيق الله ابن

صفي قدس الله سره ان جدنا الكبير محمد عبد الله قد ولد وليًا لانه قال

في صلب ابيه الكريم يا ابي اجمع امي والان جئت من صلبك الحكيم

وروي ان حضرة مولانا يومًا بعد تادية الجمعة قد ضرب ظهره

بالعصا ثلث مرات وقال الامان الامان ولا تحرك ولا تسرع فاني طلبت

لكن خرجا وفهم خمس العلماء من بين الاصحاب وجلسوا الى يديه

على ركبتيهم وقالوا مولانا ارحمنا وادعو لنا لكل الزوجة سيدتنا وجدتنا

فان جدتنا السالارية لا تلد فلما جاءت جدتنا القيسويا عقيرية

رضي الله عنها ولدت ثلثة ذكورا محمد عبد الله ومحمد سعد الدين

ومحمد اسحاق وثلث اناثا رضي الله عنهن وروي ان جدنا المعظم

قال قد ذهبت يوما الى صحبة مولانا الاعظم قدس الله سره

فاخذ ولده الثالث بين يدينا وقال قيل ان ولدي الكبير رجل

حق وقد غلطوا لان صورته مثل صورتي وان هذا ابني

رجل حق وكل ذلك له علامة فقال قدس الله سره علامة العظماء

العاليات مشيرا الى راسه المباركة وهذا ان عظمانه عظمات

ذا القرنين قدس الله سره ثم قال ومن علامة هذه العظمة اطوله

من ذلك العظمة مشيرا الى مسبحة يمينه وصول ابهامه

وسمع صورة العيال وسال وما هذه فقال هذا عين

طوفي لكم وسعد لكم على ان شفاه العيال مفتوحة ولو كانت

مضموت فتم شوقا وحزنا در ديوان حضرت مولانا قدس الله سره

قد دعا يوما علماء القرية واحباء البلد وامثال امره قد ذهبوا

الى جنبه ودخلوا في دايرة عهد وعنده ان يضيفهم قال اثبتوا في

مكانكم ولا تقوموا منتشرين فاني اليوم انا وضعت نفسي لكم الطعام

والاصحاب كلهم قد عجبوا هيبا وما هذا واليوم الكبير عظمه تعظيما

زيدا وحينا قد اتى عالم مشيب على راس الجبل مع ثوب وقد اخذوا

هبة ثقيلة وغنمتين وجلسوا على ركبتيه بين يديه فقال مستعطفا

وسترحما ان لهذا اليوم لو فات ايكم الكبير جدنا الكريم بيوم عظيم

لتلشين سنيت والعاصين في جماعتنا عاجزون عن كثرة النفقة

ذهب اصحابنا قد هيأنا ناقة النذر فاقبلنا وجعل يقبلها

لحضرة جدنا الكريم فاذا وجهه المبارك احمرّ وكاد ان

يبكي والسائر في هذا الوقت قد ندموا انذاك وكذلك ما

عجبا لما قال فراق الملازمة فليعلم اعلم ونا تدروا في لندره وعظم

وهنا قد ظهر صدق اهل الصين ان ابن السماء مالك لابد وكل

وزير لا اخ وروي ان حضرة مولانا قدس الله سره يوما قد دخل

في مدرستنا الصينية فقال اعتقدوا ان هذه هو مسلكنا لا مدرستكم

وسأله معلم وهو معتقد دو الكلام ان حرف الاصل اذا انعكست

فما هو فسكت فقال انه اولياء انقلبوا البس لباس الحر والبرد و

انه الله تعالى قد شرحت هذه الطائفة من ولي الله مشيرًا الى التربية

في الحمد لله الذي اعطينا هذه النعم الكبرى وذكر ان حضرة

الصين

مولانا الاعظم شاه وقاية الله قدس سره قال اني انتشرت حجة
السعادة في المملكة الصينية والخارج قد خرج والبعض منتظر
الى الزمان وروي ان حضرت مولانا قدس الله سره قد خرج الى
الصين بامر الشيخ ويوما يمر في طرف السبيل عينا جارية و
عنده اذهب من جسد مشقة فيا، لطل ويشرب ثم ارتحل فاذا
تذكيا
لبس الجميل ذو الثمن والقيمة قد عدم والحال لا رجل هنا فضاق
نشاطا شديدا وطفق حفرة هذا المعين بالاصابع والدم
ساقط منها فبرحمة الله وفضله قد ظفرت منقود في نحو العسرة
ان مع العسر يسرا وروي ان مولانا الاعظم قدس سره اذا اصاب
مولده الخوخ يتري قال محمد ابو الفتوح قدس الله سره ان حضرت
مولانا سيد الشيخ عقيد مكة اعلا الله علينا من بركاته تعم

الحاصد لفلان اليوم فی فلان الشهر ثم ابو الفتوح قد علم دفعه ما

یرید من عملنا المصیبة وذكره وروی ان ابو الفتوح رحمه الله

علیه ابتداء قد عظم مولینا الاعظم شاه وقایة الله قدس الله سره

تعظیما شدیدا الی ان یقول لاصحابه عظموا حبیبی الحاجی الی البیت

العتیق کتعظیمی ولا تنتسموا بینا وروی ان حضرته رحمه ابو الفتوح

قد قال یوما لا اجد من بعدی الا انت ثم قال حضرت مولانا

الاعظم قدس الله سره فکیف یمکن النمل ان تحمل مشقة الفیل و

ابو الفتوح قدس الله سره قد جلس مع کثرة الاحباء فی مکان

واحد ساکنا وقتا قد سمعوا کلهم صوت کبیر المطر بعد

اوقات کثیرة حضرت خوجه قدس الله سره قد سال اما سمعتم و

قالوا بلی سمعنا صوت المطر ثم قال لا بل صوت فیضنا و سال

لا تنتقرها

نا ایرفی ورود مولانا الاعظم قدس الله سره یوما

هذا الفیض النازل فی ای مکان نقال ان هذا الفیض النازل فی دار العالم

الملوك قدس الله سره سبحان الله ما اعظم دار العالم الملوك و لو انزل

هذا الفیض علینا لوقعنا فی الفتنة و صرنا مجنونا نقل کتب محمد

لوائی رحمه الله گفت حضرت مولانا قدس الله سره روزی در کشف قبور بر

غلبه شد ناگاه مهری جمال تبار از در آمد و نشسته علی رکبتیه و چون بیند

گفته اند آیا مهری ما قهر تمساح گشته و بند پلنگ که قد آیت و جون

گذشت از این حال پرسیدم از که و کجا در جست باز گفت ملح عالم ثالث

کنجیا نغووی و ملی بوهام پیر اسلام ابو الفتوح قدس الله سره و کرام

بتلقین و بیت امل پر خطر عظیم شدم زیرا که هر چند کرام ملی ببینم

در نفی و اثبات که تمساح با پلنگ صور گنند و زبان که رمل پیوسته در زی

امال باشم و هر چند طلب کنم شنانیا نتم واجعل لی سن

لدنک سلطانا نصیرا امروز بنصرة الله وکرم او

طبیب حاذق دست کامل صاحب ما هو شفاء و رحمة للمؤمنین

بیافتم نقل است که روزی دانشمند سیوم ما قدس الله سره

بحرفنا میرفته اند و کسان کچیا فتوری و رهم دانند این راوفات

و بردفن کرده اند و بعد از بین حضرت مولانا قدس الله سره گفتند که دفنه

کردیت دانشمند سیوم یا ما یا فانه لم یمت در روز سیوم

دوستی ما پسر ایشان رکن الدین رحمة الله علیه و زینب بر دی چه اثر

دیدند در آن وقت ملح در بیمار دیگر نیز بیام جون مهمان پیکین اند بر

ایشان کفن و پیراهن من بینم در پیشانی اثر عرق و روی ای العالم

الادنی المستند نوری بیت اصحابه قد ساوی یوماً ای مولانا قیل

ان القوم اثنان قوم المنازل و قوم بالفرایض لانه اربیت النوافل

ولا وجدت قرب الفرائض واريت الفرايض ولا وجدت ايضا مانرجو

ثم قال انما علمتم القرب ولا تعلمون ان الذين

سبقت لهم منا الحسنى اولئك عنها مبعدون

وروي انحضرت مولانا قدس الله سره قد ساءل يوما علماء الزمان

فقال حافظوا على الصلوات والصلوة

الوسطى وما مراد بالوسطى هنا فسكتوا ثم قال ان

المراد بالوسطى هنا هو فرض دائم وروي انه العالم الاربى

قد ساءل نبينا مولاي لا الى عيسى عليه السلام نبي الله وكنتم

قوموا باذن الله وحضرت شيخ امام ربانى قدس الله سره

ولى الله فكيف امرت قوموا باذني فقال لا تعجب في تمام الروح

احيا ملة البحر وروي ان يوما في قبة المغمري قدس الله سره

نذر اكابر او الناس عليهم فقد جمعوا ههنا و مولانا قدس الله

سره ايضا حاضر فاذا هو قام و نظر من قبله و من بعده و يمينه

و شماله فقال ما اكثر الناس و لكن ليس فيها انسان نقل است

كه در بلدة ضوجيو وى مشرف شده بود و امان اند مجلس غالب

و نذر كمال كرده اند و دعوت كرده حضرت مولانا اعظم قدس الله سره

و حضرت ابو الفتوح قدس الله سره و حضرت مولانا بر فتند اجابت

چون رسيده بر خانه وى نشيند بر زانو و همان خواهر حبيب تكبر و تول

كنند در بين وقت ابو الفتوح نا آمد و گفت هر كجا كه در وى حاجى بوده

من نرسيم و آن ناه اين متبرع غوغا و سخن پراكنده آمده اند و ابو

الفتوح حيك نيافت و بر سبيل اضطرار نيز آمده و مهمان در بين

مجلس ايشان هم بيرون كرده اند و اقبال كنند و حضرت مولانا حكايت كه

ودر ستان خواقرار کند بسبب الغناء باز ابوالمفتوح قدس الله سره

یکی خرما خورد وآن خرما از دهان ایشان افتد ودر دستان ایشان

هر بود اند از تبرکی باز حضرت مولانا قدس الله سره از یت

خواب خود سترا لتماز کند وسر فع کرد وگفتند بیت

ماکان نصیباً لکه فیهیبک و لوکان بین الجبلین

مالم یکن نصیبا لکه فلم یصبک و لوکان بین الشقیلین

آنگاه ابوالمفتوح رح بر خاستند وگفتند برظن السوء که آمدم

رغوغا کرد یت واکنون آمدم وحاجی گفتند بر سبیل هذه رحکایة این

سخنان ورفته اند ونقل کرده اند که از بعد از بین جمع نکنند نقلست

که حضرت مولانا با اصحاب وی در مسجد خود نماز تراویح بگزارند

ویکی زاعتوار از حرمش رجوع کرد وگفت راه وی برای یت مسجد

اعظم ناگاه تصلیات آغاز میکند صوت سبحان

ذی الملک والملکوت سبحان

ذی العزة والعظمة والقدرة و

الکبریاء والجبروت سبحان

الملک الحی الذی لا یموت سبوح قدوس

ربنا ورب الملائکة والروح و این زراعت

دار در رفتند شوق و دیوانه حیران دخول کرده اند و گفته باواز

بلند بیاله سمعت صوت سبحان ذی الملک

ولیکن ما رایت الله سبحان ذی الملک باز حضرت

مولانا قدس الله سره رحمت کرده اند و شفقت کنند و شنود بیافته

نقل است که در مدرسه ما متعلم بود مشهور بجد و رقابه

که روزی در خانه رجوع کرده و بیند دو کس دیگر پسر خالند و

نیز دانشمند فقیر است و گفت بالله ما رأیت فقیراً مثلی و دوستان

در تنگیانی بسیار غلبه است فاذهب بنا الی جنبه

که المحرکه ببرکت بازدستان ایشان هم اعانت کرده نه بجامه

طعام و خرج و قلنسوه و نعلین و درم و بایم قدر امکان و

استطاعت رفتند بر عتبه حضرت مولانا شاه و رقایه الله قدس

الله سره و چون رسیدن آن حضرت ما لا تجوز رویت و بعد

از چند روز بقصد دعا و بسیار حاجت دید باز حضرت ایشان پرسیدند

از که تراین‌ها بود و گفت رسیدم در تنگیانی و دوستان ایشان هم

اعانت کردند و حضرت خواجه ما قدس الله سره غضب کنند و گفت

خریدی در صحاء بدین مال و لا تشتروا بآیاتی ثمنا قلیلا

الخلع الخلعا باز حذف کنند همه جامهاء و در پیش ایشان

برهنه و گریه برزانو نشست و ایشان گفتند اگر نه پوشیدن عورت

فرض است بر ترا حذف ازار واجب بود فالخروج والاخراج

والتدخل فی هذا الباب مثل هذا الیوم انتاه این عالم

باکیاً متحیرا در پیش ایشان قدس الله سره نشست و دو چشم وی

بر بیرون در دید یا مخلصان حضرت قدس الله سره ایشان همه ملتمسان

ما و شوم ما است فاعف عنا واغفر لنا وارحمنا فلما

غلب استغفارهم و تعدی التماسهم حضرت ایشان

قدس الله سره گفتند که بعد از این مکن چنین و گفت ای حضرت مولانا

و بستر ترا نگاه باز دیگر و اینکه گفته اند هم در پیش ایشان سلام

علیکم و پوسه کرده اند بر دست مبارک ایشان باز ایشان گفتند التلبیس

اعانت کنند بهزار تفرع و بسیار ... و گفتند این هم

التلبیس باز پوشید و نشیند در پس ایشان گریه و فرموده اند که

ازین روز این عطا ما است نه اعانت ایشان است الحمد لله علی

ما انعم به نقل است که این عالم فقیر بعد ازین تربیت بفرمان

ایشان قدس الله سره اقامت میکند در جماعت حرز پور للمتعلم د

تعیین کنند برای وی هر یکساله دو انبانه هزار درم و دو روزی

از دعوت اهل وی بر وی راجع بود بالله این در یکساله و نیم

است ولیکن محتسبان ایشانرا اجرت دو ساله داده اند و نرسانه

فرستادند یکمرد پدر منصور و یک بغل از خدمت چون برسید بر بلد

دید و نزدیک بخاری حالت میکنند در سحرگاه و در میان راه

بر خادم را اقتضا حاجت بود و عالم سبابقند چون وقت نماز شد

و شب تاریک است آن عالم انتظار کند چون آمد بر پشت ثقیله

و گفت:

پرسید چیست و گفت ملتقط است و ما هو نقره است در این حال آن

عالم گفت الترک الترک در آنجای باز غضب کند و دشنام گفت حیران جیوان

حیران حرام است و این جاهل منکر بر ظن السوء باز آن

عالم زجر کرد و زراند بسوط چون این جاهل حیلت نیافت و دانه که

مال بجویرت وضع ده درهم آنجا که یافته و آن عالم بر تتبع و مراقب بکا بویه کرد

و چون رسید بخانه چند روز ورداند که نتواند بیرون کشان از خانه شیخ

هزار درم بر پسر منصور دادند و گفتند اجرت بلا عمل حلال نیست و روزی

رسیدم بر آن جماعت شریفه لطلب العلم و پرسیدم از آن پسر منصور

گفت هو حق است و راست است اکنون آن نفس در دل من بقا است

و پرسیدم چند بقا و گفت بمقدار هفتصد یا هشتصد است فاعتبروا

یا اولی الالباب وزنوا بالقسطاس المستقیم

نقل است که در بلدة فلیان نام کسی هو رکت بتینسیا آید آیه

بانه انه من المجذوبين ولكن اعتقد نفسه

ضيفا كبيرا ونظر بعين الحقارة مولينا وكنت انى

اعطيته الشرب والقهوة وخفت ان لا يمكنه

الاكل باز روزی حضرت مولانا قدس سره بوجد آمدند در روی

وزانو در روی بدست خواندند گفتند ای هلی فتحا فتحا اهل وی

ندا کنند مدعو کیسی باز آن مجذوب در روی کشاید همه متحیر و تبسما

وحضرت خواجه مادر خانه وی بود خود اکراه نمودند و نشستند بر سر پیر وی

وهو قايم بين يديه فمكث ساعة وخواند خافضا

مخفيا الله اكبر و حضرت مجذوب على صعقا ووقتا

خواند سبحان الله و وقتا خواند الله اكبر و وقتا يا مصطفى

الله :

و وقتا لا اله الا الله باز حضرت مولینا خواندند الله اکبر خفیا
یکبار و درین نگاه نیز خواندند الله اکبر بار اقامت کرد و نشسته بر
زانو در پیش ایشان خایفا مضطربا آنگاه حضرت خواجه
ما قدس الله سره پرسیدند در فلان وادی کیست آن شاب دلیلکه
منست اگرنه ملامت لا تمر ازان وادی و در فلان کوه آن پیر
پدر تو کیست و آن بحر صاحب سفینه حاملکه کیست و آن صاحب
ملامت و اگرنه ملامت لا یمکن ان تمر ازان بحر باز [illegible]
گریه و اعتراف بمنزلة گرا در پیش وی و گفته که ایشان پدر ملامت
و ایشان مرشد ملامت و ندانم و بوسید بر کف دست مبارک ایشان
و اینچنین خواندند ربنا ظلمنا انفسنا وان لم تغفر
لنا و ترحمنا لنکونن من الخاسرین و روی

وازکی [illegible]

تو پیر منست اگرنه ملامت لا تمر ازان کوه و در فلان

الی حضرت مولوی شاه وقایة الدین قدس الله سره قد قال

ای ما لی اذا کان فی انسان فالامر لا یخلو الا ان نضع بینه

وبینه صراطا واحدا واوصلته منه او طلبته نفسی فاستمسکوا

بکریم ان الله عز لنا بشری لنا معشر الاسلام ان لنا من العنایة

رکنا غیر منهدم نقل است که روزی حضرت خواجه ما رفته اند

ده چند مسان بر عادت رفته اند باز بر کوه پشت وار صعود کرده چون

از ان کوه نزول کرده اند ان عاجه ودا اقبال کرده بصحاف لبن و جوز

آورده ما بینه گفته شیخ نزول کرد از کوه و شیخ اقبال کرده وبعد ازین

بپیش که افسانهای و ان کوه مقامهای شهدا و نه ساله است نقل است

که حضرت خواجه ما قدس الله سره روزی میرفته اند بلاد عورت مرکز

بیرون درهای مختلف بعده ود وعده انتهاء هیچ کس است و هم از ان

و دوستان تعجب کرده اند و گفتند چگونه رفته اند در این ابواب هاء زیرا که

در برون کسی دیدن و آمدن نیست و بعد از این معلوم که انها ابواب هواء

نیست سال است بلا کثیرة و لا قلة و لا خطاء نقل است که روزی حضرت

خواجه ما وقایة الله قدس الله سره در مدرسه ما آمده اند و اخذ کرده

بکمال خود برای التدریس و التعلیم و وضع کرده اند بر میل و بی استقامت

و پرسیده اند که این پیر وضع کردن با استقامت خوب است یا میل و بی

استقامت خوب است ظاهر که وضع کردن بر استقامت خوبتر است و از چه

بر میل و بی استقامت وضع کرده اند باز گفته اند از اهل الزمان لا یمکن

ان یوضع مستقیما و مکروا مکرا و هم لا یشعرون ومکرنا مکرا

بالله و در این وقت چند ما کلمات بود نقل است که روزی حضرت مولانا

قدس الله سره نشسته بودند کسانی بی بسیار بالله در میان این

کسان کذاب و دروغ و از آن کسان ایشان هم نبودند خواجه ما قدس الله سره

صورت یار زیر بغل گرفته اند باز حضرت مولانا قدس الله سره صورت یار زیر

بغل کردند باز حضرت مولانا قدس الله سره گفته اند و ما ضحکتم زیرا که یار و هیچ

حجت بود بر بهتر از دروغ باشد نقل است که حضرت مولانا قدس الله سره

حکایت یاران نشستند و خواجه خود الله به صورت لاعب کل بیع بیت

ولیله طریقة لقیت ولا اناس هدیت باز گفت و ما فعلتم

باتباع الالاعب نقل است که روزی حضرت مولانا قدس الله سره گفت

اندر واعمو اقمشه دین ما است و ما ریانند ادویه دین ما است نقل است

که خواجه ما محمد لعای قدس الله سره گفته اند که من بر فتوح حمام و ...

من بر قمری بودم روزی پدرم گفت ای پسر مقصد انظر ... انظاری

ما رایت احسن مثله الحاج قدس الله سره نا نظر ما ذاته

بارها این چنین نیز در دل ما آمد و شبی پدر من بعلتی غالبتر

امان و دعوت کرد حضرت ایشان قدس الله سره و در خانه ما و

ساخت ما و بیرون در ما طبیباه دیگر کوچه و استشفاء کرده و السلام

طلب کرد و ما حضور در میان گشت و بحمد الله تو بکرم و فضل یافته

چنان یافتیم و بر یک راه بوده ایم ولکن پوشیده ایم از کسان دیگران زیر ترس فتنه

اگرچه در بیسی این دیر دلان غیر از شک بود نقل است که روزی حضرت

مولانا قدس الله سره گفته اند انشاء الله تعالی فردا روز تماشا کنیم بر کوه

بیبی بارها در آن کوه قبه بود و جمع کرده اند اباریق کاسات و دیگ استعمالات

و نهند در یک زنبیل گلان و طیبینه کسی را بالجرة و داده اند اخذه اخذة

آنگاه حضرت مولانا قدس الله سره گفته که نرفتیم زیر که اراده تماما اخذتم

اما سمعتم قوله تعالی لن یستنکف المسیح ان یکون

عبدالله ولا الملائکة المقربون ثم اخذنا بایدینا فی

انفسنا مع الاحیاء و حضرت مولانا قدس الله سره از کلان

سوق رفته و انا علی آثارهم یهتدون و از بیت در میان بلده

ضجه پیوسته شنیدند که آن غوغا بسیار پیدا کند و دو کمان و غیر آن میگفته

اند که همان خلاف دارد است که قد بدت البغضاء من

افواههم وما تخفی صدورهم اکبر نقل است که روز

بسیار بلند ناگاه در یک روزی در وقت نماز شام مراحی احد گفته

حضرت ایشان قدس الله سره دعوت کنند تا در رفتم باز ملبس گاه اند

بدلت رحمت خود از زیر جامه از میان بست ما الحظه از سر اعظم

بست تا آخر یکبار بالله مانا نام که چه کرده اند باز گفتند رفتند فتنه

و در دل ما ظنها و اختلافات است اند و در روز دوم بعد از نماز بامداد

از خانه بیرون نگهم و چون برآیدم بر سوق فتح چون نعوذ بالله من ذلک ناگاه

کسان ایشان همه جمع کرده اند و زده اند مرا بکلان عصا و اختلافات غلیظ

و زنان ایشان هم آمده اند بسیار فحش گفتند بر درهاء ایشان

بنصرة الله و فضله و منه و احسانه غلبه کنم بر ایشان

همه و لشکرهاء ایشان بشکستم و افتادم کنده مردم از ایشان و بدانم که

از کجا آمد این فتح بی حد بود و چگونه بهر بیت بدعا او اینگاه نتنهاء زاید

و پسر چهارم فتح سطر کند کرد از دعاء و ادعاء کرده اند باقات

نزدیک و جمع دلهاء مردمان و امیر کنده و اجابة کنند و رسول الله لعنة

الله علی القوم الکافرین بلوث تضا کنند بزه اند مرا چهار و

زنند حضرت خواجه ما سعد و خواجه ما قدس الله سره میخوانند

سبحان الله یکبار ناگاه آلت امیر شکست و امیر استاده اند و نه

کنند از آن دو نزد که هم در رجوع کنیم نقل است که شیخ ... قدس الله

سره گفت چون باز گشتیم از قضا گاه تا قضات بینم بیرون کسی بدر بیست

و سببش معنوی در حرکت ایشان را دسته دو بقتل بقا بسته بعضی و گفته اند بیک

مرا هو هو بئس الرجل ظالم هذا عادتهم ای دولت

ادای نام این را نیست و گفتم آیه من ندانم باز گفتند که این نام و منبع گر

بی اکرام سگانی که فردا روز نبوای و بر سیم آیه بگویند کنا کرام و گفتند

طلب کن دو مهر رفته کنیت در زیر آب اسیاب نصرت و اعانت کرد انداز

زیر دو بغل تر ادرای انداد مضیر تا بمعشوق و حدود آسیا اگر دولت

و مضرت از آن تنسان بقاء است بیرون نکنی از آن آب تا هو نیست باز جدید

با جرت مالان نیابد کسی را زیرا که ترک فتوحی نیز نکند اگر چه براد را او از

جنبه هم باز رفته بیاد هر کند که حیله نیابد پس پدید از آن بجز غم بیند و

زرا بمعشوق آسیا بر زبان روی در بیشه کسی بجا چه

شاخ دوست بجبل از ابروی و نهد در زیر بغل خود و تا وقت

نماز شام نزدیک حضرت نه پیدا کنند گشت و باران از اسمان ببارید و مینهر

در زیر پای گشت و هواء بر گشت و دل در ذکر گشت و صبر کرده صبر جمیل و

خواندم رَبَّنَا ظَلَمْنَا أَنفُسَنَا وقتا و وقتا ربی لَا تَجْعَلْنِي فِتْنَةً

لِلنَّاسِ وَنَجِّنِي مِنَ الْقَوْمِ الظَّالِمِينَ تا که در اول

وقت نماز خفتن باد خلاف بلا سکون کرده و باران رحمت نزول کرده اند و

آن زیان همه پراکنده گشت و در اثار زیر و علامت نیست و بنا جنان

نزد شد وَأَنتُمْ تَنظُرُونَ وَلَوْ كَرِهَ الْمُشْرِكُونَ و در روز دوم

بعد از نماز بامداد نیم درست فتحه را از بالا تا زیر کشادم زبان کتب چند

و دوستان و غیر ان همه ایشان تعجب کرده اند و گفتند آیا این میت بود

و چگونه او را این شجاعت است و ادعاء کرده اند با تمام الالفات و انگیخت

نتنها، بس امیر تقاضا کنند که هر کسی باز گشت تمر مثال خنق و بلد خوا

اثنا حضرت مولانا رایه الله قدس الله سره بر حکم وسیق الذین

اتقوا الی الجنة زمرا باز گشت برکیت هیئت ما یعنی بسلامت گفت

که الله تعالی خزانه کرامت بسیار در دل تو و در آن بلد حرم صوی همچنانکه

نقل کنند و رها از میان غار و هیزم نقل است که حضرت مولانا اعظم قدس

الله سره روزی گفت دانشمند عیلی ما عالم صالح است و روزی عنه

عالم لدا ای انه قال انا کنا مع حضرت مولانا الاعظم قدس الله سره

نتعد فی کیت هیئت ما یعنی تمال او رجل فاذ السبب الجمیل دخل

من باب و سلم و جلس مع رکبتیه و حضرت مولانا الاعظم قدس الله سره

قد قام و قال ای سبیل ذهبت و ای رجل حضر و خرج فسألته عن آین

و کیف یعنی و ما نقال ای عالم سابع لجیوی و انا عالم مذهب النعم

تو و ما بر صحبت ایشان بعهد تقدیر است که حضرت مولانا قدس الله سره حمد ... بیکت هیئت

قدس الله سره واسلام وانا لسن اسلام على خطر عظيم فاني رايت دايما

السماء والارض والقمر والشمس وكل شيء يسجدون لي واني كنت خوفا شديدا فاينما

طلبت شفاء فما وجدت ثم يوما صرت الى بلدة تولنغدو ولقيت

على الناس هو بعالم في بطن امه ابن محمد عالم خاس وخبرت

عسري فشفقني واشار في هذا المذهب وقال انه حضرت رتاية الله قدس

الله سره طبيب حاذق وشيخ كبير ولكنه ذو نصيب عظيم وما لك طبيب سوى

هذا الكلام وليس لكل شيبة سوى هذا الباب الان لا طبيب الا هو ولا شيخ الا

هو والسايرون على المدن مثلنا فانا الذهاب الذهاب فقال هو لي

فاذهب وارجع وانذر نية جديدة وصم صوما خالصا ثم ائت الى روحه

نفسيته وجدت مطمئنة فرجع وفعل كما قال ثم اتى وزار المولى قدس

الله سره لا يعتبر كما في المرة الاولى فلح الحاحا شديدا وايما رجل نثم

في ام الكبير سن نية

جلس على ركبتيه ثم يومًا من الايام حضرت مولانا الاعظم قدس الله سره قد

جلس في مكان واسع مع قلة اصحابه وهو جلس على ركبتيه بين يديه

فذلك المولى قد قام واتاه وركب على جسده وضربه بيده ومن ضربه

مدحه وقال ان لك معجزة من سليمان غُدُوُّهَا شَهْرٌ وَ

رَوَاحُهَا شَهْرٌ ولك معجزة من داؤد صنعة لبوس

ولك معجزة من موسى فاضرب بعصاك البحر ولك معجزة

من ابراهيم يانار كوني بردا ثم مدحه قال ذلك المولى قدس الله

برفع الصوت حركت والحاصل ان الضرب كثير والمدح غير قليل ثم جلس

مولانا قدس الله سره وايضا جلس بين يديه على ركبتيه ولقد قال سبحان

الله الا انه في هذا الوقت زاد عسره وجاء في قلبه ان المولى قدس الله

سره لا يريد ان اراد ان نكين قال هذا وهو جالس غمًا حزنًا بين يديه

فقراء خائفا مختفيا الله اكبر وفي هذا الحال قد خر لكل العالم صعقا

صعقا وقد دعا الله وقتا ووقتا قد دعا رسوله وقد دعا تلا كلمة طيبة

ووقتا قرأ كلمة الشهادة وحينما كان لا بعد الافاقة ثم قال شيخنا سبحان

الله غنية وايضا قال سبحان الله تبعا مرة وحدة وفي هذا الوقت

قد افاق وجلس فقال مولانا قدس الله سره والارادة هو هذا سبحان

الله ثم قام وقبل على يديه وسلم ولهذا لا يستطيع ان يسمع صوت سبحان الله

وروي ان جلبع البابا اللنجيوي قد ذهب

يوما الى التعلنغوي وسكن في اهل العالم البحري الا ان كسب بيع اللبن

ورعى بقرة كثيرة وفي الليلة في ثلثها قد انقطع حبل البقرة وابدء الكبير

جلبع بابا نايم في بيت وحده ونادى ابنانه ونديهم غالب حتى ينهوى

قد ناموا وليس لهم صوت وجواب وغركل البابا قدس الله سره ايضا

نائم وعند طول الوقت قد تلا غضبا لبحانا الله وهذا الناس يتنون

وكيف لا يسمعون فاذا هو قائم مل غركل النوم وهو على ركبتيه فطفق

ضربا لث والايبث الى طلوع الشمس وبهي ان جميع بابا قدس

الله سره يوما يأمر بي مع العالم الخامس رحمة الله عليه في القرلنفووي

صلوة الفجر واذا اقراء والسماء ذات البروج واليوم

الموعود وشاهد ومشهود سكت وهو ساكت في

مقامه ثم ان العالم الخامس قدس الله سره قد كمل الصلوة واخافر عنه

ارسل الخلفاء في جوانب حفظة وحذرا الى وقت فجر اليوم الثاني

فاذا هم تاري قتل اصحاب الاخدود النار الحاضر

وكمل صلوته ما عجبا لهذا الشان اولياء الله تعالى لا يصلون

الانجرار وحتى في يوم يكون مالينو ونحن في ذلك يوم نؤدي الخمس فكيف
شركونا وروي ان ببيه بني قبر لمرقد قديم لا يعلم اسمه ولا نسبه باموال
الانفس المخدوع ويوما لحضرت مولانا الاعظم شاه ولاية الله قدس الله سره
قد اتى بلد تتا وانه يدعو مولينا وقال اي حضرت اقرا سورة في هذا
المرقد ونحن نتبرك وحضرت ايشان قد ذهب في قربه الى باب فرجع ونقم
ذلك السبب وجلس على كتبه بين يدي ابراهيم فقال مولانا قدس
الله سره غضبا انكم تنفقون اموال الانفس في الطينة والماء وانتم
مسرفون وانكم لتدعون في هذا اليوم وانما تعلقون الاسم واللقب
وانتم تسلون للناس ان الفلان قد طاف هذا البيت وقرا سورة في هذا
القبر ومكبرتنا خذوا اموال الناس بالباطل وانا شاهد بالله وانه
لا نذهب وروي ان حضرت مولانا قدس الله سره قد لحق في هذا

اليوم من لا يعدل بين النساء وسأله ارأيت ثلاثة نجوم في السماء

وذلك هيكل جامع المزدوجين وانما عدم ميله ان يكون عدلا ووسطا

اما سمعتم قوله تعالى ولا تميلوا كل الميل فتذروها كالمعلقة

وروي ان حضرت مولانا قدس الله سره قد لقي جاهلا لا يصلي ابدا ابن

ثمانين في سوق صغير ودرة بيديه وسأله انت شيخ ام انا شيخ

وفر ذلك الجاهل من يمينه ودرة بيده شماله وذهب من شماله فرده

بيده يمينه ولا يجد حيلة وزعم انا شيخ فقال حضرت مولانا قدس

الله سره قد اديت صلوة الخمس وما تركت واحدة منها واتممت الحج

مرارا وصمت صوم رمضان وكملت فرض الخمس فانظر النظراء انت

شيخ ام انا شيخ فقاله وعلى هذا فانت شيخ وانا جاهل فقاله

حتى كنت وروي انه من بعد قد صلى وصام وروي ان العالم البلدي

الصفير السيفنفوري كان يعلم المتعلمين في البلد الجندفودي

وكان زاهدا مدة وفي النهار يجوع ولا يشبع في الليل يتنظ ولا

ينام حتى ضانيا شدة فلما سمع خبر حضرت مولانا قدس الله سره

قد ترك سرة قد جاء ماشيا صحبة قدس الله سره واذا اتى

لحضرت مولانا قدس الله سره قال وتكل اذا جعت ولا تشبعت فكلوا

كثيرة واشربوا غفيرة فانه اذا اكثر الاكل كثر الفعل ومن بعد قد اكل

كثيرة وزيادة بانه قد ظفر من كثيرة الاكل ما لم يجده من الجوع و

الزهد من انواع النعم الظاهرة والباطنة من غيره ان تحصاه

وروي انه في ثلثة او خمسة اشهر قد غرق في بحر الفناء مرة وربما يقول

الذين لا يعلمون ان العالم البلدي قد مات فاسعوا الى دفنه وقال البعض

انا لله وانا اليه راجعون وروي ان المعالم الادنى الكنجيانفوري قد اتى

اللقاء حضرة مولانا قدس الله سره وهو يجبلون الذكر لك فسأله

أبا لك اخوننا قد اتيت حضرتك بعد استطعت لي ام لا انتقال الي حضرة

مولانا بالله انا خشيت خوفا ومن بعد لا اعصي وروى انه سابعا

رحمة الله عليه قد ذهب يوما بامر شيخه لقتلة امير الى بلدة عند نهيب و

اقامته في منزله فيه حمارات كثيرة واذا غنايل قد ضاقت الارض على حيث

كثيرة الناظرين وقال ما عجبا وما احمق هذا الناس والظاهر انها غدا له

ومكانه همارة والله تعالى يضيه هداية الاسلام ويدعو الى دار السلام و

كما لا يجيبون واني ضربت في هذه الليلة الى دار الخبث فلينظر هذا الاحمق

ثم ان الرجلين المرحلية بدت في يوم وغدوه حضر عندكم ثم وقع في العسه

ودخل سيفه في غلاف الحمارة فاذا هو تبتة وسقط من بطنها في الحال

وندم ندامته وخاف خوفا وذكر يومئذ أين المفر تخبط خبط العشو

الى ان يدخل في غار قديم بعيد موحش لا يعلم ولا يذهب الا الآن في هذا

الحال حياءه حيات وخوفه توبة واين المفرد ذكره وحيرانه اعتكافه

الى مضاء الاربعين يوما حضرة سيدنا الاعظم قدس الله سره كل يوم

يسأله ويقول اين سابا عو فتحسسوا من يوسف ولا تيأسوا من روح الله

ثم يوما يقول للاصحاب وقال له في فلان مكان غار قديم فاذهبوا اليه

وتحسسوا فلعله في ذلك المكان فوجدوه متحيرا وذاكرا اين المفر

جاهلا اتيانهم ويسألونه ما صنعت ههنا وان سيدنا الاعظم يدعوك

بالسرعة السرعة واذا سمع قولنا هذا فخر سقط وقد مات واسرعنا

اليه ورفعنا الى ندائه ثم افاق فاخذناه بايدينا الى بين يديه قدس الله سره

قائلا رَبَّنَا ظَلَمْنَا أَنفُسَنَا وَإِن لَّمْ تَغْفِرْ لَنَا وَتَرْحَمْنَا

لَنَكُونَنَّ مِنَ الْخَاسِرِينَ ماعجباله ولا يجلد ولا يستغفر ايضا

ولا يذكرونه بالله منذ ذلك اليوم لا يرفع راسه بين الناس وعند ذكره

المعصية والزنا فلا يكون الأبناء وحسرة وروي انه بويم اخون به

السيفنفوري رحمه الله تعالى ذات يوماً الى بلدة غندن وانزل في مكان

فيه خرابات جميلة واذا راى بلا اختيار قد صالت عليه حية الشهوة

فاسرع الى حضرت مولاه خايفا باكيا مستغيثا وقال قد عصيت

فارحمني بالجلد والاستغفار فقال الحضرة لا تحزن فان في كل حركة

الصفة ثم بعث بها الى يديه واستشفع اصحابه الكبيرة وقال ان يكون

مولاي لم يرد في يوميذ اين المغفر فيا ايها الاصحاب قد سقطت في

حفرة الخسران وانتم تنظرون ولا تلتفتوا نفسي واحدة في غربة البعد

واني ارجو تحركه في المولى شفاعة لي يا ايها الاكرام فضرب جلدة

واستغفار باكيا ثم قال وانما الكتاب الاسلام هو على هذا النوع

وروى ان حضرت مولانا الاعظم شاه ولاية الله قدس الله سره في ابتداء

قد اتى الى بلدة القنوج لمنوري بدعوة ابن العالم الخامس المشهور

بعلمه في بطن ام لاكل الطعام واستعمال النعم واذا ذهب فاتبع

ساكتا ولا يسير الى طريق ولا لسان تجربة نعوذ بالله من ذلك

نظر الى مكانه بلا اشارة ولا دلالة واذا جلس في بيت المعالي فقد

قام بين يديه وسأله اى اخبرني ما نهاية العلم وما نهاية الكلام

فاعجزه عن الاتيان ولو كان بعضهم على بعض ظهيرا وثبت

على الارسال والتعظيم فقال حضرت مولانا قدس الله سره نهاية

العلم والله اعلم ونهاية الاسلام لا حول ولا قوة الا بالله ثم سلم عليه

قدس الله سره ونزل من مكانه العجيب نقل است كه روزى براى

وضع مدرسة مباركة فتنة الادعاء در ميان دانشمند بيج حلواى

رحمه الله وقوه واقع كه بازان دانشمند آمده اند بر جنب حضرت

خواجه ما قدس الله سره وگفته اى حضرت مولانا ارحمنا واعطنا

مكانا واحدا للاستنصار والاستغاثة زيرا كه مدرسه حضور كنند

بسى هزار درم در ما اين امكان واستطاعت نيست باز حضرت

ايشان قدس الله سره گفته اند كه شما اسلام كيست ديگران

مال نفقه كرده اند واين نيز غير موافقه است پس حضرت ديگر ميل

خواهيم كه نفقه كرده بازان عالم كرده چنانكه فرموده اند

باز مدرسه اقامت كنند بنصرة الله ورسوله وروى ان حضرت مولانا قدس

الله سره قد دخل يوما في مدرسة العالم الثالث الكنجيا نفوري وقد كان

معلما في بلدة الكلين حيوري فقال ان عالم الثالث قد حسن في الوضع

اما وضع سريرة لرجل واحد او سريرة لثلثة رجال لا الرجلين

فاحذروا بلاء الذكر وفتنة الصورة يا ايها المتعلمون وروي

ان الله تعالى انقذ من السنين منع منا الغيث واستقيناه في مسجدنا

ومولانا الاعظم شاه ولي الله قدس الله سره حاضر وتلونا القران العظيم

واذا قرأنا ثلثه ونصفه فحضرة مولانا قد قال برفع الصوت ان

هذا ليكفيكم فامتنعوا من التلاوة وفي مدرستنا استاذي عبد الهادي

وهو عابد بن محمد الفتوحي وفي قلبه مرض النفاق وقال من

نفسه وهو امثاله صاحب ان اتممنا ما نلا مضرة وما باس فيه ثم ارتحل

وارتكب الخيل في خارج باب المسجد وقال على اعين الناس ركبت

الخيل امر تك الخير فانتظروا ان المغيث في فلان البروج وذهب

الحال لا شيء من سحاب في السماء والشمس حريق كالنار وفي هذا

الوقت قد جاء في قلب عبد الهادي انه قال انا منتظرون غيثكم وناظرون

حتى ليكن ويكمل الا انه في وقت غير كبير قد تغيرت وكتب

ما يا فواه المقربين وقلب مطمئن بالايمان ورويت

المحتسب الابيض السيفي وتزاد اتى صحبة مولانا الاعظم

قدس الله سره صحبة حبا شديدا وقال عالمنا الصغير ابو بكر ابي

رحمه الله لولينا يا احبته حبا شديدا لان هذا الرجل قد لقيته في بلدة

ماكنغري وهو منتشر في الاخذ فقال المولى بلى وهو منتشر في

الاخذ ولكنه اذا اخذ بيده واحدة فما اشبه يده واحدة ومن بعد

قد نزل بلاء السنة السادسة وكان ما خوفا بسبب عمين و

ذلك الحال قد ظهر جليا فانه اذا اخذ بوسوس متر نكير ذو

مرتبه في بلدة نظر الامير لهذا ووضعه في السجن ثم ذلك

المتنزه قد ندم وعزم ان يشفعه من ذلك البلاء وارسل رجلا فقال

ا غير توالكم في اعين الامراء واقلب للمالك فاني شافعكم منه فقال ومن

سواه فما استشفعت من يده مع ان هذا المقام مكان النعم و

الرحمة واذا لم اجاه فقلبي ضيق حرج واذا ظفرت اتركت اما ترى ان

حياته في مماته ومماته في حياته حتى يدخل في زمرة اهل السعادة

من الشهداء صدق الله العظيم ورسوله النبي الكريم وروى

ان حضرت مولانا يوما قد جلس مع كثير من العلماء والعالم المشهور

بصواقعون السالاري ايضا حاضر في مجلس واحد فاذا هو قايل

عابسا متوليا هي تكاد ترى الكفران يملاء وينتقص دماغ العارف

والعالم السالاري قدس ع الى طرف الارض ثم ساءل وجهه المباركة

ثم قل ادعوا الله او ادعوا الرحمن ايا ما تدعوا فله

الأسماء الحسنى من سماه هذه الاسماء فاجاب وقال في الكتاب

انا اسماء وقتئذ سماعية الرجل سماه فسكت ثم غنى وغرد كاللاعب ثم بدئ

وقراء برفع الصوت اشهد ان لا اله الا الله وحده لا شريك له و

اشهد ان محمدا عبده ورسوله وقال شيرازى مسجد على لغة

الصين انما الله اله واحد لا ثاني له وروي ان حضرت مولانا الاعظم شاه

وقاية الله قدس الله روحه لما اتى الى الشنسي لاجابة الدعوة من جنب ذلك الامير

الكبير المعلوم بما يجيء واذا قرب ان يقدم الى قرح الامراء من تحته كلهم على عزمهم

الاغلب ووضعوا في خارج البلدة خيمة كثيرة جميلة وروي انه اذا اقدم الى الخيمة

الاولى وهو خيمة لذلك الكبير فالامراء كلهم قد نظروا باعيان الحتالة و

قالوا انه ليس شيئا مذكورا ولا درينا ما السبب دعوته بهذه المنفقة وتعظيمه على

هذه الحركة وفي الحال اخبر وامر خيمة الى خيمة ثم اتى الا انهم في هذا

الوقت قد اخذ واكثروا الخدمة ونقصوا غلبة التعظيم وفعلوا ما لا بد

بالحتالة والاستهزاء فلما قدم الى آخر الخيمة وهو قريبة الى دخوله

البلد فرح الشناقة قد هبت من مراح قلوبهم لكن الذين يشقوا

قصدوا الى خزي الضيف واسقاط المضيف نعوذ بالله من ذلك

وجلسوا على ركبتيهم عند الرحلة بين يدي سيدهم وقالوا اذا

دخل هذا البابا الى البلد لا يثبت لنا امكان الرؤية والعدم

وقصدنا ان نختبره بمحك تجربته شعرية لنكون نصب

طرفنا فلما حيروا لا يجيب فقد ولما رجعوا اليهم خطر بولينا الاعظم

قدس الله سره وفي هذا الوقت قد سأل ما تقولون ثم زعموا متحيرين

قصدهم وقال خير خير وما من الشعر واي منكم ظاهر المتن

ثم سكتوا متحيرين وسأله ثانيا وثالثا الا انهم قد صاروا منكوسة

التلف كما قال جل جلاله ولا يحيق المكر السيئ الا باهله

وفي هذا الوقت حضرت مولانا قدس الله سره قام من مقامه ورأى من جوانبه ثم نظر على نقشة واحدة معلقة من خلفه وقال المتوسن فيها هيكل الشتاء وهو شجرة كبيرة بلا ثمر ولا خضر وعليها صفر ضعيف والبرف نازلة ثم قال ضاحكا مستهزءا هؤلاء دعوا الشعر ولا تستطيعوا اخراج المتن فعلينا ان نتلون بهذه النقشة

فلفظ شعرا

تِخ كِليانْ جوابُ جَنْ نِيْ ، نِيقتضا نءِ امدشنْ سِي
لِيانْ بانْ شُوِي شَنگ ابدتْ ، بُ ياجن جوزي نزْنز

وروي انهم قد جهدوا ابيك يديه تسليما وخرجوا غما على رغم ندخل في البلد بلا اذن ولا منع وروي ان حضرت مولانا الاعظم قدس سره لما اقام في مقام معلوم لذلك الامير الكبير اياما معدودة في العلماء

في هذه البلدة قد بدت البغضاء في قلوبهم كما قيل الفقهاء عند

الاولياء كالفراعنة للرسل بل هم اضل سبيلا لان

فرعون قال عند الغرق آمنت برب موسى وهارون

ولهذا لا يتاله حتى بحقيقة الكافر كما في الحسيني واظهروا على

أي تفسير الحسيني

صورة المحبة من حيث لا يشعرون جزاء ومكرنا مكرا ها انهم

قد اتوا الى ذلك البلد وقال انا ندعو من الاحباء في الجماعات

المختلفة امير المسلمين شيخنا الاعظم قدس الله روحه وبهم نتبرك

ونستشهدهم حقيقة الكتب بئس الرجل هو المضل

وذلك الامير لا يجوزهم فانه قد علم انما تخفي صدورهم

اكبر وعظهم هنا لا تفعلوا لان الفتنة اشد من القتل

ولكن لم يمتثله هذا بين يدي حضرته وفي يوم الثاني قد سأله

ان العلماء في هذه البقعة ما فعلوا باثار هذا الباب وما صنعوا

الا التوافا جاب لهم يا، توافقال له متبسما انهم ان كانوا يدعونه

ويريد دله بحث الكتب الآن قد سال الشيخ قد قال في اليوم الثالث

فقتلهم ان هذا [illegible] جاهل ولا يستطيع [illegible]

لذلك الامير ان اراد ان نذهب في هذا المسجد ونطوف بالنظر

النظر او البصر البصر او شيء وقال انه شيخ كبير فلا تذهبوا

فقال ان الارادة ثابتة فلا رد ولا منع فاذا هو قد قام واخذ عصاه

وذهب اليه والناس الكثير بلا عدد ولا حد قد تبعوه في الحال

رؤسهم قد وضعوا المجلس ودعوهم عليه فقال لهم انكم

قد دعوتموني في هذا الامر وتقولون تريد ان تبحث الكتب

خير فخير ولكن جاهل لا نستطيع ان نبحث نوادر الكتب

وعلينا السمع والتبرك فسكتوا سكوتا لم يتغير ولبثوا

ثبرت النابتين والطعام على هذا النوع مرارا ثم قال قدس الله

سره اذا لا يستطيعون ان نبحث فعليكم السمع السما

نفر والى جنب عمارته القديمة واشار لهم بعصاه المباركة

ان هذه الكلمة خطاء وتلك الكلمة خطاء الا ان الخطاء المشار

اليه في سمع مقام النظر النظر ان كنتم تعالمون والنطق

النطق ان كنتم تنطقون فرجع رجوع السحاب وهم متحيرون

وشقيون اللهم لا تجعلنا شقيا ولا مطرودا ولا محروما هب سيئاتنا

لمحسننا ويقصرنا لعاملنا وهبنا الكل لوجهك الكريم

وروى انه ابا بكر اي اخوند قد اتى من بلدة كاشغر يوزيرحه

بامر الشيخ طوسن بابا قدس الله روحه وقد اعتقد ان لا يكون

في الصين شيخ مثله الشيخ ويوما قد دخل خانقاه لتي حضرت

مولانا الاعظم قدس الله سره وجاء فی قلبه ان لیس ههنا عالم

وعارف حقیقة القرآن الکتاب المثنوی المولوی قدس الله سره لیته

قراءت ونصحت بکل ایه یهم واظهر تهم هزوی واسلاف نیکی اذین

حضرت مولانا قدس الله روحه قد دعاه وسایر الاهل فی خانکاه

وقال اه تعالوا اسمعوا من ابی بکر اقوله کتاب المثنوی فانه لا یستطیع

ان یبحث الا هو لا غیره وفی هذا الوقت قد اتی کتابه بین یدیه

قدس الله سره ثم حضرت مولانا الاعظم قد بسط بیده المبارکة

من جلد وقال له بحثا بحثا فلما کشف الاوراق متوالیا واحرز

فیها قد سرع ان یهبط من مقامه العالی الظاهر والباطن

وجلس برکبتیه بین یدیه نادما وخایفا وتقصیرا اتیا لاخطاءات

وغلطات فاعف عنی وارحمنی والا اکن من الخاسرین ومن هذا

قلب مطمئن بالايمان وروي ان طور سن بابا قدس الله سره قد

نام ليلة نوم الغافلين الى غاية وقت صلوة الفجر وخادم الواحد

قد ضربه بمقارة في الارض للتنبيه فاذا تنبه قدس الله سره ضرب

هذا انه لا يضرب على الارض بل ضربه على قلبي فان حبيبي ابا بكر الحي

اخون قدس الله سره قد هو في هذا اليوم في هذا الوقت انا

لله وانا اليه راجعون وانه قد رحلته في الجنة واعطيت

ثمرات المختلفة والم الفراق لا يكون الا في قلبي ولا ينال في حزن

والبكاء نفي هذا الزمان انه شئت وروي انه قد دعا اصحابه

بالكيان خرج في الصحراء وصلى عليه معهم وروي ان حضرت

مولانا قدس الله سره قد قال يوما ان الطبيبة لا يكون بداوية

واحدة والطبيب هو استعمال دواية شفاء العليل لدى علتها

وعنده علة الساق دواية نشفائه وطورسنه بابا قد حسن ولكن
لدواية واحدة ورواه اهل الثكليان من عام انتهم ان يخرجوا
من دياهم في الشتاء لطلب الرزق وقال الحبيب السلطاني اني
اتفقت يوما مع ذلك الحبيب المعلم بشيا انذه في منزلة وحدة
وقلنا امورنا المختلفة بعد اداء صلوة العشاء واتمنا في السرير
الواحد ثم نبهت لنصف الليل فاذا انا سمعت صوت نامه ر
طيب كطفل واحد واضطربت منها وقمت من منامي وفتحت
الباب وطلبت من خارج من التاري دلم نجد فغلقت وفعلت كذا
مرات باسة ان ذلك صوت الجمال لا يتقطع ثم من كثيرة حركة تدنبه
ذلك الحبيب فاذا هو عدم تعجبت دمن بعد قد نام وجاء ذلك
الصوت في سمعونا كالدف السمع كمت اله هذا من صدره من

قلب ولهذا قد ثبت في قلبي ان الدين والاسلام لحضرت مولانا

الاعظم قدس الله سره حق واطماء ان نقل كنت كه هرگاه

حضرت مولانا برسيد ند اگر جائيين ميان نسا بوا فرموده اند بيرون

كنند ولتنكح زوجها اذا تراضوا بينهم بالمعروف ولا تمسكوها

ضرارا لتعتدوا ان الله لا يحب المعتدين وروى حضرت مولينا

رسالت محمد جو في متقلب القلوب قدس الله سره في اوان الاخرة

قد نادى الاهله في جماعة فاستغفر لهم وقال اني خفت انكم

ظلمتموني وضررتموني وان انتم جاهلون ثم استغفر له

نفسه وقال اني خفت ظلمتكم بحضرتكم بلا ارادتي وروى

ان حضرت مولانا الاعظم شاه وقاية الله قدس الله سره اذا

ذهب الى القوم لتقوى لضرورة البلاء قال تاسفا وحزنا ان

المبلاء ان ننزه على هذا النوع نداء من اسلامي قد خفض شهقة ثم وقتا

قد رفع رأسه المباركة وقال لا خوف ولا مضرة فاني قد طلعت بعد

ثلثين سنة ثانيا كالشمس من المشرق وروي ان سائر أخونديه

رحمه الله قال ويوما حضرة مولانا محمد رند قدس الله سره قد رجع الينا

من صحبة حضرة مولانا رساديك محمد جوفي قدس الله سره ثم قرب

قد ذهب الثوبين الجميلين له على يد الآتي المواحد وحضرة محي الدين

محمد قلندري قدس الله سره في هذا الوقت حاضر معنا واني قلت له على

عام اتنا عبثا انك لا تستطيع ان تلبس فردا والا قد اردنا ان نلبس

ايضا رنبرك به الا ان حضرة قلندري في هذا الحال قد خفض رأسه

وخواجه محمد رندي قدس الله سره اثر الحزن قد ظهر على وجهه و

تعجبت ايا ما بالكما وما حالكما مع هذه نعمة الكبرى تعالى لي حضرة

محمد قلندري قدس الله سره بعد الظهر وما ي حبيبي اما علمت ان زمان حضرت
محمد وندي قدس الله سره قريب شديد ثم ذلك الحبيب قدس الله سره قد مات
في تلك الايام باستعمال السم في طعام احدى عدو من القدماء وفي هذا
الوقت قد ساءل حضرت محمد قلندري قدس الله سره وقال لي من فعل هذا
بك فانه منتقم منه فقال يا حبيبي لا تسأل لي فان ذلك القاتل ان لم يغفر الله له فلا
ادخله في الجنة ايضا وان يدخلني فانا معه وهو معنا آخذا بيده فانه شان شان
حسن رضي الله عنه باسمه ما احسن قامته ما اكرم وروي ان احد من الاهل قد قال ان
المتقين يوما عند مقبرة الحرث قد تحلت لحضرة مولينا وفي هذا المكان هو حاضر
معنا ولما انتصف اليوم قد اتى سحاب مركوم ذو الرعد والبرق وفي هذا الوقت قد
سرعنا سرعة شديدة ثم جئت في الاهل لاخذ الماء واذا سمعت امنا الكريمة صوت
سرعتي قالت لا تسرعي في المشي لان الحضرت نائم في البيت فتعجبت وقد جاء في

قلبه ان اذا جئت فالحضرت في الحرث فكيف نائم ههنا فلما استرقت السمع

والبصر فنومه حق وسرعته في الحرث بصير وقال عبد القادر ان حبيب

محمد حق رحمه الله يحدثه لي يوماً ان حضرت مولانا الاعظم شاه وقاية الله قدس الله

سره اذا جاء بلدتنا المِيلانُونَوِيَّ نغت قبله قال الاهله نحيهم ان الحصرة قال

ان القدر قد نزل من قريب فانتظروا اني معكم من المنتظرين فيوماً قد وعظ

ونصح في مسجدنا وقال

يا ان قوا انجدوا احذا كم ، ثم ان جدوا جد شكوكم

وفي هذا الوقت العالم السلطان على الدكان جالس على ركبتيه بين يديه

قدس الله سره فاعطاه قايلاً فاذهب وان هذا سنة فانتظر شرحه في

الاهله وهنا لا يدري كل والدينا شيأ الآخر جميعهم قلندر قدس الله سره فانه

بعد انه قدس الله سره اعطاه كتاب المخمس القصيدة المباركة فقال ان ذلك

القدر قد وجده وظفره اهلنا الليانجيوديكوم وان ذلك العالم السلطاني
الدكان قد جاء يوما الى البلد النكلياني ولقي حضرت خوجه لوا لي قدس
الله سره وذكر معاملتها من قبل في مدرسة الكنسيودي وضم اليه
ذهبا واراد ان يرفع على صدره ولكنه لا يستطيع فقال هم الدهر

بی بوته بود گیه ، بی بوته بعد بود
بنج صد ساله دعالم موجن ، ودر بکت کن لحن قدرت لیکی
هیود وحقیر تعاندر ، بر لیعرخ لیث صید مران الحرف

وروي ان حضرت مولانا الاعظم قدس الله سره قال يوما قد طلبني لثلثين
سنة السابقة وفي ثلثين سنة الواسطة قد طلبته وفي ثلثين سنة المتأخرة
قد طلبته انا طلبني او لم يطلبني وروي ان حضرت مولانا الاعظم قدس الله
سره قد اتى بلدنا واذا رجع ذهب الى المسجد الشمالي بسبب

دعوة اهله وادى صلوة الظهر في بعض الفساة ينتظر في خارج

مشايخ في افعاله نستهم واذا فرغ وخرج سأله ما فعلتم ههنا ثم شيئا

جلسوا على ركبتيه بين يديه وقالوا قد طلبنا منكم الاستغفار والتوبة

ونرجوا منكم العفو والرحمة فجلس بركبتيه على سجدته وقراء لهم التوبة

والاستغفار جاء الحق وزهق الباطل ان الباطل

كان زهوقا ثم قام في ساعته وقال على اعين الناس

لمولينا محمد عبد الجليل قدس الله سره انت منتينا من هذا اليوم نركب

خيله وقد اخذ حبيب نيابتي وخرج معهم من بابه وهو اصغر واسفل

وذهب الى جنب شمال النهر وماء كبير منبت شجرة والمنبت يبوت ثابتة

قد تنكروا انه عجبوا انا انشاؤا بما فعلنا وما قلنا بين يديه وما ظفرنا منه

قدس الله سره ذلك فضل الله يؤتيه من يشاء والله ذو

الفضل العظيم والناس كلهم قد عجبوا ان باب مسجدنا اسفل

والرجل الطويل اذا ذهب فنكس راسه واصغر والرجل الثميل اذا ذهب

لابسا كثيرة اللبس فتزحم جبينه وخيله البرد واخذه لاتصير فكيف خرجوا جميعا

ارتفعوا منه وهم

منه تالله ما كبر وتالله لنطرحوا حتى قالوا ربنا ظلمنا انفسنا وان

لم تغفر لنا وترحمنا لنكونن من الخاسرين نادري

ان حبيبه الوحيد قد ذهب يوما الى صحبة حضرت مولانا رسالة على متقلب

القلوب محمد جوفي قدس الله سره وساءله اياءه منكم واحد وتدرى نفسه

الا انه في هذا الوقت في جماعة لنا متعلم وتدرى نفسه وجاء في قلبه ان هنا

اردك [illegible] ولكن لا يتوهه فقاله ليس هذا وذاك وقال ان هذا اخر منهم

وساءلتك فلاني خفت انه يدخل في اسلامنا ويفعل ما يفسد اسلامنا من البدعة

والضلالة واذا رجعنا قال لي ما عجباله ومولانا الاعظم محمد جوفي قدس الله

او ذهب حرا فلا دخلوا

سره قد سألت ابي في سنانكم وقدر النفس الطيب خجيوري مع انه الاسلام من قبل

ومن بعد وقال فاني خفت انه يدخل في ديننا الآن انه في هذا الوقت قد جاء

في قلبي انه هذا الفساد لتاتين من بعد وانه فساد كبير شديد فحذرته

وقتا فوقتا حتى ان مضى من وفاة قدس الله سره عشرون سنة فاذا

متعلم متعارف صاحب حبيب عالم مولود رحمه الله قد دخل من ها بنا

وسلم علينا فسألته وما تفعل فقال ان استاذي ارسلني وقال ان الواحد

الموقر النفس الطيب خجيوري قد جاء في سالك مسجد جديد وقال

انه حبيبا في الاسلام وعمل عملا فيه شان كثير وقال انا عملنا كاملة في اربعين

صباحا وان الامر وقت علمتم عملا الآراء ست لي لا عاقبة والآن قد دخل

نور لود وسيتي وساءلكم كيف هو وقلت له انه ساحر كذاب وكافر مناع

فاحذروا في امور الاسلام فانه ظهر الفساد في البر والبحر بما كسبت

ايدي الناس ولكني رايت منه بذيا بين الحق والباطل لا تحقق ولا يضع و

دعوت على عينه ذلك الحبيب وقلت له ان هذا المتعلم قد جاء بالامر كذا لكن

ما تشرك في حقه فقال ان هذا ما رايناه وما بيننا بين حق وباطل وسالت

اياه كم مرة ونسيت قولك وكلام مولينا محمد جو في قدس الله سره فقال وما

ذكرت وما تكلمه ثم قلت له اياه تسالكم واحد وقد رد اني خفت ان

يدخل في اسلامنا الآن قد ذكر في هذا الوقت وقال استغفر الله استغفر

الله واني قد نسيت كلامه وكلامي وذلك المتعلم في هذا الوقت تحقق

ويضع فذهب طرده من بيت الاسلام ورجع اَلْحَمْدُ لِلّٰهِ الَّذِي

نَجَّينَا مِنَ الْقَوْمِ الْفَاسِقِينَ روي عن بعض الاصحاب

ان حضرة مولانا الاعظم شاه وقاية الله قدس الله سره ارسل يوما مخلصا

له فاذهب الى جنب المشرق فذهب ثم يوما اشتد تعب الذهاب فاذا هو

ثم رأى بنا البعيصبي لاعب قد دخل في باب واحد مناديا يا أماه قد

اتي ثم الثانية الوحلان قد خرجت وكأنها عرفتني معرفة الأم ولدها

وقالت قد أتيت وشفقتني وحضرت الى النعمة والشرفة وإذا طوقت في أربعة

أخرجتني من باب فغلقت الباب ثم يوما إذا غربت الشمس ألقيت في

اضطراب مسجد مانذا على من أهله متيما غنت بعد النوم عني واضطرب قلبي

وقت فخرجت من المسجد وجلست في دكانه فإذا الخيل الواحد يطير

من بيتي تحت وقد نادى ماضيا برفع الصوت يا وقاية الله مولاي ور

ساءلته بلا اختياري من أنت فإذا أنا سقطت وعدمت وسمعت

خفيا أن الخيلين طايران من بعده والمركبان قايلان لا خير لا خير فإن

ههنا رجلا نا الرجوع الرجوع وإذا أفقت رأيت من حد الى أن

نفسي تدكثر جدا ثم وقتا تنقص فوقتا الى أن بقيت وحدة وفرد إذا لكت

في المسجد ونمت في اليوم الثالث قد رجعت وفي ذلك ما رأيت في آيته

الحيوان والاهل ما عجبا له واذا لاقيت مولانا الاعظم قدس الله سره اي شيئا

نساء لي ما لقيت وقلت له كذا وكذا ثم قال قدس الله سره ذلك مريدي

على الغيب وساق السارقان وعملت عملي خيرا واغتسل وروى الله

حضرت مولانا الاعظم وقاية الله قدس الله روحه قد امر يوما سابعة

ناحفظ قبته في بلدة الوثيلي الحذر الحذر وقال ناقة فيها ايانا

وليلة قد سمعت ان باب القبة قد فتح وقد جاء رايحة المسك في

شيء والحال لا رجل في ساحتها ولي بعض اكثرها ثم في كل ليلة

وجاء في قلبي لي استرقتا لبعض ان شاء الله تعالى وفي ليلة قد نور

القمر بصرت من فرج الباب ان الباب اذا انفتح خرج الرايحة الابيض

والابيض الاخر قد بدا من ساحتها والرايحتان قد جمعتا ورفعتا

ودفناها من فوقها واصبح المكان من انفاسها عطرا ولبثنا ننتظر

الى ان جئنا فاصبح ما ذبح وكل واحد قد حج في مكانه والباب

مغلق على نوعه وتحت على هذا الشكل في هذا المكان كانت تتوقد

انت سرهما اثنان لا واحد ولكن لا اقول لاحد ويوما قد طهرت

حرمتها في طرف الساحة حفرة النجاسة فاذا الخرقة قد ظهرت

منها بسبب التطهير والمطر الذي خرج من هذا الذي قد شممت

بزبر الحديد

في ذلك الليلة واذا ابصرت داخله فهو صفرة شديدة وقلت

بنفسي لعله حقيقة الامر والحفظ هو هنا وانه في الساحة قد طهرت

الى المحضرة

بنا/ تهالكها وملاتها بتراب المطهور وكسرت ذلك الاسم المباركة

بخشبة طهورة ودعوت اهل هذه الجماعة واخبرتهم به فبصروا

لها اجمعون وشموا وتبركوا وبنينا قبره من الهنا عمارة الارماس

رحمه الله تعالى ولما وجدت ضيق الحالات الشريفة اخبرته قدس الله سره
بذلك وساءلته عن ذلك فقال ذلكما سالكان غير كاملان وفي كل
ليلة يطلبون مقاما معلوما للاستكمال نقل است كه حضرت خواجه ما قدس
الله سره العزيز ميگفته اند كه در دير عدد دو حرير ما بعد وبطن ما يعرفيه
[كان]
ونكيان سيد يعقوب روى انه في الصين في مكاننا الذي مخلية لعدم المغيث
وفي طرف قرية مباركة لحضرت مولانا الاعظم شاه وقاية الله قدس الله سره
غار كبير قديم وهو ملجاء كل فار من المغلية والاحياء فيه وفيه اموات ايضا
ويوما حضرت مولانا قدس الله سره مع بعض الاصحاب يمشي من باب فاذا
هو داخل فيه قائلا وفيه مؤمن وهم يدخلون ايضا كرها فوضع رجلا
قريبا الى الموت على ظهره المبارك وهذا ايضا وذلك ايضا كرها فوضع
وردهم جمعا ثم وضعه في مسجده واستغفر له فمات بساعة طيبة وغسله

ولبسه وصلى ووضعه في لحده وهو فيه محيط بعمل العبد سرّه

وجهره وكفيل للمؤمنين بتأييد ونصره

ثم قال نادما وحزينا ويوما قد مضيت من المصر والهواء حريق كثير

واستظلت حينا تحت شجرة ولا رأيت أنه في الصين هذه المظلية

الكبيرة الشديدة هي هي. وروي أن أهل اليوم حين يسعون الحزن

مولانا قد سلك سرّه بيتكا لابناء الندر وأقام في قريتهم أياما ويوما قد دخل

في بار واحد للإجابة فإذا صبي مجهول خارج منه وإذا رآه حضرت

مولانا قد سرع على طرفه وقال نعوذ بالله دخلت هنا وما صنع قالوا التلاثة

ويتعلم فتاه ما يتعلم هذا وإذا سمع أبوه كتم غضبه ولكنه في قلبه

مرضا ولا يسمع اتقوا فراسة المؤمن فإنه ينظر بنور الله ولا يمنع تعلمه

لهواه الى يقراء وقاية الرواية ويوما قد ذهب الى بلدة القمرلنفورت

لطلب العلم وطاف الى مكان الاصنام فنظر صورة امراءة جميلة وقبلها

ورآه ليت لى مثلك نعوذ بالله من ذلك واذا رجع فذلك الشيطان

تداركه من يومه ويوما فيوما الى ان لا يمكن الانفصال عنها وللشفاء فقد

اكتسب انواع الكفر والبدعة الى ان يموت كافرا وروي ان حضرت

مولانا قدس الله سره في منتصف ليلة لا قمر فيه خرج من اهله والوقت

كبير فدخل واذا فرغ من صلوة الفجر فسأله حضرت محمد تلنده

قدس الله سره وما سبب خروجكم في هذه الليلة فقال اما انا سمعنا صوت

الاستغاثة ولا درينا من المستغيثين والحال ان محمد تلندري

ايضا سامع ذلك الصوت واذا اخرجت فهو العالم الطبيعي الثالث

الهيولي حيوة وقد ينادي عند جبل لنهر من تحتنا فيما طلبت كيماء

فما وجدت ثم وجدنا حبل الاعتقاد وقد اخذت به وروي انه مولانا

الاعظم وقاية امه قدس الله سره رحمه العزيز بيعگا قد قال له المتعلم الا

ولا تنس الحديث والاسلام وان جلست اميرا ثم بعد الغلتين سنة

هذا المتعلم قد صار اميرا في شان مغرب الجبل واذا علي مكان قد

ذكر كلامه المباركة وقال سبحان الله ما اعظم حبيب وما صدق كلامه

وروي ان بعض الاصحاب يتمل لحضرة مولينا الاعظم قد سال ان

ان ابن العالم الخامس معلوم بحلم في بطن امه قد انزل من القرانين و

الى بلدة السيغنور وقد نشر قوم خمسة التفسير وكشف المدرسة

الكثيرة وقال ان طريقة والد الامير غالبة شديدة واني خفت انها ضارة

بونة

الشريعة واذا سمع هذا قال فمنذ خرجنا الى المصيب ما اضر الشريعة

لدن

ذكرته وانما اصبت فاقمت ثم الشريعة ووضعت المدرسة وانكم لتقو

لها اليوم هذا القدرة واين تلك معلم السلطية وكان في الولاية شيخ

ـه

قد ترى اربعين مرية الجدري او اشيء على اجسادهم وفي كل يوم الجمعة

قد خرجوا من بيتهم وفي خارج بابهم صعدة من التراب والبعض

منهم يعلو والبعض ينزل ويفعلون كذا ولا يثبتون الى غروب الشمس

واذا رأيتم ذلك فكيف قلتم وان شاء الله تعالى افنا الدين والاسلام

فالله خير حافظا ثم سمعنا انه كتب تلك الاوراق

وصاحب الكتاب قد خف ولا يصح بسبب وسورة المنافق بانه قد

اظهر علة وغير كتابك القديم واذا لا يمكن ان يرقم قد رجع فلما دخل

في بلدة الفنين وجد علة ثقيلة فاسرع الى اهله وروايته تمات

بامضاء اثنين او ثلثة ايامًا ورجع انا لله وانا اليه راجعون

وروايات حضرة مولانا الاعظم شاه ولاية الله قدس الله سره قد

جاء من اليفنغوري الى بلدنا الفكياشي ثم سار مع تلك الاصحاب

بعضهم ذو الدرة والمرتبة وبعضهم العلماء الصالحون الى بلدة الكين

الكين غنكهين الا ان خلان عارت لان عادت مع العلماء والصلحاء ثم اراد ان

يذهب الكين خواجه ويسير الى القتباع واذا قرب الى الاصابة ارسل ذلك

البعض ذا الدرة والمرتبة سابقون الى الخيرات لما سبقوا اليه قد عاينوا

ان ذلك الفئة التي يعبدون الاصنام يقولون انا مؤمنون ومنهم كثير من

ذو دولة ومن مرتبة قد وضعوا الطيب في السراج وقرءا كلام الملك والسابق

قد انزل وانه الحيل ويعملوا على كهنته ايضا واذا تم الكلام فحضرت

مولانا الاعظم قدس الله سره يظهر للعينين من بعد ما تبدوه بكلم جمعهم

ثم احضروا انواع النعم ولا يستعد ومكروا مكرا ومكرنا مكرا

وهم لا يشعرون وقال ان لا تتخذوا علي واتوني مسلمين

وما اتاني الله خير من ما اتيتم واين معبودكم

والضالون كلهم يبكون وعادوا يتخلون في الحجر فبينما هم كذلك

فاذا الشيخ فانه ذو مرتبة كبيرة منهم يكتم ايمانه منهم ظاهر وهو ينادي

توبوا واسكتوا فجلس على ركبتيه بين يديه وقال اي بابايه انا قرانا العلم

الصحيح وانا نمكث ان نفرق بين الحق والباطل ونعلم انك حق وهو

باطل فقال مولانا قد سالت سره القيام القيام ايها الشيخ الشيخ وانما الا انك

منعنا مانع عظيم من الاتباع وهو اذا قاله انا نعيت شيوخكم او

شبابكم او نساءكم او غيرها فقد وقع الامر كما زعم وحكم ولا ينقله

حرزين لغظ وانا خفنا خوفا شديدا اي بابايه واذا اردتم اتباعنا

نتبعكم وانا لجوونا الى الهدى على الضلالة ولا نخلف فانا مؤمنون

ضعيفون خاطئون ولكن وكيله حقيق وكفيل وثقت من ذلك الحضرة

فقال مولانا انشاء الله انشاء الله انشاء الله فان ذلك الملعون

لا يستطيع ان يضركم ولو اتاهم اجمعون نعم الوكيل لا حول

ولا قوة الا بالله ثم سألته كيف علمت انه حق وهو باطل

فقال بير عصا انا لم نذهب الى لِفكياتِي وسمعنا في جنب جبل اسمه

لِيوكيا پُرُ فقال حركت وسألته وفي فلان يوم وفلان وقت انزلت من

ذلك الجبل اهو حرام باطل فرفع مولانا راسه المباركة وتفكر فقال

فقال لا اخطاء وما غلط فقال الشيخ كيف علمت وقال ان معبودنا

المسمى مسكانيه قال لنا على لسان امراة في ذلك الوقت ان بابا يرواد

الامير قد جاء من لِيوكيا پُرُ فكيانِي ونحن نسير قد اطلع في بيتي واني

خفت بشدة فاخذني بسرعة واكتموني بلا تراخ ولا تعقيب وان كان

لافنائه

هو الحق فلا يخاف قط توا اني لا يخاف لدي المرسلون الا ان غضب الحقيقي

قد دخل هنا وقال شيطان شيطان ملعون ملعون اين فقاله ص

الله انا هديناكم اليه وارشدناكم فاخرجه مولانا الاعظم قدس الله سره ان خذه

اليم شديد وهو قطعتيان ثوبا المنقوشة في واحد منهما صورة الاصنام

وفي الاخر هيكل الشر نعوذ بالله من ذلك والمؤمنين راعون تحته البقر والغنم

وكل واحد منهما ربع وهو اربعون ذراعا ثم وضعهما في سبيل اهلهم

وبسطهما والناس كلهم يبكون بكاء ثم امرهم ضيعوه بماء افواهكم ووطئ

ارجلكم وانما نفعلوا كما امر ثم حرق الواحد منهما بالنار وبذر الواحد فقال

اشهدوا ايديكم فانا اشهد ان لا اله الا الله وحده لا شريك

له واشهد ان محمدا عبده ورسوله ثم حضر مولانا

الاعظم قدس الله سره والتابعون كلهم يسعلون انعامهم المتهيئة

ووضع على المكا صالحا الاقامة المدرسة في ذلك الجماعة وصنع المهل دائم

عرق خيد ووضع عليه وقال انكم تعلمون ما صنع وكيف ضر الان ليفعل ما يشاء

فانتظروا انی معکم من المنتظرین ثم رکب الخیل وسار المسیل ورث بعد

لا یبقی اثر ولا علامة منه کما فی بیت الله یقتل علی المرتضی رضی الله عنه لا یبقی

اثر ولا علامة الحمد لله الذی نجینا من القوم الضالین

قال العبد الضعیف ابو علی اني كنت لطلب ضربت لطلب

العلم فی بلدة الخوجیو وترد ورعت بعض اصحاب الذین علی

مذهب محمد ابی الفتوح قدس الله سره انه قال بعض اصحابه اذا

سمع هذا الخبر قال ضاحکا یا علمنا ان هذه الشاءه واقع علی

هذا النوع والاصحاب قد ساءلوا فقال انا سمعنا من مولینا محمد ابی

الفتوح الصینی قدس الله سره انه قال انی کنت فی تبعة شیخنا الاعظم

عطا ابن قدس الله سره وفی طرز القوانه نبی هولاء الجماعة موحشة

لانیها مؤمن مصلی ولا داخل فی المسجد ووضعوه خالیا وساءلنا

اهله كيف لا تدخلوا فقالوا ان في هذا المسجد ضارا شديدا اماجنا

ورأينا شيطانا ثم شيخو قدس الله سره هوى الى هذا المسجد ووجدته قد

نبت الحطب والنبات وباب مغلق وشيخو انفتح وقال قدس الله

سره انا فاتح بقوتنا وامكاننا بنصرة الله ورسوله باب الرضا فقد

فتح ثم حضرت شيخو قد ضرب برجله في صوت الغضب على خشبة

الارض فاذا ابيض واخذ صورة مثل القطن قد سقط من خشبة

السماء ثم حذفنا بابا واحدا وشيخو قد وضع بعصاه عليه ثم اخذناه

وفي خارج المسجد نهر والقيناه فيه فقال شيخونا نحتسب هذه اعمالا

لكم من بعد في مكانكم الشيخ دعمه ظاهر في ذلك مكانكم ثم دعونا

اهله وقلنا لهم ادعوا هذا الحطب والعلف وطهروا بيتكم العتيق

صلوا صلوة الخمس والجمعة وسبحوا فيه بكرة واصيلا ثم ذهبنا

والدين أظهره محمد والكفر أبطله فهدم

ودريراك/بيك امضاء مولينا قدس الله سره في بلدة الكين غنهين

وانه قدس الله سره في هذه الليلة مقيم في اهل اماه بسبب دعوته

فلما فرغ من صلوة العشاء قد ساءله عن عمره وكم من اولياء الله

قد لقيت في ما دينك فقال ابن الثمانين وقد لقيت ثلثة/سيد امير كلال

وبعده ابو الفتوح وحضرت ايشان اييك قدس الله ارواحهم

العزيزين الآن وجهه المباركة في هذا الوقت حمر نساءله اين لقيته

ان فقال في المكيان وخدمت اثنين وثلثة عاما ودرسني ديث

ابو الفتوح ل فقال كم سنة قد عملت وقال خمسين عاما وقال اماك في

دينك اثر فقال والدين قد كان ما عملنا وثا عملنا ما الاثر فيه فقال

فقال ويحك ما لا علمت وثا ظفرت وقد جاء في قلبه الى ان رت تقيير

دينك ولكنك شخت فاعمل على التقديم ولكني تبلت في دايرتي

عملك في عمله وحسبته مني دروايات من بعد امضائه اربعين يوما

داخله في الفتنة والمحول وانه قد رجع الى الله بسبب انا لله

وانا اليه راجعون وقال بيرة مولانا الاعظم محمد وقاية

الله قدس الله سره ان ابانا الكبير محمد عبد الله قدس الله سره اذا قرب

الهجرة والبلاء فجدكم الكريم لم يزل يقول لي دائما فاذكروا ان

لكم اخا كبيرا وانه في السحاب اليمنى وان سئلتم الكم اخوة قلتم

ان لنا اخا كبيرا وانه في السحاب اليمنى وان سئلتم ابيه ام قريب

قلتم لاب والام فاذا وقع البلاء وجئنا الى هذا الغريب فذلك محمد

الكبير محمد عبد الكريم قدس الله سره قد اتاني ولقاني وانا غم وحزن

ومظلوم نساءلني عن اين ولم والانوة وقلت لكما على جدكم

الكنز قد سرا التكبر واذا سمع تونى بكى بكاء خفيا خايفا هاهنا ف

بكاؤه اعجبني بانه في هذا الوقت لا اعرفه ولكنه يعرفني ورؤي

اذا ارتفع على مدرسة حضرة مولانا الاعظم ويتطرقه فقال انا

بستنا ثم بوسوسة الشيطان قد وهمو اني تركت اهلي وسفرت

من وطني الاصلي لطلب العلم فاذا لم اجد فكيف رجعت ولكنه ايقنوه

لو حدت فلما اصبح وظفر ضيف الملاقات قال له حضرة مولانا اي

مثلا ان السفر والترك لطلب العلم فاذا لم تجده فكيف رجعت و

اعطاه الدرهم المعينة والاخبار المصنوعة وقال له ان هذا الرجل

فاذهب واطلب فبقي متحيرا وبقاء ستغفار ثم ندامة كثيرة وبكى بكاءه

شديدة وقال ان ذلك من وسوسة الشيطان وغروره واعف

عنا واغفر لنا وارحمنا فاذا اقترب الرجوع وظهر ض

تقلب القلوب ارشده الشيخ الاعظم قدس الله سره واجلسه

في مكان العالية الرفيعة الشديدة وحكى له اذا كان المريد

ارتفع صديقا حقيقيا فان قال المرشد له ارتفع واسقط من هذه

الرفيعة ارتفع بلا مكث ولا تاخير فاذا هو وقع فاخذ ذلك المولى

ويكيا مستغفا ببكاء شديدا فارشده وارجعه وروى بارسل

الشيخ الاعظم نساء له وما تصنع اذا رجعت فسكت ثم حضرة

مولانا الاعظم يقول له اذا رجعت فاصنع تجارة بلا اصل المال فلذا

رجع وانت هذا المولوي فيه كثيرة من الناس قد يطلبون ذلك

ذلك من رجل النصيحة ويساله ما تفعلون والبعض منهم

يقول اننا من اهل التجارة بلا اصل المال وانه في هذا الوقت قد

ذكر كلام الشيخ الاعظم المبارك وتيقنت ان هذا هو الماء مورب

فدخله بلا شك والاشك في ظفر منه ما لا يجد الآخر وروى

ان حضرت مولانا الاعظم شاه رتاية الله قدس الله سره قد سماه بهذا

الاسم المبارك وو فخرته بهذه التسمية وهو اوفق الخلق بالذم وروى

ان محمد عبد الكريم قدس الله سره لما ان اراد رحلة المباركة امره ليذهب

الاعظم فاذهب اولا الى الفكيانخي وقل للمحتسب الثاني فليضع لك

ثوبا اي جماله وقلنسوة وخفين كذا واذا لبست فارجع فيها وكسب

كما امر وروي ان محمد عبد الكريم قدس الله سره لما اتى الى حضرت

مولينا الاعظم فمن قبل ان يصيب شهر واحد من حضرت قد

رجعت الى الله ولهذا يضطرم ويحزن ويريق لثة حتى يقول قد جاء

في قلبي اني اذهبت هذا الاضطرام والحزن ولكن اهل الصين لا يدرون

الدين والاسلام ثم يوما يقول انا المتعلقة الواحدة قد ذهبت والمتعلق

الواحد قد ياتى الآن الذاهبة معلومة ولكن الآتى مجهول فمن بعد

بايام غير كثيرة ذلك عبد الكريم قد دخل من باب مولانا الاعظم فيحبه

حبًا شديدًا وقد رأى انه فرح سرورًا قد ذهب عنه الالم والاضطراب

بالكلية وقال له فاذهب في المطبخ واغسل وجهك فكلوا واشربوا

فقال الاصحاب كلهم ولعل المعلم الآتى هو هذا الحبيب ورويت ان محمد

عبد الكريم رحمه الله مع ابيه الوالد فخرج النفقة طالب المعاش

يومًا بشدة المشقة قد اخذ نوم غالب فرأى في المنام انه قد اتى ذلك

المكان الجميل المعين مع الاشياء المختلفة فبينما هو كذلك فاذا

هو تنبه فمن بعده اضطراب قلبه الحميم اضطرابًا شديدًا وجاء في قلبه

انه يفر ويتعلم فاذا جاء في بلدة الكبير الجند وفوترم دخل في المدرسة

بالايام القليلة قد رأى في المنام ذلك الرؤيا بعينه فاذ تنبه زاد اضطرابه

يترم

قلبه وكاد ان يخرج ... فيه تركيب على متن الغربة ولا يعتبر مشقة الشاقة

ثم بحمد الله ونصرته فاذا اتى ذلك المقبل تحصل الحال الى ملكا والخيل

مربيا في هذا الوقت ثبت قلبه واطمئن واتى ان محمد عبد الكريم قدس

الله سره في هذه السنة ابن اثني عشرون وي ان الجهد للهداية والكمال

اذا وقع اولادك هذاء والصبيان بظلم الى تحشرون الى السفر البعيد

مع شدة الحزن والالم فعبد الكريم قد اكرمهم واشفقهم بالخيل والامتاع

في البلد الغريب ... قد يضرب ... [illegible]

ولا يعتبرون ان الدار دار الحرب في الزمان زمان الفتن وبذلك ارشد

هجرا يضا باهله العزيز الى البلد الغريب واجمعهم جمع الرحمة

والمولادة وربيهم تربية الى الكبر يا وزوجهم تزوجا الى ولادة الابناء ثم

تسمهم الى الارحام وانسبهم الى الانساب قد نوى انه يترك الحيوة وان

ياخذ الاراث خصوصا لاولاد حضرت محلة الاعظم ذي العزة والاكرام

فهو بعد الاسان و سيد الانصار ثم خرج مع اهل من المهاجر و

رجع الى موطن المبارك الا ان هذا ليس بخروج بل الاخراج وذلك

بسبب شكر المهاجرين فيا ايها المهاجرون ويا ايها الشاكرون

فاذكروا آلاء الله ولا تعثوا في الارض مفسدين وروي ان مولانا ابو

محمد عبد الكريم قدس الله سره ولد الكبير المولينا الاعظم محمد وقاية

الله قدس الله سره وروي ان عبد الكريم اذا خرج من المطبخ فسأله

حضرت مولانا الاعظم اي ملا ابا ان في حالك شئ ذو رغن وقيمة وقال

لا جنس نفوس وقال اني لا اعلم واعيطت له للرجل الآخر في

الباب الحب وقال ارى بانت انا اعطيتني نفسي ووهبتني فاحببت ايضا

وروي ان حضرت مولانا قد سأله يوما يا ابا الظبي اي ارى له سر كبير في

هذه الليلة فقال قد رايت نساء له رما صنعا فقال لا عبا ر سمعا بيديهما

عنقه فقال لاصحابه لا تدخلوا في هذا المسجد مظلمين الا الباب الغربي

وروي ان زوار خليفة الوادي الملح قد ضرب يوما بالحجارة والتراب

وطرد ولا شيء قبله حضرت مولانا قدس الله سره حاضر نساء له وقد

ضربت فقال رأسا كبيرا وقاله قدس الله سره لو لا تضرب وما صنعت

بضربه وروي انهما جنان مرتيان مقيمان في هذا المسجد رحمهما

الله تعالى وروي ان حضرت مولانا الاعظم قدس الله سره يدعو يوما اهل

الغليان فقال لا نجد عونكم ولا نذهب فان سكانكم الغليان قد

صار ملكة صغيرة والان ان اردت فنذهب في الارض الموات ليغيد

قال ابو علامة عبد القادر اني جلست يوما مع حبيبي الشقيق

جوده

شيقانيز رحمه الله عليه سلطاننا فقال لي ان حضرت مولانا يوما قد سار

الى المسجد لاداء صلوة المغرب وانا في تبعته اخذ سجادته وفي السير

قداوبه ونظر في وقال اي بنيه ذكرناه كلنا من بذل الحيوة لنا روانى

في الواه الملحو وما شيائنا في المكيائنى وما خليفه في الميوطيه

وفلان في فلان وفلان في فلان وتفكرت لا يبقى حبيب في قوله الآن

ويوما قد جلست معه وقال ان حضرت مولانا قدس الله سره قال

لي اي بنيه ذكرنا ان من عباد الله لفرقة اذا حيوا فهم في صف

العام واذا ما تواغهم في صف العام واذا يبعثون ابعثوا في صف

الولي تعجبوا وناد وانكيف هذا وكنت في الحيوة والممات في صف العام

وقال المنادي ذلك فضل الله يؤتيه من يشاء

والله ذو الفضل العظيم در وي انه خليفه

رواني رحمه الله بعد الهجرة في ستة ستة قد سار الى مكان شيخ الاعظم الهرج

قدس الله سره وراه انه عدي قتهم قرية الشريفة نظره ورحمه

لقتله ولم يجده وذهب كذب خبره فذلك العدد قد ادعو فنادى الامير

وساله اقتلته فقال اى وسالته ولما فقال لاستاذى الاعظم قدس الله

سره انتقمت بحث ثم الامير قد غير قوله وقال الحق وليس الامر كذا وان هذا

الرجل في اى مكان يضرك ما اليوم قتلته ليس كذا به الارادة هو

الا نتقام منه فلما لم يتغيب الذي في السجن ثم يوما بعد الفجر قد وضع

الامير عبادته بين يديه وسلم عليها وقبل عليها وقال لها لا انستوا منها السجادة والابريق

من هذا اليوم وذهب لصاحبه في السجن ولا يدري كيف فعله كذا ثم

شهد في تلك الوقت وروى ان المحتسب الثاني اذا راى حبيبه

ما اتيانه في زمان البلاء نساء الرجال تجيء في هذا البلاء يا اني

حسنة اليه فقال ولا حسانك قد فعلت كذا والآن الا وروى

ان اهل السلام تلطفوا اتوا اعتقدوا اسلام محمد ابى الفتوح رحمه الله

وانهم يوماً يدعون ابا الفتوح لقراءة البراءات وقال رحمه الله

شغلتنا امورنا وشؤوننا فليذهب الحاج رحمه الله وليفعل ما يشاء

وان في هذا المكان قرية كبيرة وفيها كايبة فانية ذات الاسلام

والدين وعظمت مولينا الاعظم كتعظيم ابو الفتوح لان

اتيان على امره ولابتداء اصابته قد هيأ من النعمة والحنة التي

صنعت بابهام يدها الايمن وعند الصنعة بكى رجل ومنها

قراءة تسمية كاملة خفية ولكن لا تعلم احد واذا وضعت هذه

النعمة وقال البعض هذا والبعض ذلك على عرفهم وقال البعض

على عرف اهل الصين ان اسمه شيمية فقال حضرت مولانا ليس

هذا وليس ذلك فمكث وقتا وقال ان اسمه تسمية كاملية واذا

سمعت تلك الشائبة كلامه هذا رجعت باكية وصالت بالولية

النعمة بين يديه قدس اسمه
لعله تدبير ساكن الفاضي
ربما اسم هكذا

وقالت يا مولانا انت ونحن ما راينا مثلك قط يا حبيب الله وارحم ايمانا

حقيقيا ثم ان الحاضرين كلهم قد اتبعوا المولى الاعظم قدس الله سره ههنا

ثم بعض المغايبين وروى ان بعض الاصحاب رحمه الله قد سال اهل

القبايع ومن اين وجدتم هذه الشربة وكيف ظفرتموها اما سمعتم قوله

تعالى الم اعهد اليكم يا بني ادم ان لا تعبدوا الشيطان

انه لكم عدو مبين وان اعبدوني هذا

صراط مستقيم وانتم مؤمنون يعقلون فقالوا انا من

عاداتنا ان ندخر الزبد من النهر اذا اسكبت السماء وملاء الارض

ماء ويوما قد اخذنا زبدا ثم ورغنا عليها ثم يوما قاله على

لسان امراة منا انا ابا حسن فلان في فلان مكان فاخذ مولى واعبدوا

الا فتميت انفسكم او انعامكم ولا يمكن احد منكم ان يرفع عن هذا

يستطيع عالم ولا كريم ويوما فيوما قد زاد ضلاله واشتد ضرره

الى ان نسيانه ينفذ في الجوانب وبحمد الله تعالى اليوم قد ظفرنا نعيما محمديا

اظهر الدين وابطل الكفر ونجونا من الضلالة واصبنا الى الهداية

الحمد لله الذي نجانا من الشيطان والقوم الكافرين

روي ان حضرة مولانا الاعظم قدس الله سره قد

سأل الاصحاب وكيف اعتقدتم في دعاء نتمرني فالاصحاب سكتوا فمكث

حينا ثم قال اعتقدوا ان استاذكم يلقمكم دين الله والاسلام وسوله ولا

تحقروا هذه الملاقات وما اعظم نصيبكم وانعمكم ما اعظم نصيبكم والمقسوم

يشتاقون ملاقاتي ولا يمكنون فان زمانهم قد تأخر المؤخرون يرجون

ملاقاتي ولا يظفرون لان زمانهم قد تأخر وروي ان حضرة مولانا

الاعظم قدس الله سره قال لاصحابه مشيرا مخفيا الى حضرة

مولانا رسالة نكي محمد جو في مقلب القلوب قدس الله سره واني كنت

ان اردت ان اكتم في الجبة المكرر ولا علمني احد من الجنود

الشيطان ولكن الله ورسوله ابى وانما خرجت بامر شيخي

من الولاية الى الصين لهذا الرجل الواحد وهذا الرجل

لا يعلم الان ولا يعلم ايضاً وان شاء الله تعالى بعد اثنين وثلثة

سنة قد علم وايضاً يعلم وروى ان حضرت مولانا الاعظم

شاه رقاية الله قدس الله سره قال لاصحابه اذا خرجت من

الولاية فبقلة تاخير قد مات كثير من المشتاقين بالعطشاه

وروى انه كان بالغلياني رجل ابو بجذوب برؤية كتاب

اشعة اللمعات وقراءت فبعض الناس قال انه مجنون

بشوق المال والدراهم والبعض بلقاء الجن والشيطان وقال

البعض أنه مجنون بالعشق والشوق الحرارة ومن وجد وس

سورجع الى الشيخ بسبب هذه العلة ومضر باعراءات معتقة نسائة

ثم يوماً من الايام ذلك المولى قدادة هذا البلد وهذا ابن الجذوب

قد ساء له ريشه والاسلام فقال يا مولى بحرمة ابي السابق حمني و

اشرفي صراطك المستقيم فاذا وجهه المباركة احمر وقال نعم هذا الذي

اعتاقك فلقت الاسلام وقال اذا خرجت الى الصيني نبقله تأخير

كثير من المشتاقين قد مات بالعطش الى ورو عرالك حضرة مولانا

الاعظم قدس الله سره اذا خرج من الولاية المباركة الى الملك الصيني

فكان متيما الى البلد الخوجيودي وان في هذا البلد نقير جنونا

بسبب خسارة التجارة سائلا من بابا الحاجي وقال الجد العالم

اللوائي قدس الله سره ان حضرة مولانا الاعظم قدس الله سره قد

اتى بيت حبيب العالم وهو ذو الحال ووجهه حمر شديد فجلس

على سريره وينادي قد كمل القمر وانظر الصوم مشيرا باصابع

يديه وتيقن حبيب ان هذه الليلة القدر واحالني الى السوق على لب

اشتراء البقل والتدارك واذا جئت السوق رايت ذلك المجنون

ينادي ايضا ذلك الكلام بانه حدثت بنفسي كيف هذا الامر رجعت مسرعا

الى البيت واخبرت حبيب وذلك المجنون قد اتى من بعدي وحينا قد سال

ووقتا ينادي ذلك الكلام ثم ان حضرت مولانا الاعظم قدس الله سره

قد سال لنا من المنادي في هذا البازار قلنا ذلك المجنون فقال فليدخل

فاتى المجنون يطلب المجنون فجلس على ركبتيه مطهرا اثوابه نقية و

قلنسوته في سحته حينا وحينا في باب بيت ووقتا دخل بابه وجلس

في ارض بيته متوجها الى حضرت مولانا الاعظم قدس الله سره

فاذا عض بخنصر يده الايسر ومص فساء له الدم ثم قام وتلى

انما ورايتا في الارض شمس الضحى بدر الدجى

نور الهدى قاب قوسين او ادنى ثلث مرات فاتام

ثلثة اصابع الى حضرت مولانا الاعظم قدس الله سره فقال انما

صورة حركت كذا كذا الى ثلث مرات فجلس على ركبتيه بين يديه واخذ

الصلوة وقبل راحته المباركة فخرج فقال حضرت مولانا الاعظم قدس

الله سره اذا استطعتم فاعطوا هذا الحبيب ازار وپيراهن وشغلنا

الاشتغال امره واذا حصلنا الماء سويه ووهبنا له وطلبناه في دار

المعلوة فلم يكن فساء لنا المساكين مع فقال بعضهم قد انتقل

وساء لنا فاتى هو فقال في فلان وقت بانه هذا الوقت هو وقت خرج

من بين يدي مولينا الاعظم وساء لنا اين هو فقال الادرينا ثم بعد

نصف الشهر قد لقينا في السوق بعض الحاجي المتعارف وقال لنا

ان ذلك المجنون قد سلم عليكم ويشكركم لانعامكم واثوابكم وساء لنا

اين تلاقيه فقال في فلان اليوم وفلان الوقت على الجبل المشهور

بقتديوع پوالسينغور بانه ان هذا اليوم والوقت هو

ذلكما بعينهما فرجعا متحيرا وبتاء ثنا وساء لنا حضرت مولانا

الاعظم قدس اسره كيف هذا الامر فقال لا لكم نصيبة حسنة فاني

امرتكم الاعطاء للتبرك واردت اعطاء ملبوسكم وبتاء خرج تاسة

انه من حبيب الله ووليه وساء لنا وما فعل الامس بين يديك فقال انه

زاهد قبل عشرة سنين خرجت الى الصين فانتظر ثلثة

ولم تخرج وقلت له حرمت ثم كنا فكذا لهنا قراء شمس الضحى الى

اخره ثلث مرات وقام لنا ثلثة اصابعه ثم كنا كنا فكنا اليوم قد

خرجت بعض يده للكفارة محبته في صغره وفي نوحياه وسلالنا

الا ذاتيب ذهب نقال الى الولاية المباركة حصل القصد في

المراد وصفا الوقت والوداد وروي

ان سيد العلماء رئيس الصلحاء شفيق الجهلاء مفتي الزمان محمد

عبد الجليل قدس الله سره قال في غاية الشوق نظم

فيا سيدي ويا سندي ، لولا ظهوركم في الصين

ولا اعتبر الجهلاء منا لدخل طبقتنا ، العالمون في الضلالة وأكثرهم

وروي ان حضرت مولانا الاعظم في الصيف يومًا للوضوء فقد خلع

لباس الكبير في بلد تتار مسح بطنه بيديه فنادى محتسبنا الثاني و

اخذ يده ووضعه على بطنه وقال له مسًّا مسًّا كان من الصين

الى الولاية ومن الولاية الى الصين هذا الشيخ الكريم الآخر

وروي عن محمد لواي قدس الله سره انه قال انا كنا في بلدة الخوجيورت

مع حضرت مولانا الاعظم قدس الله سره وقتئذ في ليلة الجمعة عاملين

واذا تم العمل فحضرت مولانا قد اطفاء المصباح فجلس على ركبتيه في

وسطنا وعلم كل واحد منا سورة معينة وقال ناقرؤا بلا مكث ولا

وقف وتلونا القران على امره فوقتنا قد ظهر البرق من فرجة باب

بيتنا ثم ومنا فوقتنا قد زاد الى ان يظهر من جوانبه ومن خوارج

تدحرك صوت رجل ثقيل كثير ورأينا ان حضرت مولانا قدس

الله سره قد وضع رأسه المبارك في حجره تلاايا مصطفو خفية

وبلا كرعة ولا علية والله اعلم على هذا الى صبح كاذب ثم اوقد المصباح

واظهر المنورة قالوا اشربوا فلما كنا كالصائمين في السحر

فاذا فرغنا من الصلوة الفجر والاوراد الشريفة جاء لنا الى حضرت

مولانا الاعظم وما امر هذه الليلة فقال سحر اخونه پرست

ديك سالاري ان الله لا يهدي كيد الخائنين

[illegible]

وروى ان عبده قديا قدس الله سره قد ارسله حبيب الوحد من مدرست

دو حرفو نوله حضرت مولانا الاعظم نيوما قد اضطر به في مدرسة

اضطرابا اخر او قال شوقا انه من عباد الله تعالى عبد قديا اخذه

بيده اذا غرق حبيبه في الماء وينجيه ثم رايتنا قد دخلنا ذلك المرسه

المغروق بين بابه مدرسته وسال الماء من حسد وسلم عليه وقال عليه

ان نهرنا قد نبت انباتا عند كبيرى في وسط وجاء في قلبي اني رجعت الى

الله ولكن ادركت وانا بين الماء وموجه كان رجل قد اخذني بين يد

الجانب منه وظننت انك قد انجيتني منه نقتهم واتزم فالله خير

حافظا وهو ارحم الراحمين وروى ان

حضرت مولانا الاعظم قدس الله سره قال لتي سيا انذيه قدس الله سره

الحذر الحذر دواما في الوضوء والطهارة وروى ان محمد رقد به

قدس الله سره قد سار يوما من بيت محتسب الى مدرسته ودرين الواحد

في تبعته ونحا السماء سحابا ثم كونه نساء له فانظر ان ذلك السحاب

ما اشبه فقال مثل الجبل الواحد وساءه والسحاب بعد ذلك ما

ثم قال ايضًا وسأله اذا اجتمع الجبلان فما هو فقال هو الخروج

فقال محمد رشدي قدس الله سره حضرتكم وقال التابع لا دريت ما الارادة وما الارادة

وفي اليوم الثاني قد جاءنا من اهله رجل بنذير ودعاه الآ سنجد

هذا الخروج لا جمع بيننا بئس ذلك اليوم فراق بيني

وبين استاذي وروي ان محمد رشديا قدس الله سره قد سار يومًا الى

صحبة مولانا رسالة ملك منقبل العلماء محمد جوني قدس الله سره اذا

جلسوا في مكان واحد فدخل الحبيب الموحد المتعارف من بابه

قد اخذ عصاه ثم اشار الى جهة الارض بعصاه ودفنه المولى

ساكت ومحمد رشدي باكي وحزين وقال لمرادي لا دريتنا ما شاء نعم

ومن بعد هذا حضرت محمد رشدي قدس الله سره قد رجع الى الله تعالى

في نصف السنة انا لله وانا اليه راجعون

وروی انّ اراده المطیع فی بلدة الخکیا آنی عالم ثانی والکبک بنه ولقد

قد بعد من استادیه بیّن العلم افنون ثم کان فی قلبه مرض بسبب

اختلاف الاقوال فی الاصحاب وقال الراوی انی سریت یوماً الی قبر حضرت

مولانا الاعظم شاه ولی الله قدس الله سره قال لنا ان العالم الثانی اخذه

بقوله واسکانی وقد سال عنی بعهد باستطاعت وقوته انشاء استو

الاخذ والرؤیة **یهدی من یشاء الی صراط مستقیم**

ملکبر **بالله**

نقل است که حضرت خواجه محمد محیی الدین

قدس الله سره میگفتند که روزی من با یاران خود در خانقاه حضرت

خواجه ما شاه ولی الله قدس الله سره نشسته بودیم ناگاه حضرت

خواجه ما برآمدند و در دست ایشان عصا بود بسوی ایشان طواف کرده اند

تا آنوقت

به حوالی ماسه بار رسیده زمین سر عصا میزدند و گفتند نیست و رفته اند

و در ما مسئله است که چه کار باشد و حبیب ما محمد قلندری قدس الله سره حق

در میان است و بر سند که ادای در بلخ پیشانی مهر یحا و اراته فدیه

ما آنست که به بغداد سه روز رسیدیم فذهبنا نستبق الخيرات

و در روز دوم پنج سفر بر ما ... و گرسنه ... و نزدیک است

که جبر السلوک پر بین فقدعوا لی مرکب السير المحوذ به

فهي الفيافي من الملجا الملوذ به ناگاه در میان

أي الصحراء

راه ابریقی ... وضع شد بطلا واضع ... دانستیم که این

رحمت شیخ ما است ويطعمنا ويسقينا و فهمیدیم و رسیدیم در

سه روز نقل است که محمد قلندری قدس الله سره گفتند که ما در بلخ پیشانی

بتحصیل علمهای مشغول بودیم ناگاه شوق اللقاء از باطنهاما

سر زده و بر سوی حضرت خواجه ما قدس الله سره بشتافته ایم و بر ایشان

سلام گفته ایم و بعد از جواب سلام ما پرسیده اند در آن دیار بوده اید و گفته ایم

آری بوده ایم فرموده اند چون هست و گفته ایم خطیب در آن مسجد زنده و پرسیده اند

کیف هو و گفته ایم خوب است و زنده است مادر خود نا... اند زیرا که مادر او را

بجز وی بولود دیگر نیست و حضرت خواجه ما قدس الله سره میگفته اند که فلان

الوالدین لا یجوز فی کل الامور الا الدین فان

اتیتم من بعد فارشدتموه باز ثانیا ما با ایشان بر جنب

حضرت شیخ ما قدس الله سره سپرده ایم بر ایشان سلام چون دیده اند

ستوده اند که خوب بتر است که بر وی از ذلت عیب و نقصان نیست باز فرموده

اند که اگر چه شما پنج بوده اند تو صنعت کرده ایم و چون بیرون

کرده ایم از در کرده ایم بعض دوستان تو چیوری سلطان دایه و غیر

او در ما سلامت میگویند و کنند طوبى لكم بالكفارة

الامنية وبشرى لكم بالعاقبة الحميدة

فالشكر الشكر نقل است كه حضرت خواجه شاه

رنايتاس قدس الله سره ميگفتند اند انى كنت اريد ان

ادخل في الجبل الكبير واكتم نفسي ولا

يعلمني احد من الجن والشيطان فلكن

الله ابى ورسوله وانما خرجت بامر شيخ لنفقد

موسى وخضر عليهما السلام في الصين

نقل است كه حضرت خواجه ما قدس الله سره بعضى درستان ايشان گفته

اند كه كسى پيش ما نيى حلواء آورده است بسيار ايشان سعادت ميگفت

نقل است كه يكروزى حضرت خواجه ما قدس الله سره فرموده اند كه ما

عجبتر آنکه بر پیشانی ثلی برروست و بعض درختان بر بالا میدین اند

ثلی نباشد باز پیدا شد که بر سقف هوا اع میرست مثل فردوس خواجه

ما ثلی برروست یکروزی ایت نتوان بر صحبت خواجه مارسا که نکل محمد

جدنی متلب القلوب قدس الله سر میرسید و از آن ثلی میرسید دوستی

هجرت خواجه محمد حق رحمه الله و گفت راست ولیکن در زمان هر چه پیشکند

آکنون اثر آن بی انتاه رهنماید ایت نا توان بان مدرست مثل فردوس

و میکنم انید حق است و دوستی ما محمد حق رحمه الله گفته که صورت آن

ثلی و مقدار وی چون نگاه صیف چینی بوده و سافستی سبیه بوده ظاهرش

سبز و سبید و باطنش سبز است نقل است که در زمان ابتدا که در صحبت

خواجه ما قدس الله سره بوده اند خواجه ما رفته اند بر پیشانی تنور مر از اجابت

دعوت حضرت خواجه مارسا که نکل محمد جوینی متلب القلوب قدس الله

سره وخواجه ما با اصحاب رضوان اتفاق کرده اند وخدمت کننده اند یکروز کیدر راه

ایشان برمثالی که نام وی غور رباط است ودر این مکان اهل دین ودوستان

بسیار است وانتهاء ایشان هوا ارزو میکرده اند اقامت حضرت خواجه

ما وقایة الله قدس الله سره چند روز وگفتند ای حضرت رحم بکنند ورحمت نمائید با ما

ها چند روز وحضرت خواجه ما تعویق کرده اند ولیکن بر آنجا بعض شرف ذو

دارد مرتبه جاهل بخیل با خصوصاً بر سبب حضرت ما قدس الله سره وعداوة

کنند پنهان حضرت مولانا محمد جوری قدس الله سره وتابعیهم وحکم کنند ودر یکباره

که عداوة ومکر ایشان از حد گذشت گفته اند که استقامت شما ودین شما همچنین است

واذا غضبوهم خواجه ما محمد جوری را انکوهش میکرده اند در نظر شاه وقایة

الله قدس الله سره وگفتند نفس فلان کسی فلان ترک است فلیذهب مع اصحابه ای

حضرت اقامت کند فردا روز تبرک وحضرت ما گفته اند انا معهم لا معکم

در نشست دعوی اقامت مدعوئی ادب کست بسی ما هم رفتیم باز ان ناقصان

جهلاء ایشان هم بر زانو نشستند و گفتند غلط الیم و خطائیم **فاعف**

عنا واغفر لنا وارحمنا نقل است که روزی دیگر سفره پیش ایشان

آورده اند و خدمت خواجه ما رقایة الله قدس الله سره حاضر بوده اند و سوال گفتند

که در پیش کار وان پیشلانی رفته اند بسی ان ناقصان جهلاء از سر اضطراری

طلب کرده اند و پرسند و دعوت کنند و گفته اند که خواجه ما رقایة الله قدس الله سره

شیخ را دعوت کرده اند بعد از آن خدمت ایشان خواجه ما محمد جوفی قدس الله سره دعوت

شیخ دیگر نوا از ایشان آمده اند باز خواجه ما رقایة الله قدس الله سره از

جای خود برخیزد و برکت خود اخذ کنند و بر ترازیک ایشان را نشانیده اند و گفتند

که اراده ما بینها که ایم در جبه مکر و غمیه اناینم پیری و ابلیسی و لیکن بامر

شیخ پیری مند بیرون کرده ام در چینی برای این مطری دیحف اصحاب ما تند الله

و نتوانند وضع و بعضی نتوانند وضع و نتوانند اخذ و انما هو هذا الرجل

خصوصا بمثل ان یاخذ و یمکن ان یضع رایت مری اکنون

نداند و نیز نداند که انشاء الله تعالی بعد از دو سه سال علم و عمل ایضا

نقل است که حضرت خواجه ملا ساله کا محمد جوقی قدس سره در مبادی

احوال که در صحبت حضرت خواجه پادشاه ولایة الله قدس الله سره بوده اند

دوستانرا نسبت ایشان است و غیرتی پیدا شده چرا که شیخ را بحضرت

خواجه ما محمد جوقی زیادة محبت بوده اند و آنکسیرا که هم در نظر شیخ ما خواجه ما

ساله کا قدس الله سره نکوهش کرده اند و بعضی احوال ایشانرا بر تباه حمل

کرده اند و گفتند که فلانکس را ذوق تباه گشت بسی معاملات مکنیت و شیخ ما در

آن مجلس جواب نداده اند تا آنکه غیرتی ایشانرا زاید و بجای رسید که جمعیة

را قساوة قلب و سیاه دلی پیدا شد روزی بعد از فراغ از نماز پیشین

حضرت شیخ ما شاه وقایة اسحق قدس الله سره بر سر قلعه کتاه ایشانرا ستان و تو

با صحاب صفا میکردند و پرسیده اند که شما در حق ما چه گفته اید و چگونه اعتقاد

میکنید در آنجا ایشان همه خاموش کرده اند و بر زانو نشسته بودند باز حضرت شیخ

ما گفته اند بدرستی و راستی که ما الستاده ایم تا بحکم که تلقین دین خدا و کلام مصطفی

بر شما میکنند و هر یکجا که مرید ان بوده اند برا آنجا حاضر شده بوده اند که چه بر کرا آنها آسمان

بجا در حیث وقت آن کس و رحمت او زان پس یک پای ایستاده و یک پای نشسته (بر زانو)

واند بودند و خدمت شیخ ما قهر انگیز و گفته اند که الحکم چنانست که گفته اید کجا

رفتیم و توانیم اعطاء کرده به شما التعوانم الذکرها از شما بس آنکسی بر دو زانو

نشسته اند آنگاه خدمت خواجه ما رسالتمآب محمد جوی فی مقلب القلوب

قدس الله سره طلبیده اند و پرسیده اند که کجا فی طیب چینک انتفوری و در آن جمع با ایشان

رسیکرده اند روی کشاده و گفته اند اندیشه که فلان جماعتی مرا دعوت کرده اند و نرفت

در جاء ماء مور سبحان الله ما اعظم همته نقل است که روزی

شیخ ما رحمة الله قدس الله سره گفته اند لو کان فی تلقاء الیمین

قدر قدم البقر صفصفا لالقیت هذه الحبة فیه لسعة

الماء وکثرة الحطب ولکن لم یکن فالقیت فی تلقاء

الشمال نقل است که حضرت شیخ ما قدس الله سره روزی تعجب با صحاب

خود کرده اند و گفته اند که درین زمان مردمی بیرون نگر از عالم حقیقت دانست

حقیقت یافت و لیکن تلقیف نکنند زیرا که نمیشاید نشست دو شاه بر یک

مقعد نقل است میکنند که گفته اند این کلام مبارک هم از آن وقت که حضرت

خواجه ما رساله محمد ابدی منقلب القلوب قدس الله سره حین دخول کرده

اند چنانکه مشهور است نقل است که یکروز حضرت شیخ ما رحمة الله

قدس الله سره میگفته اند که از مشایخان شد ما نبوده زیرا که از ایشان تربیت

نیافتیم :

کرده دو قطب زمان بیک دست نبود و ما دو قطب زمان تربیت کرده ایم بکست

فه و ظاهر بیرون کرده اند و متوقف زمان توقف کنند نقل است که یاران در آن

جسم مبارکت هفت است و دو کسته ما محمد حق رحمه الله از آن جمله است

دهر کسیم روزی از آن شاه اعظم و گفتند که از زمان در مدرسه اسبیه بوده ایم

و در آن شب نخسپیم تا در وقت صبح کاذب چون با بستیشتافته ایم کنوم

که حضرت خواجه ما رساله قدس الله سره در ساعت دیگر با آواز بلند گفت

انما سمیت و من ارادک و سمعت انا استادی

حضرت محمد وندی قدس الله سره حاجت کنند و گفتند رحیم بکن

رحمت نمائی زیرا که آمده چون آید است تمام کرده ام همه غایب بوده اند و اذا فرغت

من المدرسة واقتدا کردم با بعض مؤدیان بحضرت خواجه ما رساله قدس

الله سره گفته اند لا اتا تو از زیرا که دهر که آمد استاد لنک او را بسفل شکستم اقتداه

اقامت کرده‌اند و اقتدا کرده‌ام فرداً حتّى أدخل في ذلك العين

المباركة بغتة ولم ندر كيف أدخل و دیدیم که استاد ما

کریم بر بهشت رفته بعد از آن چشم مبارک و العين تموج

كالجبال و ماء ما أبيض من اللبن و امواج بسیار باد

که تند است کوه در وهان استاد ما بغرقه رفتند بی لد و لا فـ ابد و کشتند

که شما تشنگانی بس شربت کش شرب ثمّ انّه اغترف

وانّه شرب باس فلعلّ حقيقة شربنا ليلة

الجمعة روز ظهور بیابد ومنعني عن الحاجة

على البراز في بطني ولكن بحمد الله تعالى

وجدت في ذلك الزمان ما لم ينظر الآفـ

نقل است که بعد از بیرون از آن چشمه مبارک حضرت خواجه ما

از تن خود جامه بشل و ایب الموده خلع کرده ند و داده اند استاد ما محمود قدس

قدس الله سره و گفتند عطا کرده ی خواجه شیخ ما رقابة الله قدس الله سره و

گویو که این جامه شاه نپوشیدیم بعد از آن حضرت خواجه شیخ ما ایشان

از اداء نماز پیشین استاد ما بر زمین تلمذ نشاه ایشان پوس کرده ند و سر

زانو نشستند و اسرار گفتند که کسی نشنود و آن جامه اعظم را شرف

و نهاده اند در صندوق وی نقل است که حضرت شیخ ما رقابة الله قدس الله روحه

العزیز لو کانت الفتنة کبیرة و لکن لا تضر فلشفنا

عنه غطاء نقل است که محمد حقی رحمه الله گفت که چون بیرون کنیم

از آن چشمه اشرف و اعظم استاد من محمود و قدی قدس الله سره از بالای آن چشمه

شریف بالذکر ان خدمة خواجه ما رساله ملک قدس الله سره بیرون کرده ها و از

دهان چشمه شریف نحو کرده ایم نقل است که بعد از بیرون کرد حضرت خواجه

برکرد / از مسجد کرده ... / از فراغ کرد

ما قدس الله سره به خانه نشست بی‌چراغ و شمع منور شد و در این وقت

حضرت خواجه ما میگفتند که هر که از شما که پروانه بود نور بیشتر بیابد چند وقت که آن

و کسی نبود و در این هنگام آن حضرت خواجه ما قهر انگیختند و گفتند که از شما کی که

اسرار که عبارت از ذکر محمد و تدی نبود انما تمیتون انسانا تحرقوا انتم

تبصرون باز اندو کشته از عقب و رحمه الله انکیزه و اطفاء کرد آن چراغ

و از این یافته مقصود ها که دیگران نیافتند سبحان الله ما اعظم

شأن محمد و تدی قدس الله سره و اعلی مرتبته فانه

صاحب مطلق لذلک العین الشریف و مالکه

نقل است که حضرت خواجه ما رساله ... قدس الله سره گفته اند که تیمنا به

چند حروف از فاتحه یافته و ظهور کرده کما التمس از حضرت خواجه ما رقایة الله قدس

الله سره و تکبیر کرده بر ایشان از الکنون هو حروف لفظها در فاتحه جمیعا الکمال کرده اینم

الحمد لله الذی اذهب عنا الحزن نقل است که بعد از

آن در خانقاه شیخ حضرت ما قدس الله سره در خانقاه حضرت محمد قلندری

بر خواجه پارسا الدین قدس الله سرهما پرسیده اند و نیز در میان بودم کیف حال کرد

آن جسم مبارک و خواجه ما گفته اند که در آن جسم بجایم و ابرسی لبید تر از

لب بیا و موجی همچون کوه بیا و بالا و منقش لبید بعکس بیا و در آنجا

حقیقت انبیاء و جسمانی ایشان در ما است و جسمانی ابوبکر است الذی نبید

شهبازی است و دیدم که حضرت شیخ ما قدس الله سره بر ساحل آن جسم

استده و مارا اخذ کرده اند بعد از آن ما از جنب بالا آن جسم مبارک و حبیب

ما حق است رحمه الله گفته که بعد از این شما بسیم و نیز ما تم و نیز گفت که حضرت

الشیخ ما قدس الله سره گفت بعد از گذشتن آن حال که از شما که ابتلا

گیاه در آن وقت اثر فعل ما یافت آن شاء الله و آن دوست ما خدا عقیق بیک

اطفاء چراغ مرتبهٔ قربت یافت باشد تا شد آن لیلة الجمعة و

کانت لیلة القدر بهار روزی این دانسته برصحبت ایشان

حضرت مولانا سالار علی محمد جوینی مقلب القلوب قدس الله سره میرسید

و دید کتابی ذکر شریف ایشان وکشاید در وی منقوش شربنا لیلة

الجمعة الی آخره بعد و بعضی از وی در حرکت است و بعضی نی و پرسیدم

از آن وگفتند نداغ که در وی حرکت نقش کرده و نه غافل نیست و پرسیدم که چه

و تشحوا اند و گفتند الله گفته که وقتی که ندکر اند هم مانند آسمان و مردمان

اطراف ساقی خود و ساقینا یغفر الله امنا و صدقنا نقل است

که حضرت خواجه ما را قدس الله سره مدتی قریهٔ نزدیک آن چشمه جهار و

بلند رز کشت و در بیت منه در از ملک الاشربة وصاحبها لنکیف و دست روانی

رضی الله عنه لا غیر و بعد از فراغ از آن قربة میرسید فیض الکبر و الذهبة اعلم

برایشان و حضرت خواجه ما گفته‌اند که ای مدینه فاذهبت ولا

تقم ههنا پس نعره کشانند بتکبیر و رفته‌اند و در کشتی ما محمد حق

رحمه الله گفته از آن زمان تا اکنون نیافتم خبر و ندانم نیز که کجا میرفته‌اند

نقل است که بعد از بیرون از آن چشمه مبارکه جهلاء آنجا بی مبارک پنداشته

اندکه ایشان را چشمه با آلود بس تطهیر کشانده آبها و در اخراج کنند

و هم از زمین حرم صواف آن چشمه مبارکه ریخته اند تا ماه آن جهلاء نا قصان

میرفتند که اجناس و انواع مرغان مختلفان بی عدد ها ما لا یبصر

عین ولا یسمع اذن برآنجا آمده اند و آشامیده اند و خورده اند آن

همه آبها و ذراع نا انداز شده و نزدیک ترست که بکشته‌ها آن زمین میاکند پس

بها اند در غایت تعجبها آیا این چه مکان بهار و این مرغان در کجا بوده اند و

از کجا آمده اند باز در نهایه شدنها بها اند فلم یکن ینفعهم

ایمانهم لما راوا نقل است که شش سیه جه اسه در آن چشمه
مبارکه دخول نامده و از یاران نبها و درین زمان اندکی بکست خواجه یک ابریق
لبث در راه آن چشمه مبارک رفته ناگاه در میان راه حضرت خواجه مار ساله
علی محمد جوغی قدس الله سره ملاقات کرده که عود کنند و در میان آن راه مبارکه
بهره ور اند نشسته اند و ایشان را تشنه اند فشرب البعض
واعطاه البعض وقال له الشرب الشرب
و درین وقت پرسیده که ای حضرت ایمکن هذا ان ینال منا بذلک
و حضرت خواجه ما گفته اند آری هو نائب منابه بعد در پیش
ایشان ادب کنند و سلام کرده و شرب ذلک البعض من
قرع بابا و لجی لجی نقل است که بعد از آن حضرت خواجه
ما قدس الله سره میفرموده اند بر اصحاب و یاران که در چشمه شریف است

که ترا میکنیت وگفته اند شرایطقولا فاساءلوا اسماءکم

السعدية في الحضورية وتذاكروا صوركم

الجمالية في الغيب وتعاونوا في اموركم

الدنيائية والدينية باز گفته اند که از معاملات دیگر طبقة

معامله هست فما بعد ثم من ذلك خواجه عقیوی دوستی در دور

وسه سال رسید و پابند و دوستی ما محمد صفار که گفت که روزی ما بوام در مسجد

ما ناه دیدم که حضرت خواجه ما محیی الدین محمد تلمذ قدس الله سره

ادرآمده اند و نماز گزارده اند و بیرون کرده اند نقل است که حضرت خواجه

ما قدس الله سره بعد از بیرون منع کرده اند بار شه بخوا از گزاردن موتنان

و دانا حلوا بو بنج بامد و بگفرا بستاند در مسجد جامع بعد از فراغ

من صلوة الجمعة حکم کرد که الفقهاء لهذا الطايفة

کالفراعنة للرسل در این وقت خواجه ما تهور انگیختند

و میگفتند که ما جاهل بوده‌ایم و شما دانشمند بغایت بس لکم دینکم

و لنا دیننا بسازید بعد ازین روز معامله بیننا بریدیم و معامله نکنیم

نقل است که منع کردن حضرت خواجه ما قدس الله سره از موقوفات باسم

اعمال جهله روز بروز باشد بتشویش آن علماء و خلل و نقصان در میان

اعمال افتد بئس العبد هو المضل باز ترس فتنه‌ها و

غوغاء فقهاء و جهلاء حضرت خواجه ما قدس الله سره قیام میکنند

نقل است که حضرت خواجه ما قدس الله سره گفته‌اند بعد از وفات آن

علماء بمقدار سعی و الله و جبر کرها گسسته دیرا نقل است که آن همه مبارک

که مرا ایشان لبیه در مسکینا تیغ باشد آن هوجوای نوحه و آن هم طوری هوی

و آن هم غار حراء محمد صلی الله علیه وسلم فکل من اراد التبیین

[illegible]

فليذهب الى ذلك الجنب وليتبركوا به مما يسعد

ذلك الارض وما يبارك نقل است كه روزی در شب

در پیش حضرت شیخ ما محمد وقایة الله قدس الله سره مشعلی برونست واصحاب اتعجب

باشند وبعضی از ایشان پیش حضرت شیخ ما بیاورده باز گفتند که این اشارة

مرا اینجا بود و بیش از این بر سقف هوا که مدرسة پیدا شد و شمعی بر دست

و آن اشارة آن خطیب بود زیر مسجد و گفته اند اقامت کنند ابهام خود که آن

مرا آن خطیب دین و اسلام خیر بود و خیر بود و خیر بود و عبد نشوانی عبد

القادر گفت که روزی بر صحبت خواجه ما رساله ملک محمد جوفی مقلب القلوب

قدس الله سره رسیدم فيطعمني ويسقيني وبعد از آن مرا فرمود

اندک روح جنب محمد حق واجلسه فذهبت واجلسته

فاخبرني بهذه الامور المباركة على سبيل

الصدق والشوق ثم ذکرت ونقشت

اللهم انزلنی منزلا مبارکا ذکر فیه الاولیاء

ومتعنی بالسمع والبصر و عبد ناتوان گفته حقیقت است

که روز ولادة مبارک حضرت خواجه ما محمد جوقی قدس الله سره در مجلس

اکمال القرآن آن حضرت که چون این مجلس باخر رسیده حضرت

ایشان دو دولت خواب بسط کرده اند و دعا خوانده اند زاری کنند و وقت آن

یک دعا بقدر بار سورة یس بود و در نفس مبارک ایشان انقطع

نبود و آواز مبارک ایشان در آن دعاء همچون آواز باد صبا بار رحمت ثقیله که

و عبد ناتوان گفته که در ان مرة که بر صحبت خواجه ایشان ما مطار رساله قدس الله

سره بیار خوار رسیده حضرت خواجه ما گفته اند که اذا جیتم فلا تردوا

ولا تنتشروا مذبذبین فی الاستمساک زیرا که از ولایة

تا پیش شیخ عظمت تر حضرت شیخ ما قدس الله سره نبود و دین برکت

زدین شیخ ما نبود نقل است که روزی حضرت شیخ ما قدس الله سره گفته

اند که شیخ طبیب نیست که بجا رایت طبیب آنکسی که براو اختلاف دارد

بجا شفا اختلاف بود و تر صنف الخواجه ضرور است ولیکن بر وی ضعیف یک

دارو نبود نقل است که روزی دوسته از دوستان گفته که هر مجلس

که در وی عمل ذکر و مدایح بود ننداغ که ثبوت کنم در وی و امان

کرام باز حضرت شیخ ما پرسیدن اند که ادرکت و گفتم بی ضوء باز آنها

باز گفته که رفع نکنی نفس میانه و فرحوا ند مشیر ابدست خوا الی

سرتی که رفع کن نفس میانه چون اشاله کرد بدست ادراک کنم که

اند که هیکه رشته از زیر سرتی تا دماغ و از بعد از آن امان یا نتم دل رکت

نکنم نقل است که روزی شمس کمسان سالاری باشند بر حضرت شیخ

ما قدس الله سره باز گفته اند که شما در هر شب جمعه عملی کردید و

دایم درین عمل هفته مردمان بود و شما شروع کرده اید ما را ایکه را

اعدتم

نقل است که حضرت خواجه ما قدس الله سره با یاران خود گفته اند که

خطیب بینما نشری صاحب الشوکت و الوقار شده

شده بود بسیار ضعیف و ناتوان بودند گفتند که کرامات حضرت خواجه ما بسیار

است و اکبر کرامات وی اجتهاد وی در عبادات با ضعیف تن مبارک

وی مشقت وی در عملیات با شدت بیمار ثقیل وی در اشغال وی در

ثنیات با غلبه شوق وی بسیار عشق باشد در چشم ما و قلت و

مشقت تر و اجتهاد تر از ایشان نبود نقل است که مرض بیمار ایشان

در از گشت واصل بیمار ایشان مرض بعض یا نند بیست و سه ساله نقل است

که دوستی از دوستان ما بیخوا تعب پرسیدن که تو را چگونه گشت و لیکن بپرسید

باز حضرت خواجه ما قدس الله سره گفتند که ان الشیخ اذا کان
حقیقیا ففیه لطف وسواء علیه أتوجهته
ام لم توجهه واکنون بسیار مجازیست و ناقص گفته که
مرکب مدینه مرة بغلة کبیر است و در راه علی بند روز که گشت و روزی در جای
تنگ آن بغله زبپای وی مارا بانه و در آن وقت اراگ کنم بخر که آن حضرت ما
قدس الله سره نقله کرد بنت مبارک ایشان مار الی مکان النجاة بسته دانسم
حقیقت و فیه لطف و الله بالطف نقل است که حضرت ما محمد جو رحمه الله گفت
که استاد ما اعظم سا اخونیه قدس الله سره گفته که روزی در صحبت خواجه
ما محمد جو قدس الله سره میرسیدم باز گفتند که اذا رأیت فی المنام
انا علی الناس فی العالم کلهم جمیعا و لا اشبع
نقل است که حضرت شیخ ما وقایة الله قدس الله سره در چین در تامعس

الفناء غرقه بلا تا چهل روز بر گذشت و خاک بر سیاه و سپید چشم ایشان بود

بسیار روز تنها بنجاه در آگاهی آمده اند و گفته اند ابیت عند ربی یطعمنی

ویسقینی نقل است که در زمان گذشت خلاف در میان علماء زمان واقع

شد از حلال و حرام شکر سپید و حضرت شیخ ما قدس الله سره مشغول بوده اند و گفته اند حلال

است و بعضی علماء رحمهم گفتند نشاید خورد نه باز حضرت شیخ ما گفته اند

بر عالمی که کوتوالی بود شما گذرد بسی گفتند ایشان هم قول تو ومن لم

یحکم بما انزل الله فاولئک هم الفاسقون

نقل است که عالمی از دوستان در صحبت ایشان الوالیها محمد جوری

قدس الله سره رفته و خواسته ام سفر از ایشان باز ایشان گفته اند که چون

رفتی میخواهی از بعد حق تعالی دار دنگاه دربطن بسی رفته و چند روز

گذشت و گذر راه وی بر منزل غلبه کنایها افتاده باز واقع شد در ربط

وراودته التي هو في بيتها ولقد همت به

وهم بها لولا ان اخذته الالم في بطنه و درماند

زاینده غلطید و نزدیک است که بمیرد بار دیگر دل وی بیمار بود که او دارو خواهم که

خواستم از محمد حق طلب بسی خورده و در پیش وقت از دل او هنوز عصمت

ایشان حضرت خواجه ما قدس الله سره داند نقل است که متعلمی از دهستان

در وادی امیری براه سفر رفته لطلب العلم و که در راه روی بر جای خواجه ما حضرت

ما قدس محمد جوغی قدس الله سره که گشته بازید صحبت ایشان رود و ایشان

حضرت ما قدس الله سره میگویند که فلان از مریخ گیاه کسی حق اند بس

او را از پنجوویه

اندر کث و در روز دوم و سیوم چنین گفتند و روز بسیار نکرد گشته م

که در شاه در زمین پنجوویه میگذشت و در او کسی بیدی بیسع دموی

ملاقات کرد و گفتند در میان رفتن سخنان پراکنده فاین باز پیر کید که در

بیچارهای شما فلان زمره از کسان آدانسته و گفت چرا برسیدی و گفت آنانکه سیاه

کسان بودند ناگاه اثر عداوة آن پیر و علامت کید و مکر شیطان پیدا شد انی

اخاف ان یاکله الذئب اعوذ بالله من الشیطان

الرجیم و آن ستعلی گفت در ام قد اخفیت من ذلک

الملعون و درین آن شب در بیستی صبح حالت کرم نقل است که

روزی حضرت خواجه ما بر صحبت شیخ حضرت ما و قایة الله قدس الله سرهما

میرفتند و کدر راه ایشان به منزلی بجا که در وی دوستان دیرمنان بود و حضرت

ایشان خواجه ما در رباط امام آن جای نزول کرده اند بلا حضور وی باز ابکت

کنند و نماز کزارده اند چون آن معتقد ایشم از بیرون رسید و دید که حضرت خواجه ما

ابکت کنند هوی نفس انگیخت در اندیشه ما و گفت نقل کنید زیرا که ما

از آنست جای ما

نا التائدیم باز چون رحمت بسیار ایشان در سنگ قساوت دل آن معتقد اثر نداد

حضرت خواجه ما قدس الله سره نقل کنند در رباط دیگر پس پرسیدند اصحاب

فقال ارایتم اذا اخرجتم ما فی ذلک المکان و گفتند ما نه

دیدیم و حضرت ایشان گفتند که آن ساکن رباط فرزند بسیار بیچاره و زاهد

گذشت و پسر خواسته و برگشته اند اهل سبب بیچاره و زاهد گذشت

ظلم و بی نوا باشد ذلک چنانکه مشهور است نقل است که خانه

حضرت خواجه ما قدس الله سره در بیرون بلده پینگلا کتغو ... در بیرون حرم مشرقه

بجا بود بلده حصنه حسرو و نه ساله افتد هم کسان از بلده اهل و متاع ایشان را

همه از بیرون در بلده نقل است که ماند جز حضرت خواجه ما و درین دو بار هم

بغاة نامده باز چون بلاد حصنه چهار ساله زیارة السعادة

افتاده و نیز یکتر بجا که بغاة تا فراز ظالمان رسیده اند ایشان هم نقل

نکشتند و گفتند اند که ما دیده ایم خواجه حضرت ما که اکثر نقل کرده اند ما نقل کنیم

واکثر نهرها که ما نشستیم بتجربه بلند بار که آن نهرها چه ایشان علام الغیوب در

است وخاقلانی گفته اند که در آخر او نکرها و مانکنیم نیز و آن بغاة کافران

ناسره اند و ما یافتیم هم سلامت نقل است که یاران و دوستان که در خانقاه

خدمت شیخ ما وقایة الله قدس الله سره بوانند جمله مطلق ایشان اخذ

کنند سنکها در نهر زیر خانقاه زیرا که در فتح حضرت ابهاء جز جفر

خواجه ما رساله کرد که بر ایشان این امر نبود و یکروز حضرت خواجه ما

که بر ایشان این امر نبود و ما با خدمت شیخ ما وقایة الله قدس الله سرهما

بر ساحل آن نهر میرفته اند و حضرت خواجه ما همچون سایر اصحاب سنکی

اخذ کنند و نکه نکرده سنجه دست مجز ایشان را و خوف روان باشد باز

ایشان حضرت پیر حضرت شیخ ما پشیمان شدند و کفته نکسته و کفتند که

مَنْ يعصِ الله فلهُ جزاؤه تمام شد کتاب محیی الدین محمد

قلندری قدس الله سره گفتند که ما با خواجه محمود و تدی قدس الله اسرارهم

در خانقاه حضرت شیخ ما در یک بیت باهم نشستیم ناگاه حضرت شیخ ما از

در آمدند و گفته اند ای عالم لیبخیوری امشب الذی کث هذر کن زیرا که

امشب بدین بلای عجوبه رسیدم نیم شب بینم که یک مار بکلان از در ما آمد پس

از گرهن دو او گرام دو در زمین افتاندم و چون برو زبر رسیدم و آن سرور حسام

اعدا

رسیی روانه دست دی بر گرهن او بیخت و از در خانقاه آمد حضرت شیخ

ما قدس الله سره پرسیدند چگونه آویختی و گفت که افتادم از پشت حمار باز

حضرت شیخ گفته اند ذلک تخفیف لکم و حقکان

تمورت وقتی نکد گشت و شنوام که در آن شب ملعون تیمار خود بیاغ غزنیجه

و در مولی خواب بنهاء نهاد و از پشت حمار بالاکهر ورانده خواست که از آن

حضرت خواجه مارساله که قدس الله سره ناگاه در را از پشت حمار

افتند و دست راست خواجه را از آرنج باز علاج کرده بشکست جبر و در ثانی نشست

رانند و بعضی دست خواجه برید و در بیت شاه. قد اخذه الالم و لا یعلم

بقوله تعالی و لا تلقوا بایدیکم الی التهلکة

و وقوعه علی الارض غیر معتمد بالحالة نبداست

شه خفتن بست که چون حضرت خواجه ما قضاحاجت میکرده اند ... البته

که اعمال و اوصاف حضرت خواجه ما قدس الله سره از ابتداء تا آخر مقبول

مردان آن بلدة معظم هم بلکه کافران قابلان تربیت چنانکه مشهور است

تا کافران گفته اند که خواجه ما نبی بجا روزی کافری از تجارة افتاد و بری

در بیت بسیار بجا و در وی تنگیتر باشد و نزدیکیست که مرد این کافر ای در نوم

بیند که حضرت خواجه ما قدس الله سره از در ایشان آمده اند چون انگیخت گفت

مرزن وی که انی اری فی المنام که ان خواجه نبی مؤمن از در ما آمده اند و زوجة

وی گوید که من نیز در آن شب چنین بخواب باز دیده وی آید که فلعل الله

ببرکته یرزقنا واذهب عنا الحزن مریدی مؤمنی

از مؤمنان معاملات کننده ها ان که ما را شان چنین گفت و ما را اندوه چگونه

و نیست گفتم که بر جنب آن حضرت خواجه بنه شما ایشان رفتم روا بها پایان و گفت

روی و ابرو اشارت کرد او بدیدم و گفت باز دم راه تقضا حاجت بر بیسی ایشان

بر زانو نشست و گفت که شما بی آسمان بلند و ما را شان قبض چنین

بود و من ما نبود جز یک راه معرفت بس رحمت کنید و رحمت نمای و دولت کنید

و حضرت خواجه ما قدس الله سره که هند در روز دوم آن کافر پنجیده و در

روز سیم رفته در خانه خواجه ایشان و بر دو زانو نشسته و نالید و گریست

و حضرت خواجه ما یکفته که روا نیست آنها تو به کشان نکو است عقد

قرا شان تو نرسید باز گفت این چه سخن بود بس رفته با آن یک دو عمر گفت

این سخن بلکه تو ترقی کن ان شاء الله و الله روز گذشت ناگاه پسر یار

کهنه وی از دکان وی آیه و پرسیده که یا ابت چگونه با لکرا اینست و گفت بیان

آن را اینت پسر اندوه و نخشایه و مرینه هاله پنج صد سیر نقره بروی اعال

داده به سبیل خفاء و دو صاحب ماله اصله و به هر روزی سبب کوینده طلب

دینه کرهند و از ایشانه دکانه ریست وانکه فرزند اند و گفت ارادة ما

بضاعت دادن یا نقس کرام در هر سال تا عدیه کنم رقعة و تعیین

کرم در هر سال تا دیة بنیف و صدنزاع و غوغا ایشانه نرفت ناضلان

عادلان عاقلان ایشان هم گفته اند که شما راشاه بر ند اسپر دیم و لیکن

و مارا درین تکلف نیست و نقسم کنم سه رقعة و در یکی دکان کنم و دم

یکی بضاعت و دم یکی درم و علقه کرام و هر که یکی از ینه عقد بر آن

بروی بجا و چنین کرده اند در آخر آن در صاحب ماله دو عقده برهند و گشایند

و الحکتر هم در یکی متاع بجا و در یکی درم بجا و آنکه فر بر یکی که دکانی بود

باز تنازع از ایشان رفته و سلامت یافته اند و در بیت زمان یا مر کنند لیکن

حضرت ایشان قدس الله سره و گفت ان نبی عالم الغیب والشهادة

حقیقت است و از شکر در پیش ایشان حضرت آمده و بر دو زانو نشست

و پنجاه سیر نقره و یک دست بوی برای ایشان هدیه نهاد و حضرت ایشان قبول

نکردند و گفتند که ما معرفت بوده ایم و شما فرو گذارید به تمام هدیه شما و از سبب

حاجت بسیار به آن ازین دست بوی بوده اند نقل است که دو رقعه یا گفته در پیش
مولوی ... ل

در زمان میان مسائل ما الطلب العلم در پیش ... و در آن مدرسه خوانده ام

چند ماه روزی استاد ما در کتاب وقایة الروایة در باب فی بایع گفت المذبوح

تحت المعتدة حلال و ... رو ابوا و گفتم گشوده ندم که در زمان گذشته حضرت

شیخ ما وقایة الله قدس الله سره حکم کرده بود آن در رفت کرده ند چند مذبوح

زیر عقدة در زمین و نخوابانند و نخورانید ند باز استاد ما گویند که آن فدا یافتن

جاهل است در ما نفس و هوی انگیختیم در گفتم این این چه سخن بود و حضرت

محمد عبد الجلیل قدس الله سره عالم نبود و محمد و تذکره قدس الله سره عالم

نبود عالم ثانی مکیا نشی عالم نبود در کتم بسیار علما که ایشان را

علمهای بی حد بود و دینهای بی تیک دگیم علم این همه ابرکیان

کمتر ز علمت بود در دینهای ایشان کمتر ز اسلامت دان کجا انانیت

و کبر درت بود و ما نظر دت مشکل در خوانده ام این کتاب از تو نی فایده و اما گفت

که حقالة باید مشایخ کفر است و گفت ای خلیفه در میان ما اکنه

در تالمیذ لفظ تو من چگونه روا باشد و انا ه هوی ما زیادة بود

گفتم که تو ؤ باله لذر و خوانده ایم در حق مصطفی صلی الله علیه و سلم

اَنْتَ شَمْسٌ اَنْتَ بَدْرٌ اَنْتَ نُورٌ فَوْقَ نُورٍ

و تو نیست یا الله کرم بسیار نی ادب گفتم هذا فراق بینی

وبینک باز براه عماد رجوع میرفتم چون که در راه ما پیشنا آشوی که تُت و ر

صحبت اهل جماعت حضرت ایشان محمد جونی قدس الله سره میرفتم باول ملاقات

ایشان گفته اند که آنکه هر دینی است وهم آنست بئس العبد هوی

المضل والفقهاء لهذه الطایفة کالفراعنة

للرسل و شمس ناتوان عبد القادر گفته که در اول مرتبه که صحبت ایشان

رسیدم بابا یار خواجه حضرت خواجه ما قدس الله سره میگفته اند که ایتونی ولا

تکونوا من بنیهم وانتشرون فی الاستمساک

زیرا که از ولادت تا چینه شیخ اعظم ز شیخ ما نبود و دین حق تر از دین شیخ

ما نبود زیرا که دین ما دین ثابت از بحث دانشمندان سابقان بعد از کلام ما

اسلام امان کرده و لهاء از فساد هاء شد نقل است که در پنج و چهل سال

شیخ هلونی علوی هیل قدس الله سره برآمده اند در بلخ قو لنفوری ترد را انجا

اقامت کرده اند در ماه باز خواسته که رجوع کنند و پرسیده اند که زیرا چه آمده ایت

بچه لبیب رجوع کرده ای باز گفتند از بیم گمراه مسلمانان در چین آمده ایم چون

پرسیدیم در نیجاه دانم که در چین مرشد هادی و طبیب حاذق بود شیخ الثقلین

علم الحرمین شاه هدایة الله قدس الله سره و پرسند که بگویند دانسته باز گفته

اند اشارة کنند بر جانب راست که ببینید که آن نور تجلی بگوید پید الله ما

اعظم وما اعظم اعلى والله قد بعث فيكم

رسولا يتلوا عليكم اياته ويزكيكم ويعلمكم

ما لم تكونوا تعلمون پس بر ما رجوع کرده اند و بر شما

شکر کرده نقل است که روزی حضرت شیخ هدایة الله ایشان علوی بود

رحلت کرده اند مسلمانان آنجا را افضا کنند تا ناگاه در کدر راه ایشان

سگی مرده کنده بود و مردان ایشان همه پوشیده اند بینی خود را و در گذشت و رفته اند

دور و بر حجرهٔ آن حضرت ایشان گرفته اند به رو و بر دو زانو نشستند

بر بیست و دو روز دست ثنا بسط نهند و حاجت که خواهند رفتن دراز

باز انگیختند و پرسند که چرا چنین اند بینی خود و گویند این سکر مرا

گنده شد و ندانیم که نه دور از اولیاء الله بسیار در اینجا همچون این سگ

افتاده اند انا لله و انا الیه راجعون نقل است که در زمانه

[illegible] کنند

گذشته عالم ابو بکر اهری رحمة الله علیه از ملک کفری [illegible] برخاستند و نزار وقت

غلبه تعرق استعمال کنند و جهلاء و علماء رسمی ایشان هم زبان نهانه زیست

و ملامت گشاده اند در مقابلهٔ حضرت ایشان تیسیانه ایه قدس الله سره

باز گفته اند ضحک کنند که لوموا انفسکم فانکم لا

تدرون الدين ولا تدرون الاسلام و اراتيم

ان نظرتم ان الزمرة يعله كذا و كذا باز حضرت [illegible]

ما قدس الله سره این سخن بشنوده اند و پرسند بعض دوستان شنودم که در آیه

گفته چنین سخن راست بوالبیانی و جواب گفت حق است و راست است زیرا که ما

نغمها شنودیم پس حضرت شیخ ما قدس الله سره گفته اند که سخنهای ایشان

همه حق است زیرا که ملایکه در آسمان هفتم ایشان چنین کنند چنانکه گفته اند و

لکن در وی زبان پسران حکمت الله در سال دوم پسران همه

وفات کشند انا لله وانا الیه راجعون اینجا انتهت الکتاب

کما طم اللیل نقل است که روزی چیوی آخوند برصحبت حضرت خواجه : بیدا شد

علی محمد جو مغ ما اسد ند چون رحلت کرده اند ایشان قدس الله سره گفته

اند که اگر پرسند که چگونه خواندیت لا اله الا الله یکصد بار و محمد

رسول الله یکبار بگو که یکصد بار نفی و اثبات نزد عاشقانه یکبار

بها باز بود از جمع ملاقات کرده اند دانشمندی از دوستان وان عالم پرسید که

حضرت خواجهٔ ما قدس الله سره با شما چه گفته اند و گفت حکمت الله حضرت خواجهٔ

ما گفته اند که اگر بر کنند چنین بگو که چنین بود باز اند عالم بر انگیخته و ضعا اند

الحمد لله چند بار و گفته که مسئله ما رفته بود

[illegible]

نقل است که روزی درویشی با اخوند ملا ... از تجربه آمده بر جنب حضرت

خواجهٔ ما ... قدس الله سره باز پرسیده اند که در کجا و گفته که آخا ...

بوده و گفتند که غلط کرده ام و دانسته شما را درویشیا با اخوند ملا ... در هر حال

شده ... رفته بود نقل است که ... اخوت چهار کسان بود و ایشان

هم عالمان چین بوده‌اند ای ذو دولت و مرتبه وایشان هم در دین حضرت مولینا

قدس الله سره بوده‌اند چه تنگان زیرا که او بر دین قدیم است در روزی حضرت شیخ

ما با من آمده‌اند و جهار از ایشان دعوت کنند و گفت با تنگان برادر وی که با دعوت

کنم نرود آن روز حضرت ایشان بعد نیز آمدی باز در یک شب بیند خواب عجیب

باز چون برکرد بر صبح تر لیده و گفت با دوکه از دوکستان و برادرش بینم در

خواب که نه آن که در تابوت کتابهاء ما بود گفت که خفتهاء جماعت و خوبتر و هر آینه

از عالم حور ولیکن نتوانند تعبیر آن خواب و گفت انتظار کنیم و در وقت زوال حضرت

شیخ ما بر خانه ایشان آمده‌اند و از اضطراری نیز آمده و اقبال کنند و حضرت

ایشان ما بر اعلی خانه ایشان بر پیش تابوت کتابهاء نشستند و تنگان

برادر ایشان ایستد بر پیش حرم و در یک حال حضرت ایشان ما گفته‌اند که خفتهاء

چنانکه در خواب بیند نه کم و نه بسیار باز آمده از بیرون حرم و نشستند به

زانو زد پیش حضرت ایشان و گفته ایشان حق گشت و راست

است ای مولانا مرا ایمان تحقیقی کنی و توبه نصوح کنی زیرا که

دائم از این روز که توبه کردم تا آن بعد اکنون نسبت باز رفته در

زمرهٔ اهل سعادة از سالکین تا برسید در صف شهدا نه سال اولئک

مع الذين انعم الله عليهم من النبيين

والصديقين والشهداء والصالحين و

حسن اولئک رفيقا نقل است که حضرت شیخ وقایة

الله قدس الله سره گفتند که اذا استوى عيناك والشمس

فذلك عين وقت العصر نقل است که حضرت

شیخ ماشاه وقایة الله قدس الله سره گفتند که اذا الکفک الایمن

في مقابلة الميل الايسر فقبلتک مستقيمة

والامیل فیه نقل است که حضرت خواجه محمد جوینی قدس الله

سره در بحث بوانده در یوم تسع وتسعون امیر قضاء کهان بحث و کلمه

از ایشان وکشادن قلسم بای کلید قلسم نگشاید در یکه

صدور قلسم از سلسله باسان افتد نقل است که در شب حضرت

مولانا شاه وقایة الله قدس الله سره گفتند که ما در لی سـ از بعد روان

کیه لیث بوام وقال ابع علامة لـ وکان حضرت مولانا الاعظم محمد

جوینی قدس الله روحه العزیز فی علة الوداع وان حبیب محمد حتم رحمه الله

استمد سفاء فقال ثم وقتا فلعله افاد ثم حضرت

مولانا قد تهره صوتا وقال هو انی لا امت فی ثلثین سنة

الیوم تیمنی یدعو وقال یوما حضرت مولانا قد تعلق را اسه فقعد

علی کبتیه علی سریره ثم حبیبنا کیه ریسی لـ تدانی ما یفضل جلس

في مقابلة نطقتا تخفضان رأسهما الى ان تماسا رأسا ساعة ثم

ذلك الحبيب قد ينادي برفع الصوت بلا اختيار كل رسالة محمد

جو في مقلب القلوب فقال مولانا برفع الصوت حق است

نعمًا لذيذًا ثم حق است نعمًا ضعيفًا ثم حق است اضعف بالله

لا ادرينا اسمه المبارك من قبل ولقبه الكريم

الآن في هذا الوقت قد رأينا انه قد صحت علته الثقيلة وقال حضرة مولانا

قدس الله سره قد قاله يومًا لاولي بن بعدي وقال ان حضرة مولانا محمد

جديف قدس الله روحه العزيز قد سأله حبيب محمد حقي رحمه الله فعلم اذا ذكرت

ما قال حضرة شيخنا شاه وقاية الله قدس الله سره فغار عقل وفتاوى بنصرته

قال قد ذكرت فنساه ما هو فقلت وانما خرجت بأمر شيخي الى الصين

لفقدان اسمي موسى وخضر عليهما السلام في الصين فقال حولت

فالذكر الذكر انتقل الحسن وقال العبد الضعيف ابو علاء در فى

الليلة السابق لوفات حضرت مولانا ارسال كامل محمد جو رفى قدس الله سره

قد انشقت السماء فكانت وردة كالدهان

واضاءت الارض بنورها فكانت كالنهار

واصبح الكون من انفاسه عطرا

وظهرت كثرة العجايب فشبتوا حايرين و فى اليوم الثانى قد نادت رجع

الى الله و حلت ايشان قدس الله سره در وقت ضحى روز يكشنبه جمعة

اخر جمادى الاخر در شهور ستة كنت و عشرين و ماء تا والف بود و بحساب

چينى روز هفتم و بيست ماه پنجم در سال هندهم زيادة

السعادة بود و ولادة ايشان در ماه جمادى الاول در شهور سنة

تسع و خمسين و مائة والف بود و بحساب چينى روز نهم ماه

دوّم در ساله مرحوم گیلان بو عمر مبارک ایشان بصفت وگشت

رئین بوا و قبر مبارک مرقد منور ایشان در بیرون بلده مشرق بینلا انقرودی

زیر کوه راست هر که انجا کند مستجاب گردد کبیر الرحمة کثیر الفیض

یزار و یتبرک وقال ابو علامة انی زرت مرقد المشریف فی اربعین یوماً

لوفات قدس الله سره نقال لی ولد العزیز رحمه الله اذا رجع

ابونا الکریم فروح المبارک العزیز مع الکالة الطیبة قد

خرجا جمیعاً من جسد المبارک العظیم لانه اذا انتهی ذلک

الکلمة اجعل اخر کلامنا من الدین

یا مولانا لا اله الا الله محمد رسول الله

وقال ان عمتی فی الماء البیض قبل حضرت مولینا الاعظم رضی

الله عنهما قالت لی ان اخی الکبیر قد احتاج الاسلام یومامنا بینا

الشفيق فقال ان الدين قد اخذه حضرت محمد جلال الدين قدس الله

سره وذهب فمكث ساعة ولقنه فقال له انك لا اخبر تكم هذا

ولا تقله لواحد غيرك ولو كان فانيا فى بطنك وعمره الشريف

ستون سنة ومولده المبارك فى يوم الثالث والعشرين

الشهر الثامن من اثنى وعشرين سنة لكين لن خان

خلد الله دولته ورجع فى وقت الضحى لليوم السادس

فى الشهر التاسع من سنة اثنى وعشرين لزيادة خان : السعادة

ابد الله دولته وقبره الكريم ومزاره الشريف فى الواد الاشم

لبلد الكبير الجوخجيانوى فى البقعة المباركة المزار

الادنى سعدا لذلك الارض بضميمة اعظمها الشريفة وشرفة

شرفا لذلك الاهل بانتشاق وابتسام روضة الكريمة وقال

عبد ناتوانی که روزی حضرت مولانا محمد جوفی قدس الله سره گفتند با ما که در

زمان حضرت شیخ ما وقایة الله قدس الله سره گفته بیرون

کرده اند و ظاهر کنند انتهاء علماء ما اکبر علمهم و ما عظم دینهم

والان لا یکون ذلک که روزی حضرت ما شاه وقایة

الله قدس الله سره آمده اند در بلدة کیث جیوی و هندوستان و

مؤمنان اقبال کنند و دانا عسلی رحمة الله علیه بامر بیان سابقند

واقبال کنند بر دو زانو و عدم التفات و مریدان مؤمن اند و اقبال کنند بر

استادن و در این وقت حضرت شیخ ما گفته اند اشارة کنند که بدست

راست خود وزنوا بالقسطاس المستقیم

که روزی مردی در آنجا گفت اسلام از حضرت

ایشان ما قدس الله سره باز گفتند که دین چیست و دین

دارد لیکن مرکب و در وی روا نبود زیادة ونقصان مثلا امروز

در اوراد بامداد خواندی سبحان الابد الابد یکبار

وکم کردی دو بار واین روا نباشد باز ندهد و بپرسند که چگونه خواندی

یکبار وگفت وقت تفکر بود وندانم وگفتم یکبار نقل است که حضرت

ایشان ما قدس الله سره روزی آمدند در مدرسه چیزی ما را گفتند

خیر الکلام موافقة الحال

و درین میان گفتند لحن موافق وی روست آخوند ما وفات

کرده اند اگر حضور کنند حضرت بود باز گفته اند که آخوند

وفات کرده اند نتوانند وگفتند الهدایة قد تقرت

فی تحت السماء والشمس والقمر

قد احاطت بالقدیم والجدید نقلة

که حضرت ایشان قدس الله سره روزی گفتند که

چون نشسته بودیم ما پیشکان خواجه شاهان

در هفت اقلیم بر آمده اند نقل است که در شب

حضرت ایشان ما شاه وثانیه ایشان قدس الله سره العزیز

دعوت کنند پسران و دختران خواجه و گفتند که ا

امشب در یکجای خود دیدیم نعمتهاء و فردا روز

انشاء الله تعالی دوم روز دوم بهاء و گفتند هذا

فراق بینی و بینک اند باز چون رحلت کرده

اند گفته اند بر حضرت خواجه پارسا که محمد جونی

قدس الله سرهما و انشر الشریعة و حفظ

الطریقة الا ان عمره العزیز فی هذه

السنة ستون سنة والحمد لله

رب العالمین تمت الکتاب

بعون المولی قدس الله سرهم

ثُوَانْ

شِيُوْ

عشره

ثالث

سنه ماه

شعبان

جهار ماه

چه با روز

جمعه

* 此處是甘肅版《熱什哈爾》原件末頁註明的抄寫年款。
譯文為光緒十三年捨爾巴乃月，四月初八，主麻日。

——編者註

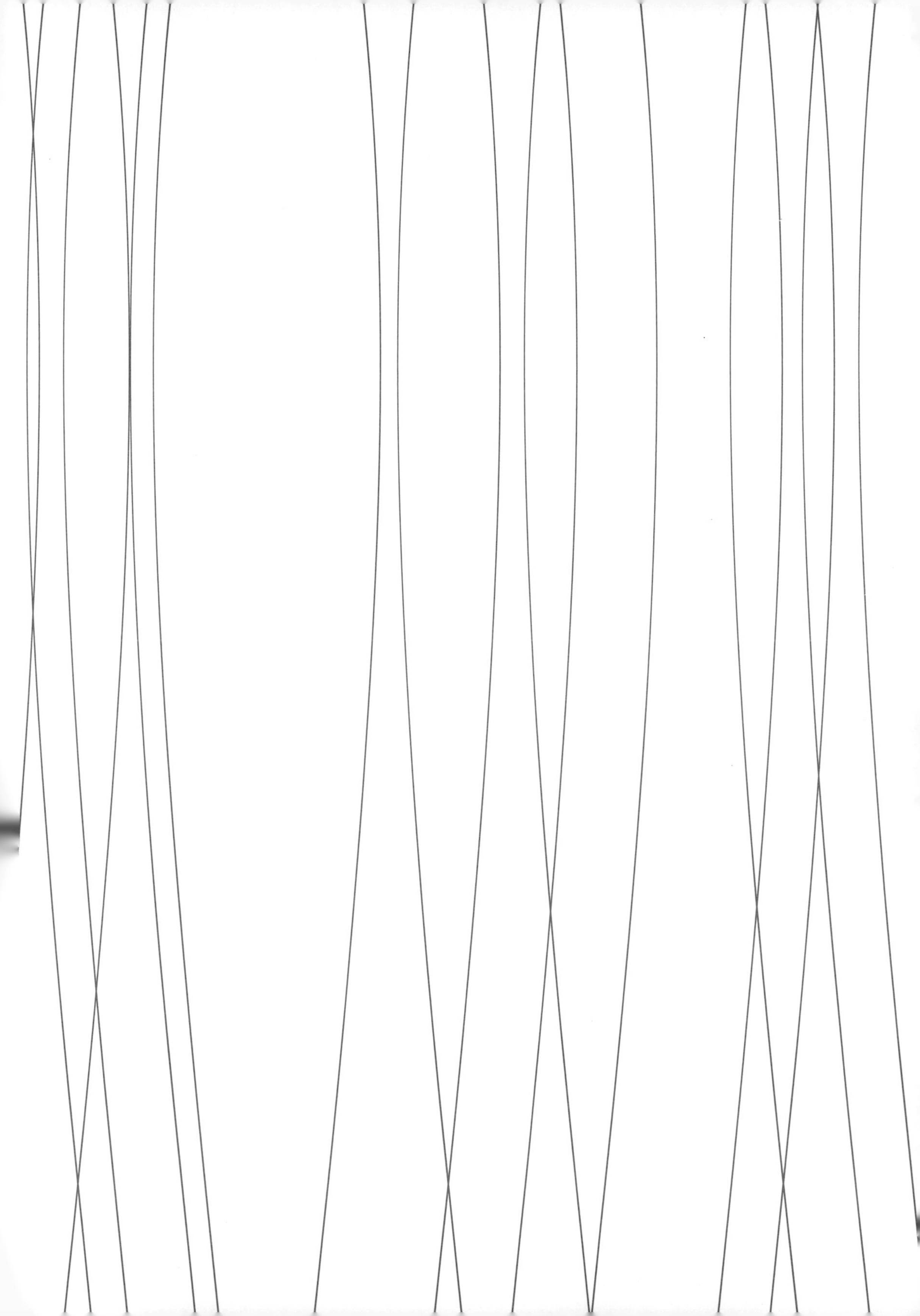

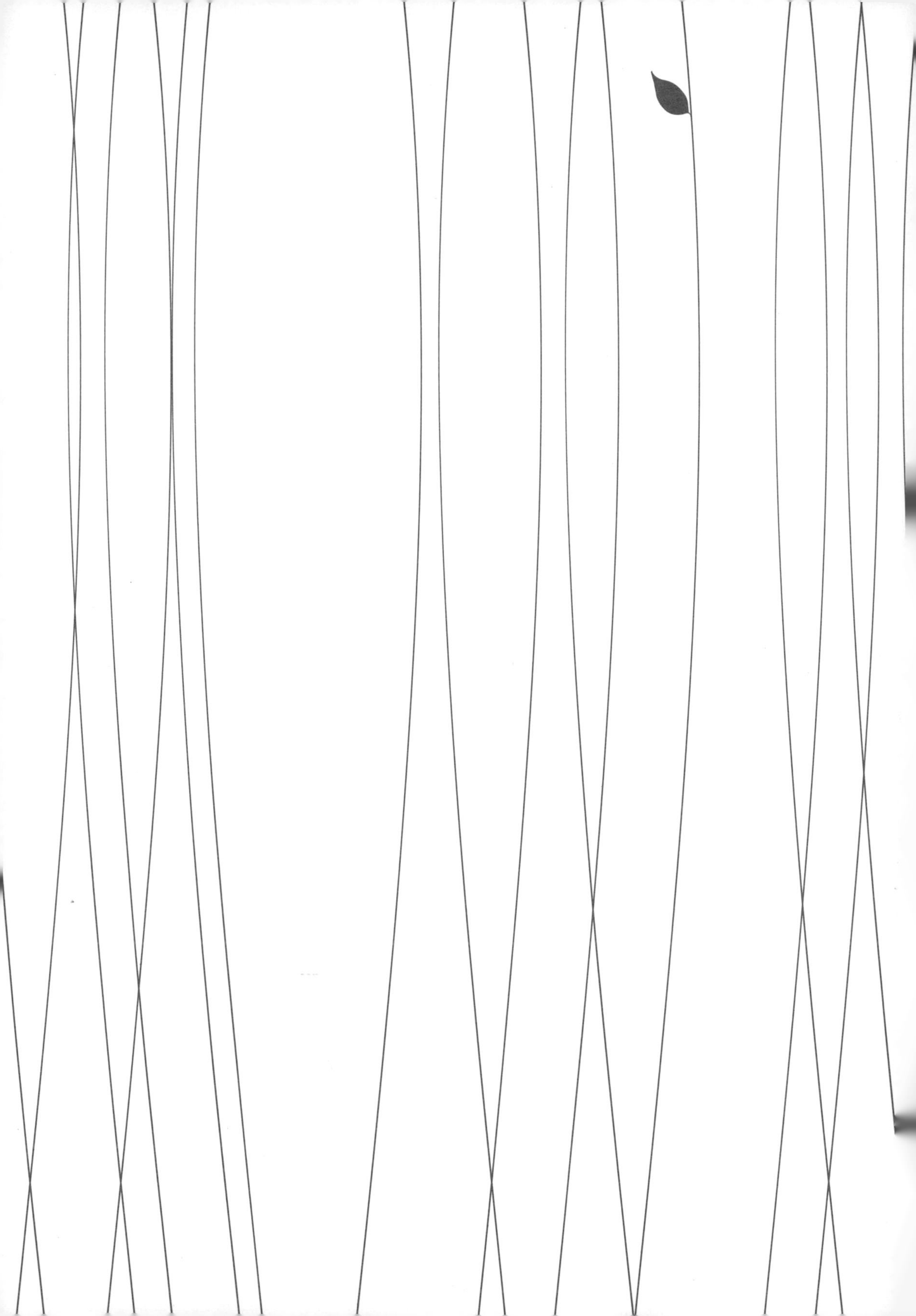